Carl Einstein   Werke

MEDUSA

B. F. Dolbin: Carl Einstein (aus: *Der Querschnitt*, 1926)

Carl Einstein

Werke

Carl Einstein

Werke Band 1

1908—1918

Herausgegeben von Rolf-Peter Baacke
unter Mitarbeit von Jens Kwasny

MEDUSA
Berlin 1980

© MEDUSA Verlag Wölk + Schmid, Berlin 1980
Alle Rechte vorbehalten. Printed in Germany.
Satz: Maschinensetzerei Peter von Maikowski, Berlin,
aus der Garamond-Antiqua
Druck: Georg Wagner, Nördlingen
Bindung: Hans Klotz, Augsburg
ISBN: 3-88602-010-X

Inhalt

Editorische Notiz

Die Literatur- und Kunstgeschichtsschreibung begnügte sich lange Zeit mit der bloßen Zuordnung Carl Einsteins bekanntester Werke zum Expressionismus oder Kubismus, also einer Notierung des Typischen. Durch diese unzureichende, weil ungenaue Kategorisierung verschwand Einstein in den Museen der Literaturlexika, und seine lebenslange Bemühung, Poesie, Kunsttheorie und Politik miteinander zu verbinden (in einer Dichtung, die nicht realistisch und einer Theorie, die nicht moralisierend sein wollte), blieb nahezu unbemerkt. Auch sein Schaffen während der 20er und 30er Jahre, zusammen mit Künstlern und Theoretikern wie George Grosz, George Bataille und George Braque wurde kaum beachtet. Einsteins dichterische und theoretische Entwicklung war nicht anschaulich und erkennbar, weil eine Sammlung aller Schriften fehlte.

Die Absicht einer Herausgabe aller Schriften will diesem einseitigen Bild entgegenwirken; sie versteht sich nicht als textkritische, sondern als Leseausgabe, die einem breiteren Publikum den Zugang zu Einsteins Denken ermöglichen will.

In den 60er Jahren entzündete sich die Diskussion um Einstein vor allem am »Bebuquin« und dem ›Projekt einer Kunstgeschichte der Welt‹, wie es in der »Negerplastik« angelegt ist. Mit einer chronologischen Anordnung der Texte, die Einsteins Entwicklung, auch als Reaktion auf eine spezifische historische Chronologie, nachvollziehbar macht, kann die vorliegende Edition dieser erst begonnenen Auseinandersetzung mit Einstein womöglich neue Impulse geben.

(Siehe dazu:

Helmut Heissenbüttel: »Ein Halbvergessener: Carl Einstein«, in *Deutsche Zeitung*, 15./16. 12. 1962.

Ernst Nef: »Carl Einstein. Wahrheit und Dichtung ohne Instanz«, in *Du*, Kulturelle Monatsschrift, Zürich, Juli 1962; Beilage *Das Wort*.

Ders.: Vorwort zu *Carl Einstein, Gesammelte Werke* (Hg. E. Nef), Wiesbaden 1962.

Gert Quenzer: »Absolute Prosa«, in *Der Deutschunterricht*, 1965, 17. Jg., B. 5, S. 53–65.

Sibylle Penkert: »*Ästhetik und Existenz. Carl Einstein*«, Wiesbaden 1970

Alternative, Zeitschrift für Literatur und Diskussion, 75, Dez. 1970, mit Beiträgen von S. Penkert, K. Sello und Hartmut Rosshoff.

Herbert Kraft: »*Kunst und Wirklichkeit im Expressionismus. Mit einer Dokumentation zu Carl Einstein.*«, Bebenhausen 1972.

Heinrich Anz: »Ein Fanatiker des Absoluten. Zu neueren Arbeiten über Carl Einstein«, in *Göttingische Gelehrten Anzeigen*, 1973, 225. Jg. Heft 1/2.)

Bisher liegen außer den Einzelausgaben vom »Bebuquin«, der auch unvollständig in Expressionismusanthologien abgedruckt wurde, nur die 1962 (bei Limes) erschienenen, allerdings vergriffenen »Gesammelten Werke« sowie die von Sibylle Penkert aus dem Nachlaß herausgegebene »Fabrikation der Fiktion« (1973) vor, die der Rowohltverlag im Rahmen einer geplanten Gesamtausgabe veröffentlichte.

Die Schwierigkeiten einer Herausgabe der Werke sind in der Situation des Einsteinnachlasses begründet. Die meisten Texte scheinen zwar im Archiv der Berliner Akademie der Künste vorzuliegen, doch können sie zeitlich oft schwer zugeordnet werden. Einige davon sind nur handschriftlich abgefaßt. Da diese Ausgabe der »Werke« die Erstveröffentlichungen wiedergibt, mußte nach heute schwer zugänglichen Zeitschriften geforscht werden (z. B. *Opale*, *Demokrat* und *Merker*). Das gilt insbesondere für die Kunstrezensionen.

Die Grundlage beim Sammeln von Einsteins Texten und deren Bearbeitung bildete Sibylle Penkerts Buch »*Carl Einstein. Beiträge zu einer Monographie*« (1969). Es stellt für die Einsteinforschung eine Pionierarbeit dar, die eindrucksvoll seine Biographie beschreibt und eine ausführliche Bibliographie enthält. Eine Erweiterung erfuhr die Bibliographie durch Heidemarie Oehm: »*Die Kunsttheorie Carl Einsteins*« (1976), und vom Herausgeber dieser Ausgabe wurde sie um folgende Schriften ergänzt: »Schmitt-Reute«, in *Die Gegenwart*, 1910

Nr. 34, 39. Jg. S. 663–665; »Anmerkungen zur französischen Malerei«, in *Neue Blätter*, 1910, I. H. 6, S. 19–22; »Jean Baptiste Carpeaux«, in *Kunst und Künstler*, 1910, 12. Jg. S. 487–495; »Die Mißgeburt«, in *Die Aktion*, 1914, 4. Jg. Sp. 188–191; Das Gedicht »Nacht«, in *Die Aktion*, 1917, 7. Jg. Sp. 45, unter dem Pseudonym Urian.

Diese Ergänzungen wurden durch die Unterstützung des Carl-Einstein-Archivs in der Akademie der Künste Berlin, der Staatsbibliothek Stiftung Preußischer Kulturbesitz sowie der Deutschen Staatsbibliothek Unter den Linden möglich. Wir danken insbesondere Frau Ritscher, Frau Dr. Wünsche und Herrn Professor Dr. Huder vom Carl-Einstein-Archiv sowie allen Freunden und Kollegen, die diese Edition unterstützten.

Zum ersten Band, der die Texte von 1908 bis 1918 versammelt, ist anzumerken:

Für »Bebuquin oder die Dilettanten des Wunders« und »Negerplastik« wurden zeitgenössische Rezensionen in einem Anhang zusammengestellt. Eine Wirkungsgeschichte des »Bebuquin« jedoch, der u. a. Hugo Ball, Gottfried Benn, Alfred Lichtenstein, Mynona (Salomo Friedländer) und in den 50er Jahren die »Wiener Gruppe« (z. B. Konrad Bayer) beeinflußte, wäre noch zu schreiben.

Die Vorlage für diese Ausgabe bilden die Texte der Erstveröffentlichungen. Auf die Angabe von Textvarianten wurde bei allen Schriften außer beim »Bebuquin« verzichtet.

Bebuquin, der wohl bekannteste poetische und zugleich verschlossenste Text Einsteins, für den die Auflösung traditioneller erzählerischer Mittel und die Ambiguität konstitutiv sind, wurde mit Textvarianten versehen. (Das schien auch wegen der verschiedenen, noch heute zugänglichen Einzelausgaben angebracht.) Die Auflage von 1912 (der diese zugrunde liegt) wurde darum mit der von 1917 (2. Auflage, die dem Text bei Limes entspricht) und dem Typoskript verglichen.

Um das Textverständnis zu erleichtern, wurden Kommata gesetzt und die Groß- und Kleinschreibung korrigiert, wenn die Erstveröffentlichungen Satzfehler vermuten ließen; poetische Texte wurden unverändert übernommen.

Die Drucknachweise stehen jeweils am Ende des Textes, wobei der erste Nachweis die Quelle des hier wiedergegebenen Textes bezeichnet.

Der Herausgeber

Verwandlungen

Vier Legenden

Ein Jüngling, der sehr die Lust dieser Welt geübt, teilweise da ihm
vorkam, als sei es gebührlich, zu verschwenden, was wir weniges an
Kraft besitzen, gleichsam, um sich nach jeder Sünde gänzlich zu erneuern und gepeitscht aus gestaltlosem Vergessen in weißen Flügeln
aufzuschwingen, und was sonst ein im Traum gleitendes Fließen ist,
gepeitscht seinem Wesen gemäß als Gegensatz zu spüren, ohne daß er
wahrnahm, wie dieses keineswegs Kraft ist, sondern er rasend sein
Ich verbüße in matter Reizbarkeit. Dieser Jüngling zerschliß jäh und
zu Fetzen, so daß er nur das Einzelne als Getrenntes begreifen konnte.
Denn sein verderbtes Leben zwang ihn und die fast eintägliche
Schwäche, teils die jetzt leise ihn bohrende Welt als abgetrennte
Klänge zu spüren, teils sich die törichte Hoffnung aufzurichten, daß
einen jeden Morgen sein Leben beginne. So kam's, daß er an fast allen
Dingen die erste kindliche Form von Verstand und Sehen zu einem
überreizten Aphorismus stückte, ohne je vorzudringen zu der sich
breitenden Stetigkeit, und gezwungen ward, hundert Tage seines Lebens als hundert getrennte Punkte aufzunehmen, da seine ganze
Person nur wie ein Bündel kranker Reizfetzen flatterte. Nur immer
gewaltsamere Vergehungen gegen die Gebote unserer heiligen Vernunft und die Gesetze Gottes konnten ihn zu immer minderen Momenten der Besinnung hinquälen, wozu kam, daß er in anderen sich
zerreißend die Kette des Zusammenhangs sprengte, die wir Gedächtnis nennen, und die unser Ich ausmacht. Er wurde zur Sünde verführt, nicht weil er sie liebte, sondern weil er sie stolz verachtete und
die liebliche Lust, welche das Weib dem Manne gewährt, nie als solche fassen konnte. So beging er den Übermut, Fernliegendes, was ihm

eben verschlossen bleiben sollte, zu tun und damit zu sündigen. Denn Gott hat auch Menschen geschaffen, denen inne wohnt, aller Lust fern zu bleiben und nicht daran zu rühren. So stand der Jüngling jeden Tag am Anfang seines eintägigen Lebens, das eine jede Nacht in der Sünde unterging, welchen Rest der Nacht er dann im Nichts eine gerechte Strafe des Erschöpften zubrachte. Der Beginn wie die vollkommene Vernichtung sind uns unmöglich, was der Herr weise eingerichtet. Zuletzt meinte der Jüngling sonderlich, daß diese Vernichtung und solches Leben ihn vielleicht den reinen Formen, welche in uns wirken als Ordner unseres peinlichen Lebens, näherten, da er, die Stetigkeit einbüßend, das Abstrakte gleichsam als Unzerstörbares noch besaß, allerdings ohne daß ihm möglich gewesen wäre, jenes anzuwenden und in seiner beschränkten Kraft zu fassen, da er die Welt sich verstörte und sie wie windverwehte Herbstblätter morsch und raschelnd vor ihm lag. Eine seltsame Tugend darf ich es bezeichnen, überkam ihn; fast daß sein Ich zerstückt, war er verdammt, alles einzeln zu sehen, und so gelangte er zu der kostbaren Kunst, die auch kleinsten Dinge allem abgelöst vor sich zu legen, und wurde er gezwungen, das Einzelne entweder als Namen einzuzeichnen, oder gar fein und sorgfältig es zu studieren. Dies vermochte er, da ihm alle weitgeschwungene Zeit verloren, nur bei den ruhenden Gegenständen, die keiner Veränderung unterworfen sind, wie die Kunstwerke und das Zerstörte. In diese einzelnen Gegenstände paßte er öfters leichtfertig das grobe Gerüst seiner Abstraktion, aber nicht, daß er diese Gleichnisse einer ruhenden Welt weise verbunden, damit sie stehen, sondern das Einzelne galt ihm als feinste Färbung, ausführlichste Zeichnung und zugleich als Aktion. So hätte er noch eine monologische Welt fügen können, die, um vom Geometer zu borgen, eindimensional ist, getrennte Strecken zieht und begrenzt, denen eben die gemeinsame Fläche ermangelte, da er hierzu die Breite eines keuschen und klugen Lebens zernichtet hatte. Es war etwas Sonderbares um sein Vermögen, wie er die Abstraktion verknüpfte mit den vereinzelten Dingen, die, was sie an Zusammenhang mit der nur im Verband gewebten Welt verloren, welches zusammen ich vielleicht als die Güte Gottes bezeichnen darf, dies unermüdliche Spenden und Empfangen ewig verzweigter Hände, an Kostbarkeit des Feinsten und Ausführlichen gewannen. Auf diese merkwürdigen Gebilde, die gleichsam im Sinne eines ruhenden Seins vollendet genannt werden dürfen, wandte er das Gerüst der ewigen Vernunft an, verführt von dem Ruhen seiner Gegenstände, denen eine gewichtige Form des Lebens, nämlich das Erleben, fehlte, in solchem Maße hatte er bereits den Zeitsinn eingebüßt. Seine Gegenstände waren somit nur unveränderliche, und dies sind die Erzeugnisse der göttlichen Kunst und die gestorbenen Dinge der Natur. Es erstickte unter seinen hilflosen schwachen Händen die Welt und lag im Krampf und der Totenstarrheit vor ihm. Dies ist seltsam, daß keines so gewalttätig wie das Schwache und damit eitel und sündhaft, aber was den Sieg Gottes und des Lebens bereitet; der Böse tut nichts an, weil er schwach ist; es ist ein Lachen über den ärgsten Verächter. Dann und wann sendet Gott einen mächtigen Schelm, dessen Sinn aber ist auf das Gute gerichtet, nur muß er einen sündigen Umweg begehen, worüber nachzudenken uns wohl verboten, da das Paradoxon oft die Ausdrucksform Gottes, wie er uns erscheint, sein muß; kann dieser sich doch nie mit unserer Welt ob seiner ewigen Herrlichkeit übereinstimmend decken, wobei wir freilich nie zu erkennen vermögen, ob diese Pracht Gottes sein Kerker ist oder wir ein elend Spielzeug seiner Hände. Jedenfalls, weil Gott, der gewiß über alles erhaben steht, oft zu unserer Welt im Widerspruch erscheint, ist diese erbsündlich von Beginn, wo er uns in Nichts hinausschleuderte und zu Etwas gedeihen ließ, bis er uns ein wenig zurückreißt und verhüllt in einem Tröpflein Regen.

Dieser trübe Jüngling ging einstmal in einen Herbstabend, der still und traurig war, daß ein Schreiten der Tödlichkeit des Tages fast widersprach, wie du neben einem Sterbelager stillstehst und nicht tanzest wie zum Fest.

Die Farben waren erloschen bis zum letzten Rest, aber was das Auge an Lust verloren, mußte sich die Seele an Trauer gewinnen. Wir waren eingehüllt in das Himmelstuch, denn ich schritt hinterdrein, nicht von ihm gesehen.

Diese Trauer war des Jünglings Lust; denn so ist der Mensch geschaffen, daß Qual und Sünde, die er verübt, ihm lustig werden und ihn stets weiter zur Verdammnis locken.

Der Jüngling, geplagt von der Sehnsucht, sichtbarlich sich aufzudrängen dem Auge, wo er immer mehr, wenn auch unter seinem Gekreisch, eines jeden Morgens verloren ging und schwand, tat alles anders wie die anderen, um sich ja zu sehen. So verführt die Schwachheit, daß er sich stark dünke, und zu Wahn, zu Tod.

Ei ihn lächerte die Trübseligkeit, er prägte künstlich ein Paradoxon »widerspruchvolles Wortspiel«, was nur Gott schicklich und genehm.

Er ging in die blassen Bäume des Waldes und über die mattergreiste Wiese, auf der eine schimmerlose Sonne stand und schwebte.

Er fühlte in dem feinen biegenden Empfinden, daß sein rasches Schreiten einen wohlgefügten Gegensatz zu dem sterbenden Tag begehe! aber jenes war eitel, denn wann die Welt zu einem Ton und einer Farbe gestimmt ist, dann wirkt sie stark und gewaltig als nie, und das Schreiten in den gleichen Abend ist vergebens, zumal sonst der Abhub der Zeiten sich prächtig und bezeichnend färbt in der Glorie einer roten Sonne, unter welcher du gewandelt vom Lichte gehen darfst.

O der Jüngling ward müde und lag bald auf dem Wiesenplan, dem greisen Haupt einer lebenden alten Erde. Die Halme standen eng, stark und spitz zu Höhe, das Licht war schwach und stark genug, das alles für sich stand und steilte.

Der Jüngling lag nieder, und wie er büßen mußte, sorgfältig studierte er den Eindruck im Gras, den sein Körper angerichtet, dann merkte er ein Blatt zwischen seinen Knieen hergeweht, das einzige ihm sichtbare in der Weite. Es war sonderbarlich gezackt und seine Farben eilten vom blöden Weiß bis zum Rostrot geteilt und übergehend. Die Adern des Blattes quollen aus dem Gefüllsel wie die Sehnen alter abgearbeiteter Hände. Und waren braungelb, zerfressen war es.

Dies Blatt hob er auf und beschaute es und ihm war, er habe noch nie ein solches gesehen, besah es nach allen Seiten, wandte seine stolzen Worte heran, wie Ornament, Liniengefüge und solches mehr, im Nachdenken über das Blatt. Wenn dies ihm wieder vor Augen kam, spürte er, daß die Worte und Gedanken nie ausreichen, dies Blatt zu bilden. Und ihn gedachte, daß es viele Blätter gebe im Wald und er nie alle sehen und nie begreifen und nie zu wissen vermöchte, was denn wirklich ein Blatt ist, worauf er lange Zeit sann, ohne Bestimmtes sich vorzustellen als einen stechenden Schmerz, denn ihm war weh im Ohnbewußtsein, daß er die Kraft verloren des Zusammenhangs, der webt und genügsam macht, daß er zeitlos geworden. Das Blatt war unter seinen Händen stets ein verändertes, wann er hinschaute, und er sprach flehentlich zum Blatt: »Bleibe, daß ich dich erfasse.« Aber das Blatt wuchs gewaltig und drohend, er preßte es zwischen den Fäusten, doch das Blatt ward zum Himmel und zur Erde und ward die Welt und Gott, da er nichts anders mehr zu blicken und denken vermochte als das Blatt. Da überkam ihm wieder, noch viele Blätter seien, die ihm verborgen im Wald geblüht und lägen jetzt zu Boden, und daß er sie nie begreifen werde, weil er nie einen Frühling mit ihnen geblüht. Dies aber stellte sich ihm nur als dumpfer Schmerz dar, und es zog ihn zum Wandern unter dem Himmel nach den Blättern der Erde, die ihm die Erde und alles waren. Und er schwand mir an der letzten Kurve des seidigen Himmelsgewölbes, das ihn den Augen entzog.

Ein spätes darauf fand man einen anständig gekleideten jungen Menschen in einem entfernten Land erstickt unter einem Haufen welker Blätter, den er wohl selbst geschichtet, vielleicht auch, daß der Wind sie darüber geweht.

DIE ZWEITE LEGENDE

Ein Dichter, der in klingenden Sätzen prangte, bildete solche die meisten Stunden seiner Tage. Seltsam scheinte es, wie er auf die Art ihres Zusammenklangs, ihre Abstufung, Verwandlung merkte, sie reihte und gliederte. Er eignete gewaltige Macht der Rede und sprach als ein lebendig Wort, wie Gott dies selten zuläßt. Er besaß die Kraft, verstorbene Sprache zu erwecken, jetzige Redeweise zu töten und künftige zu schöpfen. Weniger sorgfältig beachtete er die Seele des Dargestellten, insoweit es sich für sich lebt, und so waren seine Werke nicht durch Liebe zu Dem und Jenem, sondern durch die Gebärde seiner Worte stark. Diese liebte er, daß er sich alles Schauens enthob und zuletzt eine Sprache und sonst nichts zu bilden anstrebte. Diese sollte eine gänzlich Erschaffene sein. Jetzt ging ihm auf, wie er auch neuer Gegenstände bedürfe, damit eine sprachlose Zunge rede; vergessend, daß ihm solches nicht zukomme, und er, ein Menschenleib, im Menschlichen zu verharren bestimmt sei; denn nur Gott kann eine Welt aussprechen. Dieser Übermut zog ihn zu gewissem Verderb. Satan ist nichts anderes als die Negation. Wenn der Dichter in gewissem Sinne bereits die kräftig sich darbietende Welt unterschätzte, ganz in Worte verwesend, so war dies seine erste Sünde; denn dankbar sollen wir das Leben annehmen und geziemend in Gott es verbringen, aber nicht in den geringen Menschenwerken uns einseelen. Wie die Sünde die Zernichtung des Guten, so zerstört sie auch alles Wesen und Sein und streckt eine von Gott verworfene Seele empor in die ihr feindliche Gottwelt. Da aber der Mensch nie der Dinge, die gefährlich und schön leuchten, entraten kann, so ist ihm unerträglich, ein gänzlich Neues anzustreben; diese Mühe in Maßen ist gut, und in ihr lebt der ewige Abschied des Menschen von Gott. So lange Zeit dies verharrende Trennen besteht, ist die Dauer des Menschen und seiner Erde verbürgt, beendet jenes, was geschieht, wenn die Natur Gott überwindet, ein neuer Mensch wird und ihm eine neue Erde blüht; oder wann ein Mensch Gott erreicht in diesem Leben, wessen selbst unser Herr Christus ohnmächtig war, dann ist eine dinglose Seligkeit – aber es straft sich, wer aus dieser Welt sich im Geiste lösen will. So vermochte auch der Dichter nichts anderes in seinem vermessenem Tun, als sich der Welt zu entledigen und leer zu sein. Es war dies aber nicht eine unbewegliche Stille in Gott, der sich uns als ein seliges Nichts darstellt, sondern eine gehüllte Sucht nach neuen selbsterschaffenen Dingen, welche füglich unerfüllbar. Es ist aber eine große Strafe und Macht des Weibes, daß es der Satan und die höchste Lust des Mannes, denn es gewährt ihm ein Vergessen aller, und er nur eine Eins spürt, daß die Lust aber und das Weib diese Eins bilden und gewähren, gibt uns den Satan im Gott; da die Seligkeit keine Lust sein darf und ihr Spenden ein Wesen ist, somit ist das uns Höchste die Versunkenheit, am leichtesten gewährt und möglich in der Verdammnis. Hat ja das Weib selbst unsere heilige Religion geschmutzt und aus dem Herrn Jesu Christo, dessen Leben ein wohlgerichtet Sichverzehren, ein Absterben unter Kreuzesschmerzen darstellt, häufig zum farbig gekleideten Buhlknaben voll Zier zuchtloser unersätteter Weiber verprunkt, welchen Abweg ich einfurchte, um den Unmut des Frommen zu erledigen.

Der Dichter saß vor seinem bildlosen Streben und suchte das Neue. Da ging ein stolzes Weib seine Türe vorüber. Streng schaute sie und abweisend gegen einen jeden. Hier sah er ein Geschöpf schreiten, abgeschlossen und entfremdet allem, so sehr lag dem Weib die Selbstliebe in den Augen, und war ein ander Geschlecht wie er. In der Sucht nach dem neuen Geist lernte er das andere Geschlecht urplötzlich lieben und ehren und enthob sich schleunig seines Gemachs, ihr zu folgen. Dies aber ist des Weibes Sünde, daß es die Zweiheit bildet und ihm die Einung im Geist nicht verstattet. Sie dehnt sich etwa danach und entlockt dem Mann verständige Worte, erfeilscht durch Lust, denn ihre Mittel sind Sünde; doch ihr hilft nichts vom Verstand des Mannes, da ihr keine Vernunft gegeben und Einheit, drum sie des Mannes Welt verstört; so ist das Weib reine Negation; wenn auch des öfteren herrlich anzuschauen.

Der Dichter aber hatte sein Weib nötig, wie denn, wer im Geiste nicht atmen kann, an der Lust sich verschnaufen muß.

Gar bald saß er bei ihr im Hause, denn die Frau merkte, daß in ihm vieles zu entkleiden und zu zerstören. Sie, die nur sich am Nächsten freuen konnte, dürstete nach den fernen Erzählungen des Dichters. Köstlich war ihre Kunst, auch die Lust schuf eine solche, da alles, was sie tut, der einen Sünde dient. Das Weib zeigte sich dem Dichter in vielem Schmuck und Gewändern, daß oft er sie kaum zu erkennen vermochte, blieb bei ihr und vergaß Gottes und der Welt.

Solche Kunst des Weibes vermag ich nicht zu beschreiben. Aber ich sage euch nur, daß der Dichter meinte, aller Welt Bewegung sei im kunstvollen Schreiten der Frau gesammelt, die Knospen ihrer Brust blühten Topase und in ihren Adern quelle alles Gold. Im Schatten ging sie steil und ihr Abbild deckte die Erde zu, aller Sonne Licht brannte in ihrem Scheitel, und im Dämmern war sie ein matt prächtig Bild.

Des Nachts glühte sie gleich einer feurigen Schlange und war voller Kraft des Gewandes. Von dem tiefen Schwarz eines bergenden Mantels an und einer Perle, die ihren Schoß zeichnete, erschien sie geheiligt in violettem Gewand mit goldbesponnenen Brüsten, und ihre Knospen waren Lapislazuli. Dann zog sie ein braun Gewand über, sah üppig und gütig, dann ein gierig gelbes, dann aber erschien sie mit hüllenden weißen Binden um den Körper und tanzte dem Dichter, mit engen Schritten beginnend und in wenigen Linien sich bewegend, umgeben von den kleinen Flammen weniger Kerzen. Sie tanzte immer kecker, löste die sparsamen Glieder und verließ das Gewand. Sie streckte und beugte sich, daß sie alles vom Menschen verlor und spreizte als ein trunken Gebilde, das die Welt vergaß, in solcher Gewalt raste sie. Und war ein aufgelöster Baum ohne Wurzel und ein gestaltlos Glitzern über den Wogen, verbrannte Wolken des Weihrauchs unter Kuppeln und ein Schrei – farblos stiebendes Wirbeln.

Und eines, es glich, sie umtanze den Kreis der Kerzen, der zu Beginn ihre Form und Scham war, als übergleise sie die Lichte und einkreise sie die dunkle Höhle. Das Licht verging, ihre Haut berieselnd, und war, sie trüge eine Feuersbrunst durch die Säle, sich schwingend gleich Hochzeitsfackeln, und tanzte sie hinaus in die Welt verflucht von Gott und konnte nicht versinken im Meer und war gerissen überall hin und loderte über die Erde im Rausch. Wer sie sah, der mußte springen und starb bald. Der Dichter saß mit der erweckten Lust und hatte eine Kunst gesehen unnachahmlich, größer als die seine, und alle Rede war ihm fremd geworden. Er schritt nach Hause, hockte über den Worten, verstand keines mehr, nur daß er des öfteren unsinnige Rede anhob und sagte – die Sünde tanze.

DIE DRITTE LEGENDE

Ich ging einen strahlenden Mittag entlang, mich zu erfrischen. Kam über eine Wiese und freute mich des hellen Grüns. Da legte sich die dunkle Welle meines Schattens auf das Gras und nahm mir alle Farbe hinweg. Der Schatten aber hatte nicht meine Gestalt und war mir fremd. Er sah aus wie ein großer Vogel in eine Fläche gespannt, der flog in der Wiese und war gesprenkelt von den Blumen und den Gräsern, aber saugte ihre Farbe ein. Ich ging rasch in das Dunkel, um ihm zu entfliehen; da ward er farbig, und der dunkelrote Wald leuchtete in violetter und grüner Zeichnung. Die Bäume entschwanden mir, als ich ihm entgehen wollte und in die Höhe sprang, denn er flog mit mir auf, deckte die Bäume zu und verbarg mir den Himmel. Alles tat er gewaltiger als ich. Ich rief ihn an, doch er schwieg. Ich sprang in ihn herein, ihn zu zertreten, doch er sprang über meinen Kopf, verhüllte mich einen Augenblick und dann quoll er vor mir her. Ich konnte mich nicht sehen, doch ihn, und was ich meiner Gestalt vergaß, gewann er an Leben, und alles errang er sich in großer Stille, daß ich nicht mehr zu sprechen wagte, um ihm gleich zu werden, und ich vergaß den Raum um mich her, der Schatten verbot mir die Bewegung. Er widerlegte mir das Sicherste, die Mathematik, denn er war zweidimensional oder vielleicht war seine wirkliche Gestalt unter der Erde. Meine Hände riß ich blutig, da ich den Boden aufgrub, seine Gestalt auszuwühlen und zu töten. Aber meiner Hände Blut saugte er auf und leuchtete, geschmückt mit der roten Kraft meines Lebens, er war nur Gebärde. Und wir rannten zu zweien in das Sonnenlicht, da ward er kürzer und so klein, daß ich glaubte, mit ihm dahin zu schwinden. Jetzt ist die Zeit gekommen, gegen ihn zu ringen, und warf mich über ihn, daß er ersticke. Doch er wuchs wieder im Rot der untergehenden Sonne und verdeckte ringelnd mir alles. Ich bin ein Vogel, der im Wiesenplan umhersaust, dessen Gestalt unter der Erde ist, die ich nicht kenne, der seine Farbe mit der Sonne wechselt, bald gewaltig, bald ein Zwerg ist. – Wo bin ich, der ich mir immer entfliehe – DUICH – bleibe bei mir, du grüner Wiesenvogel, du schweigendes Tier. Du von mir Erwürgter, der jetzt im roten Blute prangt, es entfließt einem sonderbaren Wesen, das neben mir wie ein strömender Hügel liegt – mein Vogel, wir steigen in die Nacht uns bergend.

DIE VIERTE LEGENDE

Ein heiliger Mann kam zu einem schwachen, kranken, der zu Tode lag. Dies war ein Jüngling, der sich in schwerem eklen Leiden wälzte, das ihm sein böses Leben gebracht. Alle flohen vor ihm und er lag verlassen in seinem Hause und entbehrte der Speise und des Trankes, da keiner ihm solches für goldenen Lohn gereicht hätte: denn seine Krankheit überkam einen jeden, der in seiner Nähe verweilte, und er war gebettet in der Stadt wie ein Zeichen der Pest. Da seine Krankheit immer ärger wurde, schrie er laut des Nachts, der Bürger sah dann die Seuche über die Dächer der Häuser hinfahren, so die Stadt voll Schrecken und Angst voll wurde, daß ein jeder sich zu Gott bekannte, tägliche öffentliche Umzüge der Priester beging, welche die Glorie des heiligen Leibes umhertrugen; und ein jeder küßte sie, um nicht von der Seuche befallen zu werden, war heilig einen ganzen Tag und sicher des Nachts vor der Stimme der Pest. Keiner betrat seines Eheweibs Kammer, die Buhlinnen der Stadt wurden durch Ratschluß vertrieben, solche aber, die dem Jüngling gedient, in strenge Haft geschleudert.

Es mochte einige Zeit vergangen sein, daß die Stadt solcher Schrecken und solche Heiligkeit überkamen, da trug ein junger Priester die Monstranz durch die Straßen, und hinter ihm zogen die Chorknaben, herrliche fromme Lieder singend, jauchzten und klagten Gott viel stärker und schöner denn sonst, daß alles tönte, die Gebäude und die Straßen, und Musik wallte die Stadt entlang. Die Töne bestrahlten die Angesichte der Menschen, und die Knaben schritten einher gleich wandelnden Lilien, und der Zug war eine tönende Harfe. Dies geschah, weil der junge Priester, der dem Zug vorausstrahlte, ganz besondere Kraft von dem Heiligtum in seine Hände erhalten. So gewaltig war sein Glaube, daß die Pracht der Monstranz nur noch das Leuchten seines Hauptes schien und hinter ihm schwebte. Alle neigten sich, die Trauer wandte sich zur Freude vor Herrlichkeit, die Knaben und die Einwohner tanzten auf den jubelnden Gesängen, und ein jeder sang sein Leid aus dem Herzen. Und zogen sie hinaus auf die Wiese vor der Stadt, zu feiern, da mit dieser Freude sie begnadet worden.

Allein der Priester verblieb vor einem Hause, das war öd, und wußte vor Seligkeit, hier liegt ein Unerlöster, und stand da, die Klage anhebend. Er schritt in das Haus, aus dem ein übler Geruch entgegenquoll, und hier lag der Jüngling mit dem Tode und der Pest zusammen. Er war in ein elend Vergessen geraten, der vordem geliebt und herrlich dreinschaute.

Der Priester aber trat zu ihm heran, nahm die zerfressenen eitrigen Hände des Jünglings, die beide zu Boden hingen, hielt sie aufwärts, küßte dem Jüngling den Mund, legte sich über ihn und betete in seine geöffneten Lippen voll Inbrunst mehrere Stunden lang. Nachdem er solches getan, verließ er das Haus. Das Volk war indes vom Tanz zurückgekehrt, da nun Abend geworden, sah den Priester aus dem verhaßten Hause gehen, einer hob einen Stein auf, warf ihn gegen den Mann, welcher starb, dessen nicht viel bedurfte, denn alle Kraft war von ihm gewichen, damit ein gewaltig Wunder verkündet werde.

Der Jüngling erwachte, stand auf voll Kraft und war ihm gleich einem Heiligen innen und gänzlich gewandelt. Ihm hatte seltsam geträumt, die Pest sei hinausgegangen unter den jubelnden Tänzen der Mitbürger und wäre weit weggesprungen, umjauchzt von allen. Er war ein seliger Mann geworden, der viel fromme Weisheit kannte, und seine Gestalt veränderte sich sonderlich in wenigen Tagen, da er des Erschlagenen Seele und Umriß sich im Traume eratmet, und ging in den Straßen, wo das Volk von ihm wich und sprach, der Erschlagene sei sichtbar auferstanden, wandle in weißem Hemd durch die Stadt und lächele einem jeden zu. Da vor ihm alles floh, außer wenigen kleinen Kindern, die man vergessen und die von nichts verstehen konnten, ging er zu diesen, nahm sie lieblich an seine Brust, so daß sie zu ewigem Leben gesegnet waren. Die Menge aber gewann Vertrauen, fiel vor ihm nieder, und er lebte liebreich unter ihnen mit dem Verstand unbegriffen von sich selbst, aber seiner gewiß im Glauben an die Gnade des Herrn.

In *Hyperion,* H. 5. 1908, S. 14—18. (Hieraus die III. Legende als »Legende« gedruckt in *Die Aktion,* 3. Jg. 1913, Sp. 434 f. — Die I. Legende als »Legende« in *Die Aktion,* 3. Jg. 1913, Sp. 555—559.)

Der Snobb

Wir haben keine Wahrheit mehr, die alten Notdürfte und Verpflichtungen des Instinkts sind abgeblaßt. Die Wünsche hängen hohl und weitfaltig um gemagerte Dinge. Man lernte die Gebundenheit zugleich als Wille verstehen, und da man alles wollen konnte, verloren wir die Werte. – Die allzugroße Freiheit hat uns verarmt, Phantasie gestattet, alles ohne tatsächliche Realität zu genießen. Die Welt vergeistigte sich solchermaßen in den Gewändern der sie unablässig schmückenden Gedanken und Künste, daß wir in der sich mehrenden Künstlichkeit des Lebens den Wahnsinn begingen, über Hülle und Schleier hinaus zu staunen, ein Rätsel schufen von beglückender Unlösbarkeit und glaubten, wir könnten mehr auffangen in den Schalen unserer Worte, als uns selbst. Wir haben unsere Seele so oft gespiegelt, worin? in uns selbst, daß wir die sich zu Reihen gebärenden Reflexe zu Tatsachen, zu Dingen erstarren ließen. In der Beklommenheit vor der Armut unserer ein-atmigen lange-weilenden Symbole, die ebenso phantastisch als gesetzmäßig sind, retteten wir uns vor ihr zu dem Ding.

Ding und Wort sind nur verschiedene Bezeichnungen eines elementaren Erlebnisses. Unsere Sehnsucht nach Notwendigkeit und Freiheit beweist nichts als eben unsere Sehnsucht.

O entsetzliche Langeweile des Kreises, der alle Verschiedenheiten tötet, alles Gleiche als unendlich Verschiedenes bezeichnen läßt. Langeweile, die uns zur zerreißenden Differenzierung führt, entsetzliche Einsicht, daß alles nur Perspektive ist.

Ein Gesetz, ein sichtbares, ist zu konstruieren, das uns trennt, das uns Glaube gibt, trotzdem es unsere Konstruktion ist. Unsere Konstruktion; denn das Gesetz der ursächlichen Folgen über uns hinauszudehnen, ist sinnlos.

Der Snobbismus, in welcher Gestalt er auch auftreten mag, ist aus solchen erwachsen. Sind diese geschriebenen Worte nicht ein Beweis solch seelischer Verzerrung, wo alles von einem Punkt gesehen wird, wo der Reichtum zur Armut des einstelligen Schauens zwingt, wo die Masse der Erinnerung jagt und quält zum Originellen. Einen glaubhaften Ernst, daß wir sprechen.

Wir sind wie alle, schrieen sie in Ekel und Angst, wir wollen sichtbar sein, und sie wurden einsam. Demonstrative Zurückgezogenheit, demonstrativ, denn ein Wille spricht darin. Der Mensch, der hier zerschnitten und belebt wird, ist ganz und gar Wille, er schätzt nur Gewolltes und wird darum die Groteske des ihn täuschenden Willens. Er mag zuletzt im Wollen müssen, etwas Sklavisches ersehen, dem er sich durch Verneinung zu entziehen versucht, als wäre dies nicht der Superlativ von Wunsch und Absicht. Aber die Verneinung wird gesucht als intensivste Wahl, als Bejahung einer höchstvereinzelten Seltenheit.

Hier tritt eine Frage der Wertsetzung auf, nach einer ärmlichen, das ist stilvollen. Der Snobb hat alles erkannt und wäre es auch nur ein müdes Verwerfen, ein Ablehnen des täglich Gegebenen aus der Schwachheit, das ist köstlichen Borniertheit, einer Natur heraus, die verzichtet, das Schlichte mit der Form eines eigentümlichen Wertes zu begaben. Erkennen ist identisch mit Überwinden; denn in unserem Menschen liegt die selbstverständliche Verneinung von Anfang eingegraben.

Dem Snobb ist die Qualifizierung keine Frage der Form, sondern einer eigentümlich praktischen Ästhetik, doch wiederum kein Entscheid des geeinzelten Zufalls, der jede Form vernichtet.

Der Wert liegt im Ding. Denn Wertung darf keine Kraftleistung sein, sondern der Schatten eines passiven Genusses. Die Dinge müssen entgegenkommen, so leise, daß sie immer da sind, wie Frauen.

Der Wert ist dem Snobb etwas Moralisches, und zwar aus entferntem ästhetischem Zuschauen gewinnt er seine moralischen Werte.

Eine betrachtende Güte, die alles fernhält, nur Konventionen mit dem Anderen identifiziert, nicht sich.

Denn er ist immer in sich, furchtsam, am furchtsamsten vor dem Urteil. Er sieht sich fast immer zu, aus Geschmack, aber er wird sich nicht beurteilen, aus unproduktiver Verletzlichkeit, sondern schmerzlos in sensibler Borniertheit verwerfen; sein überreiztes Individualwollen beschließt er in dem Wort »Anderssein«. Der Snobb ist nicht aus essentieller Nötigung so oder so; aus dem Rhythmus eines Worts, aus der abgerissenen Vibration sich gegenseitig flüchtender Klänge. Er haßt den diatonischen Dreiklang, das Entdecken des Ursprungs. Der

Beginn muß ihm das am meisten Bezweifelte sein. Der Anfang bedeutet für ihn nicht symbolische Bestimmtheit, sondern tatsächliche Ungewißheit, die eine Brücke zu jedem Bedenken und Zweifel ist: ein Turnseil zur Willkür eines Geschmacks. Der Sinn dieser Reizfähigkeit, die nur als private Seltenheit geschätzt werden kann, liegt in der Entferntheit vom Natürlichen – in der reservierten Willkür, die als Willkür dem Zweifel weite Flächen zweilichtiger Beleuchtung und Andunkelns bietet.

Er identifiziert geistige Formen mit Inhalten des Seins, ihm ist das Ideelle zum Primären geworden; denn es ist die letzte Spiegelung, die Punktuellste. Er glaubt vielleicht auf Augenblicke dem Geist als nichts Sichtbarem, als Letztem. Der Geist ist eine individuelle Tatsache für ihn. Keine allgemein begriffliche. Nur Endstilisierung eines persönlichen Erlebnisses. Er sieht alles zunächst als Objekt feinhändiger Wahl, relativ, sehr relativ, aber gerade darum klammert er sich an ein Absolutes um so fester, dem er nicht symbolischen Wert beilegt, dessen Gebrauch eine Überrumpelung einen Glauben trotz allem in sich trägt. Er schätzt nach dem Genuß, wo alles Entscheid eines Geschmacks ist, und vielleicht ist Genuß das Passive, Unproduktive. Er ist an langer Wahl ermüdet und verfällt um so hülfloser dem Letzten, dem Geschmack. Er verfällt sich und ist im Kreis seiner losgerissenen Individualität umgetrieben, seine Furcht vor der Identität, sein Haß auf Objektives, deren gemeinsamer Ausdruck Gleichgültigkeit ist, verarmen ihn, seine Armut ist Stil, er ein Punkt, ein Gewähltes, ein immer sich zentrierender Kreis, undifferenziert, weil er anders sein will und immer überwindet. Er ist immer einstellige Zahl, aber anders geschrieben. Differenzierung als Vorstellung bedingt Erinnerung, die den Unsern schon beschmutzt, er ist, entwickelt sich nicht; denn er genießt das Dasein, das so leise kam, wie auserlesene Frauen. Er schätzt nur den Genuß eines Moments, die Einzigkeit, der er glaubt.

Kann diese Einzigkeit wahr sein? – etwas Moralisches?

Sie muß so selten sein, daß sie wunderbar ist, ihre Tatsächlichkeit so momentan, daß Sein und Nichtsein eins werden. Das Auffangen, der Zweifel, der übrig bleibt, das Theater, des Moments würdig zu sein, der traurige Rest in einer aschigen Geste erstarrend, einzige Konsequenz, ein mehr und mehr verzweifelnder Geschmack.

Der Snobb haßt das Symbol und die Einheitskette, die jenes weitziehend schlingt. Er ist nur Variation und Zuschauer derselben, ihr Stilzusammenhang ist die Angst auf Sich zu geraten, er ist so unsymbolisch, so untreu, wie das blinde Auge eines Spiegels, der wie er nur durch die Güte der Dinge lebt.

Der Snobb flüchtet immer vom Gesetz zum Neuem. Gesetze wären für ihn mehr als Pflichten, eine Sache des Geschmacks, des Vereinzelns, das Gesetz müßte ihm restlos in der Originalität seines Erlebnisses aufgehen. Das Gesetz müßte aufgelöst werden in ein neues Erlebnis, so daß nichts von überindividueller Norm und Form übrig bliebe. Das Gesetz dürfte nichts mehr sein, als Beweis der Existenz eines originellen Individuums, die kontinuierliche Logik eines Kodex müßte untertauchen in die abrupte Erscheinung eines Snobbs, müßte ein Paradox werden und nicht nur in Hinsicht auf seinen Erfüller, eine Willkür, absolute Geschmacksache.

Das Gesetz müßte relativ sein, seine Realisierung im einzelnen normativ, nur Theater eines Willens. Denn die Reize eines angespannten Seins werden gekostet, der Snobb ist immer dazwischen, aber durchaus nicht nur intellektual. Er besitzt eine feine Borniertheit des Gefühls.

Und wenn er je lebte, in seiner Hast nach Außenordentlichkeit, die gemessen am Abrupten seines Charakters zuletzt in graues Mitleuchten endet; er besitzt kein anderes Maß des Lebens, als den innen gefühlten Tod. Das Licht sehen ist nichts anderes als die Proportion der Reize gemessen an seelischer Blindheit. Das Leben ist eine Relation zum Sterben.

Unserer ist tot; denn Stil tötet in seiner arroganten Ausschließlichkeit. Der Zauber und Reiz des Stils ruht in seiner Konstanz. Er duldet höchstens eine neue Gruppierung und Beleuchtung, aber grundprinzipiell und innerlich ist er durch den Glauben an die Beständigkeit und das Unveränderliche bestimmt. Ein Glauben, in dem jede Tatsache, das ist kritisches Bewußtsein, aufgezehrt wird.

Der Reiz des Unsern, das ist die Möglichkeit einer Selbstinterpretation nach entgegengesetzter Richtung, liegt in der überwiegenden Verneinung zu Gunsten einer stärksten Bejahung, in der sich Ästhetisches und Lebendigkeit mischen, zum wenigsten tangieren.

Das Erstorbene des Snobbs liegt von vornherein darin, daß er eine phantastische Forderung, deren Eigentümliches in ihrer Isoliertheit ruht, in eine Krawatte umsetzt, vielleicht um die Innerlichkeit einer artistischen Forderung zu bespötteln oder aus Schwerfälligkeit. Das primär Zweideutige ist das andauernde Ineinanderschachteln von Kunst und Tatsache. Er hat keine Zeit, keine zähe Weite, eine innerliche Forderung unsehbar zu erledigen, sie ist nur Grund zur Sichtbarmachung einer ähnlichen andern. Die künstlerische Forderung ist moralisch, ja sozial. Sein Denken ist ein kunstgewerbliches mit zweideutigen Zwecken. Vielleicht um der Eintönigkeit des Gereiztwerdens willen, die in Vielfarbigkeit der Wirkung verwandelt werden soll, oder vielleicht ist der Einklang des Stils eine euphemistische Flucht vor den vieltönenden Stimmen, die kaum unterschieden werden können.

Diese Lebensbetrachtung, welche alles aus dem Gegensatz sich entwickeln läßt und in diesen hinein, nimmt den Werten, wie wir sie von einer wohltätigen gutmachenden Gewohnheit empfangen, ihren Charakter als Wert, indem zu jedem der Gegenwert dargeboten wird. Alle lebendigen Forderungen müssen, um hinreichend begründet zu sein, einer stilvollen Überzeugung Dekoratives entleihen.

Es ist überhaupt meinem Lieben eigentümlich, Elementares als Schmuck und Letztes zu benutzen, um in sich zu bleiben und nicht einem durchfurchenden verallgemeinernden Prinzip zu verfallen. Da er von keinem Prinzip überfallen wird, saugen ihn die Dinge ein.

Und gäbe es ein geringeres Element als die Liebe? sie wird in ihrer ganzen Formen- und Willensfeindlichkeit als wirkungsvollste Dekoration in den Rahmen einer ästhetisierenden Absicht eingespannt. Wenn die Bewußtlosigkeit des Einswerdens sonst einen Zweck der Liebe ausmacht, so ist es hier nur ein qualvolles leeres Mittel, sich die Askese des geschlechtlichen Verkehrs anzugewöhnen. Der zweite Mensch muß sich auflösen zur zierenden Floskel, sichtbarer Körper eines Stilgedankens werden, vielleicht den Stil fast restlos repräsentieren, woraus sich eine eigentümliche Idealisierung des Persönlichen zum Symbol eines absoluten Allgemeinen ergibt.

Die Liebe ist vor allem eine verantwortungsvolle Anstrengung; denn der Gegenstand der Empfindung soll aufs erste in dem überlegenen Stilgefühl zerschmelzen, das sich allein an einem zweiten Menschen demonstrieren will, und an ihm nur seinen Stil genießt. Jeder ist irrational genug, sich gegen die Vollkommenheit einer theoretischen Form zu wehren, besonders wenn dies nichts ist als ein verblüfftes, das ist individualisiertes Gesetz.

Aber vielleicht gab der Snobb sich den Andern nur als Reiz, denn wir sind enharmonische Verwechselungen.

In *Hyperion*, H. 8, 1909, S. 172—176. (Ebenfalls in »Anmerkungen«, Verlag Die Aktion, 1916, und in *Die Aktion*, 6. Jg. 1916, Sp. 405—408.)

Vathek

William Beckford schrieb 1781 Vathek.[1] Die Bedeutung dieses literarischen Geschehnisses wird versucht darzustellen.

Ein Buch der artistischen Imagination, der Willkür; die Laune des Spleens wird von Beckford zur Technik gerundet; eine ansteigende Phantastik, beginnend mit dem unzähligen Glanz des Kalifats; von dort aufbrechend ein Zug zu Wundern satanischer Mystik, der durchrankt wird von groteskem Spiel; die unermeßliche Gier des Vathek, die keusche Perversität seiner Mutter Karathis hemmen und beeilen das Tempo des Zugs zu den Geheimnisses des Eblis. – Vathek ist das Buch der unerschöpflichen Gier des überspreizten Willens zur Originalität; endend in höllischer Langeweile, verzweifelter Banalität. (Man kennt Arten einer Langeweile, die Bedeutung, sogar Erhabenheit verrät und durch große Werke, schwere Verbrechen, ja Wahnsinn entbunden wird.) – Vathek ist ein Kunstmärchen. Der Glaube an die Realität, die Möglichkeit des Märchens schwand; da der Mythus ausstarb, ging dem Märchen der gläubige Gehalt verloren, (das Märchen ist Anekdote des Mythenepos), doch ein Wille blieb, der der Wirklichkeit übermüdet ist, und man bildet eine die ästhetisch wahr ist im Sinne des ornamentalen bildhaften Zusammenhangs; Tautologie, Allgemeines und Bekanntes meidet. – Das Wunder wandelte sich zum Wunderlichen, das Staunen, die religiöse Unbegreiflichkeit wurde Bluff. Das ehrwürdig in Gott Mögliche, die Unermeßlichkeit des Geschehens verengte zum begrenzt Unmöglichen, wo am Ausgang die Dinge zernichten oder in bürgerliche Gleise einfahren. Das Kunstmärchen sei als Archaismus gezeichnet, worin kostbare Triebe, die ihre Wirklichkeit verloren, lebendig werden.

Man besitzt hier ein Beispiel, daß Religiöses ästhetisch abwirkt und geheim im Poetischen besteht. (Man erkläre hieraus die öftere Umkehr des »Artisten« zur Kirche, welche in der immer gefühlten Verwandtschaft ästhetischer und religiöser Transzendenz sich gründet.) Das Kunstmärchen meidet wie der Mythus die Psychologie. Der unnennbare Glaube an den Helden des Mythus wird ästhetisches Erstaunen über die wundersamen Kräfte der Kunst, welche die Realität ausschaltet und deren Kraft und deren Wahrheit in dem kompositionellen Zusammenhang und der Bildkraft wohnen, denen eine rationale Erklärung ebenso entfremdet ist wie der Einheit des mythischen Vorgangs.

Vathek ist ein Gleichnis des unerreichlichen Mysteriums, das einer englischen moralischen Färbung nicht ganz entbehrt. Das Fantastische ist etwa ein unbekömmliches Regulativ; aber wenn das Buch die Moralität der Grenze leise bedeutet, so weist es auf die Kraft des Imaginären, dieser wahrhaften Essenz hin. Das Leben des Mächtigsten, der jede seiner Willensregungen verwirklichen kann, geht an der Leere seiner Imagination, an einem begehrten Traum zugrunde. Dies ist die verborgene Idee des spirituellen Buches, in dem die Personen stilisiert sind, dessen Magie sich in mathematisch bestimmte Anschauung umsetzt.

Oft persifliert der Erzähler das Märchenhafte und läßt es zur Groteske werden; er fällt einem feineren Snobismus anheim, ist der Form des typischen Sehens und Erlebens müde, genießt zur stärkeren Reizung vieles in superlativischer Form; er begründet vor allen Dingen nicht, schreibt er doch geradezu, um mit der Willkür die Kausalität zu beschämen.

Die Menschen des Vatheks sind zur Bedingungslosigkeit gesteigert; sie verwerfen vor allem abbildenden Positivismus und suchen was ihre Willkür übertrifft – das unbeantwortete Staunen; dessen Lösung unmöglich ist, denn für das Fantastische verliert jeder Gegenstand durch die Existenz den Wert. Der Fantast verwirft im tieferen Sinn die Welt und sein Gott ist Proteus. Der Fantast erschöpft sich leicht, da er die Realität nicht erträgt, sondern weiterhetzt. Beckford erledigte sich am Vathek; er hätte nur variieren können, im gleichen Grundgefühl befangen.

Wir finden im Vathek einen stilisierenden Rationalismus, dem das Organische fremd ist. Seine Wasserfälle, Sonne und Mond, Berge und Wälder sind streng modellierte objets d'art voll mathematischer Funktion. Das Fantastische war für Beckford kein Vorwand für ein

Sentiment, romantische Ironie oder einen Vergleich heterogener Momente – diesen Mitteln der Dichter de seconde ordre.

Beckford ist der Vater der Heutigen, die entwicklungslos im Fieber ihres oft intellektuellen Spleens produzieren; dieser Künstlichkeit, wo der Stoff sich gewissermaßen aus ornamentalen literarischen Associationen weiterbildet, liegen ein ästhetischer Pessimismus, eine Anästhesie für das Lebendige, eine besonders reizbare Sensibilität zugrunde. Diese Bestimmtheit weist sie auf das fremde Erlesene; ihre Landschaften, Menschen sind Konstruktionen; diese Dichter zehren mit ihrer Stilisierung den Stoff auf. Ich möchte sie im Gleichnis Schwarzweißkünstler nennen, solche die mit abstrakten Farben arbeiten. Vathek versetzt den Leser in einen künstlichen Rausch, einen kühlen hellen Zustand; Vathek läßt nicht die Blüte auf dem Stengel, er nimmt ihr das Wachstum. Die Blume erinnert ihn an ein Ornament, sie ist ihm als Blume nicht genug, weil nicht sein geometrischer Wille darin ist.

Vathek eröffnet die Reihe der Bücher, welche uns die Erkenntnis und Zucht der reinen Kunst spendeten, diese in das Gebiet der abgeschlossenen Imagination verwies, und ihr die Kraft eines in sich vollendeten Organismus verlieh. Damit wurde dem allegorischen Charakter der Literatur ein Ende gesetzt; zunächst durchdrang die Gewißheit einer isolierten Kunst, die gesetzmäßige Willkür den Stoff. Man suchte kostbare Materiale auf; die aristokratische Technik fordert Auslese und Seltenheit. Wir verspüren etwas von literarischem Kunstgewerbe. Als wertvollste neuere Œuvres dieser Klasse bezeichne ich: Mallarmé, Herodiade; Beardsley, Under the Hill; Baudelaire; z. B. Harmonies. Diese Künstler erinnerten uns seit langer Zeit wieder der rhythmischen Anschauungskraft, der stilisierten Sinne, der Bildhaftigkeit des Kunstwerks und seiner konstruktiven Art. Sie zeigten: es ist nicht gestattet, mit Kunst Associationen zu erregen (die Ausgeburt ist didaktische Kunst) oder zwischen heterogenen Momenten (groben romantischen Mitteln) zu voltigieren, sondern daß ein Werk unreal und dicht wie ein Kreis sein muß, die Bilder auseinander hervorgehen im gestuften Wechsel der symbolisierten Organe. Diese Künstler befreiten uns von der langweilenden Wörtlichkeit gegenständlicher Sentimentalität. Die noces spirituelles der Bilder und ihrer Organe, welche völlig einem musikalischen Gesetz untertan werden, die Verwendung aller physiologischen Fähigkeit im ästhetischen Gebrauch zur Erzeugung des adäquaten Bildes danken wir ihnen. Diese Künstler zeigten den nützlichen Gebrauch objektiver

Kunstmittel, ihre Persönlichkeit verzichtete auf unsachliche Darstellung, sie lehnten das Interessante der komplizierten, so konstruktionslosen Seele ab und zehrten im strengen Eifer die Person in der Zucht der künstlerischen Auswahl auf. Eines ihrer Gesetze: man gebe konzentrierte Resultate – keine Wege. Ein reiner ästhetischer Platonismus. George zog allzu voreilig daraus den Schluß, das lange Gedicht sei unmöglich. Dies ist wohl eine Frage der Technik, welche in langer künstlerischer Tradition wächst durch Darstellen verwandter Motive. Diese Künstler stellten das Gesetzmäßige der Kunst, Technik und Form wirksam dem zerfließenden Individualismus (unkünstlerischer analytischer Psychologie) und der Kunst als Ausdruck entgegen.

In *Hyperion*, H. 11/12, 1910, S. 125—128. (Ebenfalls in *Der Demokrat* 26, 1910, Nr. 44. — Unter dem Titel: Über das Buch Vathek, unter dem Pseudonym Sabine Ree [Sabine Ree ist möglicherweise eine Anspielung auf Nietzsches Freund Paul Ree] in *Die Aktion*, 3. Jg. 1913, Sp. 298—301. Auch in »Anmerkungen«, Verlag Die Aktion, 1916.)

1 William Beckford, englischer Schriftsteller, geb. 1759 in London, gest. am 2. Mai 1844. — 1780 trat er mit der Satire »Biographical memories of extraordinary painters« hervor. Berühmt machte ihn der zuerst in französischer Sprache erschienene, dann von ihm selbst ins Englische übersetzte Roman »Vathek« (1786). Übersetzungen: »Vathek«, Franz Blei, Leipzig 1907 (die Ausgabe, auf die C. Einstein sich bezieht). »Vathek. Mit den Epsioden«, Frankfurt a. M. 1964 (übersetzt von Franz Blei, mit der Revision von Robert Picht).

André Gide

La porte étroite

Le mot grand poète ne veut rien dire. – C'est être un pur poète qui
importe. Gide zündete eine spitze Flamme, ein Buch[1] dessen Wesentliches mineralische Reinheit ist. In einem mystischen Volkslied steht:

Unschätzbares Einfaltwesen,
Perle, die ich mir erlesen
Vielheit in mir ganz vernicht
und mein Aug' auf dich nur richt.

Mach mich los vom Doppeltsehen
Laß auf eins den Sinn nur gehen
In recht unverrückter Treu'
Und von allen Tücken frei.

Ei, so mach mich denn aufrichtig
Einen Leib, der ganz durchsichtig
Licht sei, schaff und ruf in mir
Aus der Finsternis herfür.

Mache neu die alte Erde
Daß sie kristallinisch werde
Und Dein Meer laß sein nicht mehr
Außer nur Dein gläsern Meer.

Dieses laß mit Feuerküssen
Aus Dir in mich überfließen
Komm, o stark erhabne Flut
Reiß mich hin ins höchste Gut.

Claudel gibt farbige Sinnenmystik, symbolische Pracht; er keltert aufsprudelnde Hymnen, das Sterben ist ihm der Gipfel des dionysischen Bacchanal; sein dualistisch katholischer Gott voll prunkender Pracht visionärer Geschlechtlichkeit ein unermeßlich strahlender Glanz. Er sagt von Gott: »Votre corps que je possède entre les dents.« Dieses ist in seiner erhabenen Hymne du saint sacrement zu lesen. Sie steht in der jungen nouvelle revue française in der man trotz allem das beste Französisch von heute zu lesen bekommt. Gide ist Protestant: Gott ist für ihn die Sache des Vereinzelten. »Efforcez vous d'entrer par la porte étroite!« Gott dienen heißt, alles opfern, aller Empirie entsagen. »Dieu les ayant gardés pour quelque chose de meilleur.« Glück und Tugend schließen sich aus. Die Liebe zu Gott ist nur dann köstlich, wenn alles andere unterdrückt ist. Und doch sagt der Mensch »je comprends que toute ma vie est vaine, sinon pour aboutir au bonheur.« André Gide, Sie haben das Inventar der menschlichen Seele unvergänglich bereichert und Ihre Tugend leuchtet in dem Buch.

Die Geschichte möge man lesen, es gibt hiervon auch eine Übertragung, welche die erregte, fast sagte ich, gotische Interpunktion, Frasierung des Französischen, die Steigerung in die Armut der gottsucherischen Seele verbreitert mitteilt. Eher stimmen die Zeichnungen Brieslanders. Ein kleines Wiesenbild ist das beste. Aber es ist zuviel technischer Aufwand; eher ein Radier- als Zeichengeschick, man denkt an Arbeit, sie ist nicht in der Form absorbiert, Brieslander soll Gobelins entwerfen.

Man hat nicht über dies Buch zu meditieren. Es ist voll schwerer fraglicher Gedanken. (Sie schauen uns seit dem Jahre eins an, Epikur und solche suchten plumper danach, Jesus gab erst die erschwerende, verfeinende Dialektik in die Transzendenz). Aber man denkt nicht, wälzt nicht Probleme; denn die sparsamen Motive sind bis zur Vollendung dargestellt, restlos. Das Schwerste ist erfüllt, was dem Dichter zu leisten gibt. Es ist vollbracht.

Trotzdem eine Frage: ist Religion nicht eine männliche Form? Und wird an ihr die Frau, wann sie restlos Gott liebt, nicht steril? Das Leben in Gott ist ihr Tod und liebt die Frau Gott nicht wie eine Braut den Bräutigam, wenn sie leben soll? O trunkene lebendige Freude in Gott! (Siehe Claudels Mittagswende, Franz Blei dichtete sie zu Deutsch.) Aber der Mann? Selbst Mystiker schrieben Bände und ergrauten in tätiger Ehrsamkeit.

Bei Gide gehen Menschen und Landschaft jetzt wundervoll zusammen. Ich grüße seine wachsende Meisterschaft. Ein Moderner, der mit jedem Buche sich erholt, daran stärker wird. Welch' schöne Bestätigung steigender Genialität.

Der Inhalt des Buches: disharmonische Eltern, Gott und ein stiller contemplativer Knabe kämpfen um die Tugend und das Glück einer Frau. Und sind Gott und der Knabe nicht nur Reflexe der Seele? Wäre da nicht eine Lösung? Lassen wir despektierliche Überlegung.

»D'autres en auraient pu faire un livre.« Das Buch ist in einem stilisierten Lyrismus liebevoller, schmerzhafter Betrachtung geschrieben.

Ein Umherirren zwischen dem Glück und der Tugend. Ein Zerrissenwerden von Ideologie. Gide zeigt den leidenschaftlichen Denker, den Denker mit dem Herzen, den zuckenden Kopf. Er nahm eine Frau, aber Pascal schluchzt in ihr. Sie löst sich nicht in erotische Seligkeit wie Mechthilde von Magdeburg, sie geht dem Glück aus dem Weg und übt die fortschreitende Annäherung zu Gott. Das Christentum gab uns den Reichtum der dialektischen Seele, den zerrissenen und überanstrengten Menschen im Gegensatz zur heidnischen Hygiene des Interieurs. Wundervoll ist, wie Gide christianische Motive, wie die Umkehr und Versuchung, in einem Fräulein Alissa Bucolin erstehen läßt. Ich grüße Sie, der Sie, wie nur wenige, den Mut hatten, die zwiespältige Kostbarkeit der christlichen Seele zu formen. Pascal und Kierkegaard sind Ihnen nahe; trotzdem Sie vielleicht in aller Christlichkeit etwas Heide sind, weil Sie Epen schreiben. Doch es verweilt in schmerzlicher Betrachtung über Alissa Jerome der liebende, der schonende Wärter über einer durchleuchteten Kranken. Wie meisterlich die Umwandlung einer erotischen Beziehung in das Verhältnis Schwester und Bruder, der puritanischen Form, der Menschenliebe.

Die Umkehr zu Gott, wie Gide alle katastrophösen Motive cachiert und nur die Seele redet. Diese Katharsis zum absoluten Monolog in der vereinsamenden Intensität Gottes (bei Claudel eine mystische Hymne der geeinten Geschlechter). Die Sublimierung, Spiritualisierung dieses immer affektvolleren Gemütes, das mit ideologischem Geist gereinigt wird, dessen Herz von ihm nicht mehr begriffen wird, wo, was Zucht, ja Verstellung war, fast zur inneren Wahrheit wird. Fast. Es ist nicht zu erreichen, solange noch ein weniges gelebt wird. Gott und das Leben sind sich ausschließende Widersprüche. Zuletzt ein gehackter, zerquälter Schrei über eine weiße Wand ungesehen verhallend. Ob das Opfer angenommen wurde?

Von der Wiederkehr der Motive. Alissa, die Heldin, wird verfeint, vergeistigt, so daß ihr Leibliches schwindet. Juliette, die Schwester, wird Bügerin, sie kämpft um die Normalität. In Beiden eine Umkehr der Motive: wie Gide die Familie zusammengestellt hat. O, welch zärtliches Wissen.

Ich grüße einen, der Meister wurde, maître Gide!

In *Der Demokrat*, 2, 1910, Nr. 31.

1 La porte étroite; Übersetzungen: Die enge Pforte, F. P. Greve, Berlin 1909; dass., M. Honeit, Frankfurt a. M./Hamburg 1960.

Arnold Waldschmidt

Man kann die Technik des Impressionismus als analytische bezeichnen. Das Gemälde vollendet sich im Auge des Beschauers; Entfernung und Verbindung der vielfachen farbigen Pinselstriche ergeben die Bildwirkung. Das wesentliche stilisierende Moment bewirken Reduktion in die Fläche, die gereinigte Palette und die durch die Differenzierung des Zeitlichen nuancierte Lichtdarstellung. Die richtige Folgerung des Impressionismus war der Neoimpressionismus, in dem ein Komplizieren der Farbentöne und Primitives sich wirkungsvoll vereinen. Er ist vor allem dekorativ und stilistisch leicht der dekorativen Kunst, Mosaiken und Teppichen einzuordnen. Diese Eigenschaft erklärt unschwer den immer wachsenden Einfluß des Ornamentalen im Neoimpressionismus, abgesehen von kunstgewerblichen Einflüssen. Jedenfalls, das tektonische Element, das man allzu leichtfertig mit anorganischer Form verwechselte, verlor sich, und einige Kunstkritiker verstiegen sich zur Behauptung, die monumentale Kunst sei ausgestorben und hielten der großen Form allzu flinke Nekrologe.

Wir kehren jetzt um und suchen in allen Künsten die große rhythmische Form. Der Neoimpressionismus erstrebte eine objektive Kunst, aber er suchte die Regeln hierfür gerade in den subjektiven Mitteln: der Farbe, dem Auftrag, und verwechselte physiologische mit ästhetischen Gesetzen. Beide sind durchaus gesonderter Natur und ihre Gegenwirkung ist keine unmittelbare. Jedes ästhetische Gesetz, das sich ohne Umwertung der Begriffe auf ein naturwissenschaftliches zurückführen läßt, zeigt dadurch, daß es kein reines Kunstgesetz ist.

Die Zeit der großen synthetischen Kunst ist wiedergekommen. Sie ist nötig. Ob die Künstler der großen Form da sind?

Ich rede nicht vom Aufschwung der Architektur, des Kunstgewerbes. Bereits ist eine vollkommene Umwandlung des Geschmacks und somit eine Umbildung der Kunsthistorie zu beobachten. Die Babylonier, Ägypter, die frühen Griechen, Giotto, die Primitiven sind uns die entscheidenden Künstler geworden. Es ist notwendig, das Gedankenwerk einer einheitlichen Historie zu zerstören, jede Zeit schafft sich ihre Geschichte, durch die ihr gemäße Auswahl.

Solche Künstler der großen Form hatten die Deutschen und gingen achtlos an ihnen vorüber. Für die meisten entdeckte Meier-Gräfe Hans v. Marées: Schmitt-Reute, den Karlsruher Meister, hat man über dem kleinlichen Thoma vergessen oder nie gekannt. Hodler erfährt die nötige Achtung.

In einer Berliner Sezession vor zwei Jahren sah ich zum erstenmal eine Arbeit Waldschmidts, ein Grabrelief. Ein Pferdebild war wohl da, aber nicht zu erkennen, es war unglücklich gehängt.

An dem Relief wurde mir offenbar, einem einzig gearteten Künstler gegenüber zu stehen, einer unerhört gezüchteten Begabung, die unbekümmert schafft.

Mann und Frau; der Mann kniend im Profil, die Frau en face sitzend, das rechte Bein vorn aufgestützt. Das Relief ist allein schon eine Erfindung, das Relief en creux der Ägypter modern verarbeitet, zu einem neuen Stil umgeformt. Welch meisterliche Übersetzung der Figur in die Fläche, welch wundervolle Teilungen des Steins, welche Kontrapunktik der Linien. Wie alles weise verteilt und geschichtet ist.

Hier gab sich ein Künstler als Stil. Das Gemüt ist die formbegabte Muschelkalkfläche geworden, er gab dem Individuum künstlerische Objektivität, indem er die Erscheinung umformt und vereinfacht, ganz nach den Gesetzen des einheitlichen ruhenden Sehens und der Fläche, die er bearbeitet. Wie genial sind die Schraffierungen im Kalk, welche die Lichtführung und zugleich die Konstruktion der inneren Flächen geben. Wie sind ganz plastisch Stellungen, überschnittene Schenkel, hintereinander gelagerte Beine und Füße des Mannes, seine ineinander geballten Hände zu Fläche gezeichnet.

Waldschmidt fand, daß man vom analytischen Stil zum konstruktiven kommen müßte, zu einem solchen, welcher die Vielfältigkeit und Folge der bewegten Erscheinung sammelt, in dem geglichenen, energieblitzenden Raum des Werkes. Er gibt für flächiges Licht konstruktives.

Er schuf einen Prometheus; ein Bild von nicht großem Umfang, in dem er aber durch Verteilung, Ausnutzung der Flächenanordnung und Verschieben der Verhältnisse den Eindruck des kolossalischen Bildes erreicht. Mit seiner Energie und seinem Stilgefühl gibt er Größe nicht mit quantitativen Leinenwänden. Er hat die steigernde ausdauernde Meisterschaft, nicht die flinke Erregung des mit großen Leinwänden, Pfündern von Farbe geblähten Pubertätstalents. Ökonomie und die vollendete Berechnung zeichnen ihn aus. Damit und mit den Opfern untergeordneter Momente erreicht er die Reduktion, Vereinfachung der Formen. Aber trotz allen Stils; er gibt keine viereckige Geometrie, sondern er konzentriert die organische Form, wie die Bogenlampe Hunderte von Kerzen in ein Leuchten sammelt; und nichts geht verloren.

Prometheus, quer durch das Bild gelegt, auf einem Hügel; zwischen Kopf und Fuß, verzweifelt kniend, ein Mann und eine Frau mit einem Kind. Die Komposition ergibt eine Ellipse, deren umschwingende Kraft nicht ermüdet. Das Bild ist monumental, d. h. ergibt gesetzmäßig in sich wahrhafte Form. Die Farbe ordnet sich der gewaltigen Linienführung unter, ist generell, jedoch von äußerster Charakteristik. Prometheus, zu Tode [gequält][1], im Leibe eine furchtbare Wunde. Der Mann in kräftiger, rotbrauner Farbe, die Frau, den weiblichen Linien gemäß, in biegsameren Tönen. Das Kind auf ihrem Schoß wiederholt Prometheus verkleinert. Ahnungslos, eine gelbe Blume, der stärkste, farbige Punkt, in der Hand. Welche Wiederkehr! Hier ist die Stelle, von wo aus die Seele immer weiter auf dem Bilde wandert in furchtbarem Schmerz. Die Mitte der elliptischen Komposition ist leer und das Auge kreist auf der explosiven Peripherie in unaufhörlichem Kreislauf. Der Prometheus stellt uns vor eine Monumentalität. Die Farbe, der optische Reiz, das Materielle ist dem Konstruktiven, das von einer äußerst geübten Beobachtung, einem gewaltigen Können herausgeholt ist, untergeordnet, Waldschmidt gibt das harte Gesetz der innerlich geschauten Kontur, das mit seiner seelischen Objektivität, mit der Wahrheit seiner Form überwältigt.

Den Säugling des Prometheus wiederholte Waldschmidt in einer Plastik, die im Granit erfunden ist, bis jetzt noch im Gips steht. Der lebendige Säugling hat vielleicht die monumentalste natürliche Form, da sein Körper noch nicht der wachsenden Differenzierung verfallen ist und der Blick nicht so leicht in die verborgene Seele gezogen wird. Form und Inneres decken sich, in der ungeteilten Masse schlummert alle latente Kraft; dies gelang Waldschmidt darzustellen. In sicherem Materialakt vertraut er dies Werk dem Granit an, der nur wenige Formen hergibt, entweder Massen oder verborgene, aber nachdrückliche Linien, der zur äußersten Einfachheit zwingt. Ein gewölbter, massiger Schädel, in dem jede Symmetrie vermieden ist und der darum nach allen Seiten eine Ansicht zu geben vermag, sitzt auf einem einfachen, fast eckigen Körper, verbunden durch den gewallten Nacken. Der einfache Rumpf teilt sich in die Beine auf, über denen in halber Höhe ein gebogener Wulst steht, die ganz in der Masse gelassenen Arme und Hände. Die Beine kommen gegen die schwer darauf gestützte obere Masse auf, weil sie am weitausgedehnten Block ruhen und von diesem gestärkt sind. Die tektonische Behandlung ermöglicht das Zusammenwirken von kubischer und individueller Masse, zumal die Proportionen des stützenden Blocks dominieren und das Größenmotiv klar angeben. Das Gemälde schaut einen durch seine große zwingende Tektonik an, nicht mit materiellen Augen, die stecken im ganzen Körper, in der Form. Waldschmidt vermeidet das Porträtartige bewußt und folgerichtig, das von der Form ablenkt und Teile allzu sehr betont. Im Prometheus, im Relief und dann im Pflüger, überall verbirgt er das Gesicht, um ja den totalen Umriß, die Gesamtwirkung nicht zu unterbrechen und nicht zu zerschneiden. Er gibt keine Literatur-Psychologie, sondern restlose Darstellung des Gesamtorganismus, keine Analyse, sondern kontinuierliche Einheit.

Im Pflüger mit dem Stier erwachten ihm neue Formprobleme, neue Ausdrucksmittel. Hier gab er dem Impressionnismus, dem plein air eine Umdeutung ins Konstruktive. Der Pflüger steht bis jetzt außer in vortrefflichen Ölstudien, die zeigen, daß Waldschmidt gut zu malen versteht und wie er in strengem, unerbittlichen Heroismus opfert, im Kohlekarton.

Nichts erinnerte hier an Natur, kein Strich ist unmittelbar vom Modell hereingenommen und darum ist dies Werk vollendeter Totalorganismus, der auf nichts Außenstehendes hinweist. Ein nackter Mann in funkelnder Intensität, der in harter Arbeit den Boden zwingt; vor ihm die Masse, der Stier, den Kopf am Boden. Ein Symbol vielleicht, aber durchaus ins Sichtbare bezwungen. Die Linien ergeben sich aus der Lichtführung, das Licht kommt so unnaturalistisch wie möglich von oben und unten, darum formt es die ganze Fläche und ersetzt die Farbe, ein formvolles, konstruktives Licht, das in den sparsamsten Linienblitzen aufgefangen ist. Hier ist ein Bild gelungen, das die monumentale Lösung des Impressionismus gibt, welche die Schule Seurats mit Mitteln anstrebte, welche nur Ornament und Dekoratives hergeben, da sie nicht plastisch wirken können, wegen der Weiße des Pinselstrichs und den reinen Komplementärfarben, die jeder Plastizität zuwider sind. Waldschmidt gibt Fläche, Licht und zugleich umfassende Plastizität.

Er hat die einseitige Schwäche des Ornamentalen und Dekorativen, vor der sich Hodler leider allzu wenig hütet, genau und mit Weisheit erkannt. Jede Linie hat Lichtwert, beginnt, steigert und endet; ist aber zugleich kompositionell für jeden Punkt der Fläche wichtig und wirkt über das ganze Bild nach jeder Seite. Ich möchte sagen, jeder kleinste Linienkomplex hat Fernwirkung; er gibt Licht über eine Fläche und zugleich Volumen. Wundervoll ist an diesem Bilde, wie Waldschmidt der Symmetrie, diesem banalen Mittel, das allzu leicht ein Bild tot macht und das Auge auf einen Punkt nagelt, aus dem Wege geht, wie die ganze Fläche lebt. Dies ist eines der bedeutendsten Mittel der Waldschmidt'schen und jeder Kunst, die Totalität der materiellen Fläche durch vollkommene Formung nach allen Seiten zum Kunstwerk zu bilden, den Blick ewig im Umlauf in sich hineinzuziehen. Dieser unaufhörliche Zwang auf das Auge des Beschauers, die wohlabgewogene Bedeutung jeden Punktes macht große und monumentale Kunst aus. Wundervoll ist an dem letzten Werk, wie die Intensität, die Zucht des Pflügers, die Masse, das Volumen des Tiers besiegt. Das Bild wird hier ein Gleichnis der menschlichen Energie, der Erziehung jeden Kraftelements. Strenge, unnachgiebige, große, energieblitzende Zucht, welche die geheimnisvollste Zartheit in sich schließt, die eiserne Beharrlichkeit in der Lösung zeitgemäßer Probleme zur Monumentalität charakterisieren diese Kunst. Sie ist total und in sich geschlossen. Totalität ist ihr Gesamtcharakter, wie die bildnerische Genialität Waldschmidts eine umfassende, durchgebildete Wesenheit ist, die von keiner Spezialität erschöpft wird, sondern in allen Formen Ausdruck ihrer Energie gibt.

In *Der Demokrat* 2, 1910, Nr. 22.

Arnold Waldschmidt, Maler, Zeichner und Bildhauer in Berlin, geb. 2. 6. 1873, gest. 1. 8. 1958, Schüler von Schmitt-Reute.

1 Vom Herausgeber ergänzt; im Original unleserlich.

Claudels »Mittagswende«

Franz Blei hat das Werk in klingendes, straffes Deutsch gebracht. Es ist ein technisch etwas mangelhaftes Stück – schwierig unter ein Fach zu bringen und doch wichtig.

Das Thema ist eher ein episches, denn ein dramatisches. Es spielt auf dem Stillen Ozean und in China – der geographische Erotism isoliert die Menschengruppe – sie wirkt ungehindert mit entbundenen Instinkten; eine kleinliche europäische und gebrochene Perspektive der Charaktere ist ausgeschlossen.

Eine Frau wandelt sich in vollem Umfang ab – als Mutter, Ehefrau – dann schaut sie ins Visionäre des Mannes, sie stört; sie läßt sich als Weibchen besiegen; zuletzt fliegt sie mit dem Visionär in die Luft – in Gott. Die Frau zeigt ihr Latentes an der Reihe ihrer Beziehungen; ihr innerer Reichtum sind die männlichen Typen, die ihr möglich sind. Sie wird zwischen der Sitte, der Vision und der kräftigen Umarmung geschleudert – erfährt ihre Seele an allen Punkten der Peripherie und darüber hinaus – endigend beim Visionär, »dem großen Männlichen im Ruhme Gottes«.

Claudel schuf Typen – für die Szene geredet – Leute, denen große komponierte Gebärden notwendig sind. Er gab Figuren, die nicht im Romantischen verfließen und in mythischer Assoziation sich Größe erborgen.

Ich erzähle nicht von den starken Instinkten des Buches; seine Prosa, gemeistert durch eine strenge Syntax, schlafft nicht die stilisierende Kraft, stumpft nicht den Rhythmus.

Claudel wagt es, zwei Leute ekstatisch sterben zu lassen – in Gott. Den Tod als höchste Steigerung und Bejahung darzustellen; er hatte das Recht.

Wir denken bei Claudel an den dramatischen Lyrismus des Racine (gegen den Shakespeare kein Einwand ist, eher umgekehrt). Claudel schuf ein Primitivenstück – seine Technik ist synthetisch – wenn auch etwas dekoriert. Der Dichter verzichtet auf formlösende Psychologie – er gibt die große typische Figur und das Individuelle vergeht restlos im Bild. Claudel meidet klug die Gefahren des Exotism – der leicht als Indianerroman wirkt – wenn er nicht ein Vorwand zu überlebendiger Gewalt und in sich verteilter, ungestörter Totalität ist.

Das Wesentliche des Stücks. Leute werden auf die Kiepe gestellt um sich als Ganzes zu erleben. Der Gatte ruiniert sich in allzuflinker Spekulation. Ein stark Begehrender geht aufs Leben los – jawohl; der Visionär und die Frau lösen sich in einem cantus mystikus in Gott auf.

Dem Stück verleiht der katholische Dualismus – eine noch immer formkräftige Anschauung – Tektonik: das Bewußtsein der Unvollkommenheit eines jeden geeinzelten Dings. Das Materielle muß in der Vision vergehen, der Visionär verlangt nach dem Geschlecht. Es ist die Vollkommenheit des Lebens nur in der Durchdringung der Gegensätze möglich, im Tode »dem Ruhme Gottes«. Der Geeinzelte ist Fragment; was den Menschen Ziele gibt ist der Wille zur Erfüllung, der Totalität.

Hier haben wir ein stilbildendes Thema zu begreifen!

Das œuvre kann große Bewegungen, eine unpsychologische Darstellung gebrauchen.

Die analytische Psychologie sei selbstverständliches privates Präludium.

In *Der Demokrat*, 2, 1910, Nr. 33.

Partage de Midi, übersetzt (Die Mittagswende) von Franz Blei, München 1908; dass. R. Woerner, Köln 1962.
Siehe auch: Paul Claudel, Œuvres complètes de P. C., Bd. 1—17, 1950—1960.

Schmitt-Reute

Sinn der Kritik, wenn sie Größe und Ruhm in sich trägt, ist Erweckung der Ehrfurcht vor der Größe des Heldischen, und sie erklimmt den steilen Gipfel ihrer Mühe, wenn sie die Unsterblichkeit von Mensch und Werk verkünden darf.

Große Zeiten steigern und erhöhen die Kritik zur Preisrede und zum Denkmal, so wird sie geschrieben und auf solche Weise gelesen und vernommen. Die Mächtigkeit einer Epoche zeichnet sich genau ab in dem religiösen Gefühl ihres Ruhms, und der Dauer und der Größe entsprechend ist die historische Verantwortlichkeit und die Verpflichtung.

Es ist deutlich, daß wir an einer Zeitwende stehen, neue Werte zu wirken begannen. Der lange währende Subjektivismus, die überraschende Individualität, dieses sich abtrennende Aperçu, das seinen Stolz in Neuartigkeit und eine möglichst erstaunliche Willkür setzt, werden sich neueren höheren Bestimmungen unterordnen und anders sich auswirken müssen. Die durch ein großes Ganze gesammelte Persönlichkeit und somit die synthetische Kunst machen ihre unweigerlichen Ansprüche geltend. In allen Gebieten erwachte ein Wille zur Form, zu Kunstwerken, welche sich gesetzmäßig und notwendig äußern. Die Laune, die Mühe um die Originalität werden vom Willen zum Stil abgelöst. Dieser zeigt sich in der Schöpfung und wandelnden Anwendung objektiver Elemente einer allgemein gültigen Lehre, und diese Eigenschaft erzwingt und schafft sich eine Überlieferung; denn Stil spricht sich seinem Wesen gemäß als historisch entwickelte Macht aus.

Ihn bezeichnet, daß er allgemeingültig ist, weil er Gesetze und Übereinkünfte schafft und sich darum niemals einseitig verwirklicht. Es gibt keinen Stil, der nicht die Gesamtheit der lebendigen Kräfte umfaßt und formt, wenn auch andrerseits gerade die Sonderung der eigentümlichen Gebiete ihn auszeichnet.

Soweit eine Kunstrichtung Gesetze bildet, ist sie befähigt, eine Überlieferung zu schaffen und eine Vielheit von Personen zu vereinigen, die das Gesetz verwirklichen. Der Stil und seine Überlieferung umschreiben die Grenzen des mit den jeweiligen Mitteln Möglichen, und jener verhindert eine unnütze Kräftezerstreuung.

Ein Wille zur Überlieferung und Einschränkung des Stofflichen zur Bestimmtheit der Ausdrucksformen erwachte in den bildenden und Schriftkünsten. Bei jenen zeichnet er sich überraschend klar ab, bei diesen ist das Bestimmende des Stils wohl gefunden, doch noch nicht für große Formen gelöst worden.

Inmitten der zeichnerischen Überlieferung ragt Schmitt-Reute heraus, der neben Waldschmidt und Hodler eindringlich und folgerichtig eine großgezeichnete Form bildete und sich streng um die Monumentalität mühte.

Was Schmitt-Reute auszeichnet, ist seine bedeutende Auffassung des Akts. In der Aufteilung der Gesamtform vollendet er Rethel, an der er, was Schmitt am Akt durchführte, an einzelnen Formen bereits begonnen hatte. Schmitt bildete in dem Kain (Stuttgart), der die Reihe seiner Monumentalwerke eröffnet, aus einer höchstgesteigerten Empfindung heraus. Ein starker Mann, den seine unerbittliche ewige Schuld schwer zu Boden wuchtet, ein ganz willenskräftiger, tätiger Mensch krümmt sich, gewaltig erregt, in sich. Eine Kraft, eine Gewalt ist an den Hügel geschleudert wie nichts, und darum ist das Bild tragisch. Denn es ist nur das Gewaltige in der Vernichtung tragisch; da, wo ein Gesetzgeber, ein Schaffender zerbrochen wird, schreitet die Tragödie, die über dem Menschen sitzt. Das Tragische steht auf dem unerfaßlichen Gegensatz, daß das Mächtige nichts ist, und die tätige Kraft sich in Leiden umsetzt. Die Figur ist in dem Bilde alles. Wie in der Tragödie nur der Mensch leidet. So muß er in jedem Monumentalwerk dominieren, weil der Akt der geschlossenste Organismus und voller Tektonik ist. Kain ist plastisch in die Landschaft gekrampft, welche den zusammengeballten Körper fortführt und ihn zugleich kontrastiert. Die Landschaft ist formal und empfindungsgemäß freier und ungebundener erfaßt, der starke Mensch gefesselt. Die unerhörte Kraft des Ausdrucks, der große Begriff vom menschlichen Körper erheben dieses Werk zu einer außerordentlichen Leistung. Wie wundervoll ist der Akt aufgeteilt, auf das Wesentliche hin geformt. Die Figur ist, obwohl die Terrainlinie den Rücken des Mannes fortführt, in sich geschlossen; die Konturen streben alle einem inneren Kompositionskern zu, so daß der Gesamtumriß trotz der Erregtheit der inneren Aufteilung völlige Ruhe innerhalb eines Dreiecks ergibt. Wir spüren, trotz der einzigen Kunst Schmitt-Reutes, den lebendigen Organismus zu bilden, völlige Ruhe. Ein gewaltiger Plastiker malte.

Schmitt-Reute gab die plastische, statisch in sich geschlossene Einzelfigur und entwickelte seinen Stil zunehmend nach den Gesetzen der Tektonik; seine Akte erhalten immer mehr einen architektonischen und fast geometrischen Umriß, der wundervoll organisch aufgeteilt wird. Sie tragen und stützen den Bildrahmen gleichsam als Karyatiden, Senkrechte und Waagrechte nimmt Schmitt als entscheidende Kompositionsprinzipien, die Diagonale, die Bewegung hervorbringt, da sie an keiner Stelle völlig einmündet und sich auswirkt, war ihm fremd. Es ist schmerzlich bei der Verehrung der gewaltigen, edlen Künstlernatur Schmitt-Reutes zu der Überzeugung zu gelangen, daß er wohl nie ein ihm gemäßes Darstellungsmittel fand, welches für sein Kompositionsempfinden die Plastik und besonders die architektonische Plastik war. Er ging von der in sich geschlossenen zentripedalen Einzelfigur aus, die er, mit dem kauernden Kain beginnend, immer mehr aufrichtete, höhte, bis er zu der reinen Tektonik des »Scheidewegs« und der »Kreuzigung« gelangte. Er umging den nötigen Gegensatz von organischer, in sich verpflichteter Form und geometrischem Bildrahmen, der der Gegensatz von Bewegung und Ruhe entspricht. Wir verspüren bei fast allen Schmitt-Reuteschen Arbeiten einen Mangel an Kontrasten, und darum gelangte er auch nie zu einer großen Komposition mehrerer Figuren. Er gab den Bildrahmen im Gesamtumriß der Einzelfigur und erkannte jenen nicht als Glied der Komposition, der das Ganze beschließe. Schmitt-Reutes Akte wurden von Werk zu Werk statuarischer; er setzte sie bald einfach nebeneinander oder wie Gemäuer und Blöcke in sich verschränkt. Seine Figuren sind nicht fernwirkende Gebilde; sie stehen in sich gelassen mit der Ruhe einer Architektur, ohne die ganze Bildfläche zu bestrahlen. Aber gerade aus diesem Grunde sind sie keine Architekturmalerei; denn diese muß durch die organisch bewegte Komposition, die individuelle Formerregung zur ruhigen Wand kontrastieren, welche sich in eine neue seelische Leistung umwerten soll. Dieses statuarische Moment bedingt weiterhin die Aktauffassung Schmitt-Reutes. Er läßt den Oberkörper auf unverhältnismäßig schweren Beinen aufruhen; Beine sind für ihn Säulen, welche tragen und vor allem um keinen Preis den einheitlich ablaufenden Gesamtumriß stören dürfen, für den fortschreitend das Prinzip des Parallelismus, welches besonders eindringlich durch die Wiederholung die Unbeugsamkeit der Bildgesetze anzeigt, entscheidender wurde. Schmitt-Reute lehrte den Akt als formales Gebilde ohne psychologische charakterisierende Momente darzustellen, als reine Leistung des Formalen. Er zeigte, daß die Ausdruckswerte des Akts abhängig sind von den Forderungen der Linie und der Statik und ihnen gleichsam nichts Menschliches anhaftet. Die Monumentalität erreicht er durch eine möglichst große Einfachheit der Formen; er baut seine Akte statisch auf, die aufteilenden Linien zeichnet er nach besonderen abgestuften Verhältnissen, jede Linie durchzieht den ganzen Akt und hat mit jeder andern eine Verbindung, er gibt innerhalb des Akt Kompositionszentren und zerlegt ihn rhythmisch. Er vermeidet verkleinernde Überschneidungen und läßt sich überhaupt nicht auf perspektivische Tiefenvorstellungen ein, die die monumentale Wirkung stets abschwächen. Ein Mangel seiner Akte ist, daß sie nur in tektonischer Ruhe gesehen sind, aber keine Leistungen darstellen. So haben wir in der großen Studie des Grabenden einen gebückten Akt, weiter nichts; der Mann ist in ein gleichschenkliges Dreieck, dessen Spitze der Deckenansatz ist, eingeschlossen, ein Dreieck, daß sich mit einer Schaufel stützt. Aber nimmer wird sich aus solch statischem Kräftegleichgewicht ein Gramm Bewegung ergeben. Diesen Tektoniker interessierte vor allen Dingen der Körper in Ruhe, die einheitlich unbewegte Masse; Extremitäten zwang er in parallele Senkrechte. Einem Brustkorb, wie dem des Alten im »Scheideweg«, sieht man die ungeheure Liebe an, wie er in den ruhenden Oberbau all sein Können hineinzeichnete.

Was aber seinen Werken etwas wie Unvergänglichkeit gibt, ist seine mit großer Energie angestrebte Monumentalität. Zuerst umgeht Schmitt-Reute folgerichtig alles Dekorative und Ornamentale, diese Vorwegnahmen der Phantasie vor der Natur. Er verbleibt zäh im Organischen und erfüllt den Gesamtumriß seiner Akte mit Leben, ohne die Formen einem Prinzip auszuliefern, das sich nicht aus den gegebenen natürlichen Formen erschlösse. Die stilisierenden Momente der Schmittschen Aktauffassung ergeben sich nicht aus einem der Figur übergeordneten Moment, wie dem Raum bei Marées, und einem ornamentalen Empfinden, wie bei Hodler, sondern er stilisiert seine Akte nach dem Prinzip statischer Kräfteverteilung, und zwar besonders glücklich im »Kain«, allerdings ohne daß die Leistung der Aufteilung in das ganze Bild übersetzt wird; darum sind seine Akte isoliert, bis sie sich immer mehr zu architektonischen Säulen kristallisieren. Schmitt-Reute kam eigentlich nie über die Einzelfigur hinaus, da er kein Prinzip fand, das ihm gestattet hätte, unauflösliche Kompositionen zu schaffen. So sehr er es auch verstand, im Einzelakt Einheiten aufzufinden, so schwer gelang es ihm, eine Tafel auszukomponieren. Über einen Block von zwei nach plastischen Prinzipien verteilten Menschen, wie in den »Ruhenden Flüchtlingen« (Karlsruhe), wo ihm ein höchst unnotwendiger Sarkophag weiterhelfen muß, oder wie im »Scheideweg« (Privatbesitz), kommt er nicht heraus. Schwerlich vermag man die Ausstellung der Akte als rhythmische zu empfinden. Ein letztes gründliches Bildgesetz fehlte diesem Künstler, er schuf keine Gesamtkomposition, wo die Bewegung über die ganze Fläche kreist; wir vermissen Kontraste und ein letztes Kompositionsprinzip.

Der Künstler, dessen tragisches Los uns schwer angeht, ist nicht nur dem Anekdotischen nach tragisch, dies kümmert uns wenig; seine Kunst ist tragisch, denn abgesehen vom »Kain«, den man zu den höchsten Leistungen zählen muß, arbeitete er in irrigem Material, ein Moment, das gerade bei der Reinheit seiner Werke besonders auffällt.

Diese Riesenkraft fand ihren wahren Ausdruck wohl nie und zersplitterte sich in der Malerei. Schmitt-Reute, dem die Kunst Schaffen mit jedem Werk war, wollte seine Kartons in Malerei nicht nur übersetzen; seine Gemälde sollten gegenüber dem Karton etwas völlig Neues und Selbständiges bedeuten. Kompositionen, die in der Zeichnung erfunden waren, sollten eine malerische Wirkung ergeben, die konturbegrenzte Fläche malerisch wirken. Welch furchtbarer Widerspruch, abgesehen von dem Kräftezersplittern, eine Sache in zwei Formen zu geben; ein linearer Tektoniker, der sich malerisch aussprechen will. Ein Kunstwerk wird eben in bestimmter Art erfunden und ist darum Kunstwerk, weil seine Darstellungsweise vollkommen eindeutig ist, nichts hinzugefügt, nichts abgezogen werden kann. Das Kunstwerk ist totale, nicht weiter übertragbare Einheit und wird in einer Form erfunden. Weil die Schmittschen Kartons reine, strenge Zeichnungen sind, mußte es unmöglich sein, mit ihnen malerische Wirkungen zu erzielen; die notwendige Eindeutigkeit des Ausdrucks läßt sich nicht umgehen und rächt sich schwer bei jedem Versuch. Nur in eine Form hätte er seine Kartons umwerten können: in das Relief en creux, wo sein plastisches Streben in der geschichteten Flächenaufteilung den gemäßen Ausdruck gefunden hätte. Schmitt-Reute gab in den Kartons klare Einheit, in sich gegrenzte Maße und die stilisierende Konzentrierung, die durchgehende Einigung, der Zusammenhang der Linien bezeichnen seinen Stil. Als Maler verneinte er geradezu seine Stilisierungsgesetze und ging deren Wirkung gänzlich verlustig, ohne einen annähernden Ersatz geben zu können.

Was die Größe Schmitt-Reutes ausmacht, sind vielleicht weniger sein Werk, als die aus ihm sprechende Lehre, ihr Ethos. Schmitt-Reute verwarf die impressionistische Ideologie der Natur; er ging nicht von den passiven Eindrücken aus, sondern von dem eingeborenen künstlerischen Gesetz. Er unterwarf die einzelnen Beobachtungen strengen Gesetzen, die aus keiner Erfahrung abgeleitet werden können. Seine Kunst darf vielleicht, ohne geistreich zu sein, als anschaulicher Platonismus begriffen werden, als ein äußeres Endgebilde des Formens, wo gründliche unzerlegbare Gesetze der Anschauung geschaffen werden.

Durch die Darstellung des Allgemeingültigen gehören diese Werke der monumentalen Kunst an; denn Monumentalität überwältigt, da sie ein Gesetz verkündet, das unbeugsam jedem Geschehnis entgegensteht.

In *Die Gegenwart*, 1910, Nr. 34, 39, Jg., S. 663—665.

Schmitt-Reute, Ludwig, Maler, 13. 1. 1863—13. 11. 1909 (Schüler von Löfftz).

Süddeutsche Ausstellungen

Die Süddeutschen haben die Bildauflösung nicht so weit getrieben, wie wir oben in Berlin und die Pariser Maler. Das Analytische liegt ihnen nicht, und während wir das Bild als Entstehungsprozeß auffaßten, und es in seine Funktionen zerlegten, um gleichsam das Aufdämmern einer neuen Zeit zu beschleunigen, verblieben sie in einem bequemen Mittelzustand, von wo das eine oder andere, ein nicht zu aufreibender Impressionismus oder eine phantasievolle Synthese, ohne große Anstrengung zu erreichen war. Süddeutsche Malerei ist Opportunismus; hinzu kommt eine teilweise recht abrupte, mitunter fast groteske Überlieferung, die teutsche Zeichenkunst. Wir gestehen unser Erstaunen, wiewohl wir ähnliches fast erwarteten, als wir mit gelindem Schreck wahrnahmen, wieviel noch auf der »Jugend« balanciert wird, ein Georgi noch immer unschuldige Illustrationen zu Fresken verbreitern darf. Der einzige, der Schule macht, ist glücklicherweise Trübner, zumal nur er von den Süddeutschen eine Methode des Malens fand. Unter seinen Schülern ist er der Jüngste. Abgesehen von Grimm, der ziemlich instinktlos mit dem Rot und Blau *Trübners* arbeitet, scheinen die Schüler eher im frühen Trübner zu stecken, möglicherweise, daß sie mit fünfzig Jahren beim *Trübner* von 1900 angelangt sind.

Jetzt zu den mehr oder minder Synthetischen. Bantzer mag etwas Großfiguriges vorschweben, aber seine Malerei ist, ganz abgesehen von einem farbigen Bankerott, eine Sonnenklexerei, von Aufbau und präzisen Teilen ist keine Rede. Bühler geht sichtlich auf eine große Form aus, die Leistung jedoch ist schwer bestimmbar. Viel Genremäßiges steckt in seinen Kompositionen und der Malerei. Deutlich bemerkt man hier den Einfluß Schmitt-Reutes. Auch hier wird mit ruhenden Massen komponiert, die jedoch tektonischer Straffheit ermangeln. Das Landschaftliche ist dem Idyllischen Thomas entlehnt, ein Bild wie der Hiob bleibt im Psychologischen befangen. Gerade die Synthetiker vergessen zu oft das Entscheidende, nämlich das Bild, worüber irgendeine linear abgegrenzte Masse nichts aussagt, sondern daß nur erzeugt ist, wenn ein untrennbares Stück Malerei geschaffen wurde, eine unauflösliche farbige Raumfunktion. Hier versagt Bühler vollkommen. Ein graues Detail, Synthese mit Porenmalerei. Sein detaillierender Pinselstrich wirkt unsauber und kleinlich, zumal er der synthetischen Bildabsicht widerspricht. Allzu unentschieden gibt er bald psychologische Studienköpfe, bald formal bedeutungsleere Schädel. Im ganzen eine Kunst der unverstandenen Mittel. Bleibt Haueisen, dessen Haltung etwas kräftiger ist, aber in jedem Bild gibt er noch unverarbeitete Teile Hodlers und van Goghs, und so zerspalten sich seine Bilder zu einer Zusammenkunft farbiger Bruchstücke, die noch dazu verschiedenen Systemen entnommen sind. Weiter treibt sich eine monumentale Dame herum, die Frankfurterin Röderstein, welche die Schwächen Thomas demonstrativ ins Große und Langweilige übersetzt.

Das Instruktive dieser Ausstellung scheint mir darin zu bestehen, daß sie die Gefahren eines etwas billigeren Stils deutlich aufweist. Gründet er sich nicht auf einer Tradition, eine überlieferte, mählich angewachsene Erfahrung, so wirkt er von Beginn an schablonenhaft. Es interessiert vor allem, aus welchen Motiven die Synthese entstand, wie kräftig ein Stilist verdauen kann. Denn Bruchstücke muß der Stilist absorbieren, die Gesamtform, die vor allen Dingen nottut, aber selbst mitbringen, damit sie sich an den vorgefundenen Tatsachen äußere. Diese zu verschmelzen und zu vereinheitlichen, durch Unterordnen unter ein durchdringendes Prinzip, bedeutet die Arbeit des Stilisten. Jedoch eine Gefahr belauert ihn; er archaisiert, und wenn er auf Rhodinsch archaisierte, wenn seine Anschauung die Teile nicht gänzlich absorbiert. Vereinfachen, ohne ein Prinzip zu besitzen, ist Unterschlagung, plakatiertes Nichtskönnen. Hoetger nimmt von vielen; mit Rhodin muß sich jeder heutige Bildhauer auseinandersetzen; Ägypter und Assyrer sind ihm unumgänglichste Wirklichkeit. Hoetger sucht vor allen Dingen den Aufbau zu verdecken, die Teile zu verbinden; er gibt eine ganze modulierende Oberfläche, die sich zu Hauptmassen plastisch exponierten Punkten sammelt, erhebt und konzentriert. Großen Wert legt er auf die Blickrichtung; er setzt den point centrale Cézannes ins Plastische um, ein Mittel, dem er räumliche Fernwirkung dankt. Alle Teile streben einem Hauptpunkt zu. In der Betenden versucht er sich ernsthaft in der Erfindung eines formalen Motivs; eine sitzende Frau, die Unterschenkel gekreuzt, die Armgelenke auf den Knieen aufrichtend. Der Kopf schaut nach oben; die Haare werden von den Händen gehalten und schließen etwas weich ab; sie sind noch zu sehr Haar, zu wenig zwingender Schluß. Deutlich sind die Richtungsfunktionen gegeben, prägnant, aber spitzig, die Kuppelung der Kontraste. Der ganze Unterkörper strebt nach unten, jede seiner Richtungen strömt dem Grund zu. Die Füße wirken zu partiell, sie wären wohl besser verborgen oder im Ganzen geblieben. Doch ich verstehe, Hoetger wollte keine Gewandfigur geben, er fürchtete den Schwindel, das allzu Dekorative. Doch ein Unbehagen kann ich bei diesem Motiv nicht verbergen; ein Sitzen, das Erhebung ausdrücken soll. Außerdem läßt er sich die distanzierende Blickrichtung auf den Beschauer entgehen, indem er den Blick nach oben zieht, eine räumlich problematische und darum leicht nur sentimentale Sache. Solch Paradox, solch Komplizieren wäre keinem Ägypter beigekommen, denn dieser Widerspruch wirkt besonders, zumal das Unlogische mit elementaren Mitteln erreicht wird. Der Torso mag einen, der den Begriff des Ganzen zu besitzen anstrebt, besonders reizen. Hoetger setzt sich mit diesem Problem recht häufig auseinander. Torso ist ein Wort, das genau so falsch ist wie schön oder häßlich, da er ein Begriff ist, der vom lebenden Körper abgenommen ist, hingegen der Witz der Kunst darin besteht, daß sie biologische Nötigungen umgehen kann, eine Frau ohne Arme und Beine ihr ein Ganzes bedeutet. Gerade der Torso zeigt, daß die künstlerische Totalität ein Gewächs eigener Art ist. Aber bedauerlich, der Synthetiker Hoetger gibt im artistischen Sinn Bruchstücke, so z. B. endigen in dem Frauentorso die Funktionen keineswegs, der Kopf ist auf viele Ansichten, die der feinen Übergänge ermangeln, gearbeitet, der Rumpf gibt nur eine. Der Kopf schiebt sich zusammen, der Rumpf ist zentrifugal. Dabei noch etwas Patinaschwindel der Lichter und Schatten hie und da an falscher Stelle verstärkt. Ganz verschmolzen hat Hoetger seine Generatoren noch nicht; sein Prinzip redet nicht deutlich genug.

Für die süddeutschen Stilisten mögen *Hodler*, *Schmitt-Reute* und *Thoma* die nächsten Vorbilder gewesen sein. Ihre Malerei ist dürftig, immateriell und kannte kaum die Erregungen komplizierter Einflüsse oder Verwirrungen. Einer etwas mißverstandenen Überlieferung von der Linie als Dominante entgegnen sie mitunter mit sonderlichen farbigen Unwahrheiten. Die Frankfurter haben jetzt ihre Hodler-Ausstellung. Zeigt man hier weniger die bedeutenden Werke, so erfährt man um so mehr von *Hodlers* Werden. Er beginnt Feuerbachisch-Venezianisch; grau, schwarz, dunkelrot sind die farbigen Dominanten. Er macht sich einen farbigen Typus: roter Hintergrund, die Hauptmassen grau gegen schwarz brüchig herausmodelliert. Dieses Grau gegen Schwarz verwendet er als Kontraste in einer verwandten Art, wie später das Rot gegen Grün in seinen Akten. Die Führung des Modells ist noch nicht sicher und geschlossen; bedeutend sind diese Arbeiten keineswegs. Wertvolles geben seine Landschaften in ihrer Rhythmisierung des Gesehenen; Wolken, Wasser, Ufer oder Gebirgsformen, das sind seine Gegenstände, die er wiederholt darstellt. Besonders schön ist ein Birnbaum, wo er erfolgreich innerhalb der gleichen Farbe die Kontraste gibt. Hellgrün das Geäst, blaugrün der Stamm, grüngelb der Boden; aus dem dunkelgrünen Schatten erhebt sich der Baum. Von seinem Holzfäller und dem Mähder zeigt die Ausstellung zwei besonders gelungene Exemplare. Diese bedeuten tatsächlich Resultate einer beträchtlichen Zucht. Beide Motive sind erfolgreich gegen die Fassungen, welche die Berliner Sezession zeigte, vereinfacht. Aber trotz allem, dem Lineament ist die Malerei geopfert, was seine geschlossene Bildwirkung aufhebt. Die Bewegung bleibt materiell, sie wird nicht in Farbe umgesetzt. Wir haben Figurenausschnitte, der Raum bleibt tot und ist nicht durchdrungen. Hodlers Methode verbietet zu viel und schließt zu vieles aus. Sie ist vor der einzelnen Schöpfung da, welche ihr erbarmungslos eingeordnet wird. Es ist ein Protestantenstil, der zu viel Einbuße und Armut verlangt.

In *Die Gegenwart* 80, 1911, S.791—792.

Sezession

Die Sezession stabilisiert sich merkwürdig. Ihre Gründer arbeiten das Gewonnene aus, und die Jungen entfernen sich nur mit Vorsicht vom erworbenen Gut. Eine gewisse Erbenvergnüglichkeit. Periodische Ausstellungen verbanden sich bisher mit dem Gedanken, etwas Neues muß los sein. Man stellte das Neue zunächst außerhalb jeden Werts, das Neue war eine Qualität für sich. Heute weiß man, was zu erwarten ist; etwas später noch wird man mit ziemlicher Leichtigkeit mittelmäßige Impressionisten als Akademiker ansehen, die, bewaffnet mit irgend einem Rezept für Lichteffekte, etwas wie Komposition zusammenhalten. Nur Qualität schützt vor der Akademie.

Maler stabilisieren sich, Techniken; jedoch kein Stil.

Unter Stil verstehe ich nicht eine zeichnerische Mißhandlung des anwesenden Modells (Akademie), sondern eine vorgefaßte Art des Sehens, die, so revolutionär sie auch auftreten mag, stabile Momente enthält, die bereits vor dem einzelnen Œuvre bestehen. (Cézannes, Marées). Techniken werden hier allgemein, deren Eigenschaft Relativität ist; jene werden von Leuten zweiter Hand verbreitet, verbilligt, zu leicht erkennbarer Fabrikarbeit, die ein gutes Vorbild nicht in seinen Werten, sondern nur Surrogate für optischen Pöbel zu geben versteht. Stil ist jedoch eine Sache, die vielen gemein sein kann, ohne daß von Nachahmung oder Abhängigkeit zu reden ist. Da man keinen Stil besaß, wurde die manuelle Technik etwas überschätzt. Jedoch Malen ist nur übersetztes Sehen. Technik ist individualistisch, Stil demokratisch und überlieferbar. Wir hingegen besitzen Individuen und Nachtreter. So werden auch die Reibereien der letzten Jahre verständlich, wo Individualitäten jedes Junge und Neue in der nächsten Nähe leicht als Auflehnung empfinden konnten. Allerdings, man kann dem Jungen nicht den Vorwurf ersparen, daß sie eher einen Vereinsputsch, als eine künstlerische Angelegenheit inszenierten. Und hier sitzt die Sache; entweder die Sezession ist ein Verein oder eine Vereinigung. Ist sie das Letztere, dann zeigt sie ihre Arbeiten am besten gruppenweise.

Vor zehn Jahren einte alles die berechtigte Empörung, das starke Wollen, dem Berlin seine heutige Kunst zu danken hat. Der Zorn verschönte auch die Talentlosen; außerdem, man brauchte Anhang. All diese Dinge treffen heute nicht mehr zu. So ist eine neue Siebung nötig. Gewiß, man setzt nicht leichten Herzens Leute, die schlechte Zeiten mitgemacht haben, in den guten heraus (jedoch gravitieren diese Leute nicht unabänderlich zur Großen?). Die Sezession ist ein kompliziertes Institut, ein Programm, wie Neoimpressionisten oder Cézanneschüler konnte sie nicht haben, es wurde weniger nach der Richtung, als nach der Qualität geurteilt, resp. versucht zu urteilen. Die Sezession revolutionierte ohne Programm, da wir keine Kunst-überlieferung haben. Sie ist ein Beginn, das mag sie nicht vergessen; zwei Wege sind gegeben: aussieben oder veralten. Dies ergäbe sich nicht nur aus dem Ignorieren neuer Richtungen, sondern vor allen Dingen erfolgte es wegen Mangel an Qualität. Denn der Unterschied von Großer und Sezession war ein qualitativer, kein programmatischer. Es ist jedoch wünschenswert, daß die Sezession der alte Revolutionär, das produktive Rauhbein bleibt, aussiebt, und sich nicht gegen die etwas doktrinären Jungen verschließt.

Liebermann ist vielleicht unter den Gründern der Einzige, der durch die Einfachheit seiner Empfindung jung bleibt. Sein Uhlenhorster Fährhaus ist einheitlich auf das Licht hin konzipiert, eine klug geordnete Ausdeutung van Goghs. Seine Pastelle bringen das Atmosphärische der See, das Menschen und Häuser einhüllt, Gegenstände als Teile der erregten Atmosphäre. Anständige Einheitlichkeit gibt den Arbeiten ihren Wert, und nicht zum Wenigsten eine gewisse rhythmische Anlage. Aber die Folgen Liebermanns. Herr Opplar publiziert Liebermann in Volksausgabe für optisch Minderbemittelte. Das gehört zum Kapitel Ballast; während Großmann in erfreulicher Weise von Liebermann lernte, und Zeitgemäßes hinzufügte. Signac, der das neoimpressionistische Rezept mit seiner formkundigen, erfinderischen Hand in jedem Bild erweitert, fast widerlegt, zeigt im gleichen Raum Pastelle von wunderbarer Ordnung, die eine erstaunliche Fernwirkung hervorbringt.

54

Zu den größten Verdiensten der Sezession rechne ich: Sie pfiff auf Stilfritzen, machte kein Kunstgewerbe; und jetzt Weiß und Hoffmann; hier aufdringlich breit gemaltes Porzellan, dort Linienquark. Eine Analyse von Hoffmanns Ausstellung ergibt wohl die präzise Definition des Wortes »Kitsch«. Armer Gauguin, armer Marées.

Bei Weiß liegt die Sache anders. Um seine Arbeit zu charakterisieren, müßte man fortwährend zu Surrogaten greifen, die mit Malerei nichts zu tun haben. Denn seine Malerei ist reines Kunstgewerbe. Ich bedaure aufrichtig, daß mit diesen Tapetenverbesserern das verfluchte Biedermeier der Werkstätten und Möbelfabriken in die Sezession eingezogen ist. Man hüte sich überhaupt etwas vor Kunst, die, um verstanden zu werden, ein historisches und literarisches Einzelwissen voraussetzt. So ist auch Walsers Illustriertalent zu sehr an die Pretiösen des Rokoko gebunden. Walser und Weiß setzten zunächst eine Literatenstimmung voraus, deren wir durchaus müde sind. Dies sind nur Tricks, die unmittelbare Gesinnung zu umgehen, und anscheinend entbehrlich zu machen. Wie wenig entspricht die angewandte Technik von Weiß seiner zierlichen Ambitionen; Trübner, Cézanne, werden von einem Dekorateur trivialisiert und vergröbert.

Das sind die Jungen, Roesler, Meid, Westphal und Beckmann. Sie suchen die Erfahrungen des Berliner Impressionismus zu vereinfachen und betonen die Komposition. Der Organisierteste unter ihnen ist wohl Roesler. Beckmann häuft in seinen Radierungen die Mittel, und verwirrt, ohne eine bestimmbare Form zu gewinnen. Allzu entschieden sind diese Auftakte keineswegs. Meid gibt sich dieses Jahr ruhiger, geschlossener, mitunter vergißt er, daß Licht nur soweit Wert hat, als man damit Form gewinnt.

Über all diesem leuchten die Lithographien Renoirs, unauflösbare Dokumente seiner Vollendung; die Arbeiten Cézannes, wo ohne Zwang das Höchste eines malerischen Stils erreicht ist.

Plastik. Niveauhalten. Muß Engelmann durchaus die kleinen Entwürfe zeigen, muß man jedes Jahr einschicken? Wozu in der Sezession Plastiken, würdig einer alten Kurfürstendamm-Fassade – ich meine Engelhardt. Friedrich zeigt einen Athleten von verblüffend weichlichen Formen; man hüte sich vor Monumentalern, Preisboxern usw. Und die Klimsch, die Oppler; wäre Rodin nicht da, der Saal wäre reif für die Große Berliner. Abladen, abladen. Nur Qualität schützt vor der Großen. Rodin – sein Mahler, zwingend, keine koulante Galeriearbeit wie der Hildebrand, kein psychologisches Fragment wie die Klingermasken. Um Hildebrand zu fixieren, muß man seine

Methode bejahen oder verneinen. Ich tue das letztere; auf vieles und gerade Gutes der alten Plastik stimmt sie durchaus nicht, oft scheint ihr leitender Gedanke zu sein: »Wie verkneife ich mir das eigentlich Plastische.«

Jedoch Rodin: das eine ist wunderbar, das andere schlechthin romantischer Kitsch. So Francesca und Paolo. Aber der Mahler, man muß ihn immer wieder umgehen, mit den Augen umklammern, immer entsteht ein neues Gebilde, in stärkerer Einheit gefaßt als je ein Hildebrand.

Die Negerin. Eine ähnliche Aufgabe stellte sich Michelangelo im »kauernden Jüngling«. Wie schnürt Rodin diesen Körper zusammen, alle Details sind in eine große Bewegung eingegangen, welche lückenlose Verbindung der Teile. Rodin ist vielleicht der einzige, welcher die Loslösung der Plastik von der Architektur durchführte. Rodin, der so kühn wirkt, wieviel Tradition besitzt er, und bei uns glauben schüchterne Maljungfrauen zu revolutionieren.

Den guten Sezessionisten aber sei gesagt, »richtet, damit Ihr nicht gerichtet werdet.«

In *Die Gegenwart* 80, 1911, S. 807—809.
Siehe auch: *Katalog der 23. Ausstellung der Berliner Sezession. Zeichnende Künste.* Nov.—Dez. 1911. Verlag des Ausstellungshauses am Kurfürstendamm GmbH. Berlin W. 1911.

Brief an die Tänzerin Napierkowska

Gnädige!

Vielleicht entzieht sich nichts dermaßen dem Wort, wie der Tanz. Gewiß, es ist gerade so lächerlich, ungeschickt und taktlos ein Gemälde zu schildern – und was kann man geben, außer dem Eindruck. Jedoch an diesen Irrtum gewöhnte man sich schon längst. Es ist dem hornäugigen Bürger wohl schmeichelhaft, wenn ein Bild möglichst rasch seinem Dasein der Form zur Allegorie entzogen wird. Aber der Tanz, ein Rhythmus, dessen Sinn nur in der Komposition Ihrer uns so teuren Gesten ruht, der nur körperlich ist.

Ich sehe nur ein Mittel, hier im Richtigen zu bleiben. Eine Sprache, die sich ganz dem Sichtbaren nähert, deren Klang wiederum zum Dank den Körper bewegt; aber dies ist der Dichter, der über seiner inneren Schönheit, über seinen Worten sich unterfinge, Ihren Tanz zu einer neuen – uns hier gleichgültig – umzusingen. Wir aber wollen nicht vom Dichter entzaubert werden, sondern im Kreis Ihrer Bewegungen gefangen bleiben. Und so ist es nichts als ein Enthusiasmus, den wir sagen, aber wir berichten nicht Ihren Tanz. Der gehört nur Ihnen, der Tanzenden.

Gesten, beschlossen von der Klugheit Ihres Körpers, das Wissen Ihrer Glieder. Linien, die den Raum durchschmeicheln, Kurven, die unvergeßlich in dem leeren Theater Nächte lang wirbeln. Es ist Ihnen alles einheitliche Bewegung voller Form. Wir besannen uns auf den ganzen Körper, nicht auf partielle Eigenschaften.

Ah, es war eine Pantomime, eine melodramatische Rührung. Psychologie statt Aktion – russische Musik. Wir mußten vorher und später irgendwelche Tricks über uns ergehen lassen. Die Statisten; auch die Tänzerin ist heute isoliert, Ihre Gesten bleiben unerwidert, Sie rangen die Arme gegen einen orientalisch oder kasubisch behangenen Garderobenständer; aber Ihre geschleuderten Hände umspannten eine köstlich ausgeschnittene Kurve – dieses modellierte Stück Raum. Was sie spielten, war jedoch nicht das Melodrama, vielmehr eine Folge von Gesten, geordnet, voller Komposition, frei von jedem Klassizismus. Wir gedachten der Tänzerinnen von Sakkarah, griechischer Vasen, deren unabänderliche Motive neu gedeutet wurden. Wir erkannten Ihren Willen zum Klassischen, zur Überlieferung, aber nicht jene der Pawlowa, Trümmer eines morbid schleichenden Rokoko, sondern eine selbsteroberte Tradition. Wir waren froh, uns mit Ihnen eins zu wissen, und Gesten zu sehen, nicht weniger kostbar, als die der klagenden Kinder auf einem A–men–ho–tep-Relief, oder die umfassende Kraft der Himmelsgöttin Nuht. Nur Ihr Körper zuckte vor unsern Augen, alles was an Gefühltes oder Seelisches – unsichtbare dunkle Regungen – gemahnen konnte, war erloschen. Plato muß die eindeutige Richtigkeit dieses Tanzes geliebt haben. Alles Dunkle vergessen wir, es bleibt das unzerstörbare Gewebe Ihrer Kurven. Wir wußten kaum noch, daß so vieles unnötig ist. Aufgebeugt von spirituellen Büchern, gewahrten wir einen Körper, der sich selbst genügt, und in uns Bewegungen erregt, ach, nie beschreibbare. Kunst und Leben trafen sich, wie in einem Zweig, über den die Sonne gleitet, wodurch der Wind sich schlingt. Wir vergaßen ganz der Tatsache, daß Ihr Tanz irgendeinen Statisten erschüttern soll. Diese undenkliche Zeit begann, wo neue Körper erfunden wurden, die Geste erwachte. Sie beschenkten uns mit einer Lust, daß wir – wie selten – verstanden, warum Menschen sich für schön halten können, vielleicht, daß sie sich einer mythischen Tänzerin erinnern. Jedoch Sie gaben keine Schönheit, die nur beachtet wird, wenn sie Sentimentalität zum Vorschub macht; wir genaßen an einer Leidenschaft, die gänzlich unspirituell ist. Wenn der Rhythmus unserer Epen solche Bewegung hervorbrächte. Und all dies – Sie waren weise, vernünftig. Ihr Tanz ist voller Vernunft und Sachlichkeit. Sie geben keine Beispiele dressierter Zehen – Mensch und Raum bleiben unbewegt – nicht die Alltäglichkeit poussierender Finger – Sie vergessen nie die Einheit Ihres ganzen Körpers.

Unsere Gebärden werden sparsamer, verkniffener. Plötzlich der hemmungslose Überfluß eines Körpers. Wir vergessen das Melodrama; – Sie verderben Ihre Gesten nicht durch die Zutaten des

Rührstücks – angezeigt vom Programm – Sie werden nicht getäuscht durch die lächerliche Anekdote; die Geste ist tendenzlos. Wir versuchen hier, keine Dilettanten-Ideologie einer »reinen« Kunst. Jedoch Sie ignorieren das Drama, weil Ihr Körper die Steigerung durch literarische Inhalte verschmähen darf. Denn sonst wäre der Partner ein schlechter, störender Spieler, statt Garderobenständer.

Wir sehen Ihren Tanz, gleichsam wie Sie ihn erfinden, wir belauschen ihn im Entstehen. Welche Ökonomie der Geste. Wir begreifen bei Ihnen, wie je Dinge erfunden wurden, und ist dies nicht die erlauchte Mitteilung eines schöpferischen Körpers? Ihre Steigerung, kaum ertragbar, aber nicht literarisch; eine logische Folge von Gesten, und mit Ihnen, wenn Sie auf der Bühne zusammenstürzen, ist eine mythische Sache zerstört, die unvergeßlich in unserem trägen Blut bleibt. Vor Ihnen sitzen Krüppel und Lahme – sonst tätige, scheinbar unverletzte Menschen – fast entmutigt durch Ihre Häßlichkeit. Ich weiß nicht ganz, wie wir froh weiterleben können, wir sahen soviel Schönheit. Wir werden in Zukunft noch mehr verschmähen; Sie zogen uns in ein Großes, damit uns noch mehr als früher vor der Geste des Bürgers schaudert. Denn wir sahen nie so deutlich, daß Kunst nur eine Art von Schönheit ist.

In *Die Gegenwart* 80, 1911, S. 809—810. (Übersetzt in *La Phalange*, Paris, Januar 1912, S. 73—76).

Die Verkündigung

Der Apostel wurde wohl im großen und ganzen hinreichend durch den Annoncenteil der Zeitungen ersetzt. Hier und da überrascht trotzdem uns auf der Straße oder im Café eine solche Figur. Er zeichnet sich durch die Arroganz aus anzunehmen, daß der größere Teil der Menschen im Besitz einer Unwahrheit sei, während er gerade das Neue in sich trage.

Der Apostel ist untrennbar mit dem Begriff des Neuen verbunden, und nichts vernichtet ihn eher, als die beobachtete Unoriginalität seiner Meinung, woraus leichthin folgt, daß es einem Apostel ziemt, bei einem steten Erfolg allmählich zu verschwinden; denn sonst gerät er in die peinliche Lage, bei Lebzeiten überflüssig zu werden.

Einer der neueren Verkünder gab seinen eventuellen Jüngern den sonderlichen Rat, ihm nicht zu folgen, was für unverantwortlich und eitel bezeichnet werden darf. Das Ganze, der Mann versuchte seine Sonderstellung zu wahren, vielleicht aber erkannte er die Problematik seines Handwerks. Peinlich dürfte es einem Verkünder zumute sein, wenn er im Augenblick, da seine Lehre siegt, diese bereits überwunden hat; was leicht möglich bei dem starken inneren Trieb dieser Männer. Immerhin kann er sich dann einer zu nichts verpflichtenden ritualen Dogmatik hingeben. Ekelhaft und geradezu beschämend dürfte es einem Apostel des Aristokratismus, der Vereinzelung sein, wenn er einen allzu großen Anhang findet. Dieser Mann ist unten durch, doch die Gefahr läßt sich schwer vermeiden; denn der Parvenu wird immer die erste Gefolgschaft einer aristokratischen Lehre bilden, welche ihn schmeichelnd erhebt und seinen Unwert verhüllt. Ich übersehe nicht, des Apostels unerläßliche Eigenart wird in einer gewissen intensiven Beschränktheit bestehen, er wird oft und zumeist das Gleiche sagen müssen. Man verberge nicht die Gefahr, daß die tatsächliche oder eingebildete Elendigkeit seiner Zeitgenossen, welcher er überhaupt seine Daseinsmöglichkeit verdankt, ihn des öfteren zwingen wird, durch unlautere Mittel Erfolge zu suchen. Überhaupt ein Trick des Apostels: er übertreibt fast stets und lebt in peinlicher Überanstrengung; und es ist oft der Fall, daß der Messias seinem Verkünder allzu flau erscheint. Gänzlich hereingelegt ist wohl ein Messias, wenn sein Verkünder poetische Gaben besitzt. Wer könnte solchen Übertreibungen entsprechen. Aber die häufige Unkontrollierbarkeit der Gleichnisse eskamotiert den Messias oder macht ihn dermaßen furchtbar, daß man erleichtert aufatmet, den Messias zu sehen, der ein Mensch ist usw.

Ein nicht geringer Akt von Humanität, fast eine moralische Verpflichtung ist es, einen Verkünder, um den ein Kreis sich gründete, vor der ausschlachtenden Unbegabung seiner Jünger zu retten. Solche existieren so lange, als der Meister für esoterisch angesehen wird; also wird es, gleich ob mit oder ohne Absicht, ihr edles Bestreben sein, den Meister zu verbergen, zu monopolisieren und seine Wirkung zu unterdrücken. Eine unfreiwillige Folge wird es sein, daß sie ihn durch dilettantische Übertreibungen lächerlich machen, seine Absichten durch die nachahmenden eigenen Produktionen verdunkeln, entstellen, ja hilflos beschmutzen. Nehmen wir an, der Meister ist ein Dichter. Wie werden Jünger die allzu streng gemessenen Formen beleiernd ausweiten, seine genaue Anschuung dilettantisch zu elenden Ideologien mißbrauchen. Wie mag der Unschöpferische ihn dienerisch bestehlen; uns ziemt zu weinen beim Bedenken, das lineare Erheben, die Zurückgezogenheit und den apodiktischen Stolz eines besseren Mannes zu mißbrauchen. Und zuletzt ergibt sich die Komödie, daß das einzige, worauf er nicht wirkte, der Kreis war, während er allenthalben ernste Schätzung genießt.

Auch scheint mir, eignet sich der Meister nicht zu soziologischer Theorie und Mythenanwendung, um ihm die Bedingtheit seiner Stellung durch die Jünger zu erweisen, wie es überhaupt inhuman ist, einen Bekannten zu einem wissenschaftlichen, ja historischen Exempel zu verallgemeinern.

Eine der wichtigen Betätigungen von Meister und Jüngern bedeutet das Erzeugen des Mythus. Die Bildungen einer positiven Symbolik sind mit den Hemmnissen des Lächerlichen allzu leicht verbunden, und man wird kaum wagen, das Sakrosankte in die Öffentlichkeit zu tragen, zumal eben den Jünger vom Banausen scheidet, daß jener einen religiösen, einen Herrn, einen Mund Gottes, einen Setzer von gültigen Zeichen und Satzungen sieht, während dieser auf die Sprache eines mehr oder weniger tüchtigen Schriftstellers achtet. Man wird darum nicht das Wunderbare zum Erzeugen der Sonderstellung gebrauchen, sondern vor allem dies, was der Meister verschmäht. Der Meister unterläßt vieles, was dem Bürger ungemeines Vergnügen bereitet, und vor allem, er zieht sich fortwährend zurück. Spricht er mit einem, so sieht es aus, als sei dies der einzige Besucher, den er in diesem Jahre der Einsamkeit empfing, und man wird durch Geste verpflichtet, an ein sonderliches Geschehnis zu glauben. Eine Rose, die der Meister kauft oder ihm gebracht wird, ist nicht eine Rose, sondern glühend Zeichen erlauchter Pracht. Ist die von tiefer Färbung, so ziemt sich, in dunkle Trauer gebrämt zu sein. Aber da der Meister vieles verschmäht, deutet es auf größtes Menschentum, wenn er um fünf Uhr – besondere Stunde der Dämmerung – Tee trinkt und Zigaretten raucht. Welch humane, ja erbarmende Einfachheit, als sollte er den hingehauchten Duft ersonnener Meere um fünf Uhr trinken und einen Berg von Benzoe rauchen. Dies ist ein wahrhaft Abendmahl, wenn der Mythische Pellkartoffeln und Hering speist, ohne die Größe zu verlieren. Nein, vielmehr, er steigt zu dem Hering in Demut herab. Nehmen wir an, um den Meister sind begabte Epheben, und gar solche, die ihm über den Kopf wachsen, so daß der hieratische Gipfel des meisterlichen Sitzes ins Rutschen kommt. Hier gelangte man zum Kreuzweg, wo zwischen Gefolgschaft und Selbständigkeit zu entscheiden ist. Gerade die unterordnende Stellung des Meisters verträgt nicht allzu Gutes um sich. Jedoch die Epheben. Sie leben von der Verehrung und dem Dienst des Herrn und werden seine Formen mit Dilettantismen überschwemmen, jegliche Surrogate gebrauchen, das Bestimmte in eine Dilettantenmystik verblasen, und womöglich zu gleicher Zeit die reife Genauigkeit mit entlehnten Mitteln nachahmen. Den zur Vollendung Schreitenden werden sie äffisch verzerren durch eine vorgetäuschte Geste irgendeines älteren Schriftstellers und die Nichtigkeit ihres Gemüts durch unberechtigt entnommene Bedeutung verdunkeln.

Wir kennen allzu lange die Hülfen der Jünger, welche die geschaffene Ordnung spielend zuspitzen oder das Entdeckte durch Injektion dilettantischer Fremdkörper mißbrauchen. Die eine Art wird das neugewonnene Gut nicht als freischwebende Kraft zu fassen vermögen und also mit einem alten Netz eingefangen und durch irgendwelche

Assoziation irgendeines Stoffes, dessen historische Gesinnung jener neuen verwandt scheint, sich der neuen vermischen. Allzu flink überspringen sie die unschöpferische Armut ihres Inneren, eignen sich die strenge Form an, ohne hierzu Würde zu besitzen. Nichts aber dünkt mich hochstaplerischer als ein unberechtigtes Pathos. Diese gebrauchen Formen – Mauern der allzu gärenden Seele – ohne etwas einzuzwingen, und sind abgeklärt und beruhigt, ohne die Erschütterung einer gefährlichen, fast verderblichen Vorjugend. Die Form wird zur Geste erniedrigt, die Klarheit des Schauens zum nichtigen unbewegten Starren vermindert. Man blieb stets im wärmenden Bereich des gemieteten Ofens und schließt sich um so apodiktischer ab, je weniger man draußen war. Angst und Schwachheit erzeugen hier die Haltung, nicht aber das Gefühl tötender Überkraft. Einer gerade wird sich allzu gern dem rosigen Vergnügen der Manier hingeben, der dilettierende, nicht zu geschmacklose Philosoph, der Philologe und der Historiker. Diese beiden letzten gefährden weniger, wenn sie nicht gerade ins Dichten geraten, oder der letzte den Meister auf irgend eine Entwicklungstheorie oder historische Maxime festlegt und ihn mit dem Irrtum einer wissenschaftlichen Unkenntnis belastet.

Jedoch der Philosoph wie auch die Fragwürdigkeit des ästhetisierenden Wissenschaftlers:

Was vielleicht die heutige Wissenschaft teilweise kennzeichnet, ist eine gewisse unkonventionelle Stoffanhäufung und teilweise Stoffarmut. Der erste Mangel ist wohl den exakten Wissenschaften zuzuschreiben, der letzte den Geisteswissenschaften. Diese gerade ersetzen einen zentralisierenden Inhalt durch historisches Forschen, und gleichsam man philosophiert über die Philosophien anderer, wie die Anschauung vieler heutigen Denker als simultaner Historismus bezeichnet werden kann. Daß ein geschmackvoller, nicht genugsam ausdauernder Kopf sich hiervon abwendet, ist begreiflich und billig. Außerdem werden die Lösungen der Probleme besonders durch die bereits historischen Lösungen erschwert. Es scheint, daß weniger die Probleme wechseln, vielmehr wird eine neuartige Lösung gefordert, eine besondere Anwendung. In dieser Verwirrung unter der Vielzahl der heutigen Aufgaben entsteht leicht das Streben, festen Boden zu gewinnen. Dazu kann allzu leicht das Formale dienen, aber das Formale wiederum im dilettantischen Sinne als esoterisches Mittel, das die meisten fragwürdigen Dinge ausschließt. Wir besitzen solche raumlosen Mauern genug. Die Banalste war wohl der Monismus. Eine Distanzierte ist die Transzendenz und die Mystik. Hier finden sich

Handhaben ein, mit Varietégeschick sich der erdhaften Schwierigkeiten zu begeben und zugleich den Vorteil einer Reaktion zu genießen. Man kennt den philosophischen grenzenlosen Trieb der Pubertät, in den manche wieder verdummen und sich verflüchtigen. Es verlangt genaue Sorgfalt, ein Einzelproblem abzulösen und wiederum mit dem Gesamt der Erkenntnis abzustimmen. Geringer Leichtigkeit jedoch nur bedarf es, alles mit einer absoluten Form abzutun, wenn man an den Peripherien des Denkens verbleibt, die Form nicht zu einem fruchtbaren Pfadfinder gebraucht, indem man sie unermüdlich probend bezweifelt, sondern Schwierigkeiten abstößt; wie es zum Beispiel leicht ist, von Gott zu sprechen im Allgemeinen und Absoluten, äußerst gewagt und schwierig aber, Gott als handelnde Kraft im Einzelnen darzulegen. Und hier birgt sich, was ich mich zu fassen bemühe; die Form als dialektisches Mittel ist leicht wie ein spiritistischer Trick, der nichts erweist und nicht verpflichtet, die Form als Erkenntnis hingegen – – – weiter. Man gab uns eine Technik des Mystischen, die jede Kontrolle verschmäht, des Mystischen als ästhetisches Surrogat, und dies ist's. Jene Dialektiker des Absoluten sind zur Dichtung gezwungen, daß sie innerhalb ihres eigentlichen Gebietes vor Leere und Hunger stürben. Diese also werden mit ihren unberechtigten Idiologien, mit ihrer Hypertrophie des Formalen zum Dichter laufen und von ihm borgen müssen. Große Worte vernehme ich von diesen Dilettanten wie Musik des Denkens, Rhythmus des Systems; aber sie verbergen, daß die wahre Musik des Denkens der Mathematik verwandt ist. Sie entlehnen der Kunst das Ästhetische aus geistiger Denkfaulheit und versuchen sich in dekorativer unverbindlicher Philosophie, schalten Tugend und Untugend aus oder machen hieraus gar eine formale Sache. Sie behängen das Nichts ihrer Leere mit dem Schmuck der Künste, die sich im »Wesen« entweder als unwahre Kontraste erweisen, oder farblos verblassen werden, oder sie erregen törichte Gemüter, indem sie ihre Gedankenlosigkeit lyrisch aufschwellen. Wer von diesen wäre nicht zu irgendeiner Religiosität zu guterletzt gekommen, die jene immer grenzenlose Mythen durch dialektischen Ästhetizismus anscheinend verdeutlichte.

Und noch von jenen will ich reden, die aus ihrer frevlerischen Gemütlosigkeit und der Armut ihres Herzens ein Prinzip machen, den visionären und den kosmischen, den gesammelten und angeblichen Platonikern. Die ersten sind leicht zu widerlegen. Wir kennen diese Zustände der Pubertät; jedoch die Geschickteren unter ihnen verbergen ihre Schwäche gern hinter einem dekorativen Katholizismus; sie werden nicht durch eine Überzeugung hierzu gedrängt, sondern ein ästhetisches dekoratives Bedürfnis; Extase und Vision als Bluff. Die zweiten erheben sich gegen die Psychologie aus Armut und vergessen, daß diese ein nötiges Präludium ist. Beiden Teilen ist eine beträchtliche Oberflächlichkeit gemeinsam, aber wie leicht läßt sich damit Jünger sein. Was man nicht begreift, schaut man visionär in irgendeinem Symbol; gar viel wäre von der Übersteigerung und Sensibilität der Unproduktiven zu sagen, welche vor Leere tragisch sich gebärden. Wie bequem mag diese Krankheit sein. Ein müdes, vielleicht mitunter schmerzendes Starren und dann unvermittelte Aufschreie. Wie leicht mag sich das Können durch eine angebliche Empfindung, die außergewöhnlich scheint, ersetzen lassen.

Hingegen die Gesammelten. Gelassen begegnen sie jeglichem, und es tut ihnen keineswegs not, eine Sache zu durchdringen, sich den Gefahren des Fremden hinzugeben, um bereichert zu sich zurückzukehren; vielmehr mit dem sicheren Gefühl derer, denen es an Person gebricht, lehnen sie ab, sind vornehm kühl und in der Geste überlegen. Im Innersten lehnen sie hilflos auf den Meister angewiesen und bieten uns das jämmerliche Schauspiel, daß ein anderer für sie urteilt, erwirbt, erlebt und formt »Ich euch Gewissen«. Dies ist es zuguterletzt. Sie leben im Meister, er trägt die Verantwortlichkeit für sie, er gibt und schenkt ins Leere, er ist das Männliche, sie die Weibischen und ihm dienerisch verpflichtet. »Nun spricht der Ewige, ich will, ihr sollt.« Darum »Ich folge meinem größten Herrn«.

Zum Beschluß komme ich zu den Zierlichen, den Lächelnden, den Abbés, den idyllischen Hirten und lieblichen Flötenbläsern. Mit etwas großer Offenheit verbrämen die unschuldig Heiteren und die Lächelnden mit der tiefen Oberfläche ihre Nichtigkeit. Ihnen hilft einige historische Kenntnis des Rokoko. Ach diese Verspielten im lichten Schäferkleid, mit bunten Bändern behangen, diese unentwegt Rosanen. Tändelnd und schäkernd umtänzeln sie den Meister, dressierte Salonssatyrs, ondulierte Mänaden. Freundlich und heiter lächelnder Beschluß. O Nichtigkeit, o Technik ehrfürchtiger Hochstapelei; Gebärde; und doch Dünkel und elende Schwäche, dies zum Ende sind die Motive.

In *Die Gegenwart* 80, 1911, S. 850–852.

Brief über den Roman

Lieber Herr!

Ich danke Ihnen, daß ich Ihr Buch lesen durfte; dieser Dank ist um so kräftiger, als ich Ihnen den freundschaftlichen Rat zu geben wage, es nicht drucken zu lassen. Ihr Roman besitzt so ganz die liebliche und gewaltige Verwirrung der deutschen Bücher, einen nebulösen Reichtum, dessen Fülle zu übertreffen kaum noch einem anderen Volk gelingen wird. Was erfuhr ich alles hieraus über Bücher, welche die Zustände und Handlungen Ihrer Menschen bestimmen, z. B. wie Hans nicht Grete heiraten kann, da er Kierkegaard und Pascal mit starkem hingegebenen Gefühl gelesen hat. Aber ist dies ein Erlebnis des Hans? Zweifellos, und doch nicht. Hans ist eher ein Attribut dieses Buches, eine belanglose Anekdote aus dem Schicksal Pascals, der alle Zeiten durchzieht. Es ist kein formal einheitliches Geschehnis, da Hans zu sehr aus sich herausgeht, in eine Sache, die kein erfundenes Ding ist, die ihren Personen eigentlich nicht gehört. Und dann, das Schicksal des Buches ist stärker gewesen als die Aufnahmefähigkeit Ihrer Helden. Sehen Sie, es ist schön, daß Sie soviel lesen, das denkt man dabei, und gebildet sind. Aber wieviel Sachen, Gedanken und Geschehnisse importieren Sie mit Ihrer Bildung? Wissen Sie, es ist wissenschaftlicher Archaismus, Pascal auf Ihre Menschen einwirken zu lassen, und zwischen zwei Handlungen schieben Sie ein Buch. Jedoch warum? Weil Sie dramatische Szenen im Kopfe haben, die nur durch eine Eselsbrücke gekuppelt werden können. Man lehrt oft: der Roman schildert, das Drama agiert oder etwas ähnliches. Nein, das ist falsch. Der Unterschied begründet sich in der Sprache, die Sprache des Dramas muß Gesten erregen, die des Epos klingende Vorstellungen, und im Unterschied von Gebärde und Vorstellung wurzelt der Unterschied beider.

Man spricht von Schilderung, und wer rühmte da nicht Homer und Goethe. Jedoch ich versichere Sie, Homer schildert wenig und ganz konventionell, und Goethe ist eher ein Biograph als ein Epiker. Sie möchten hier einwenden: Schilderungen retardieren, sie sind Pausen. Nein, Schilderungen bereiten Neues vor und bezeichnen oft einen Mangel des Schriftstellers. Goethe ist ein ungeheurer Biograph, der sich über alles liebt und mit jedem Buch entwickelt. Der Epiker gestaltet das Geschehen, und seine Tugend fordert, daß er sich nur so weit züchtet, als es das Geschehnis will. Er ist in seinem Buch befangen. Goethe geht immer über das Buch und seinen Plan hinaus, und darin redet seine Gewalt. Er verbreitert die Stellen, wo er Gelegenheit findet, sein Auge und seine Vorstellungskraft zu stärken und zu erziehen. Goethe ist in seinen Epen eher ein grenzenloser Schöpfer von Bildung und Einsicht, als von Kunst. Und dies zu merken und noch mehr zu sagen, ist schwierig, da er wie kein Deutscher außer Eckhart unsere Sprache formte und schuf. Wir wohnen bei ihm einem vielleicht ganz unmittelbaren künstlerischen Vorgang bei, der sich aber nicht weit genug auf die epische Form erstreckt. Goethe vergißt oft über die Köstlichkeit des Sprachschaffens das Epos. Anders Homer und Flaubert. Hier dient das Wort dem Epos und wird erfunden nicht um einen Menschen zu entwickeln, sondern ein Geschehen auszuzeichnen. Goethe verweilt da, wo seine Person es braucht.

Der Deutsche erreicht selten die aequitas animi, die Voraussetzung eines geglichenen Werkes ist, und er bewegt sich immer im Werden und im Schaffen. Sehen Sie, ich meine, Sie sind zum Ende Ihres Buches ein anderer Mensch wie im Beginn und in der Mitte. Sie schreiben weniger, um ein Buch, als um sich zu formen. Das mag Ihnen viel wert sein, ob aber dem Leser? Der deutsche Schriftsteller setzt oft im geheimen einen Leser, der unter ihm steht, voraus; der Romane hingegen einen deutlich und leidenschaftlich Schauenden. Ich weiß nicht recht, wessen Moralität in beiden Fällen höher steht, ich glaube jedoch, daß ein geläuterter Sinn oft den Menschen zwingt, im Ganzen deutlicher zu werden. Wir haben so eine, verzeihen Sie das schlimme Wort, »kosmische« Auffassung der Person, der Lateiner eher eine berufsmäßige, und nichts ist ihm so entfremdet wie der Dilettant. Welch ein Reichtum steckt in deutschen Romanen, zum wenigstens oft eine Philosophie. Gerade diese hat Merkwürdiges hervorgebracht. Ist Ihr Hans denn nicht ein intellektueller Romantiker, der zwischen dem einzelnen und einem Begriff taumelnd und wie ein Schatten einherschwankt? Ihr Buch ist sozusagen doppelbödig. Dabei liebe ich Sie mehr wie einen armen abgeklärten Dichter, denn schließlich ist dieser nur scheinbar genauer, weil er eben rationeller philosophierte. Sie werden mir sagen: in Flaubert steckt auch eine Weltanschauung. Vielleicht, aber dann sicher eine epische. Eine, die nur dient, daß man betrachte. Und Cervantes, hatte er nicht Humor? Ich weiß nicht recht. Dies alles sind Worte, die einer genauen Erklärung bedürfen, und man muß schauen, was dann übrig bleibt. Bei beiden sehe ich nichts anderes als eine strenge Erziehung zum Epiker. Flaubert entzog seinen Sentiments seine persönliche Teilnahme. Ich höre, wie Sie mit Nietzsche rufen: er war ein Nihilist, er tötete sich selbst. Merkwürdig dieser angebliche Selbstmord, bei dem man eine Bovary gewinnt. Vielleicht sonderte er seine Kräfte und setzte alle leidenschaftlich auf eine Karte. Er schied aus seinem Denken das Unnötige aus, und beim Schreiben besann er sich nur auf die Dinge, die seinen Roman fördern. Ihre Personen leben im dramatischen Rhythmus einer Philosophie, der sie sich bald nähern, bald entziehen. Die Bovary lebt demgemäß, wie es das Kunstwerk bedarf. Was ich darunter verstehe? Sie lebt immer so, daß man es sieht, so daß an keinem Punkte in einer zweiten Etage gespielt wird, in einem plötzlich geöffneten Nebenzimmer. Und warum? Weil der Dichter in dem Geschehnis unterging, nicht in einzelnen Figuren, und zu opfern verstand. In Ihrem Buch oder in Wilhelm Meister (Sie sehen, ich stelle Sie hoch) stehen Dinge von großer Weisheit, die in der Bovary gewiß nicht zu finden sind. Aber dafür unterbrechen Sie auch das Geschehen mit einer zu rüden Selbstsucht. Flaubert teilte sich allen Dingen in gleichem Maße mit; allerdings bei sich haßte er die Bourgeois seiner Bücher. Der Deutsche will immer hinauf, und mit einem Kapitel überwindet er das vorige, und zum Schluß überschreitet er mit dem Leser das ganze Buch. Sie entgegnen mir, ich redete hier unaufhörlich von den einseitigen unnormalen Artisten. Nein, ich glaube kaum. Ich unterscheide sehr zwischen Artist, Dichter und dem Poetischen. Der Deutsche wird oft künstlich und pauvre, wenn er sich distanciert, was heute sehr Mode ist. Nehmen Sie George, was verlor dieser Mann alles auf dem Weg zum Gedicht; wie lange steckte er in der Vorbereitung zu diesem. Endlich dort angelangt, wie verarmt war sein Innenrhythmus. Der Deutsche stilisiert entweder alles oder nichts und teilt nur das Ganze mit. Der Lateiner gibt dem Kunstwerk nichts als dies, zugleich aber den anderen ein Mittel, andere Dinge zu bereichern,

vereinfachen usw. Nach einem großen deutschen Werk läßt sich
schwer etwas anderes tun als das Gegenteil beginnen oder nachahmen.
Denn der Mann versuchte, in seinem Werk alles zu leisten. Der
Deutsche diskutiert in seinen Werken, er spielt einen Menschen gegen
den andern aus. Man erfand dafür das Wort Charakter, was oft be-
sagte, die Figur reicht weit über den Roman hinaus, sie führt ein
Leben nach dem Tode weiter. Aber wir sprachen vom Künstlichen,
der ist nichts als unsachlich und gibt Pointen. Ob eine Pointe im
sprachlichen oder gegenständlichen Sinn ist gleich. Der Poetische hingegen scheint mir ein ebenso liebenswürdiger wie gefährlicher Trottel.
Gerade die Deutschen besitzen den ungeheuren poetischen Menschen
in Jean Paul. Wieviel dichterische Empfindungen sind dort angehäuft,
einen geläuterten Jean Paul kann ich mir nicht vorstellen, so groß
wäre er. Aber er verspürte und fand keine Schicksale, und so bleibt
er leicht und witzig. Die Griechen schufen sich die Ananke, die Athe,
um sich zur Form zu zwingen. Balzac fand die Gier und Flaubert
den allmählichen Tod, das Sichgleichbleiben oder das Kleinwerden,
der uns ungesehen umgibt. Sie entdeckten Kräfte, die unentrinnbar
sind, nur solche erzeugen die Form. Die Griechen gaben einen religiösen Zwang, die Lateiner entdeckten Motive, die man glauben muß.
Sie waren durchaus konventionell und schlicht. Der Deutsche hingegen
baut zumeist auf dem Letzten auf, das er errang, auf dem Augen-
blicklichen. Darum sind Goethes Gedichte so groß, und darum vergißt Faust das Sterben. Denn diese Deutschen sind ein grenzenloses
Volk, ein beispielloses Kompendium von Einzelfällen, und keiner
widerlegt so gern wie der Deutsche. Sonderlich jetzt biegen wir um,
Bücher, wie die kleine Stadt von Heinrich Mann versprechen uns die
Möglichkeit von Romanen, während der Franzose jetzt leicht Welt-
anschauungsdichter wird. Nehmen Sie die Porte étroite von Gide,
oder Claudel. Charles Louis Philippe schrieb einmal: »Man braucht
jetzt Barbaren, man muß jetzt ganz nahe bei Gott gelebt haben, ohne
ihn in Büchern studiert zu haben. Eine Vision der lebendigen Natur
brauchen wir, damit man Kraft habe, ja selbst Mut. Die Zeit des
Dilettantismus der sanften Mittel ist vorüber, heute beginnt die Zeit
der Leidenschaft. Ich weiß nicht, ob der eine oder andere unter uns
ein großer Schriftsteller ist, aber das weiß ich, wir gehören zum Geschlecht derer, die kommen werden, darunter ist sicher einer der kleinen Propheten, die den Christus vor seiner Ankunft verkündigten
und schon da nach seiner Lehre predigten.« Vorher sprach er von
Anatole France, dann fährt er mit dem Idioten Dostojewskis fort:

»Hier ist das Werk eines Barbaren, alle menschlichen Fragen werden mit Leidenschaft abgehandelt, manchmal war ich toll vor Schönheit. Seine Personen sind zugleich einfach und kompliziert.« Das ist von einem Menschen geschrieben, der einsieht, daß man in Frankreich fast zuviel Literatur getrieben hat, so daß es kaum noch einen Zustand dort gibt, der nicht literarisch fixiert worden wäre. Fast nirgendwo haben unliterarische Künstler wie Tolstoi und Dostojewski so stark gewirkt wie in Frankreich. Zunächst dichtet man dort in sinnlichen Abstrakten und löst fast zu sehr auf. Uns hingegen kolportierte man einen Gegensatz zwischen Literatur und Leben, und die Verschmelzung beider kommt selten über eine absonderliche Groteske hinaus. Philippe schrieb diesen kurzen und wichtigen Satz, »die Menschen Dostojewskis seien zugleich einfach und kompliziert«. Sehen Sie, von einem ganzen Kern, einem Aktionszentrum aus, geschieht dort alles. Der Mensch ist von vornherein Roman. Dieser entfaltet sich in jedem Kapitel mehr und nach immer neuen Seiten hin. Er wird plastisch und räumlich, weil das Epos ihm neue Menschen zuführt, an denen er sich äußert und seiner selbst gewahr wird. Dann erschrickt er über sich selbst, denn so viel Schicksal für Menschen zu sein kann er nicht ertragen. Er kann nicht unter die Menschen den Tod bringen, hierin besteht seine Sünde, daß ein Mensch um seinetwillen gemordet werden mußte. Hier erhebt sich sein Schicksal. Der Idiot bedarf des Romans, sonst bliebe er nichtig. Das Drama kann ihm nicht helfen und das Leben auch nicht. Denn der Idiot wird nur auf ganz wenige Wochen lebendig, um wieder zurückzufallen. Der Idiot verlangt nach Menschen, die ihn erwidern und erleben, sonst wäre er nichts, Menschen, denen er zum Schicksal anschwillt, und diese Menschen wiederum brauchen den Fürsten. Sie sind nötig aufeinander angewiesen und leben vom Wachsein des Fürsten. Und Madame Bovary, was wäre sie ohne die Menschen des Buches, und Ihr Hans, was wäre er ohne die Dinge, die Bücher, die Kämpfe, die nicht im Buche stehen. Der Deutsche schreibt Bruchstücke einer Biographie und wagt nur selten Ausschnitte. Er löst die Gestalt in Fremdkörpern auf und verbindet sie durch Surrogate, Erklärungen oder ähnliches. Wie er ja oft erläutert, da er keine seelischen Übereinkünfte besitzt. Diese Menschen, der Idiot, die Bovary, sind einfach. Heißt dies nichts anderes, als sie decken sich mit dem Buch, und wird dies nicht ganz bei uns bleiben, und sind die Dinge dort nicht so gültig, daß sie immer sein werden? Meinungen, Entwicklungen und Historien werden nie eindeutig und notwendig, werden nie Schicksale. Im Drama ist zumeist alles geschehen, wir erleben nur die Wirkung, das Ausbreiten der Geste. Im Epos geschieht es, und die Geste ist darum unmöglich. Um so mehr Formung verlangt der Roman. Er ist sicher keine Verbreiterung oder ein Abgeleitetes von irgendeiner Gattung. Ohne den Roman wäre die Menschheit unvollständig, denn sie bedarf des epischen Schauens. Hier gelange ich zum Wichtigen, zur Erziehung zum Epiker. Das Ganze besteht darin, Menschen so stark zu sehen, daß sie einander zum Schicksal werden, aber nichts außer diesen Menschen. Das heißt, sie müssen von sich ausgehen und in sich verbleiben. Nicht von einer außenstehenden Sache oder Idee.

Es darf nichts mehr sein außer diesen Menschen. Denn anderes schwächt und lenkt ab. Diese Menschen müssen sich stark lieben und befeinden und die Dinge zwischen ihnen absorbieren. Sie dürfen nicht selbstsüchtig sein und ihre Biographie bringen, keine Gedanken über Dinge oder Aperçus, keine Gegenstände zwischen sich aufbauen, keine Philosophien und Privatgefühle. Sie müssen sich ganz dem Geschehen hingeben. Der Sinn des Romans ist, Menschen und Dinge in einem Zug zu bewegen, der Roman gibt nicht das Leben der Menschen, sondern die Zeit, da sie sich bewegen, um ihr Schicksal zu erzeugen. Im Drama ist dies bereits fertig, im Roman wird es.

Und was bleibt mir, dem Dichter, beklagen Sie sich? Noch lebe ich.

Ihnen gehört alles, diese Menschen, diese Schicksale und viele andere Bücher, die Sie schreiben werden. Verringern Sie das nicht, indem Sie sich ungelöst einmischen. Sie müssen ganz darin sein, nicht Ihren Roman schlechter machen, als Sie sind. Eine Persönlichkeit, deren Etappen nicht vollkommen sachliche Taten sind, bleibt immer Dilettant.

Aber lebe ich nicht über den Roman hinaus?

O ja, wollen Sie aber drei Bücher in einem schreiben? Haben Sie Geduld, sonst kommen Sie zu einer Anhäufung von Fragmenten, und das Fragment ist die schwerste Sünde. Schreiben Sie einfach und kompliziert, aber versuchen Sie sich nicht in den üblichen einfachen Zuständen, die geographisch begrenzt sind, der Heimatskunst oder dem Volkston, den das Volk nicht mehr versteht. Seien Sie in der Nähe Gottes, d. i. seien Sie ursprünglich von Ihrem Innern aus. Dann entwickeln Sie sich auch nicht in Ihren Romanen, wenn Sie über Ideologien und Dingen zu den Ursprüngen gelangen.

In *Pan 2*, 1911/12, S. 477–482. (Übersetzt in *La Phalange*: »Lettre sur le roman allemand«, übersetzt von A. Malye; Juni 1912. Unter dem Titel: »Didaktisches für Zurückgebliebene«, in *Die Aktion*, 7. Jg. 1917, Sp. 268, und in »Anmerkungen«, Berlin 1916, S. 10–17.)

Bebuquin oder die Dilettanten des Wunders

Für André Gide

Geschrieben 1906/09

ERSTES KAPITEL

Die Scherben eines gläsernen, gelben Lampions klirrten auf die
Stimme eines Frauenzimmers: wollen Sie den Geist Ihrer Mutter
sehen? Das haltlose Licht tropfte auf die zartmarkierte Glatze eines
jungen Mannes, der ängstlich abbog, um allen Überlegungen über
die Zusammensetzung seiner Person vorzubeugen. Er wandte sich ab
von der Bude der verzerrenden Spiegel, die mehr zu Betrachtungen
anregen als die Worte von fünfzehn Professoren. Er wandte sich ab
vom Zirkus zur aufgehobenen Schwerkraft, wiewohl er lächelnd
einsah, daß er damit die Lösung seines Lebens versäumte.*[1] Das Theater zur stummen Ekstase mied er mit stolz geneigtem Haupt: alle
Ekstase ist unanständig, Ekstase blamiert unser Können, und ging
schauernd in das Museum zur billigen Erstarrnis, an dessen Kasse
eine breite verschwimmende Dame nackt saß. Sie war so breit, daß
sie nicht etwa auf einem Stuhl saß, sondern auf ihrem schwermüti-
gen, weit ausgedehnten Posterieur.[2] Sie trug einen ausladenden gelben
Federhut, smaragdfarbene Strümpfe, deren Bänder bis zu den Achselhöhlen reichten[3] und den Körper mit nicht zu aufregend vibrie-

---

* Erklärung der Textvarianten Seite 114.
1 so die Lösung seines Lebens zu versäumen (2. Auflage [A])
2 Dieser Satz kommt in A nicht vor.
3 bis zu den Achselhöhlen liefen (A)

renden Arabesken schmückten.[4] Von ihren Seehundhänden starrten rote Rubinen senkrecht: »Guten Abend, Herr Bebuquin«, sagte sie.[5] Bebuquin betrat einen mühselig erleuchteten Raum, in dem eine Puppe stand, etwas dick, rot geschminkt mit gemalten Brauen, die seit ihrer Existenz eine Kußhand zuwarf.[6] Erfreut über das Unkünstlerische setzte er sich auf einen Stuhl, einige Schritte von der Puppe entfernt.[7] Der junge Mann wußte nicht, was ihn am Unkünstlerischen anzog.[8] Er fand hier eine stille, freundliche Schmerzlosigkeit, die ihm jedoch gleichgültig war.[9] Was ihn immer anzog, war der merkwürdige Umstand, daß ihn dies ruhig konventionelle Lächeln bewußtlos machen konnte. Ihn empörte die Ruhe alles Leblosen, da er noch nicht in dem nötigen Maße abgestorben war, um für einen angenehmen Menschen gelten zu dürfen.[10] Er schrie die Puppe an, beschimpfte sie und warf sie wieder einmal[11] von ihrem Stuhl vor die Tür, wo die dicke Dame sie etwas besorgt aufhob. Er wand sich in der leeren Stube: »Ich will nicht eine Kopie, keine Beeinflussung, ich will mich, aus meiner Seele muß etwas ganz Eigenes kommen, und wenn es Löcher in eine[12] private Luft sind. Ich kann nicht mit den Dingen etwas anfangen, ein Ding verpflichtet zu allen Dingen. Es steht im Strom, und furchtbar ist die Unendlichkeit eines Punktes.«

Die dicke Dame, Fräulein Euphemia, kam und bat ihn, fortzufahren, als[13] ein dicker Herr ihn anfuhr:

»Jüngling, beschäftigen Sie sich mit angewandten Wissenschaften.«

Peinlich ging ihm das Talglicht eines Verstehens auf, daß er, wo er ein Schauspiel sehen wollte,[14] einem anderen zum Theater gedient habe. Er schrie auf:

»Ich bin ein Spiegel, eine unbewegte, von Gaslaternen glitzernde Pfütze, die spiegelt. Aber hat ein Spiegel sich je gespiegelt?«

Mitleidig blickte ihn der Korpulente an. Er hatte einen kleinen Kopf, eine silberne Hirnschale mit wundervoll ziselierten Ornamen-

---

4 und den Körper mit sparsamen Arabesken schmückten (A)
5 »Abend, den Bebuquin« (sagte sie — wurde in A weggelassen)
6 Bebuquin betrat einen mühsam erleuchteten Raum, wo eine Puppe, dick, rot geschminkt, gemalte Brauen, stand, die seit ihrer Existenz einen Kuß warf. (A)
7 setzte er sich wenige Schritte der Puppe entfernt (A)
8 Der junge Mann wußte nicht, was ihn in das Banale zog. (A)
9 Hier fand er (A)
10 gelten zu können (A)
11 und warf sie von ihrem Stuhl vor die Tür (A)
12 in private Luft (A)
13 da ein dicker Herr ihn (A)
14 daß er, in Erwartung eines Schauspiels ... (A)

ten, in welche feine, glitzernde Edelsteinplatten eingelassen waren. Giorgio[15] wollte entweichen; Nebukadnezar Böhm schrie ihn wutvoll an:

»Was springen Sie so in meiner Atmosphäre herum, Unmensch?«

»Verzeihung, mein Herr, Ihre Atmosphäre ist ein Produkt von Faktoren, die in keiner Beziehung zu Ihnen stehen.«

»Wenn auch«, erwiderte liebenswürdig Nebukadnezar, »es ist eine Machtfrage, eine Sache der Benennung von Selbsthypnose.«[16]

Bebuquin richtete sich auf.

»Sie sind wohl aus Sachsen und haben Nietzsche gelesen, der darüber, daß man ihm das Polizeiressort nicht anvertraute, wahnsinnig wurde und in die Notlage kam, psychologisch scharfsinnige Bücher zu schreiben?«[17]

Fräulein Euphemia bat die Herren, mit ihrem Geist rationeller umzugehen, und sie wolle gern ein Ball-Lokal besuchen. Die beiden nickten und stampften die Holztreppe hinunter. Euphemia holte einen Abendmantel, und Nebukadnezar ergriff ein Sprachrohr und bellte in die sich breit aufrollende Milchstraße:

»Ich suche das Wunder.« Der Schoßhund Euphemias fiel aus dem Sprachrohr; Euphemia kehrte angenehm lächelnd zurück.

»Beste«, meinte Nebukadnezar, »Erotik ist die Ekstase des Dilettanten; ich werde Sie aber in meinem nächsten Feuilleton protegieren.[18] Die Frauen sind immer aufreibend, da sie stets dasselbe geben, und wir nie glauben wollen, daß zwei ganz verschiedene Körper das gleiche Zentrum besitzen.«[19]

»Adieu, ich will Sie nicht hindern, Ihre Betrachtungen durch die Tat zu beweisen.«

Euphemia bat, daß der Dicke etwas zu trinken und zu essen aus dem Hotel[20] hole, und kehrte um, ihren Hund zu pflegen, von dessen Unfall sie hörte. Der Dicke ergriff einen Baum und schmerzlich an den Hals. Dann ging auch er, den Hund pflegen. —[21]

---

15 zuerst George, dann verändert zu Giorgio (Typoskript [T])
16 es ist eine Machtfrage, eine Sache der Benennung, der Selbsthypnose (A)
   der Benennung und Selbsthypnose (T)
17 psychologisch angebohrte Bücher zu schreiben (A)
18 ich werde Sie in meinem nächsten Feuilleton protegieren — in A weggelassen
19 Frauen sind aufreibend, da sie stets dasselbe geben, wir hinwieder nie glauben, daß zwei verschiedene Körper das gleiche Zentrum besitzen. (A)
20 aus dem Hotel — in A weggelassen
21 Der Dicke griff einen Baum und schmerzlich den Hals. (A)

Nebukadnezar neigte den Kopf über Euphemias massigen Busen. Ein Spiegel hing über ihm. Er sah, wie die Brüste sich in den feingeschliffenen Edelsteinplatten seines Kopfes zu mannigfachen fremden Formen teilten und blitzten, in Formen, wie sie ihm keine Wirklichkeit bisher zu geben vermochte. Das ziselierte Silber brach und verfeinerte das Glitzern der Gestalten. Nebukadnezar starrte in den Spiegel, sich gierig freuend, wie er die Wirklichkeit gliedern konnte, wie seine Seele das Silber und die Steine waren, sein Auge der Spiegel.

»Bebuquin«, schrie er und brach zusammen; denn er vermochte immer noch nicht, die Seele der Dinge zu ertragen. Zwei Arme zerrten ihn auf, preßten ihn an zwei feste breite Brüste, und lange Haarsträhnen fielen über seinen Silberschädel, und jedes Haar waren tausend Formen. Er erinnerte sich der Frau und merkte etwas beklemmt, daß er nicht mehr zu ihr dringen könne durch das Blitzen der Edelsteine, und sein Leib barst fast im Kampfe zwei Wirklichkeiten. Dabei überkam ihn eine wilde Freude, daß ihm sein Gehirn aus Silber fast Unsterblichkeit verlieh, da es jede Erscheinung potenzierte, und er sein Denken ausschalten konnte, dank dem präzisen Schliff der Steine und der vollkommen logischen Ziselierung. Mit den Formen der Ziselierung konnte er sich eine neue Logik schaffen, deren sichtbare Symbole die Ritzen der Kapsel waren. Es vervielfachte seine Kraft, er glaubte in einer anderen, immer neuen Welt zu sein mit neuen Lüsten. Er begriff seine Gestalt im Tasten nicht mehr, die er fast vergessen, die sich in Schmerzen wand, da die gesehene Welt nicht mit ihr übereinstimmte.

»Mißbrauchen Sie mich, bitte, nicht«, klang die dünne Stimme Bebuquins im Spiegel, »regen Sie sich nicht so an Gegenständen auf; es ist ja nur Kombination, nichts Neues. Wüten Sie nicht mit deplazierten Mitteln; wo sind Sie denn? Wir können uns nicht neben unsere Haut setzen. Die ganze Sache vollzieht sich streng kausal. Ja, wenn uns die Logik losließe; an welcher Stelle mag die einsetzen; das wissen wir beide nicht. Da steckt das Beste.[22] Beinahe wurden Sie originell, da Sie beinahe wahnsinnig wurden. Singen wir das Lied von der gemeinsamen Einsamkeit. Ihre Sucht nach Originalität entspringt Ihrer beschämenden Leere; meine auch. Ich entziehe mich Ihnen ohne weiteres. Dann spiegeln Sie sich in sich selbst. Sie sehen, das ist ein Punkt. Aber die Dinge bringen uns auch nicht weiter.«

Spitzengardinen werden zusammengezogen.

---

22 Da steckt das, Bester. (A)

ZWEITES KAPITEL

Bebuquin wälzte sich in den Kissen und litt. Er machte sich daran, zunächst zu erfahren, was Leiden sei, wo für ihn das Leiden noch einen Grund und Zweck berge. Er fand aber keinen; denn so oft er den Schmerz zergliederte, traf er Ursachen, oder genauer, Umwandlungen an, die alles andere als Leiden waren. Er erkannte das Leiden als Stimulans zur Freude, als angenehmes Ausgespannt-werden und sagte sich, daß nirgends ein Leiden aufzufinden wäre; und im Ganzen in einer solchen Bezeichnungsweise eine lächerliche Naivität des Vermischens liege; daß das Logische nichts mit dem Seelischen zu tun habe, fiel ihm auf; daß es eine gefälschte Zurechtmachung wäre. Er fand das Logische so schlecht wie Maler, die für die Tugend ein blondes Frauenzimmer hinsetzen.

Der Fehler des Logischen ist, daß es noch nicht einmal symbolisch gelten kann. Man muß einsehen, ihr Dummköpfe, daß die Logik nur Stil werden darf, ohne je eine Wirklichkeit zu berühren. Wir müssen logisch komponieren, aus den logischen Figuren heraus wie Ornamentkünstler. Wir müssen einsehen, daß das Phantastischste die Logik ist.

Ein Grauen überlief ihn, da er der Gegenstände gedachte, die ihn stets aufsaugen wollen; wie er die Gegenstände durch seine Symbolik vernichte, und wie alles nur in der Vernichtung existiere. Hier sah er eine Berechtigung alles Ästhetischen; aber zugleich auch, daß er, da er keinen ganzen Endzweck mehr sah, den einzelnen leugnen mußte, Er sehnte sich nach dem Wahnsinn, doch seinen letzten ungezügelten Rest Mensch ängstigte es sehr. Seine einzige Rettung schien eine anständige Langeweile zu sein; aber nicht, um sich damit wie der lebensfrohe Schopenhauer die Berechtigung zu einem System zu erschleichen; obwohl ihm klar wurde, daß in der Langeweile ein Stilfaktor ersten Ranges latent sei. Er blätterte in einigen Mathematikbüchern, und viele Freude bereitete es ihm, mit der Unendlichkeit umherzuspringen, wie Kinder mit Bällen und Reifen. Hier glaubte er in keinem Hinübergehen in die Dinge zu stehen, er merkte, daß er in sich sei.

Er sah ein, daß es verfehlt sei, sich Dichter zu nennen; daß er in der Kunst immer im Rausch der Symbole bleibe. Es genügte ihm keineswegs, daß die Technik der Poesie symbolisch sei, und ihre Gegenstände damit einen ganz anderen Sinn erhielten; noch immer fand er, daß die sprachliche Darstellung eben nur unreine Kunst sei, gemessen an der Musik. Er verwünschte die Anstrengungen der Wissenschaftler, die Musik auf reale physiologische Vorgänge zurückzuführen. Aber es berührte ihn entschieden angenehm, daß sie ihre Verdauung interpretierten, doch alles Künstlerische mit großer Sicherheit umgingen. Es freute ihn, wie sich hier eine alte Meinung bestätigte, daß die Teile über das Ganze gar nichts aussagten, das Synthetische in der logischen Analyse die unbewußte Voraussetzung sei, und man gerade die Hauptsache somit sicher umgehe, wie es diese Psychologen taten.

»Traurig«, rief er aus, »welch schlechter Romanstoff bin ich, da ich nie etwas tun werde, mich in mir drehe; ich möchte gern über Handeln etwas Geistreiches sagen, wenn ich nur wüßte, was es ist. Sicher ist mir, daß ich noch nie gehandelt oder erlebt habe.«

»Auch nie genossen, Idiot«, fauchte Nebukadnezar in die Stube, und schlug wieder den Deckel des Nachtstuhls zu. Leuchtende kleine Wolken glühten auf, und ein Vorhang aus Mull mit zarten Blumen überdeckt, wurde auseinandergezogen.

»Mein Herr, Sie faselten eben von einer reinlichen Scheidung Ihres Ichs. Ich merke, Sie suchen Gott. Nun ja, ich gestehe, es ist schwer einzusehen, daß alles Relative eben durch den Genuß und ähnliche passive Räusche absolut wird. Den Weg zu Dingen zu vergessen, haben Sie eben noch nicht fertig gebracht, aber die Resultate sind gleich, Sie Säugling mit der Denkerstirn«, schrie er mit erhobenem Zeigefinger. »Ich habe mich noch nie dafür interessiert, was ich genieße, aber daß ich genieße, war mir stets von größter Wichtigkeit.«

»Mein Herr, Sie suchen Zwecke mit Ihrem Bauch. Entfernen Sie sich. Im übrigen war Ihre jenseitige Genußmaschine gefährlich. Ich wohnte doch Ihrem seligen Abscheiden bei.«

»Sie sehen also immer noch nicht ein, daß lediglich die Nervenstränge rissen. Mein ziseliertes Hirn war bei weitem dauerhafter. Es ist empörend, daß Ihr mißlicher Ernst mich stets zu faulen Witzen reizt. Jetzt haben Sie Ihre eigenste Spiegelung weg.«

Er setzte sich zu Bebuquin ins Bett.

»Bebuquin«, begann er gütig, »Sie sind ja immer noch ein Mensch. Variieren Sie doch einmal, monotoner Kloß. Gestatten Sie mir, daß ich Ihnen von den Gärten der Zeichen, die Geschichte von den Vorhängen erzähle. Narzissus, Unproduktiver.«

Giorgio zog sich die Decke von den Ohren, steckte ein Kakes in den Mund, und Böhm hub an:

DRITTES KAPITEL

Die Geschichte von den Vorhängen

Ich stand vor einem großen Stück aus Sackleindwand und schrie »Knoten seid ihr.«

»Müssen Sie denn immer schimpfen?«

»Unterbrechen Sie mich nicht. Aber ich habe das Bedürfnis, mich zu dokumentieren. Bald merkte ich es, daß niemand anders die Sackleindwand sei, als ich. Es war die erste Selbsterkenntnis. Aber ich drang weiter. Ein großes Gepolter begann. Ein Sturm zerriß mich. Ich schrie vor Schmerz. Ich merkte, wie der größte Teil der Leinwand zum Teufel ging. Aber dann war ich total von mir geblendet. Denken Sie, ich war ein stählernes Gebirge, das auf dem Kopf stand. Zarte Seelenblumen kachierten die Abgründe, die mit keinem Schock Sofakissen auszufüllen waren. Ich begriff den ganzen Unsinn und merkte, daß ein Sandkorn bei weitem wertvoller sei, als eine unendliche Welt. Es ging mir auch das Infinitesimale, das Wunder der Qualität, auf, das weder historisch, noch sonst wie aufgelöst werden kann. Jedenfalls merkte ich mir, daß es lediglich auf eine möglichst ungehinderte Bewegung ankomme. Ich gestehe zu, daß hier das Logische nicht ausreicht, weil jedes Axiom das andere widerlegt. Denken Sie daran, daß man mit dem Satze vom kausalen Denken eben gerade auf das Unkausale kommt, aber mit grüner Ergebung gehe ich auf die Hauptsache los. Ich sagte mir, Böhm werde dich los. Alles Persönliche ist unproduktiv. Sei Vorhang und zerreiße dich. Beschimpfe dich so lange, bis du etwas anderes bist. Sei Vorhang und Theaterstück zugleich. Wenn du eine Sehnsucht hast, handle stets im umgekehrten Sinn; denn sonst steckst du zu bald im Leim. Ich habe stets gesagt, das Umgekehrte ist genau so richtig. Aber gehen Sie nicht mehr auf zwei Beinen. Warum amputieren Sie nicht eins heroisch unter der Bettdecke weg?

Genuß verlangt Selbstbeherrschung und Qual. Grundsatz: vermeiden Sie das Gleichgewicht.

Sie sehen, meine silberne Gehirnschale ist asymmetrisch. Darin liegt meine Produktivität. Über den sich fortwährend verändernden Kombinationen verlieren Sie das unglückselige Gedächtnis für die Dinge und den peinlichen Hang zum Endgültigen. Was Sie bisher nicht zu denken wagten. Die Welt ist das Mittel zum Denken. Es handelt sich nicht um Erkennen, das ist eine phantastische Tautologie. Hier geht es um Denken, Denken. Dadurch ändert sich die ganze Affäre, mein Herr. Genies handeln nie, oder sie handeln nur scheinbar. Ihr Zweck ist ein Gedanke, ein neuer, neuester Gedanke.

Mein Herr, verstehen Sie jetzt den großen Napoleon? Der Mann war nicht ehrgeizig. Das ist die Projektion der Universitätsintriguen und der Dilettanten. Der Mann versuchte immer neue Mittel, um denken zu können; aber er war etwas Ideologe. Nur eines bitte ich mir aus: werfen Sie mich nicht mit der haltlosen Gefühlsduselei eines Pantheisten zusammen. Diese Leute haben nie ein gutes Bild begriffen; da steckt ihr Fehler. Das sind unkonzentrierte Gymnasiasten, die deswegen über einen Begriff nicht hinauskommen, und gerade den leugne ich. Der Begriff ist gerade so ein Nonsens, wie die Sache. Man wird nie die Kombination los. Der Begriff will zu den Dingen, aber gerade das Umgekehrte will ich. Ich richte meine Aufmerksamkeit auf den Genuß. Sie wissen nun, daß mein Ende fast als tragisch zu bezeichnen ist. Ziehen Sie sich aber an. Wir wollen einer hypothetischen Handlung beiwohnen, nämlich meinem Seelenamt.

VIERTES KAPITEL

Seit Wochen starrte Bebuquin in einen Winkel seiner Stube, und er wollte den Winkel seiner Stube aus sich heraus beleben. Es graute ihn, auf die unverständlichen, niemals endenden Tatsachen angewiesen zu sein, die ihn verneinten. Aber sein erschöpfter Wille konnte nicht ein Stäubchen erzeugen; er konnte mit geschlossenen Augen nichts sehen.

»Es muß möglich sein, genau wie man früher an einen Gott glauben konnte, der die Welt aus nichts erschuf. Wie peinlich, daß ich nie vollkommen sein kann. Doch warum fehlt mir sogar die Illusion der Vollkommenheit.«

Da merkte er, daß eine gewisse Vorstellungsfähigkeit des Tatsächlichen noch in ihm sei. Er bedauerte dies, wiewohl ihm alles gleichgültig erschien. Es war nicht, daß die generellen Instinkte in ihm abgestorben wären. Er sagte sich, daß der Wert etwas Alogisches sei, und er wollte damit nicht Logik machen. Er spürte in diesem Widerspruch keine Belebung, sondern Aufhebung, Ruhe. Nicht die Verneinung machte ihm Vergnügen. Er verachtete diese prätentiösen Nörgler. Er verachtete diese Unreinlichkeit des dramatischen Menschen. Er sagte sich, vielleicht nötige ihn nur seine Faulheit zu dieser

Betrachtung. Doch die Gründe waren ihm nebensächlich. Es handelte sich um den Gedanken, der logisch war, woher auch seine Ursachen kamen. Böhm begrüßte ihn leise und freundlich. Er wollte sich nach seinem Tode etwas schonen, da er noch nichts Sicheres über die Unsterblichkeit wußte.

»Es ist anständig und läßt Sie in gutem Licht erscheinen, wie Sie sich mit Todesverachtung um das Logische bemühen. Aber leider dürften Sie keinen Erfolg haben, da Sie nur eine Logik und ein Nichtlogisches annehmen. Es gibt viele Logiken, mein Lieber, in uns, welche sich bekämpfen, und aus deren Kampf das Alogische hervorgeht. Lassen Sie sich nicht von einigen mangelhaften Philosophen täuschen, die fortwährend von der Einheit schwatzen und den Beziehungen aller Teile aufeinander, ihrem Verknüpftsein zu einem Ganzen. Wir sind nicht mehr so phantasielos, das Dasein eines Gottes zu behaupten. Alles unverschämte Einbiegen auf eine Einheit appelliert nur an die Faulheit der Mitmenschen. Bebuquin, sehen Sie einmal. Vor allen Dingen wissen die Leute nichts von der Beschaffenheit des Leibes. Erinnern Sie sich der weiten Strahlenmäntel der Heiligen auf den alten Bildern und nehmen Sie diese bitte wörtlich. Doch das alles sind Gemeinplätze. Was Ihnen, mein Lieber, fehlt, ist das Wunder. Merken Sie jetzt, warum Sie von allen Sachen und Dingen abgleiten? Sie sind ein Phantast mit unzureichenden Mitteln. Auch ich suchte das Wunder. Denken Sie an Melitta, die aus dem Sprachrohr fiel, und wie ich mich blamierte. Man braucht die Fragen[23] überhaupt nur, um sich zu blamieren. Es ist das eine Selektion, die gerecht ist, gerade weil in der Frau nur Dummheit steckt. Darum redet man bei ihr von Möglichkeiten und meint zuletzt, daß die Frau phantastisch sei. Hinter eines kam ich seit meinem seligen Abscheiden. Sie sind Phantast, weil Sie nicht genug können. Das Phantastische ist gewiß ebenso Stoff- wie Formfrage. Aber vergessen Sie eines nicht. Phantasten sind Leute, die nicht mit einem Dreieck zu Ende kommen. Man soll nicht sagen, daß sie Symbolisten sind. Aber in Gottes Namen, Ihnen ist dieser Dilettantismus nötig. Sie sahen noch nie ein paar Leute, nie ein Blatt. Denken Sie eine Frau unter der Laterne; eine Nase, ein Lichtbauch, sonst nichts. Das Licht, aufgefangen von Häusern und Menschen. Damit wäre noch etwas zu sagen. Hüten Sie sich vor quantitativen Experimenten. In der Kunst ist die Zahl,

---

23 Wahrscheinlich ein Satzfehler: die Frauen (A); in T steht auch »Frauen« statt »Fragen«.

die Größe ganz gleichgültig. Wenn sie eine Rolle spielt, so ist sie bestimmt abgeleitet. Mit der Unendlichkeit zu arbeiten, ist purer Dillettantismus. Hier gebe ich Ihnen noch einen Ratschlag, der Sie später vielleicht anregt. Kant wird gewiß eine große Rolle spielen. Merken Sie sich eins. Seine verführerische Bedeutung liegt darin, daß er Gleichgewicht zustande brachte zwischen Objekt und Subjekt. Aber eines, die Hauptsache, vergaß er: was wohl das Erkenntnistheorie treibende Subjekt macht, das eben Objekt und Subjekt konstatiert. Ist das wohl ein psychisches Ding an sich. Da steckt der Haken, warum der deutsche Idealismus Kant dermaßen übertreiben konnte. Unschöpferische werden sich stets am Unmöglichen erschöpfen. Keine Grenzen kennen, wieviel Seelisches die Gegenstände ertragen, verantworten können. Alle Unendlichkeitsrederei kommt von ungeformter arbeitsloser Seelenenergie. Es ist der Ausdruck der potentiellen Energie, also eine Sache des kräftigen Nichtkönnens.

FÜNFTES KAPITEL

Um die Tische verbanden sich die Wiener Rohrstühle zu rhythmischen Guirlanden. Die Nase eines Trinkers konzentrierte die Kette jäh. Die Lichter hingen klumpenweise von der Decke und zerplatzten die Wände zu Fetzen. »So vernichtet eins den anderen«, bemerkte hierzu der jugendliche Maler Heinrich Lippenknabe.

»Ich bin darauf dressiert, überall die Negation aufzufinden.«

»Ja, trotzdem: die Gemütlichkeit der Vernichtung ist das Interessanteste. Lachhaft ist die Gespanntheit von allem. Ich bedaure, daß sich Kunst und Philosophie die Aufgabe stellen, dies immer Fragmentarische als ruhende Form zu geben. In unserem Energieverbrauch muß es Teilungsgewohnheiten geben. Die Energie der Form verbirgt oft allzu heftige Angst vor Erweiterung, beweist den Rhythmus der Müdigkeit.

Immer beschäftigte es mich, alles nur vorläufig zu betrachten. Immer stieß ich auf Zustände der Völker, wo diese ablassend von strengen Werten nach kurzer Irre sich der Kunst zuwandten und hier sich Absolutes erschlichen mit dem Unterbewußtsein, dies sei erlaubt; sie führten nämlich ihre ästhetischen Gründe an in artistischem Sinne. Bald vergaßen sie diese und hatten gemächliche Werte, auf denen es sich bequem ausruhen, arbeiten und leben ließ. Das Ästhetische reagierte ethisch ab, zunächst mit Übertreibungen.

Ich gestehe, mit Vergnügen bemerkte ich, daß sich aus der symbolischen Kunst eine Formkunst bei einigen Begabteren abtrennte; aber vielleicht schuf das Symbol das Artistische, da dieses die Grenzenlosigkeit des ersteren überwinden mußte, woraus sich die heutige Scheidung ergibt.

Fiel es Ihnen nicht auf, daß die früheren Christen durch die Bilder disputieren; und denken; und gerade darum waren sie zur größten Energie der Form und zur beständigen sinnlichen Variation eines in sich stille Bleibenden gezwungen.«

Bebuquin sagte: »Das Verdienst Schopenhauers, die Ruhe als Wesen aller Dinge und Subjekte eingeführt zu haben, ist stets hervorzuheben. Er gab damit die unbewegte Idee Platos wieder, das strenge, unberührte Gesetz; aber fürwahr, das Wesen ist ein Nichts. Doch ist die Reduzierung auf Eindrücke peinlich. Schwerlich werde ich mir einmal über den Produktiven klar. Dieses kindliche Suchen nach einem Anfang wird mich schädigen.«

Euphemia trat in das Café ein. Das gelbe Licht gab ihren Röcken, – die sich wie Wogen von Rudern bewegten, über ihren straffen Beinen schäumten, – Konturen, die in ihrem Hut zusammenliefen und an dem weit überhängenden Federbukett des Hutes versprühten.[24] Man hatte sie seit langem nicht mehr gesehen, da sie mit einem Knaben niedergekommen war. Die Geburt war für ihren Körper anscheinend vorteilhaft gewesen. Unwillkürlich dachte Bebuquin, an dem Kinde habe sie sich ihres Fettes, ihrer bisherigen schlechten Erfahrungen entledigt. Sie sah geradezu jungfräulich aus.

»Was ist doch das für ein Unglück, daß wir Männer vom Weib kommen.«

Euphemia: »Nun, mein Junge, wie habe ich mich erholt?«

Heinrich Lippenknabe hub aber ein Lied an, das der bleiche lange Piccolo mit dem Rauschen der Vorhänge und dem Klingen der metallenen Schnürgriffe akzentuierte.

»Weit stinkt uns die Einsamkeit entgegen.
Auf allen unseren grauen Wegen
Krallt unser Auge sich an einen blauen Fleck
Die Einsamkeit;
Es ist ein dunkelklitschig Zimmer
Ohne Wände, doch hat keiner ihre Höhe je ermessen.

---

24 Das gelbe Licht gab ihren Röcken — die, Wogen von Rudern bewegt, über ihren straffen Beinen schäumten, — Konturen (A)

Um uns tanzt der Kosmos voll Finessen,
Doch fällt auf mich kein Schimmer.«

»Hören Sie mit dem Blödsinn auf. Ich möchte die ganze Geschichte in mich konzentrieren.«

»Das können Sie ohne weiteres, glauben Sie es einfach.«

»Ich dachte schon oft, daß unsere Meinungen als strenge Umkehr der Tatsachen aufgefaßt werden können.

Negation besagt gar nichts, ebensowenig die Bejahung. Das Künstlerische beginnt mit dem Worte anders. Künstlerische Formen können sich dermaßen verfestigt haben, über die Dinge hinausgewachsen sein, daß sie einen neuen Gegenstand erschaffen. Ihnen ist die Welt zum Greuel geworden, die sich dem Maskenspiel des Dichters opfern soll. Aber wir sind in unser Gedächtnis eingeschlossen, auf Tautologien angewiesen – ich sehe dabei von der Existenz des Wortes »Form« ab.

Das Wesentliche dieses Wortes ist, daß es mit Nichts alles enthält, aber zugleich mehr ist als Begriff oder Symbol. Auf der einen Seite geht es über das Logische weit hinaus und läßt von der Erfahrung bedeutendere Merkmale zurück; sie besitzt Selbstbewegung. Ruhe und Bewegung sind zugleich in ihr eingeschlossen. Das Symbol gab die Vor- und Nachfolgen der Form, das empirische und ein fremdes; die Form aber verbarg sich ungesehen zwischen den beiden Gliedern. Die Form weist auch über die Kausalität hinaus, zugleich besitzt sie vorzüglichere Eigenschaften, als die Idee; sie ist mehr als ein Prozeß. Vor allem aber vermag sie sich mit jedem Organ und Ding zu verbinden; da ihre Verpflichtung an die Gegenstände eine denkbar lose ist, gebietet sie diesen ohne Vergewaltigung. In ihr beendet sich die christliche Verneinung der Gestalt; gerade jene wird von ihr erstrebt mit den reinen Kräften der Seele. Der Christ gab nie ein wenigstens scheinbares Endresultat, er verneinte und vergewaltigte krampfhaft. Vielleicht gebiert die Form neue Gegenstände; sie ist von ihrem Ursprünglichen entfernter, als der Begriff, und meine[25] Deduktion von ihr ist durchaus von einer begrifflichen unterschieden. Die Anschauung gewinnt in ihr eine Kraft, die vorher dem Begriff allein zugesprochen wurde.«

---

25 eine Deduktion (A und T)

SECHSTES KAPITEL

Eine blaue Hutfeder Euphemias besoff sich blitzend in der grünen Chartreuse.

Bebuquin schaute mit seinem linken Bein in die Ecke der Bar, wo Heinrich Lippenknabe nachdenkerisch in der bronzierten Nabelhöhle einer Hetäre eine Orchidee arrangierte und sie mit Kognak begoß.

»Wer ist der Vater?« schrie die Buffetdame.

Der Schein der elektrischen Lampen fuhr ihr durch die Spitzen zum Knie, tanzte über die Kristallflacons und die Sektkühler erregt rückwärts; das sonst anständige elektrische Licht!

»Keiner«, schaute Euphemia mit kreisförmig ausgebreiteten Augen. »Ich kriegte ihn im Traum.«

»Quatsch«, rief Heinrich Lippenknabe, »sie meint ein vergebliches Präventiv.«

»Erstens hatte ich keine Ahnung, wer der Vater sein kann. Das ist auch gleichgültig.« Sie sah erschreckt drein.

»War es vielleicht Böhm?« fragte Bebuquin.

Euphemia schrie senkrecht auf.

»Der kommt immer, er wird das Kind stillen, er hat jetzt eine solch milchfarbene Schädelplatte, seit er starb, und er benutzt seinen Schlingdarm, für den er keine Verwendung mehr hat, als Zither und singt sehr ergreifend dazu den Pythagoreischen Lehrsatz. Er sagte, der Junge müsse ein ganz Intellektueller werden.« »Ja, dein Embryo schrieb doch eine philosophische Arbeit und doktorierte auf Geburt; nicht wahr, die Geschichte heißt: die zerstörte Nabelschnur oder das principium individuationis.« »Ja«, flüsterte Euphemia, »er hat bereits der Welt entsagt, er wird geistig, ist ganz wunschlos, unreinlich und schweigsam. Außerdem hat er eine sensible Haut, die wechselt fortwährend Farbe. Kann man ihn nicht als Reklametransparent benutzen? Man spart farbige Glühlampen.«

»Das Alogische wächst, das Alogische siegt, er wird nicht abgeleitet.«

Bebuquin balanzierte auf dem kippligen Barstuhl.

»Darum, meine Damen, werden so viele verrückt. Wir entbehren der Fiktionen, der Positivismus ruiniert.«

Die Buffetdame kniete verzückt zwischen den Sektkühlern.

»Herr, wir konzipieren zu materiell.«

Ihr Spitzenkleid umglitzerte sie, Ornament des Traums.

Die Sektkühler, heilige Gefäße des Unsäglichen.

»Wir opfern nichts mehr«, schrie Babuquin auf die Straße, »das Sublime geht verloren. Das Wunder kritisiert Ihr, das Wunder hat nur Sinn, wenn es leibhaftig ist, aber ihr habt alle Kräfte zerstört, die über das Menschliche hinausgehen.«

»Ich will, daß der Geist sichtbar werde«, stöhnte Heinrich Lippenknabe.

»Das Nichts soll sich materialisieren«, die Dame mit der Orchidee in der Nabelhöhle.

Böhm stand unter ihnen.

Er sagte:

»Das Naturgesetz soll sich im Alkohol besaufen, bis es merkt, es gibt irrationale Situationen, und einsieht, gesetzmäßig ist nur der Demokrat mit dem Reichstagswahlrecht und die Schwachheit. Das Gesetz realisiert sich seelisch nie, es hängt sinnlos an dem Nagel irgend eines schlechten Mathematikaxioms.

Wenn etwas auf das Gesetz erkannt wird, beweist es nur, die Sache ist als Erlebnis überlebt. Das Gesetz ist die Vergangenheit, dem Tod unterworfen.

Sic.

Es fehlen uns die Ausnahmen.

Zu wenig Leute haben den Mut, vollkommenen Blödsinn zu sagen. Häufig wiederholter Blödsinn wird integrierendes Moment unseres Denkens; bei einer gewissen Stufe der Intelligenz interessiert man sich für das Korrekte, Vernünftige gar nicht mehr.

Die Vernunft macht zu viel Großes, Erhabenes zum Grotesken, Unmöglichen. An der Vernunft ruinierten wir Gott die umfassende Idiosynkrasie.

Welches Recht hat die Vernunft dazu? Sie sitzt auf der Einheit.

Da sitzt die Gemeinheit.

Es gibt so viele Welten, die gar nichts miteinander zu tun haben, so wenig, wie grüne Chartreuse mit den Visionen, in die sie sich umsetzt. Wenn ein sympathischer Zeitgenosse sich mit Außerordentlichem abgibt, sperren sie ihn ins Irrenhaus.

Meine Herren, der Mann interessiert sich nur nicht für Ihre rationale Welt. Warum wollen Sie denn nicht einsehen, wenigstens daß Ihre Vernunft langweilig ist?

Alles stilisiert die Vernunft, das meiste verschleißt sie zu angeblich belanglosen Übergängen, das andere ist Kanon, das Wertvolle, das Langweilige, Demokratische, das Stabile.

Meine Herren, die Intelligenz und Phantasie der Leute hat sich darin zu zeigen, daß man den Blitz einfängt, differenzieren Sie. Ich versichere Ihnen, ich zum Beispiel lebe nur, weil ich mich mir suggeriere; in Wirklichkeit bin ich tot. Sie wissen doch, ich ließ mich einsargen. Aber ich versprach mir, als Reklame für das Unwirkliche herumzulaufen, bis irgendein Idiot ein Wunder an mir erlebt. Sehet, Babys, unwirklich, nichts, das sind Bezeichnungen für eure schlechten Augen. Wenn es eine künftige Fülle gibt, dann kommt sie aus dem Nichts, dem Unwirklichen. Das ist die einzige Garantie für die Zukunft.

Der Utilist und der Vernünftler sagen für das Imaginäre Trug und Maja, für das Nichts Vacuum oder Äther. Das sind Leute, die wollen alles in den Mund nehmen und essen oder zu einer Moral aufschneiden. Aber das Nichts ist die indifferente Voraussetzung allen Seins. Das Nichts ist die Grundlage, nur darf man nicht an Robert Meyer glauben und alle Existenz ist doch nur eine Einschränkung des Nichts. Die Existenz in Formen ist ein Sofa, eine Schlummerrolle, eine ebenso unverbindliche, wie langweilende Konvention. Wenn man frei und kühn zum Leben in vielen Formen ist, wenn man den Tod als ein Vorurteil, einen Mangel an Phantasie ansieht, dann geht man aufs Phantastische, das ist die Unermüdlichkeit in allen möglichen Formen.

Ich gebe zu, die Vernunft macht alles bequem, sie konzentriert, aber sie zerstört zu viel, macht zu vieles lächerlich und gerade das Größte. Man muß das Unmögliche so lange anschauen, bis es eine leichte Angelegenheit ist. Das Wunder ist eine Frage des Trainings. Euphemia, euch mangelt ein Kult.

Der Romantiker sagt: seht, ich habe Phantasie, und ich habe Vernunft, ich bin sonderlich und sage mitunter Sachen, die es nicht gibt, wie euch das meine Vernunft hinten nach zeigt. Wenn ich sehr poetisch sein will, sage ich dann, die Geschichte hat mir geträumt. Aber, das ist mein sublimstes Mittel, damit muß man sparen. Und dann kommen noch Masken und Spiegelbild als romantischer Apparat. Aber, Herrschaften, da ist Ästhetizismus bei. Beim Romantiker macht man einen Schritt vorwärts und zwei zurück. Das ist ein zuckendes Klebpflaster.«

Er begoß die noch nicht Verschiedenen mit Absinth.

»Hier ein Mittel des Dilettanten.«

Bebuquin fuhr Euphemia an die Nase und umarmte sie zugleich leidenschaftlich.

Ein Sturmregen pointilliert die großen Scheibenfenster.

»Wir bedürfen einer Sündflut.

Man hat bis jetzt die Vernunft benutzt, die Sinne zu vergröbern, die Wahrnehmung zu reduzieren, zu vereinfachen. Im ganzen, die Vernunft verarmte; die Vernunft verarmte Gott bis zur Indifferenz; töten wir die Vernunft; die Vernunft hat den gestaltlosen Tod produziert, wo es nichts mehr zu sehen gibt. Noch für Dante war der Tod ein Vorwand für Glanz, Farbe, Reichtum und Lust. Nehmen wir unsere Sinne, entreißen wir sie der Ruhe der Stupidität platonischer Ideen, beobachten wir den Moment, der viel eigenartiger ist, als die Ruhe, weil er differenziert und charakteristisch ist, gar keine Einheit hat, sondern sich zwischen vorn und hinten restlos aufteilt.«

Der tote Böhm tanzte dankend auf Euphemias Hut und versank im Büfett; er legte sich wieder in eine seltsame Kognaksorte, die er von jeher geliebt.

SIEBENTES KAPITEL

Die drei Bogenlampen schweben in der Bar. Ihre Strahlen, losgelöst vom inneren Lichtkern, durchbohrten sich wie Stricknadeln. Böhm im Kognak stieg heraus, tanzte hinter den Kristallflakons der farbigen Schnäpse, leise trällernd den Cancan des Chamäleons serpentina alcoholica. Die Monde der Bogenlampen wurden obscön, ihre Strahlen fingerten in der Dekolletage der Damen, man hörte auf Bebuquins leise, trockne Stimme, der von seiner letzten Liebschaft erzählte.

»Der Abschied von der Symmetrie.

Meine letzte Geliebte stand im Garten zur sympathischen Kurve – ist eine Vase aus Knidos. Ein reiches Weib besaß sie, konnte sie aber nicht um sich ertragen, weil sie die Konkurrenz mit der Vase nicht bestreiten konnte. Sie stieß bedeutend mit der Zunge an und sah ästhetische Jünglinge bei sich. Um Bildung zu markieren, zeigte die Dame den Jünglingen stets die knidische Vase. Also die Jünglinge verglichen kunstgewerblich die Dame mit der Vase. Der Pot hatte unbedingt die Form eines schlanken Weibes, die Dame zog dabei den kürzeren und kam mit ihrer Liebe zur Kunst nicht auf ihre Kosten. Diese Vase ruinierte mich fast, meine Sinne waren ziemlich abstrakt gestimmt. Ich suchte wochenlang nach der Frau, welche die Propor-

tionen der Vase habe. Selbstverständlich vergeblich. Höchstens die
Puppe in Euphemias billiger Erstarrnis. Aber das stimmte alles nicht.
Im Traum stieg ich zur Vase und zerbrach sie regelmäßig. Das Gefäß
machte mich zum Klassizisten, zum symmetrisch geteilten Stilisten.
Da fand ich's. Die Symmetrie ist wie die platonische Idee eine tote
Ruhe. Böhm sagte mal, ich sollte mir ein Bein amputieren. Das war
brutal, aber ganz richtig. Doch die Sache war mir damals nicht klar,
die Symmetrie ist langweilig wie Mechanik. Zuletzt ließ ich mir die
knidische Vase schenken. Damit war der Dame des Hauses und mir
gedient. Nach einer ziemlich schlimmen Nacht schlug ich den Topf
entzwei. Es ging ums Leben. Seitdem bin ich Romantiker geworden.«

Bebuquin sah gar nicht, daß die Hetäre und Euphemia krampfhaft
unter den Bogenlampen saßen, Liköre tranken und in das Licht
starrten. Lippenknabe küßte seine Mätresse auf den Arm. Grell
schrie sie auf und wehrte den Maler deutlich mit einer langen, spitzen Hutnadel aus dem zuckenden Lichtkreis ab.

Er zog sich notgedrungen zurück.

Die Frauen lagen verzückt unter den starren, stechenden Dolchen
der Bogenlampen.

Sie stöhnten wie Tiere.

Die Lampen begannen zu zucken, sie zischten. Bebuquin drehte
die Leitung ab.

Die Frauen schraken verstört auf.

Der Maler sagte eifersüchtig »Sonnenkult« und ging.

Bebuquin blieb mit den Frauen. Man trank weiter, der Alkohol
redete wie Gott aus dem Munde der Propheten.

Der fahle Morgen betupfte die Scheiben.

Er krauchte die Häusermauern hinunter.

Die drei Leute ängstigten sich vor der Trennung.

Denn man geht erst, wenn die Erschöpfung vollendet ist.

Sie kauerten zusammen, eine kalte, feuchte Schlange zog sich immer enger um die drei.

Der Schrecken des Farbenwechsels der übergehenden Zeiten
machte sie stumm. Die Nacht, welche die vom Licht übergrellten Gesichte liebt, starb in den Tag hinein. Man fühlte, man müsse die
Nächte zu einem ernsten Training benutzen, denn die drei wollten
um jeden Preis Visionäre werden, ganz unmenschlich sein. Sie waren
ihres Körpers und seiner Formen unabweislich müde geworden und
spürten, daß sie sich verzerren müßten.

Unter der blöden Sonne gingen die Grauen heim. Die Landschaft war auf ein Brett gestrichen, die aufgerissenen Augen spürten nicht mehr vor Überreizung, daß es heller und klarer wurde. Das Licht der Glühlampen und die sie umhüllende Finsternis steckte noch in den Sehnerven. Bebuquin suchte weinend der Sonne in einen imaginären Bauch zu treten. Ein Brillant über Euphemias Décolleté fing das unverbrauchte Morgenlicht auf, konzentrierte das Licht. Giorgio erschrak vor der blitzenden, schrie »verflucht« und suchte ihre Wohnung auf. Die Hetäre zog allein weiter. Man ließ sie unbenutzt stehen, sie spannte ihren pfaufarbenen Schirm auf, sprang wild ein paarmal in die Höhe, dann fügte sie sich in die Fläche einer Litfaßsäule, sie war nur ein Plakat gewesen für die neueröffnete Animierkneipe »Essay«.

ACHTES KAPITEL

Durch die regengepeitschte Nacht fuhr in ihrem Auto die Schauspielerin Fredegonde Perlenblick. Sie hörte außerdem auf den Namen Mah bei jüngeren Liebhabern, Lou, wenn sie dämonisch war, und Bea, wenn sie eine Familie zu ersetzen suchte. Sie fuhr mit zwei erschrecklich blendenden Scheinwerfern, die im glitschrigen Asphalt, in dessen Regenwasser die Schatten der letzten Trotteurs gaukelten, weiße Lichtgruben aufrissen. Ihre Autohupe hatte entschieden dramatische Kraft. Der Chauffeur hielt einen tragischen Rezitationsstil inne, die Hupe hatte das dramatische R. Auf dem Dache des Kupees war ein Kintopp angebracht, der den verschlafenen Bürgern zeigte, wie die Schauspielerin Fredegonde Perlenblick sich auszog, badete und zu Bett ging. Ehe es dunkel wurde, erschien über dem Bett kalligraphisch »Endlich allein?« Unter der Bilderreihe des rasenden Kinema stand zum Beispiel »Ich trage den Strumpfhalter ›Ideal‹« oder sonst irgendeine wertvolle Empfehlung. Die Schauspielerin ließ vor der Bar halten. Sie stieg aus, es war noch niemand da. Ihr erster zündender Blick, der das Lokal durchkreiste, blieb unerwidert.

Sie setzte sich hin und war schön für sich selbst. Bebuquin stieg über die Schwelle.

»Gnädigste, Sie sitzen auf einer Hypothese.«

»Ja, ich bin wie ein verkleideter Knabe.«

Die Dame zog den Blick Nummer fünf. Sie merkte, diesmal müßte sie auf höherem Niveau einsetzen.

»Gnädigste, wissen Sie, Sie beweisen mir durchaus die Nichtexistenz des Materiellen.«

»Oh, wir werden ja auch beim Theater, soweit angängig, Stilisten. Ich habe schon ein Reformkleid versucht, aber das ist so schwer zu tragen. Entweder, man sieht wie permanente Jungfrau aus, oder schlechthin verheiratet. Ein Mittelstück gibt's da gar nicht.«

Sie markierte erregten Busen.

Man war still.

Der schalkige Böhm befunkelte aus seiner Kognakbütte den Hals Fredegondes. Sie reagierte. Bescheiden sprach er:

»Gnädigste, wollen Sie einen Edelstein aus meinem Kopf?«

»Ich habe den Büchmann und eine lyrische Anthologie. Das genügt«, sagte sie entrüstet.

»Ich meine ja ganz richtige.«

»Vorher mußte ich auf einer Hypothese sitzen, und jetzt wollen Sie mir immaterielle Juwelen verzapfen. Mein Herr, achten Sie den Intellekt eines Weibes.«

»Kindchen, hast Du schon von einem verkehrten Kaffee gehört? Sieh, gönn uns den bescheidenen Sport der Verrücktheit.«

»Aber man muß natürlich sein. Ich bin immer so natürlich.« Jetzt lächelte sie bereits.

Böhm schnalzte ihr flink einen Edelstein auf den Hals und redete mit furchtbarer Stimme.

»Jetzt bist du in die Träume gezogen. Schmerzkakadu los!«

Der Giebel des Büfetts färbte sich bunt. Vogelaugen starrten, die Wände der Bar überzogen sich mit Vogelfedern, und man hörte ein Geratter von Flügeln, man spürte, es wird geflogen, höher, wilder in den Wahnsinn.

Die Schauspielerin schrie:

»Drehbühne! Shakespeare bei Reinhardt!« und hielt krampfhaft ihre Handtasche.

Die Flügel des Kakadu wurden mit Menschen angefüllt.

Euphemia saß über allen, Emil, den phosphoreszierenden Embryo, auf dem Schoß und rief:

»Herrschaften, heute wird schwarz weiß.

Wir werden so wütend, daß wir hintennach kein Wort mehr reden werden.«

»Oh, ich bin ja nur die Wachspuppe aus der billigen Erstarrnis.«

Jetzt sahen sie von sich ausgehend eine Reihe; es tanzten um sie die vergangenen Jahre, die rauften.

»Wir müssen auf die Sinne«, rief Böhm.

»Kinder, im Himmel gibt's nur verzückte Augen. Wir müssen so genau sehen, daß darin alles Wissen steckt.«

Aufgeregt starrte das Volk auf der Straße nach dem großen Tier, das in der Luft torkelte, und schrie:

»Es kommt der Lebendige.«

Der Vogel schrie in Graurot:

»Ich bin ein Beweis, es kann auch anders zugehen.«

Die Menschen klapperten vor Angst, ob sie es ertragen konnten. Meistens bleibt man ja im dilettantischen Schrecken stehen. Und endet mit einem Schlaganfall auf dem Plüschsofa.

Davor ein weißer Mops aus Porzellan.

Er hat eine rote Schleife.

NEUNTES KAPITEL

Aber selbstverständlich, man fliegt nicht immer. Beim vierten Glas rohen Wiskys sitzt man wieder schwer.

Euphemia sagte:

»Böhm ist doch ein törichter Mensch, ich weiß nie, ob er lebt oder tot ist.«

Drei Arbeiter klumpten in die Bar.

Das elektrische Licht erinnerte sie an das der Fabrik.

Sie hatten zu fordern. Einer langte sich eine Flasche Sekt.

Ein sensibler Kellner keifte. Er zuckte nervös mit dem Knie.

Sein Vater war Hausknecht in einem bürgerlichen Lokal.

»Meine Herren, Sie kennen nicht den Schmerzkakadu. Es ist nicht ratsam, sich zu betrinken.«

Eine rote Arbeiterbluse mit einem blaubeglühten Schädel dröhnte.

»Wir nippen bloß.«

Nahm einige Likörflaschen unter den Arm, und die Schauspielerin Fredegonde Perlenblick.

»Athlet«, stöhnte sie verzückt.

Euphemia sagte verächtlich apodiktisch:

»Kühe sind Wiederkäuer, sei es Heu, sei es Shakespeare. Kühe lieben Stiere.«

Man hörte von der Straße die schimpfende Tragödie.

»Explosive Seele.«

Sie hob ihre Röcke sehr hoch.

Ihr Auto raste gierig davon.

Es rollte den Asphalt auf, glitschte über die Reflexe der Gaslampen und der letzten Bummler. Jetzt mag d'Annunzio weiterschreiben.

In der Bar sang man den Cantus der Gottesstreiter, zur Erbauung und Stärkung von Böhms Leiche. Lippenknabe schmeckte die trabende Melodie auf der Zunge wie Rizinusöl.

»Böhm ruiniert uns jedes Formgefühl. Der Kerl ist doch tot, wenn er auch hier herumflunkert.«

Man brach eine begonnene Debatte ab. Herein kam eine Dame, hintendrein ein dünner, ziemlich durchsichter Herr.

Er stellte sich mit dem Gesicht in eine Ecke und litaneite.

»Ehmke Laurenz, Platoniker gehe nur Nachts aus, weil es da keine Farben gibt. Ich suche die reine ruhende, einsame Idee, diese Dame tatkräftig rhythmische Erregung. Ich bin eigentümlich, da ich von zwei Dingen ruiniert werde, einem höheren der Idee und einem niederen der Dame.«

»Ja, aber ruinieren Sie doch die beiden, die sich bedingen, zum mindestens Ihre blödsinnige Ideologie vom Sein, von der Langeweile, dem Tod. Das ist nur eine Müdigkeit, ein Defekt, Platonismus ist Anästhesie. Reißen Sie sich doch die Augen aus und die Ohren, dann haben Sie Ihren Platonismus zu Wege gebracht.«

Aurora, die Frau des Kauzes, der prinzipiell farblose Schnäpse trank, näherte sich und sagte:

»Ehmke macht kontemplativ.« Ehmke schrak zusamen, blickte sie erst flehend, dann voll Verachtung an, sagte: »Du kennst mich nicht« – aber sie »dafür Du mich«; er grinste wie ein kleiner Idiot, senkte den Kopf zum Nabel, die Farbe ging ihm aus dem Gesicht, und schaute gelassen auf seinen Bauch.

Inzwischen war sie liebevoll.

Da die beiden schließlich störten, ließ man sie hinauswerfen, denn nichts ist so überflüssig, langweilig, wie ein Ideologe und ein Hure. Beide, die banalste Form des Spleens.

Nach kurzer Weile kam ein Fremder ins Lokal, unauffällig im Frack wie jeder.

Böhm tänzelte bald[26] aus der Kognaksorte und rief: »das ist er.«

Euphemia ging wie in der Hypnose auf den Unbekannten zu und sagte: »Sie sind uns ganz fremd, aber furchtbar deutlich, ich soll mich Ihnen geben.«

---

26 Böhm tänzelte aus der Kognaksorte und rief: das ist er. (A)

Der Fremde sagte mit mittlerer Stimme.

»Bitte kommen Sie mit mir.«

»Und warum sollen wir Gott nicht lieben«, sagte leise Bebuquin.

»Denn das Unbekannte ist der Liebling des forschenden Schöpfers«, flüsterte Lippenknabe.

Die Uhr tönte die Sekunden, jede Sekunde war plastisch deutlich, das Auge sah den Klang. Die Erde war ihnen einen Augenblick ein kristallen Feuer, die Menschen von durchsichtigem Glas.

Bebuquin seufzte. Gegen die Scheiben fiel aus dem farbigen Morgenwind der beginnende Regen.

ZEHNTES KAPITEL

Die Menschen, die löffelweise, keiner wußte von anderem, in den Zirkus, eine kolossalische Rotunde des Staunens, geflattert waren, saßen zur Masse verkeilt, und man erwartete Miß Euphemia. An den Ranggeländern liefen Ornamente erregter Hände entlang, Bogenlampen schwangen ihre energetischen Milchkübel.

Man bemerkte Miß Euphemia erst, als sie an die Decke aufgezogen war, sie hielt sich mit den Zähnen in einen Strick verbissen. Ließ sich los, und ein Salto mortale war an der Decke geschlagen zum anderen Ende, wo sie mit den Zähnen ein Seil aufriß.

Es fiel ein Programm.

Miß Euphemia glitt beim dritten Male am Seil ab; sie beschloß aus formalen Gründen, sich das Genick zu brechen.

Senkrecht schrien die Leute, einige versuchten, von den Galerien herabzuspringen. Euphemia sah den schwebenden Kronleuchter und ergriff fünfeinhalb Meter über dem Boden das Seil.

Die Leute wüteten.

Euphemia machte dann mit großer Sicherheit noch einige Salto mortales.

Trotzdem, sie war moralisch ruiniert.

(Die stärkste Moralität dies des Handwerks.)

Und sie fand es ziemlich, in ein Kloster einzutreten, um zu büßen. Die Menschen leerten sich in den kühlen Abend, gingen auseinander und verschwanden.

Der Zirkus stand leer, eine runde Dunkelheit.

Vor einem schlafenden Affenkäfig geißelte sich Euphemia.

ELFTES KAPITEL

Der Schatten eines sich begattenden Affenpaares schlich von der anderen Seite über Euphemia.[27]

Sie schauerte müde, aber mit schattender Begierde, die über sie weg kroch. Leise ging sie in die Mitte der Arena, zog ihr Gazekleid ab und stand nackt in der Dunkelheit. Wenige spärliche Sterne leuchteten durch die Luken. Das verhängnisvolle Seil pendelte zwischen ihnen.

»Sie sind nun erledigt«, rief Bebuquin durch die Finsternis. Sein Schatten glitt über den Boden, über Euphemia.

»Rühren Sie mich nicht an«, schrie sie. »Ich gehöre dem andern. Ich habe mich dem imaginierten Böhm angetraut. Er kann aus der Wand kommen. Er ist außerhalb jeder Regel. Er hat mir alles verwirrt. Sein tödlicher formloser Humor, bei dem jedes nichts und sehr bedeutungsvoll ist, fuhr in mich. Ich leide so unter den Versuchungen der Phantasie. Ein Weib hält das doch nicht aus. Sehen Sie, Böhm ist für mich wirklicher, wie Sie. Er ist ein grausamer Witz, eine phantastische Guillotine. O du mein Galgen. Ich sehe immer gerade aus, wie er's braucht. Er nimmt mir alle Kraft aus den Gliedern. Ich hocke tagelang und sehe ihn in dem Schatten des Abends, bald grünt er im Morgen, wie ein endloser Kakadu, bald liegt er draußen im Meer, und ich reise tagelang der Welle nach, der grünen Flasche, die ihn umschließt. Es ist so reich, mit den Toten zu verkehren, es ist eine stille, innerlich bohrende Lust, lautlos sprengende Raserei; Böhm!«

»Ihnen sind die Gestalten verwirrt.«

»O Sie sind töricht, ich stehe in einem langen alten Mythus, der mich umschlingt wie ein Gewebe. Wissen Sie, die Luft ist etwas ganz anderes, das ist eine Glasglocke. Ich muß dahinaus, man erstickt so elend in dem engen Leben. Böhm erweiterte in einem ständigen Training die phantastischen Fähigkeiten seines Körpers; seine Stimme, die Strahlen seiner Augen. Ja, was war das, wie weit reichten die; ich bin einfach verfallen in die Grenzlosigkeit des Humors. Doch ich leide unter all dem Grauenhaften. Ich vermöchte mit einem zufriedenen Lächeln irgendeinen zu töten, vielleicht nähme das alle Last von mir. Wissen Sie, wir handeln immer doch zuletzt aus einem Minimum von Überspannung, die eines findet, an dem sie sich aus-

---

27 Der Schatten eines sich begattenden Affenpaares schlich über Euphemia. (A)

löst. Eine große Dunkelheit und ein weniges, ein Grammchen von Überspannung. In uns sind alle Laster, alle Größe, nur temperiert, gegenseitig geschwächt; aber wenn sich eins überspannt, der Haß, die Angst, die Liebe, dann ist es in einem Blitz den ganzen Weg durchgeflogen, oder wir gehen wie Mondsüchtige, haben die anderen Empfindungen verlernt, tun das Nötige und sind wie vorher und wissen nichts. So geschehen viele Morde.«

»Aber der Körper, die Sinne.«

»Du mein Gott, das sind die ärmlichsten Gewöhnungen, Vorurteile. Viel stärker. reizvoller, gefährlicher sind die Empfindungen, die keines Erlebnisses bedürfen. Denn schließlich gibt es Menschen, die kommen auf die Erde und kennen alles. Das Leben ist nur eine mühevolle Darstellung der Erinnerung, nichts Neues.«

»Also kämen wir doch von Gott.«

»Aber woher denn?«

»Sie kriegten doch Emil.«

»Nein, das war nicht ich, irgend etwas in mir produzierte da, bewahrte auf. Und der erste Schrei des Kindes, das konnte doch nicht von mir kommen. Und die Form, der Körper, das ist doch nur ein Mittel, eine Ausdrucksform und ein schlechtes Instrument. Wenn ich mit Gott und Böhm mehr zusammen bin, werde ich das Meiste viel genauer kennen.«

»So geht alles von den Lebendigen weg zu den Toten. Die stehen eben energisch voran. Weißt du, Euphemia, wie du die Dessous oft behaglich abstreiftest. So fällt alles mögliche von mir ab. Man steht einfach gerade da, den Kopf über den Wolken und ist mehr oder weniger fertig. Es geht von einem weg. Die Leute, Wünsche, Quälereien, und man ist wie eine geleerte Pappschachtel. So weißt du, die Dunkelheit und die Sonne, das sind für mich keine Gegensätze mehr, sind ein totes Gefühl, bald in Schwarz, bald in Weiß. Ich möchte mal schreien, daß die Tiger vor Angst ausbrechen und durch die Nacht ihre Augen funkeln. Es wird mich nichts freuen, gar nichts. Alles, was sonst die Leute steigert, extasiert, ruiniert mich totsicher, macht mich still wie die Wand, die du nicht siehst. Jetzt ziehst du gar noch zum Herrgott! Gerade so gut kannst Du Dich in Permanenz hängen. Der Herrgott, das ist's. Wir geben ihm all unsere Kraft und können ihn dann nicht mehr ertragen. Ich sehe das immer zu, wie alles ihm zufällt, wie er euch von mir abrückt. Dann bleibe ich übrig, ich gestehe ihm keine Rechte zu, und ich kann nicht sterben, weil ihr an einen Weltfremden glaubt.«

»Du, Giorgio, weißt Du denn, was für eine Frau die Reinheit ist. Du, weißt Du, Frauen ekeln sich meistens vor sich selbst, wenn sie was taugen. Ich will einfach aus all dem Dreck heraus.«

B. In euere grauen, bleiernen Sauermilchtage.

E. In die Erregung der Seele.

B. Aber Gott ist ein Wahnsinn.

E. Darum um so fester.

Genau so wie die unmenschliche Mathematik, prächtig und leidenschaftlich.

Gott ist die Erregung, die den Körper übertrifft. Gott ist der Tod, den wir über uns hinaussterben.

Er ist die aufsprossende Vernichtung unserer selbst.

Er ist die übermeßliche Größe.

Farbe, die wir noch nicht sehen.

O, wie soll ich ihn tanzen.

Ich müßte Sterne in die Hände raffen.

Sonnen mir unter die Sohlen legen.

Mein Mund sei ein grenzenlos Orchester.

Und das Blech und die Pauke vielfach besetzt.

Ich zerdrücke Trauben in den Fingern.

Und weiß ihn.

Ich liege still und

bin weiß wie der Mörtel, der die Wände bedeckt, und kenne Gott.

Er ist der glühend Lauernde in der Dunkelheit.

B. Er ist der Wahnsinn.

Das Unmögliche.

Der tödlich Auflösende.

Die unfruchtbare Steppe, in die wir kräftige Häuser zwingen.

Die Gefahr für den Willen.

Er ist mein Haß.

»Bebuquin, halten wir den Atem an. Sie sind ein ganz liebloser Mensch, der nichts opfert, der alles für sich haben will, und das geht nicht. Lassen Sie einiges und nicht zu wenig dem Herrgott. O, ist das nicht Böhm?«

Ihr wurde kalt, dann zog ein feuriger Schweiß über den Körper.

»Hören Sie«, sagte Giorgio, »das ist Unsinn. Schlimm ist es einfach, jedes als Versuchung, als Reiz zu empfinden. Euphemia, heiraten Sie mich doch, es ist sonst nicht zum aushalten.«

»Ja, und jede Nacht schaut Böhm zu, haben Sie denn keine Pietät?«

»Wenn mich was nur so fest hielte, daß ich mich los wäre, irgend ein sympathischer Selbstmord. Meinen Sie, es ist ein Spaß, mit mir immer herumzulaufen, und zum reifen Goethe fehlt's mir an Lust und Talent.«

»Glauben Sie, Giorgio, jemand wie Sie bringt kein Weib zwei Zentimeter von der Stelle. Denn sobald Sie etwas tun, ist es gegen Sie. Ich getraue mich nicht – gegen Ihren Willen zu sagen, Sie Dressurprodukt.«

Dies redete sie ohne gewärtiges Interesse. So vor vierzehn Tagen hätte sie es noch mit Verve gesagt; denn der Herrgott verlangte sein Recht; und man steigert sich, um zu fallen.

Armer Bebuquin, Du höfliches Tierchen.

Religiöses klingt erotisch vor dem Affenkäfig aus. Bebuquin irrte mit wundem Hals zwischen den Physiognomien der Häuser. Eine Kokotte tanzte angeheitert an einer Ecke und stapelte ihr vom Frontkorsett aufgetürmtes Posterieur gegen den Sternenhimmel. Euphemia stieg beruhigt und äußerst heilig in eine Nonnenkutte und verließ den Zirkus. Ernst, die Fingernägel polierend, kopfschüttelnd die Straffheit ihrer Brüste hie und da prüfend, begab sie sich gelassen zum Kloster des kostenlosen Blutwunders.

ZWÖLFTES KAPITEL

Bebuquin trat unbemerkt in seine Wohnung. Er kleidete sich sorgfältig um, als er gebadet hatte. Dann ging er isoliert von den Wirrnissen in sein karthartisches Gemach, eine kleine weißgetünchte Stube, inmitten ein Klubsessel.

Er setzte sich bescheiden, dann sagte er:

»O Köstlichkeit der Sünde.

Aber nicht aus infamen Gründen. Es erhebt und stärkt. Sünde verlangt, daß ich alles, was bis zu ihr geschah, vergesse, von vorn anfange. Die Sünde ist ein Tod, und in ihr verbrennt meine Welt. Bisher sind so viele Bebuquins der Hölle verfallen, und immer reiner und stärker trotz verringerter Kräfte wirft sie mich aus. Vielleicht sündigt man nur, um die Reinheit der Reue zu erlangen, Erneuung durch Gemeinheit. Jedoch der Schmerz.

Wenn ich an die Sünde denke, kann ich nicht leben. Vergesse ich sie, entschwindet mir nötig mein Leben bis zu diesem Wort, und ich habe es dem Satan zu überantworten.

Gott, wann kann ich mein Lebensende Dir geben. O beginn mit altem und gezeichnetem Leib zu entraten, die Identität zu spüren.

Mir starb in dieser Nacht ein Freund.

Meine Gedanken wurden gestrichen.

Die Augen und das Ohr sind sündig.

Was bleibt mir außer Philosophie?

Denn ich scheine außerhalb von Prinzipien, stets böse zu werden.

Braucht meine Gemeinheit so dürre Ruten?«

Er schwieg. In ihm stak eine Höhle, und um ihn herum war der Erdboden ausgesägt. Die Leitung war unterbrochen. Seine Augen lagen reglos über dem Jochbein.

Er sprach:

»O Reichtum meiner Seele!

Vielleicht auch hilflose Vielfältigkeit, die ich nicht ertragen kann.

Und dann diese Armut.

Es peinigt mich.

Wann verstehe ich, daß man, um zu leben, um Person zu sein, nur ein Ding kennen darf. O Reize zu spüren, wie mannigfache Worte und Meinungen sind; und wie schmerzlich, nur eine Deutung zu erlernen. Diese eine Deutung ist die Form, und sie macht die Dinge, die festen Augen, den bestimmten Klang. Wenn ich mich in den Reizen der Mannigfaltigkeit verstecken könnte; und ich weiß nicht, von welchem Zentrum aus ich auferstehen soll.

Herr, der Du uns Arbeit gabst, verschone mich mit ihr, damit ich die mögliche Größe ahne, statt ein geringes Maß zu realisieren. Welch törichte Suggestion, dieses Wort. So liege ich mit scharfem Ohr wie ein buntes Tier über Deinem Boden, um eine Mitteilung zu erwarten; denn heute habe ich kein Gewand, in dem ich auferstehen könnte.

O Gott, Du gabst uns einen Körper, vielleicht identisch; eine Seele, die den Körper an Möglichkeiten übertrifft, die ihn schon lange Zeit und oft ausrangierte; und die glänzenden Platten der Denker, die Sonne verschmäht es, sich in ihnen zu beschauen – suchen die Balance. Ich aber wünsche, daß mein Geist, der sich etwas anderes als diesen Körper – o Gartenzäune, Stadtmauern und Safes, Pensionate und Jungfernhäute – denken will, auch ein Neues wirkt und schafft. Ich kann absonderliche Wesen machen, Verrücktes zeichnen, auf Papier, in Worten, ich selbst bin verzerrt; aber mein Bauch bleibt ein Fresser. Welch geringe Versuche der Heiligen, nach Sprüchen der Evangelisten den Körper zu verwandeln.

Herr, gib mir ein Wunder, wir suchen es seit Kapitel eins.

Dann will ich normal sein, aber erst dann.

O Gott, wenn Du mehr bist, als das der Wahrheit angenäherte Gesetz der Körper, erbarme Dich doch meiner Langenweile, starb doch schon Böhm an ihr.«

»Bebuquin«, sagt der, »das Ganze ist ein Erziehungsheim. Die drüben sind so menschlich einfach, es gibt zwei Dinge, entweder sie schweigen und machen mit einem imaginären Phallus unendlich, oder sie tun das Gleiche und zeichnen eine Eins. Ich zeichne eins, und meine isolierte Hirnschale rostet. Ich grüße Dich, alter Märtyrer. Vernichte die Identität, und Du fliegst rapide; aber fraglich, ob Du das Tempo aushalten wirst. Eins, Hallelujah, eins, Hallelujah, Amen, eins. O Notwendigkeit, Hallelujah, o Gesetz, o Gleichheit, wo alles in sich selbst schläft, o Stille, o Kontemplation, o Verdauung des Straußen, der den eigenen Kot frißt.

Eins, Hallelujah, eins, Hallelujah, leb wohl, eins, Hallel – – –«

»War es Philosophie oder ein Analphabet?«

»O Gleichheit, o Eins. Mancher jedoch zählte bis auf zwei. O Erweiterung des Dualismus. O Gehen zwischen den Ufern, o Hinüber- und Herüberrennen.

Altertum der Gedanken, o Antiquare der Gemeinplätze, o prähistorische Tiefen.

Seht, mein Leben ist mir verhaßt, es ist gänzlich zerstört. Um moralisch weiter zu machen, bedarf ich neuer Existenzbedingungen, eher als des Brotes; ich kann nicht in der Kette weiter leben, ich will nicht, es wäre moralisch inkonsequent. Man treibe mich nicht in die alten Gleise und sei barmherzig. Es muß eine Änderung eintreten, die stärker ist, als meine Sünde und meine Reue; ich muß eine Erneuerung haben, ich bedarf einer Erdperiode.«

Die Nacht färbte langsam empor, die weiße Stube opalisierte wie altes Gestein, lohende Schatten zogen über die Wände, eine kleine weiße Wolke stand vor dem Fenster, ein brennender Sonnenstrahl durchglühte sie. Bebuquins Körper verschwand in den Schatten, nur der Kopf schaute bleich inmitten der Wogen der Dämmerfarben die versinkende Wolke an. Sein Kopf, ein Gestirn, das erkaltete.

DREIZEHNTES KAPITEL

Sterne konkurrieren wiederum vergeblich mit dem bestimmten Licht der Bogenlampen.

»O Kunst«, seufzte Bebuquin, »du bist gewaltig, wenn man Perspektiven wegschickt, ersehnte Veränderung der Zustände, wie ist eine Sache zugleich wahr und falsch, es kommt auf den Standpunkt an.

Versuchung, du tauchst aus der entvölkerten, schlafenden Nacht und erhebst dich aus der Angst vor den Gestirnen.

Ich vergaß noch nicht, soweit wie es ziemlich wäre; vielleicht reinigt mich ein anderer, wenn ich's nicht vermag.«

So begab er sich zum Kloster des kostenlosen Blutwunders, nachdenkend, ob eine völlige Unterbrechung des Schicksals möglich sei.

Über ihm, auf den Nadelspitzen der Tannen, glitt Böhm mit.

Der sang:

»Wälder, ihr sympathische Stickerei,
o Schrecken, du Lehrer der Geheimnisse.
Waldfeuer, ihr Offenbarungen im Dickicht.
Irrgänge, Wegschlingen,
gehetzte, angestrengte verirrte Seelen, die ihr sie begeht.«

Seine Hirnkapsel leuchtete den Weg voran mit der nonchalanten Sicherheit eines Toten; er sang weiter:

»Risiko, Wagnisse der Schwachen
die vergeblich sind,
weil Pappgewichte gestemmt werden,
o philosophische Triks.[28]
Die gute harmlose Seele eines unwissenden Knaben
geht durch die Wälder –«

ein Blitz durchfuhr den Wald,
der Baum, über den Böhm stieg, schüttelte sich.[29] Bebuquin hatte große Mühe, der Luftreise Böhms nachzukommen, trotzdem dieser recht rücksichtvoll war; aber oft, wenn Böhm meinte, jetzt müsse es besonders gut gehen, versank Bebuquin im Morast oder stieg keu-

---

28 O philosophische Trucks (A), O philosophische Triks (T)
29 der Baum, worüber Böhm stieg, schüttelte. (A)

chend aufwärts, während Böhm die Kugel einer Akazie leicht betanzte.[30]

»O Stehpunkte, Vielfältigkeit der Logiker, Kontrapunkt der Sphären«, rief Böhm, sorgfältig das stille Licht seiner Lampe schützend, »die ihr die Dinge zwar vermanscht, doch kaum ruinieren könnt.

Wie entzückt ihr meine Augen,

da ich das fatale Denken mir streng abgewöhnte. Bebuquin, der Wille zur Dummheit verlangt Entsagung, und man bekommt ihn nur durch sorgfältiges Zuendedenken. Wenn man sieht, daß unsere Gedanken in sich zusammenfallen, wie die Flügel eines geschossenen Wildhuhns; Gedanken, nein, sie sind keine Zwecke für sich, sie sind wert als Bewegung; aber können Gedanken bewegen; o, sie fixieren, sie nageln zu sehr fest; sie konservieren den Revolutionär.[31] Bilder sind Taten der Augen, und mit einem Bilde ist nicht alles gesagt; aber ein Gedanke täuscht stets vor, er habe die ganze Kette erschöpft, und lähmt.

Die Logik will immer eines und bedenkt nicht, daß es viele Logiken gibt. Es gibt nicht Eines, wohl aber eine Tendenz der Vereinheitlichung; und wie viele Dinge streben auseinander. Die Logik hat nicht eine Grundlage. Von ihren vier Axiomen liebt der eine dies, der andere jenes mehr; ein Axiom befehdet und mischt sich dem anderen; denn eines allein vermag keinen Schritt vorwärts zu gehen; die Logik ist eine ungeheuerliche Ausnahme, und der pythagoreische Lehrsatz ein Monstrum.«

Grüne Drachen mit Schwänzen, die an metallische Sterne dröhnten, fuhren über den Himmel. Staub rieselte gegen den Himmel von der Wüste auf, über die sich Bebuquin schleppte.

Am Horizont stand das Kloster; um es war die unfruchtbare, die stilisierende, dröhnende, vogelüberflogene Wüste gelagert, die Ebene, wo der Blick in rundem Kreis in sich selbst zurückkehrt, um in dem Sand zu versiegen; und die Sonne schlug auf das braune Fell mit den schmetternden Lichtschlägen über die steilen Fanfaren der Felstrümmer hinweg.

---

30 der Reise Böhms nachzukommen, wiewohl dieser rücksichtsvoll balancierte; oft wenn Böhm annahm, jetzt müsse es besonders gut gehen, versank Bebuquin im Morast oder stieg keuchend aufwärts, wenn Böhm die Kugel einer Akazie leicht betanzte. (A)
31 Revolteur (A), Revolutionär (T)

VIERZEHNTES KAPITEL

Vor dem Kloster saß ein Mann, in sich selbst schauend. Über ihm schwebte eine Frau, man wollte andeuten, was hier geleistet werde, jedoch nur einen geringen Vorgeschmack kosten lassen. Es war das platonische Ehepaar. Er begann sich zu kugeln, indem er den Kopf mit den Füßen umarmte; sie kreiste, sich um sich selbst drehend, über seinem weißen, kurz gescherten Schädel.

Sie litaneierten leise.

»Stille der in sich versunkenen, um sich selbst drehenden Geweihten. Wann steht uns alles in sich selbst? Viele Wege münden in der wundersamen Einsicht, die Idee und die Hurerei; wundgelaufene Füße und tote Verachtung; knabenhafte unvorsichtige Beschäftigung mit Grenzbegriffen. O infame Unendlichkeit der Faulen, Müden, Tatlosen, Hurer und Bazis, die du sicher ruinierst, die Form zerstörst und die tätige Kraft. O niederträchtiges Versinken in den Punkt der Punkte, in das A O, in den Grund, in den Beschluß.«

Bebuquin ging vorbei und trat in den ekstatischen Vorhof. Es war immer dasselbe. Die Ekstase erregte und steigerte sich an einem Nichts, einer Grube von schwarzem Marmor, worüber man schwebte, in die man schaute, worüber man brütete, in die man schwieg, an der man entbrannte, worin alles verharrte, in die man rief, über der man tanzte, sich geißelte und so fort. Andere hatten statt dessen einen kristallinischen Stein und empfahlen in längeren Reden seine helle Durchsichtigkeit, sein Feuer, seine perspektivische Kraft, seine Brechungen, seine schöpferische Plastik, die Form, die Gefaßtheit, die Reinheit und so fort. Um den Stein arbeiten viele; bald rollte man ihn der schwarzen Grube näher, stülpte ihn darüber, hielt ihn, senkte ihn in die Grube fast bis zum Grund. Die Verzerrungen, die durch den Schliff entstanden, ließen nicht erkennen, ob der Stein in die Grube passe oder nicht. Darum hatte man eine Hypothesen-Kommission, während gemeine Opponenten mit großen Nasen verlangten, man soll riechen, ob er paßte, den Stuhlgang der Riechenden aerostatisch messen und die Kurven, in denen die Exkremente der Riechenden zur Erde fielen, ballistisch berechnen. Ein ziemlich verachteter Teil von Klosternovizen spielte mit Maske und einem Spiegel, aber davon soll man nicht reden. Aus einem kleinen Säulengang klang die leiernde Stimme eines Bonzen.

»Ich und Du sind eines, diese Identität hält die Welt zusammen. Die Kontemplation ist eine phantastische Fähigkeit; denn sie geht über die Dinge hinweg in geistige Gemeinschaft. Es ist ein Grundgefühl über den Satz des Widerspruchs. In meiner glühenden Liebe ist B gleich A. Grund und Folge fallen in eins. Jedes kehrt ins andere zurück, um sich selbst zu finden. O gleiche Kraft, o Geschehnislosigkeit, o Ereignisse, höchst eindeutig.«

Bebuquin schrie: »Hier wird ein sanktionierter Selbstmord vollzogen, hier wird sakrale Idiotie gezüchtigt, Augen ausgerissen. Mein Herr, ich kam gerade hierher, um einen neuen Menschen zu fabrizieren. Ich lebe nur noch vom Wort anders. Ich kann die Gleichheit nicht gebrauchen.«

Der Bonze rief ihm zu.

»Werden Sie der Erscheinung nach anders. Übrigens ist es ganz belanglos, was Sie meinen. Sie sind ja nur Urgrund, darum innerst sündlos.«

Bebuquin schimpfte.

»Mich interessiert der Urgrund gar nicht, ich pfeife darauf.«

Böhm trat ihm entgegen in gelber Mönchskutte.

»Eine Hoffnung besteht, Bebuquin; die Verwandlung tritt vielleicht mit dem Tode ein. Entweder wir bleiben dort, was wir sind, oder wir werden vernichtet und verwandelt.«

B. »Aber ist es nicht möglich, sich im Leben zu wandeln, das elende Gedächtnis zu verlieren?«

»Bebuquin, du bist an dir erkrankt. Die Sünde ruht nicht nur im Gedächtnis, sondern auch in der Tat, die unter den Menschen und im Himmel umhergeht.«

»Aber muß man denn sterben, um anders zu werden?«

»Beichten Sie und opfern Sie sich. Ich glaubte, das Phantastische genüge, ich wurde lackiert, gehen Sie, beichten Sie.«

Bebuquin rief beichtend in das Tor der Kapelle.

»Ich verzichte darauf, durch eine Reinigung reduziert und entleert zu werden. Ich verpöne es, in Armut von vorn anzufangen. Ich will irgendein anderes Schicksal, ich sah mein Schicksal, es ist nichts als die Wiederholung einer Dummheit. Ich bitte, daß es mir gelinge, von den vielen Dingen, die ich mir vorzustellen vermag, eins zu sein.«

Der Beichtiger rief erwidernd aus dem Inneren der Kapelle: »Sie stellen sich vieles vor. Sinnvoll aber sind nur Vorstellungen, mit denen man handeln kann. Sie bedürfen der Grundverwandlung, die aber ist der Tod.«

Bebuquin: »Viele Dinge geschehen, die nicht einzuordnen sind, verworfen oder nicht gesehen werden, verdeckt von der tödlichen Vernunft.«

Strophe: »Petrefakte Bäume meines Gartens spiegeln sich im blinden Kristallboden; die Bewegung meiner Hände fährt nur in die Ruhe; jedes Brennen, Fliegen, Reißen wird versteint. Zum schlafenden Gebirge fügen sich die Tage an; und je toter, desto fester, unvergänglicher, steiler, unübersteiglicher hemmt mich das Bleibende, die Vergangenheit.«

Antiphone: »Der Fähige bildet Vergangenes um, im Wechsel seiner Gegenwart und Zukunft; und diese wandelt sich, gewinnt auch an Beziehung, und furchtlos, ja schädlich wird es im zehnten Jahr das Glück und einzige Lösung.«

Strophe: »Was in Erinnerung steht, ist verlorene Kraft und Hemmung, Bindung zu gleichen Sünden. Was geschehen ist, wirkt wie die Schablone, wir stehen in dem Fluß, immer brodelt das gleiche Wasser.«

Man sprach in einer leichten Unterhaltung weiter. Bebuquin meinte: »Sehen Sie, die Logik fixiert, soweit unsere Fähigkeiten auf sogenannte Tatsachen angewendet werden. Sie bedenkt nur unsere praktischen Bedürfnisse, richtet sich nach den Dingen und sucht diese in übereinstimmenden, sich wiederholenden Beziehungen zu erhalten. Aber in mir ist so viel und gerade das Wertvollste, was über die Tatsache hinausgeht. Die materielle Welt und unsere Vorstellungen decken sich nie.

Darum ist die Tat notwendig, dies Korrektiv von Tatsachen und Dingen. Wenn man jedoch wie ich zu der Überzeugung gelangte, daß wir weiter müssen, daß wir uns verwandeln müssen; ist es dann nicht möglich, daß eine neue Art Mensch entsteht, die es verschmäht, in den gleichen Straßen weiter zu gehen.«

Trompeten und Pauken schollen von der Decke der Kapelle. Bebuquin trat in sie ein. Er sprach weiter:

»Bisher wurde das Religiöse an den Tatsachen zur Groteske oder umgekehrt; aber vielleicht decken sich die Dinge nie, damit das Schöpferische nicht einschlafe. Gott, das Phantastische, die ganze unterdrückte, sprachlose Sensibilität wollen reden, wir sträuben uns gegen diese immer gleiche Auslese, die Welt muß sich uns verwandeln.«

FÜNFZEHNTES KAPITEL

Bebuquin soll in der folgenden Nacht lange und im Zusammenhange gesprochen haben. Er sagte in der Leere des Zimmers:

»Ich beginne die Rede vom Tod im Leben, von der großen Ruhe, von der reinen Armut und der leeren Lauterkeit.

Eins geht durchs Leben und ist sehr lebendig, das bist Du, allzuhäufiges Wort Nein. Aber eins steht und wird sehr geachtet, o Ruhe.

Ich weiß, du bist verführerisch wie die Tiefe des Wassers für junge Mädchen, die am Morgen unter Vermischtem gedruckt sind.

Du bist die Mutter der Vollendung und der Vater der Metaphysik; denn nur in der Ruhe ist Fertigkeit[32] und dauerndes Ende,

Ist stets Isolierung, und es wird nichts vermischt.

Ich aber stehe und fluche dir,

du Müdigkeit, die mir Gedanken und Augen betäubtest,

meine schnellen Füße versanden ließest;

du müdes Hirn und träges Blut,

die ihr nicht mal den Tod erwartet,

ihr Gleichgültigen.

Der aber ist ins Leben verwickelt,

und jeder Tag Mühe und Wachstum ist ein Tag Tod.

Und wer mag von beiden Recht behalten? Ich glaube, sie beide sind sich gleich und eines,

und das Leben hebt sich selbst auf.

Du totes Leben!

Der Platoniker, der denkt, diskutiert, und sein mühsam Ziel eine Sicherheit und Ruhe.

Ziele erregen die Kraft und beenden sie.

Wer weiß, ob die gefundene Idee mehr fördert als bewegt.

Sie stärkt vielleicht dich, primitive Sicherheit, dich, Geist, ich verbeuge mich nicht;

doch er lehrt den Toren, um Dich hundert Dinge verachten.

Und ich sah nur, daß ein Mensch ein Kräftewirbel ist, von dem einiges ausfließt; und anderes geht in ihn ein, bis Du, Ruhe, kommst. O Reinheit, was sagst Du anderes, als, Du erträgst nur Geringes.

Und die Lehre von der Armut meint dasselbe. Ihr seid sehr hohe Erkenntnisse gewesen.

---

32 Festigkeit (A)

Tod und Endlichkeit, du bist der Erzeuger unserer Arbeit, du treibst uns zur Mühe, und vielleicht bist du der Vater des Lebens, und dies keimt gering nur vor Dir auf.

Du läßt die Gestirne leuchten und zeigst unsere geringe Kraft; denn Mond und Sonne scheinen einander zu in notwendiger Umarmung.

Wir jedoch können nur nach einem Gestirn handeln, und dem Auge sind sie sich ausschließende Gegensätze.

Tod, du bist der Vater der Zeugung, und du gabst uns Menschen alles Endliche, bestätigst unsere Sinne, welche Formen sehen, hören, schmecken und bejahst die Ahnung des vielleicht dilettantischen Geistes, damit wir sehen dürfen und eines schauen – damit wir denkend nichts sehen. Ich bin ein Vollstrecker für Dich, Tod. Ich will es sagen, daß nur Gestorbene sterben; wenn einer jung und kräftig stirbt, vielleicht stirbt er für einen anderen.

Du gabst uns Begierden und Ziele, und wir wehren uns gegen Dich durch Zeitloses, durch seiende Ideen, durch den Anspruch auf Totalität. Aber vielleicht sind das deine geringsten Formen.

Tod, du Vater des Humors, wenn dich ein Wunder, das ich mit meinen Augen sehe, vernichtete;

dein Feind ist das Phantastische, das außer den Regeln steht; aber die Kunst zwingt es zum Stehen, und erschöpft gewinnt es Form.

Ich nenne dich, Tod, den Vater der Intensität, den Herrn der Form.

So steht es für dieses Leben.«

Die Nacht trat in die Stube.

Ein alter Herr kam in die Stube; er sprach:

»Verzeihen Sie, ich wohne seit langem unter Ihnen, es fällt mir sehr schwer zu sprechen, bin es seit langem nicht mehr gewohnt. Ich komme nur, um zu sagen: ich bin seit langem tot durch meinen Willen; ich lebte nur scheinbar, seien Sie bitte dabei, um zu konstatieren, daß ich den Tod hintergangen habe. Ich sterbe als der größte Humorist.«

Der alte Herr sank zusammen, er war ruhig und starr. Dann schrie er laut auf und sagte:

»Der war doch schlimmer, ich betrog nur das Leben und mich.«

Bebuquin trug den Leichnam in die Wohnung des Alten. Er schaute ihn ein längeres an, dann ging er in seine Wohnung.

Er schaute durch das Fenster zur breiten Baumallee hinunter, einige Menschen kamen mühselig wandernd vorüber und riefen:

»Das Gesetz ist die große tötende Ausnahme, wir gehen in den Dingen, die Wunder zu suchen.«

Bebuquin wandte sich vom Fenster ab, der Mond schien ihnen ein erstauntes Loch in den Rücken, er setzte sich hin, schaute auf seine Hände, die noch nie gearbeitet hatten, und sprach lange.

»Gleichgültigkeit, woraus bist Du wohl gewebt, war die allzu große Empfindlichkeit Dein Ursprung, oder die Kraft, die der opulenten Natur gleichkommt? Ich sah schon viele aus Gleichgültigkeit die absonderlichsten Capricen begehen, und schon mancher war es aus Furcht vor der eigenen Wut. O Erstarrnis, stagnierender Tod; Versteinerung und Schlaf, ihr fristet uns das Leben, das sich wütend aufbrauchte ohne eure Hemmung.

O Krankheit, komme, nur du kannst mir Grenzen geben, Gott, laß mich einen ungeheuren Schmerz empfinden, damit der Geist paralysiert werde; oder vielleicht, o Hoffnung, schafft die Krankheit einen neuen Körper, fähig zu den sonderlichen Dingen, deren ich bedarf.

Herr, ich weiß, am Ende eines Dinges steht nicht sein Superlativ, sondern sein Gegensatz, und die Erkenntnisse gehen zum Wahnsinn. Ich bin geschaffen zu erkennen und zu schauen, aber Deine Welt ist hierzu nicht gemacht; sie entzieht sich uns; wir sind weltverlassen. Suchen wir Dich, o Gott, dann sterben wir in der lautlosen Erstarrung, und es ist keine Erkenntnis, sondern Du bist das Ende.

Herr, laß mich einmal sagen,

ich schuf aus mir.

Sieh mich an, ich bin ein Ende, laß mich eine unabhängige Tat, ein Wunder tun.

O Nacht der Verwandlung, wann kommst du, wo ich diesen Körper vergesse, ja, ihn abstreife, und die Dinge anderes bedeuten und anderes sind, denn je sonst; die Glieder werden selbständig, die Teile beginnen zu reden. Die Auflösung, sie ist die Verwandlung und sei mir ein Anfang.«

SECHZEHNTES KAPITEL

Bebuquin trat steif in die neblige Nacht. Die Reflexe der Bogenlampen stürmten durch die Baumäste und schwammen wie breite
opalisierende Fische in dem nassen Boden. Bebuquin stand ein Aus-
rufezeichen. Er lief, rannte durch eine Prozession irgendwelcher
neuen Sektierer; verschiedene Messiasse, dekorative junge Mädchen
rannte er um; es galt, in den Zirkus zu gelangen. Er mußte aus sich
Äußerungen solcher künstlichen unlogischen Bewegungen abzwin-
gen, um zunächst die Physik mit der Kraft seines absterbenden Akts
zu widerlegen.

Er ging in eine Loge des Zirkus.

Etwas Sonderliches geschah.

Während eines Radlertriks fuhr eine spiegelnde Säule in die
Arena, blitzend; eine Flötenbläserin ging nebenher in einer Nonnenkutte. Die Bürger sahen sich darin, bald strahlend übergroß, bald
verzerrt; diese Spiegel zwangen, immer wieder hineinzuschauen.
Mäuler schluckten die Arena, und die Finsternis aufgerissener Gur-
geln verdunkelte sie. Die Blicke versuchten, die hohe Spiegelsäule zu
durchbrechen. Ein Weib stürzte aufgewölbten Rocks hinunter unter
dem Druck des neugierigen Staunens. Eine Gallerie brach durch; inmitten die Spitzen der unermüdlichen Finger der Bläserin und die
Spiegel, die mit dem Schatten der andern sprechend tanzten. Die
Säule trat in die Schatten geschwungenen Sprunges.

Die Menschen verwandelten sich in sonderliche Zeichen in den
Spiegeln; das Publikum wurde leise irrsinnig und richtete in drehen-
dem Schwindel seine Bewegungen nach denen der Spiegel; um die
Spiegel sausten farbige Reflektoren.

Eine innerste Dunkelheit, ein Lichtblitz, der in die Mauer zurück-
fuhr, eine Anzahl sprang von den Galerien.

Ein junger Mann fuhr zur Decke ins Freie hinaus. »Bagage«
rufend.

Das Publikum raste weiter, die Verzerrung für wahr haltend.

Bis in die öde Frühe.

Die Paralyse zog in die Stadt ein.

Mehrere Eisenbahnwaggons hielten mittags vor dem Zirkus.

Im friedlichen Sonnenschein sortierte man die Toten aus.

Dann verlud man die Irren.

In der Stadt war ein halb Jahr Fasching. Bürger leisteten Bedeu-
tendes an Absurdität. Ein grotesker Krampf überkam die meisten.

Ein bescheidener Spaß war's, sich gegenseitig die Hirnschale einzuschlagen. Die Raserei wurde dermaßen schmerzlich, daß man begann zu töten.

Man begann mit einem Alten, der, als Pierrot angezogen, an einem Wegweiser bei den Füßen aufgehängt wurde.

Ein Mädchen, das noch einen Rest Vernunft besaß, schrie »hier stirbt der Allmensch«, und bat, sie gleichfalls zu hängen; denn sie sei Mörder und Gehängter schon ohnehin, dank ihrer ethischen Sensibilität.

Sie wurde unter nicht unbedeutenden Greueln beinlings gehängt. Jedoch verübelte man ihr, daß sie keine gute Unterwäsche trug. Verschiedene Messiasse traten mit Erfolg auf, Messiasse der Reinheit, der Wollust, des Pflanzenessens, des Tanzes, hypnotisierende Messiasse und einige andere. Hatte man genug Anhänger, so wurde die Sache langweilig. Überlebte Messiasse verwandelte man in Redakteure, zumal ihnen Sensation geläufig war. Die neue Weltanschauung kristallisierte sich zur Ziege, die ein Bein gebrochen hat.

Vor dem Fenster Bebuquins tauchten einige Irre auf. Er neigte sich heraus, die Glatze von der Mittagssonne beleuchtet. Die Fratzen sprangen am Fenster hoch wie Gummibälle, einer schrie »Gib uns wieder zurück, laß uns heraus, nimm die Spiegel weg«, denn der gleißende Schrecken der Spiegel hing über der Stadt.

SIEBZEHNTES KAPITEL

Euphemia besuchte Bebuquin. Sie klopfte an der Tür. Beinern knackte der Gruß.

Er rief von innen, »er ist nicht da, kam sich abhanden.«

Sie trat ein.

»Euphemia, die einen ziehen sich zusammen, verkrumpeln; ich platze ein rasend Sich-Verlieren.

Wie war ich dicht und scharf, schneidend wie ein Florett mit vielen Kurven. Man wird einfach und stumpf.

O zuckender Blitz, o stehende gerinnende Funzel. Ich hätte auf mir stehen müssen, auf der eigenen Stecknadel, mich stumm in mich bohrend, bis die strahlende Spitze aus dem Hirn heraus sprießt, blitzend, und der Schädel futsch ist. Man muß den Mut zu seinem privaten Irrsinn haben, seinen Tod zu besitzen und zu vollstrecken.

Menschen, die zum Irrsinn geschaffen sind, die sich mit normalen Weibern bekämpfen, den gebärenden Gemeinplätzen.«

Euphemia sagte, auf dicken Beinen stehend, lieblich breit grinsend, mütterlich banalisierend, abtötend:

»Du kennst keine Güte.«

Er: »Du ruinierst mich, wer läßt mich, wie ich sein muß?«

Sie: »Du hast so zu sein, daß Du die Verantwortung für Kinder übernehmen kannst.«

»Aber mit mir wird Schluß gemacht.«

Blödsinnig lange, dumme, gähnende Schatten schlossen ihn ein.

»Der Tod«, schrie sie.

»Verzeihung, zweimal zwei ist vielleicht immer vier, dann geht es weiter; vielleicht auch nicht, dann ist es Schluß.«

Sie: »Die Zahl ist keine Tatsache, sie ist nur eine Ordnung und steht außer der Seele.«

Die Lichter eines Autos sausten durch die Stube.

»Reißt mich weg«, schrie er; Wände waren da, und Glasfenster schneiden.

»Man wehrt sich gegen sich selbst, hat nicht den Mut zu sich. Wer von den beiden ist Er? Einer davon ist mir verhaßt, widerlich; der andere furchtbar, kopfüber in die Wirrnis.«

Böhm breitete sich an der Decke aus. Ein breiter Schatten mit Lichtklexen, seine Augen stechende Kerzen, er schwoll beim Sprechen an, ein schallgeblähtes Segel.

»Kopuliert euch, diskutiert nichts Besseres vor dem Selbstverständlichen oder nehmt Rasiermesser.«

»Böhm, ich steile in dich. Böhm, was ist das alles?«

Der rollte sich durch den oberen Ritz des Fensters hinaus, stieg sorgfältig in den Reflexstrahl einer Laterne, rief im Lichtkern »Oho!«

Bebuquin sagte:

»Ich hätte mich und die Welt ohne Laster nicht ertragen, nicht ohne den Willen gegen mich, nicht ohne partiellen Selbstmord. Der ist nötig wie das sogenannte Positive. Alles wäre mir sonst Geist, Willkür und grenzenlos, und das läuft zum Ende auf die große Oper hinaus.«

Euphemia: »Bebuquin, bei dir bin ich noch nie auf die Kosten gekommen. Lagen wir zusammen, kommt dir die Philosophie, und das ist sehr komisch. Man kann sich bei dir gar nicht ernst nehmen, ein Kontrast frißt den andern auf.«

Heinrich Lippenknabe trat ein.

»Ah, Kontrast, so heftig wie möglich. Aber man ordne ihn dem Gesetz unter. Das Gesetz ist Freiheit, und sie verwandelt den Kontrast zur Harmonie.«

Eine dicke Dame schwebt ein, geht mit dem Busen.

»Und man muß die Harmonie genießen, alles zur Freude auflösen, zu einer behaglichen Seligkeit. Wenn man so vollendet ist wie ich ...«

Bebuquin wirft die Dame zum Fenster hinaus. Lippenknabe springt ihr nach, kommt früher zu Boden, beide fallen in einen Waschbottich; er verkauft ihr vor dem Heraussteigen ein Bild, sie feilschen vor Wasser triefend, fontänengleich unter dem antiken Himmel.

Bebuquin sprach leise zu Euphemia:

»Alles kommt auf den Tod an. Ist's hier zu Ende, dann können wir nicht vollendet werden. Kommt es denn auf mehr als den einzelnen Menschen an; und geht es weiter, dann ist auch dies Leben nur hinderlich. Auf dieser Erde einen Zweck haben, ist lächerlich. Zwecke sind immer jenseits, darüber hinaus; also wir brauchen ein Jenseits, glauben es aber nicht, und schließlich, ein Jenseits ist kraftraubend. Zwei Methoden gibt's, entweder man glaubt und ist bei Gott, ist Mystiker und verblödet an einer nagelnden Idee fixe, oder man platzt und wird gesprengt. Immer ist der Wahnsinn das einzig vermutbare Resultat.«

E: »Warum?«

»Diese Wünsche, die in mir sausen wie Tramways, die mich mir entreißen, ich bin vom Getöse der Nichtigkeiten umlärmt.«

Unten schlürften betropfte Enthusiasten weiter; der Maler predigte der dicken Dame von Abstinenz, der heroischen Einsamkeit und der Tragik des Schaffenden; damit sie ihn harmonisiere.

Oh, ihr gefetteten Stimmen der Nacht, wandelnd durch nebelatmende Alleen, Ursachen lyrischer Bände, Gelegenheit dekorativen Schreitens mit dem Blick in jene Fernen gesenkt, torkelnd über Plätze; man scherze über das verklungene Spiel der Kinder.

ACHTZEHNTES KAPITEL

»Wir haben Böhm zu begraben«, rief Bebuquin, »der Kerl wird lästig.«

Um die Leiche des Teuren, eine öffentliche Angelegenheit, kümmerte man sich nicht; wollte ihn nur erledigen.

Bebuquin stieg aus der Bar, von der Möglichkeit eines Begräbnisses überzeugt.

Die Leiche irgendeines Selbstmörders wurde vorbeigetrottet, dahinter ein trauernder, leerer Repräsentationswagen.

Bebuquin stieg ein. Man kam zum Stadtende, wo die letzten Häuser erfolglos die Ebene zu akzentuieren suchten, hielt am Kirchhof.

Bebuquin schlich sich ungesehen hinein.

Er fand eine unbenutzte Stelle, zögerte jedoch noch, das Grab aufzuwerfen; dann ging er daran mit heftiger Wut. Wie er einigermaßen ein Loch zustande gebracht hatte, war die übrige Amtshandlung zu Ende. Er grub weiter, stellte sich als Monument hinter die Grube, des öfteren den Grabspruch sagend:

»Weinet inniglich und seid gebückt!«

Und faltete die Hände über die Brust.[33]

Die Sonne ging auf und funkelte auf ihn, der als Gekreuzigter dastand.

Allmählich ging diese Stellung in ein geregeltes Freiturnen über.

»Stofflosigkeit, Stofflosigkeit«, knirschte er vor Wut und begab sich zum Grab einer gewissen Josefine Peters, geborene Dewitz, um heiße Tränen zu vergießen.

NEUNZEHNTES KAPITEL

Bericht der letzten drei Nächte.

Erste Nacht. – Bebuquin lag ruhig in den weißen Kissen, lang ausgestreckt, lange ein Loch in die Decke stierend, welche sich nicht hob. Kurze Zeit meinte er im Schlamm zu schwimmen; dann fieberte er, sich den Kopf mit den Fingern umfassend; ziemlich ängstlich ver-

---

33 Dieser Satz ist in A an das Ende des Kapitels gerückt.

steckte er sich vor dem offenen Fenster. Er war nicht fähig zu sprechen. Nach einer Stunde redete er sehr beherrscht.

Zweite Nacht. – Bebuquin vermied es einzuschlafen, wohl die Träume fürchtend. Es sei Gefahr, meinte er, daß er zu sehr ins Träumen gerate. Er spricht sehr erregt und spürt um sich dunkle Vögel flattern. Dann erstarren die Kiefer.

Dritte Nacht. – Bebuquin schlief ruhig ein, fuhr im Schlaf einigemal mit den Händen empor; sein Gesicht lag allmählich wie im Krampf, die Haut faltete sich und umrunzelte den ganzen Schädel. Ruckweise öffneten sich auf Sekunden seine Lider, er zog Finger und Zehen sich spreizend in die Länge, dann ging er eng zusammen und zitterte heftig. Gegen Morgen wachte er auf, war unfähig zu reden und konnte nicht mehr allein essen. Nur einmal schaute er kühl drein und sagte:

Aus.

Nach dem Abdruck in *Die Aktion* 2. Jg. 1912, Sp. 885—890; 915—919; 949—951; 979—983; 1007—1014; 1047—1049; 1078—1080; 1110—1112; 1142—1144; 1171 bis 1174; 1203—1206; 1235—1237; 1269—1271; 1301—1303. — Im gleichen Jahr als Buch im Verlag »Die Aktion« erschienen, 1917 ebenda die 2. Aufl. Die Kapitel 1 bis 4 des Romans wurden bereits 1907 veröffentlicht in *Die Opale* 2 (S. 169—175).

Der Text des Erstdrucks (1912 in *Die Aktion*), der dieser Ausgabe zugrunde liegt, wurde mit dem Typoskript (ungefähr 1906) und der 2. Auflage des »Bebuquin« (1912 in der *Aktion*, Nachdruck 1962 bei Limes; Titel: Bebuquin oder die Dilettanten des Wunders) verglichen. Abkürzungen: 2. Ausgabe — A; Typoskript — T.

Siehe auch: Anhang, Geleitwort Franz Blei, Seite 497

Bemerkungen zum heutigen Kunstbetrieb

Kunsthistoriker und theoretische Naturen werden sich der neuen Kunst, die so leicht auf Theorie und Doktrin zu bringen ist, zuwenden. Theoretische Bedürfnisse, heute mit Stil identifiziert, treffen sich. Kunstkritiker veränderten exhibitionistisch ihre Kenntnisse und Meinungen; aus dieser Veränderung ihrer Kenntnisse glaubten sie auf Entwicklung der Geschehnisse schließen zu dürfen. Ungefähr: Tizian ist groß; Tintoretto ist farbiger, also größer; Greco am farbigsten, also der größte. Kindliches Komparieren, Sieg der Quantität.

Der deutsche Kritiker, der seine Kenntnisse meistens aus kleinen, geradezu fälschenden Ausstellungen bezieht, entwickelt sich, revolutioniert von Ausstellung zu Ausstellung. Resultat: die Mode. Kunst als Westenschnitt. Man überwindet unaufhörlich aus gemeinem Mißtrauen gegen sich selbst. Vor allen Dingen beliebt es, einen Künstler mit dem andern totzuschlagen; das Ganze heißt Entwicklung.

Der Historiker glaubt, wenn er einen Stil oder Maler analysiert hat, daß dieser überwunden sei.

Von dem Kritiker, der sich mit einer Philosophie auf die Bilder setzt, rede ich lieber nicht.

Heute treibt man den Künstler maßlos hoch, um ihn wieder maßlos sinken zu lassen. Diese nervöse Talmudistik bezeichnet man als Vorurteilslosigkeit, Revolution, Entwicklung u.s.f., während sie lediglich das literarische Manöver von Hausse und Baisse darstellt.

Wann endlich bringt man die Kunstkritik in den Inseratenteil?

Der ganze Kunstbetrieb setzt sich heute aus Reaktionen zusammen, die bequem für die nächsten 20 Jahre weiter zu berechnen sind; vorausgesetzt, daß zum Schaden der Revolutionäre kein Genie kommt.

Reaktionen z. B.:

Impressionism – Klassik

Flächenstil – Plastik, Barock

Farbige Bewegung – Farben-Synthese

Barock – primitive Linie – Klassizism – Romantik

Licht – Modélé usw.

Man beurteilt jetzt nach irgend einer Idee von Stil, nicht nach Qualität; fragt sich, was der Stil einschließt, bezwingt, ob er einheitlich ist.

Z. B. Picasso – gibt das plastische Moment linear getrennt, jedoch in die Flächen gedrängt und zerlegt; er sollte Architektur machen; die tektonisierten Gebilde gibt er in Bewegung – an Daumier und Gotik erinnernd – jedoch setzt er sie statisch zusammen, ohne sie durch einheitliche Bewegungen zu bringen. Er setzt einen Beschauer voraus, der sich im Bild mit einer Augendrehung von zwei kontrastierenden Richtungen aus orientiert, also entleiht er rein architektonische Wirkungen des Volumens. Dies scheinen mir wichtige stilistische Widersprüche zu sein.

Ich weiß genau, daß Pechstein (elementarer Sichel), wenn er in einer farbigen Lithographie einen blauen Hauptton hat, einen gelben Rand herumsetzt und die andern Farben ignoriert resp. »unterordnet«; jedoch diese Komplementärfarben sind physiologische Konstruktionen, für wissenschaftliche Zwecke heuristisch ganz wertvoll; warum sollten sie Kunstkriterien sein?

Ich wüßte keine Bilder, die so rational und mechanisch zu begreifen sind wie die der jungen; die Herren geben gleich die Doktrin in die Finger. »Du Esel, hier hast du den Bädeker, nun los und reise im Bädeker.« Illustration von Doktrinen.

Von Kandinsky verlange ich zunächst Metaphysik als solche; dann brauchen wir wahrscheinlich auch nicht über seine Bilder reden.

Wer kann mit der Komplementärfarbentheorie z. B. bewaffnet heute nicht malerisch revolutionieren?

Man sage nicht immer, welch ein Stil, man untersuche doch Qualität der Linienführung.

Der Stil in Manets Bildern ist schwierig abzulesen; ist er darum nicht vorhanden?

Die Jungen wollen weltanschauende Bilder geben – eine Metaphysik oder Religion fehlt. Machen Architekturmalerei, eine Architektur fehlt. Also im Ganzen: Kanonenfutter ohne zureichenden Grund.

In *Neue Blätter*, 1. Jg. 1912, H. 6, S. 46–47.

Anmerkungen zur neueren französischen Malerei

Man nimmt bei genauerem Hinsehen wahr, daß Theorien Empfindungen nicht regulieren, vielmehr Ausdruck dieser sind. Soweit sich jene auf Kunst beziehen, stellen sie stets mittelbar und fälschend dar. Es erstaunt mich, wie im heutigen Frankreich das Theoretische des Sehens überwiegt; nicht als ob man je mit diesen intellektuellen Äußerungen des Temperaments gekargt hätte. Verwandte man sie früher als polemisches Mittel, so sind sie jetzt zu einem wichtigen Bestand, ja zu einem Ziel ausgewachsen. Dies Übergewicht der Theorie setzt mit dem großen Seurat ein. Falsch wäre es, eine Theorie der Malerei als wissenschaftliches Abstrakt sich vorzustellen, im Gegenteil, sie ist Ausdruck einer optischen Empfindung. Seurats Lehre war in der Hauptsache eine technische; zugleich begann hier das Suchen nach einer objektiven Malerei, gegenüber der individuellen Handschrift der Impressionisten. Jedoch die Lehren Picassos oder Matisses bezeichnen ein vollständiges Fehlen der technischen Bestimmungen. Diese sehen von einem anderen Moment aus, der inneren Empfindung, soweit sie als optische Darstellung sich äußern kann. Die technischen Voraussetzungen sind für sie im oeuvre Cézannes geleistet. Zolas Formel für seine Freunde lautetete noch »Ein Stück Natur gesehen durchs Temperament«. Also der Mensch war hier als der Erregte gefaßt, eine Außenwelt als Ursache der Erregung hingestellt. Mehr und mehr hat die innere Empfindung sich zur Dominante gebildet und oft sogar zum Gegenstand der Darstellung sich gemacht. Die Entfernung von einem gewohnten Gegenstand wird immer größer, seine Stilisierung zunehmend gewaltsamer. (Man stilisiert nicht ein

Objekt, vielmehr sieht man etwas von vornherein stilisiert und übersetzt. Stilisieren ist ein Empfindungsvorgang, gestützt auf spezifische technische Bedingungen). Cézanne begann damit. Er definierte die Malerei »Als Auffassung der Natur im Hinblick auf das Bildnis und das Entwickeln der Ausdrucksmittel«, und mit einem Ausspruch wie »Licht gibt es nicht« entfernte er sich weit von den Zielen der Impressionisten. Zugleich forderte er eine Logik und Gesetze des Sehens. Man erstrebt etwas wie eine objektive, durchaus verbindliche Malerei und geht hierbei im großen Ganzen von zwei Grundbegriffen aus: dem Bildnis und der inneren Empfindung. Die Welt und ihre Dinge faßt man als Symptome eines inneren Vorgangs, der seine Berechtigung vollkommen in sich trägt. Das Bildnis wird als ein Ganzes bezeichnet, dessen Totalität durch das Equilibre der farbigen Übersetzung erreicht wird.

So wohl Matisse. Diese Totalität und das Equilibre sind seelische Momente. Wir gehen wohl nicht fehl, wenn wir diese Erklärung als Träger einer klassischen akademischen Tradition auffassen, und ich meine, daß gerade der späte, anscheinend radikale Matisse, Ingres, Poussin und den Griechen nahe steht. Wir spüren die Folgen irgendwelcher Begriffe vom Schönen, Gleichmäßigen u.s.f. Matisse hat die Lehre vom valeur bereichert durch eine von der Zeichnung, welche aussagt, daß bestimmte Linien durch bestimmte Farben bedingt und gedeutet werden. Die Sätze des Cézanne: »Wie weit man malt, zeichnet man«, oder »die Zeichnung umhüllt (bekleidet) die Malerei« werden ganz zum divinatorischen Empfindungsvorgang. Jedem Bewegungsrhythmus einer Figur entspricht eine einfache Farbe, und die Gesamtheit des rhythmischen und farbigen Duktus ergibt das Gleichgewicht der Komposition. Es ist unschwer, zu erkennen, daß wir uns der Erschaffung konventioneller Malriten genähert haben. Das Licht, welches früher eine so große Rolle spielte, das, da es von einer bestimmten Seite kam, soviel Bewegung hervorbrachte, ist nur eine Folge der Modifikation der ganzen Malfläche. Dieses bewußte Überwiegen der inneren Bedingungen schließt zweifellos eine Gefahr ein. Die innere Empfindungswelt ist gewiß nicht regel- oder grenzenlos, aber es scheint mir, daß sich eine Grenzenlosigkeit ergibt, wenn man Theorien optisch und somit im einzelnen Gegenstand zu verwirklichen sucht. Die Theorie verarmt, wenn sie auch klären mag, und sie wird immer mehr zum Gegenstand der Darstellung. Jedoch die Folge einer noch so subtilen Theorie ist das Plakat oder ein Puristenstil. Die Wirkung des Matisse beruht ebenso stark in den Verführungen des Theoretischen als in der zweifellosen Qualität seiner Malerei, zumal lockt jene den Deutschen, der sich aus der langweilenden Gedankenlosigkeit retten will, mit der der Impressionismus bei uns abgenutzt wird.

Aus der Lehre vom Bildnis ergibt sich ohne weiteres die von der freien farbigen Übertragung. Schon Seurat betonte, daß die Farben sich gegenseitig bedingen, und errichtete die Lehre von den Komplementärfarben. Matisse modifiziert die Farben nach dem inneren Empfindungswert der Erscheinung, nach ihrer gegenseitigen seelischen Bedingtheit. Dem Wachsen und Schwinden der Linien entspricht die Dynamik des Farbigen.

Picasso. Matisse betonte die dekorativen und sensuellen Eigenschaften des Cézanne; wir beobachten hier, daß die Folge des Primitiven eine noch größere Primitivität war. Der Beschauer wird gezwungen, nur auf bestimmte konventionelle Momente sich einzustellen. Picasso wählte aus den Lehren des Cézanne die vom Modelé, der er wesentlich Neues hinzufügte. Er betrachtet jedes Ding auf seinen plastischen Anregungswert. Cézanne nannte die Plane als Voraussetzung der plastischen Gliederung. Picasso suchte eine Formel, die jeden Teil des Bildes plastisch und tektonisch zu gestalten erlaubt. Cézanne erkannte bereits, daß allen Körpern gewisse stereometrische Grundformen innewohnen, gleichsam als Elemente alles Plastischen. Er nannte Kegel, Zylinder und Würfel. Damit ist zweifellos ein Punkt gegeben, von wo aus eine Reaktion gegen jede Flächenmalerei und Dekoratives einsetzen konnte. Der Beginn eines durchaus modellierenden Sehens ist gegeben. Der Komplizierung des Plastischen steht die ungeheure Vereinfachung der Grundformen gegenüber, einer feinfühligen Nüanzierung der Valeurs setzt man die Einheit der Farbe entgegen. Picasso malt seine Bilder in Braun, Dunkelgelb und Grau, das Ganze wird von einem tektonischen Umriß gehalten.

Wir sind gewöhnt, Dinge plastisch vereinfacht zu sehen, gewissermaßen in der Erinnerung eine platte Photographie herzustellen. Picasso sucht die plastisch entscheidenden Punkte auf, die er nicht als farbige Momente interpretiert, vielmehr als stereometrische räumliche Gebilde. Alle diese ordnet er gegenseitig unter und bringt sie in ein System, das uns zeigt, wieviel plastischer Ausdruck in einer Erscheinung liegt. Die einzelnen Gebilde trennt er durch einfache Linien. Etwas von spanischer Architektur fühlt man vor diesen Bildern, eine komplizierte Gotik. Das Bild ist als Architektur erfaßt. Picasso kompliziert zunehmend den plastischen Reichtum seiner Bilder; und mag man vielleicht sagen, daß die Logik des Matisse seine Bilder immer mehr purifiziere, und am Reichtum des Körperlichen abziehe, so ist es vielleicht kein Scherz, zu meinen, Picasso addiere jetzt immer mehr plastische Points. Picasso hat schon manche Periode durchgemacht und hinter sich gebracht; es scheint mir, daß er dem Ende einer solchen sich nähert. Zweifellos besitzt er die Kraft, Neues zu unternehmen, vor allem, er hält sich durchaus vom Dekorativen entfernt, das jetzt epidemisch wütet.

Douanier Rousseaus Erfolg ist symptomatisch. Zweifellos besitzt seine Malerei gewisse Qualitäten, die ebenso fatal etwa an Böcklin, wie nicht unsympathisch an frühe Niederländer erinnern. Er kennzeichnet den französischen Primitivenrummel. Denken wir uns einen ganz simplen Mann mit einer gewissen Einfalt und dem Trieb zu eindrucksvollen, ja raffinierten farbigen Sensationen. Begabt mit einem komplizierten Portiergeschmack, den eine gute, einfache Seele reguliert. Es gibt eine rührende Primitivität vom Kleinleuteluxus, nur trifft man dabei selten das Wunder eines kräftigen und vertrauenden Gemüts. Rousseaus Primitivität mahnt an monumentalen Öldruck und einen poetischen Naturalisten. Man meint, er kämpft sich gegen sein reines Herz zu Bouguerau. Zweifellos, hätten wir Giotto und die frühen Niederländer, die er alle nicht kannte, nicht, er wäre von gewisser Bedeutung. Ein gläubiges, ganz unbewußtes Gemüt mit dem Willen zum Raffinement. Jedenfalls ist man bei ihm vor dem Theoretischen gerettet.

Im Ganzen steckt viel Kunstgewerbe. Man ist des Louis XV. überdrüssig und betrachtet als Ideal eines Stuhles eine eingeschlagene Eierkiste mit vier Beinen. Manche recht bekannte Maler muten mich an wie Mitglieder der Scholle; nicht weniges ist für die »Jugend« reif. Van Donghen z. B. entpuppt sich immer mehr als begabter Erlerschüler. Man malt zumeist aus dem Kopf; vorläufig halten die einzigen Malüberlieferungen und das Formengedächtnis etwas vor. Man gelangte zu der reinen, sich selbst genugsamen Kunst, die sich im allgemeinen selbst aufißt. Ich dachte oft an Böcklin, natürlich, diese Leute haben eine starke Logik im Kopf. Vor allen Dingen gibt man sich primitiv. Mitunter will man glauben, daß der Hellene Matisse und seine so ruhige Lehre vom Equilibre nihilistisch und auflösend sind, zum wenigsten ihre Folgen. Die Malerei wird zunehmend ideologischer und das Primitive erzwang sich das Plakat.

Nicht weit entfernt von dieser, man kann sagen, idealischen Malerei, sind die italienischen Futuristen. Eines trennt sie von den Franzosen, ein Mangel an überlieferter Technik. Auch hier überwiegt das Vorstellungsmäßige, allerdings viel literarischer geartet. Man gibt die Dynamik der états d'âme. Ein Pferd, das ruht, gibt die seelische Sensation von zwei Beinen, eines, das galoppiert die von zwanzig. Die Häuser stürzen auf das Pferd, das durch die Straßen rennt. Es genügt, eine Schulter, ein Ohr usw. zu geben, die andere Seite produziert der Beschauer, der mit Kraftlinien in das Bild hineingezogen wird. Der Mensch, der auf dem Kanapee sitzt, tritt in das Kanapee ein, das Kanapee nimmt von ihm Besitz; denn alle Dinge sind gleichwertig. Man hat nur die seelische Sensation zu geben, die dynamische Beziehung, nicht das »passeistische« Objekt. Die Voraussetzung der Malerei ist der eingeborene Divisionismus. Der einzige, der etwas malen kann, heißt Severini.

Keiner der Impressionisten übt jetzt einen solchen Einfluß in Frankreich, wie der alte Renoir. Die Jungen suchen Gesetze und Überlieferung. Besitzt Renoir jenes nicht, so ist er um so mehr ein Stück von dieser. Er gibt meistens ein Fragment geläufiger Komposition in einer Impression. Seine Farben erinnern an Volkslieder, die nicht weit vom Chanson entfernt sind. Renoir hat den animalischen Akt Fragonards in eine recht feste Malerei gerettet. Zeichnungen, die Vollard nächstens herausbringen wird, zeigen eine vollendete Meisterschaft voll populärer Eigenschaften.

In *Neue Blätter*, 1. Jg. 1912, H. 6, S. 19—22.

Revolte

Revolte ist nichts anderes als Überbetonen, als Fanatism. Ein solcher ist bemüht, sich katastrophal auszusprechen, gänzlich primitiv und undialektisch. Erhaltende Momente zu bilden, vermögen konstitutive Ideen ebenso wenig, wie Revoltengesinnung irgend etwas mit Fortschritt zu tun hat. Vielmehr ist das Wesentliche jener die Dialektik, der beständige Vergleich der Gegensätze, die ästhetische oder geschichtliche Rechtfertigung usf. Gewiß ist, daß jeder revolutionäre Inhalt als konservativ, ja reaktionär erfaßt werden kann. Ideen, die umstürzen, können hemmen etc. Das Entscheidende ist: in diesem Fall ändert sich nicht die Idee, vielmehr das innere Verhältnis des Trägers. Ich sage noch nicht einmal die historische Konstellation – denn man muß logischerweise eine Revolte von oben anerkennen, z. B. solche, die als Staatsstreich bezeichnet wird. Allerdings liegt schon in dem Wort, daß Revolten von oben mit konservativen Begriffen, Staatsnotwendigkeit etc., verschleiert werden. Revolte und Revolution sind durchaus zu scheiden. Revolte ist das stete Prinzip, das der einzelne in sich trägt, eine Gemüts- und Denkform. Bei den meisten wird dieses Prinzip vergessen aus gesellschaftlicher Einordnung etc., bei vielen schwächt es sich zur dialektischen Opposition ab.

Revolte setzt die Gesinnung voraus, daß diese indifferente Welt, deren Resultat nicht abzusehen, menschlich belanglos ist, daß nur die Realisierung einer Idee wichtig ist. Daß diese aber, wenn sie jeweils realisiert zu sein scheint, bereits geschändet ist im Zusammenfluß der unabsehbaren Nuancierungen, Gegenströmungen usw. Revolte ist undogmatisch, denn das Dogma gibt stets der Idee die Fassung einer gewünschten Wirklichkeit.

Der Revolteur besitzt einen Begriff, den er stets transzendental erfaßt, das heißt für sich abgelöst. Er glaubt an eines nicht, das ist die Bereicherung der Ideen durch den funktionellen Zusammenhang. Gerade er entfernt die Idee aus dem psychologischen Komplex, wodurch jeder reale Aufbau unmöglich ist. Für den Revolteur wäre diese Welt nur durch die reine Erfüllung eines göttlichen Anspruchs, durch die Realisierung einer Logik gerechtfertigt. Da dies nicht möglich ist, wird er stets diese Welt verwerfen, (denn es gibt nichts Nihilistischeres als die Logik und Gott, die einen umfassenden Seinsbegriff aufstellen, der jedoch nie realisiert werden kann und somit alles ausschließt. Die Ausflucht von solchen Bedenken ist der Pantheismus).

Was dem Revolteur gänzlich unglaubhaft erscheint, ist das Gesetz, nämlich das angewandte Logische. Er ist Metaphysiker (nicht Psychologist) und Metaphysik ist unanwendbar.

Er wird stets kausale Begründungen verwerfen (sein einliniger Fanatism macht ihn übersehen, daß er selbst kausal denkt, allerdings katastrophal statuiert). Er wird sie stets als historisches Moment ablehnen. Denn für ihn ist die Geschichte ganz unwesentlich, sogar in sich falsch, da in ihr noch nie eine Idee verwirklicht werden konnte und kann.

In *Die Aktion*, 2. Jg. 1912, Sp. 1093 f.

Politische Anmerkungen

Der Darwinismus ist eine durchaus parlamentarische Wissenschafts-
theorie. Alles soll zu Wort kommen, jedem soll es wohlergehen – die
»gesunde« Majorität spricht, die edelsten Trottel halten die Reden
(die heutige Bezeichnung für führen, kämpfen usw.) und vor allen
Dingen alles geht glatt, poliert – mit schönen Übergängen – dabei
wirtschaftliche Kämpfchen, eine zierliche Dynamik. In der Nähe betrachtet, vollzieht sich alles katastrophal – jedoch harmlos innerhalb
der Katastrophe oder imitativ. Selbst diese Katastrophen sind ungemein abgestuft, verlieren also an Wirkung und weisen peinliche Langeweile auf.

Die Katastrophen – wie sind sie rational. Der ganze heutige Mensch
ist scholastisch, er macht dialektische Geschichte, d. h. er gibt einfach
den Gegensatz. Impressionismus, synthetische Kunst – Schutzzoll,
Freihandel – und Gott weiß was. Geschichtsbildend jedoch ist der
Mensch, der mehr gibt als das Equilibre der Antithese, der These und
Antithese zugleich verschluckt und über den eigenen Kopf springt.
Ich meine nicht den Originellen, diesen langweiligsten Marktschreier,
diesen Unreligiösen, der ohne Furcht nicht weiß, daß wir in gotterge-
benen Grenzen verharren, sondern den Belebenden, dessen Mund sich
öffnet wie die zerspaltene Erde; den Revolutionär schlechthin.

Hingegen ist es das Geheimnis aller heutigen Kämpfe, daß sie un-
fehlbar den Vergleich bringen – den demokratischen Kompromiß, wo
immer beide Ideen (das Wesentliche) in gemeinsamem Einverständ-
nis schänderisch verletzt werden. Wo das Menschliche und das, was
Menschen treibt, verplattet und entstellt wird. Dies ist schließlich der

Sinn des Parlamentarismus. Was uns fehlt: eindeutige unnachgiebige Gewalten. Diese kommen jedoch immer vom Religiösen, vielmehr war dies bisher der einzige Schutz von Ideen. Jedoch selbst diese eo ipso fanatischen Dinge dehnte man zu liberalem Kautschuk, bar jeden fanatischen Dogmas, das ist zwingender Gewalt. Und wem möchte man heute seinen Herrgott glauben? Am wenigsten der katholischen Partei, die ihn zum Parlamentsschlagwort verwandelte, um damit abzufordern und einzuräumen. Diese zweifellos imposante Ideologie ist dermaßen mit unglaubwürdigen Institutionen verknüpft, daß sie nur mit größter Vorsicht anzufassen ist. Selbst Gott ist eine Parlamentsangelegenheit und zur Debatte gestellt.

Parlamensbeschlüsse sind zumeist Leistungen der Resignation – wo jeder sich damit tröstet, daß eines jeden Idee zu kurz kam. Typische parlamentarische Parteien sind die mittleren, von der Nationalliberalen bis zu den Revisionisten, deren Sinn im Kompromiß besteht, die nie den Mut zur Majorität mit ihrer ganzen Verantwortlichkeit haben, die das Beruhigungspulver »Verfassung« – diese Konvention, in die das Revolutionäre des Mittelmenschen eingeklemmt ist – mit vollem Erfolg schluckten. Der Fehler der Verfassung ist, daß sie von vornherein historisch ist, als Reliquie behandelt wird, sich außer Diskussion stellte.

Das Primitive, das heute als Reaktion sein Wesen treibt, geht auf eines: den eindeutigen Menschen, der handeln muß, sei es in Büchern, Bildern oder sonst wo. Wir sind des Dialektikers, des Schauspielers, ja des asketischen Artisten (dieses weißen Lamms) überdrüssig – wir fordern Bücher, welche die Handlungen stärken und organisieren; Bilder, ohne die Hemmungen des verführenden Kostüms, welche die Gesichte steigern. Nicht Werke voll entladener Erregung, in denen man Blutschande treibt, um brav zu sein, sich los zu werden und in geruhiger Sicherheit »gesundet« zu sein (Wagner), die den Menschen fressen und mit nichts entlassen. Wir fordern den Menschen, der zugleich Form und Gewalt hat (Form und Maß sind grundverschiedene Dinge; das Maß ist die Angst des Unsicheren oder die regsame Beschränktheit des Klassizisten), dessen Werk wirkende Tatsachen enthält und schafft. Der Primitive ist eine Verarmung, wohl aber zugleich eine tätige Kritik an allem Unrat, den er nicht ablehnt, sondern ohne Erregung ablegt. Besser es bleibt nichts übrig und man steht in der gehörigen Armut da, als man treibt sich im Überflüssigen weiter. Wie wenig verpflichtende positive Ideen besitzen wir noch (nur solche die ästhetisch basiert sind – eine Konstruktion von Verpflichtungen ist nötig) jedoch eine Unmenge, die sich als Ideen gerieren und nur einschläfern. Der Primitive subtrahiert das bereits Historische. Der Sozialismus, der seine Idee schwächte, indem er parlamentarisch durch vorgeschickte Rednerböcke die Revolte zur Evolution verschleimte, und durch die möglichen Interpretationen um ihre Gewalt beredete. Der Eindeutige ist ganz unparlamentarisch und mit der Konstruktion seiner Idee immer identisch. Er ist durchaus nicht Individuum sondern immer Organisation. Das Parlament ist die Börse, die jedem Ding einen möglichst bequemen Marktwert verschaffen will.

Der Mensch der Klassik war der Gebildete. Der beherrschte Dilettant, in dem ein Stoffwissen das andere reguliert, der viel Material sammelt, sogar anpaßt, um stets imstande zu sein, zu unterhalten und von sich belustigt zu werden. Der das bereits Rationalisierte aufnimmt. Der gebildete Mensch ist ein echtes Staatsgeschöpf, geschickt und stets von tausend Dingen abgezogen: Vor allem ist es sein Interesse, daß alles in bester Ordnung bleibt, denn diese hält ihm seine Welt zusammen, nicht ein zentraler Fanatismus. Außerdem ist er ungefährlich, bewegt er sich doch im Wissen, d. i. dem Historischen, und er wird es verstehen, selbst eine Unbill mit Belegen und seinem inneren Verständnis für das Fragmentarische zu entschuldigen. Verletzung gilt ihm als Unvollkommenheit und Versuch. Denn der Gebildete ist eine Sammlung von Fragmenten, die »schön« geordnet ist. Dies ist das Gefährliche, die distinktlose Sünde des Fragments wird an ihm schwer gefunden, da sie sich des dialektischen Mittels, des Schönen bedient. Dabei ist er formlos und divergierend. Er erregt sich in der unbewußten Richtung, die Erregung als Bildungsmittel zu brauchen. Er wird auch diesem Zwischenfall seinem Glomerat einordnen, was er mit Bewältigen, Zwingen identifiziert. – Denn er vermag alles irgendwie im Parlament seiner Inhalte unterzubringen, zu entwesen und zu vergleichen. Die Form, die zur Auswahl zwingt, anerkennt er nie. Fremd ist ihm die Handlung, denn dazu ist er stofflich zu differenziert und abgelenkt.

In *Die Aktion*, 2. Jg. 1912, Sp. 1223—1225.

Über den Roman

Anmerkungen

Ich schlage vor, bis auf weiteres die Bezeichnung Roman aufzugeben – das Wort Epos genügt und ist bei zeitlich ausreichender Distanz von Humanistischer Bildung und dem Idylliker Vergil weniger diskreditiert.

Der psychologische Roman beruht auf causaler Schlußweise und gibt keine Form, da nicht abzusehen ist, wohin das Schließen zurückführt und wo es endigt. Dies ist zumeist an die Anekdote gebunden – also induktive Wissenschaft.

Hingegen die Anekdote ist die Unkunst des Vermischten, stets tendenziös und moralisch, denn die Pointe ist immer willkürlich. Welches Motiv und welches Ende einer Anekdote ließen sich nicht schmerzlos rumdrehen. Denn die Anekdote ist das nicht Seiende. Die Stärke der Darstellung bildet sie zum Faktum.

Lyrismus ist Koketterie. Zweifellos wirft man einen Pianisten, der eine Fuge von Bach spielt und darunter eigene Themen mischt, vor die Tür des Saales. Dies geschieht mit einigem Recht.

Der deskriptive schildernde Roman setzt vollständige Unkenntnis des Lesers von Tischen, Nachttöpfen, jungen Mädchen, Treppenstiegen, Schlafröcken, Busen, Hausklingeln usw. voraus. Die Ereignisse werden zu Begleiterscheinungen von traumhaft verschlungenen Fingern, opalschillernden Spucknäpfen usw. Ob dies neuartig gesagt wird oder im Ton der Marlitt, beruht nur auf Alter des Schreibers und ähnlichem Unfug.

Diesen Dingen Seele zu geben – ist immer pantheistischer Lyrism. Ein Nachttopf, ein Lockenkopf, selbst Orchideen, die mit violettem

Protoplasma genotzüchtigt sind – bleiben Dinge und haben sich vor dem Schicksal der Menschen zu verkriechen.

Gefühl hat immer statt – wenn es gilt, Impotenz zu verbergen. Das Epos wurde in die Länge gezogen – aus dem sklavischen Nachahmen des Homer usw. Der Knabe Vergil liefert hierfür eklatante Beispiele. Die Ilias ist eine Ansammlung von Geschichten um ein zentrales Schicksal gerichtet und von dem und jenem gemacht. Vergil hingegen eine in die Länge gezogene Anekdote. Das zentrale Schicksal wurde vergessen – denn der Mythus ging verloren, was blieb – die Technik des in die Längeziehens.

Ein Ereignis mit Vorbedingungen und Folgen geben. Wo beginnen jene und endigen diese? Mit dem Tod der Beteiligten? Ich sehe nicht ein, warum nicht jeder, dem 7 Gattinnen, 4 hoffnungsvolle Söhne, 3 Töchter, 2 Väter, 1 Kind im Mutterleib verloren gingen, wenn er sich aufhängte, abgeknüpft werden kann? Der Abgeknüpfte ist wahrscheinlich bemerkenswerter und erfahrener als das Familienkaninchen. Jede Handlung kann auch anders endigen – wenn man nicht orthodox katholisch ist, und selbst hier gibt es die unerforschliche Güte Gottes, das Wunder usw.

Also das Kunstwerk ist Sache der Willkür resp. benommener Trunkenheit. Ich ziehe die erstere vor, da sie imstande ist, Rücksicht und Takt zu üben.

Das Kunstwerk ist Sache der Willkür, also der Wahl, des Wartens. Was soll gewählt werden? Sicher, man kann alles nehmen. Jedoch – es ist langweilig, von Dingen zu hören, die zu oft gesagt wurden. Was einmal mit Gottes Hilfe anständig traitiert ist, lasse man ruhen. Wir wiederholen ja doch.

Seien Sie versichert, mir sind Tristan und Isolde ganz egal – aber Gullivers Reisen bete ich an. Nichts wird einen Trottel hindern, Tristan zu machen – jedoch Gullivers Reisen bedingt Intelligenz, Erziehung, Gewalt.

Man stelle das Epos in Zukunft nicht mehr allein in den Dienst des geschlechtlichen Verkehrs. Das Besingen mehr oder weniger komplizierter Genitalien dürfte überflüssig sein – da der Zeugungsakt resp. Beischlaf mit seinen mitunter nicht ganz reizlosen Präludien und seinen meist sichern Folgen wie Kinder, Abtreibung, Ekel, Verdummung, gegenseitige Gewöhnung, regelmäßiges Vollziehen der Lüderlichkeit usw. von jedem einigermaßen realisiert werden kann. Liebesgeschichten haben nur Sinn für von Jugend an kastrierte, schwer frauenleidende Personen.

Man gewöhnte sich, Dinge, die mit einer gewissen Anstrengung zu erreichen sind, als künstlich zu bezeichnen. In dieser Kategorie stehen Enthaltsamkeit, Gott, Denken usw. Wer aus der Empfindung schafft, ist meist auf die Liebe, das Weib usw. angewiesen. Ich hingegen schlage eine Literatur für differenzierte Junggesellen vor – Denken ist eine Leidenschaft ersten Ranges, die, von den Philosophen, der Schule, dem Militär, dem Staat, vor allem der Ehe, vergewaltigt, nur mühsam im Religiösen fortbesteht. Wer hätte nicht ein philosophisches System? – Wer aber weiß um die Menschen, die nicht anwandten, die Gedanken erfanden, an ihnen beteten, Tee tranken, rauchten, ja starben.

Entscheidend für Einrichtungen und Übereinkünfte sind zweifellos Systeme. Die Ehe ist das System des allgemeinen Beischlafs, der gehemmten Erlebnisse, der moralischen Meinungen – dies alles sind Dressuranstalten für Menschen, die allein sich nicht benehmen können, ihre kleine Anbetung genießen müssen, die infolge dionysischen Lebens à la commis voyageurs am Abgrund standen. Der größte Teil der Literatur ist eine Institution für Eheleute und solche, die es werden wollen, für beherrschte Naturen, Anleitung zum Flirt und Teesalon.

Wer edel und schön schreibt, treibt sein Handwerk für Gemeine.

Die erhabene Schreibweise ist oft gerade naturalistisch – da sie immer, wenn auch gegensätzlich, auf das gemeine Wesen hinzeigt. Sie wird oft grotesk, da sie als bezwungene Steigerung der Wirklichkeit empfunden wird – die verschönt usw. werden soll.

Es gilt, im Roman Bewegung darzustellen – eine Aufgabe, der das Deskriptive gänzlich fern liegt. Ich wüßte kaum – warum es als Kontrakt eingeführt werden sollte. Jedenfalls die Ruhe, das Deskriptive in die Gegenstände zu verlegen, ist sinnlos. Wertvoll im Roman ist – was Bewegung hervorbringt. Ruhe ist genug da – weil das Ganze schließlich doch fixiert ist.

Ich weiß nicht, ob man Typisches gibt. Häufig werden jedoch intensiv vorgetragene und fixierte Ereignisse später als typisch empfunden.

Das Absurde zur Tatsache machen! Kunst ist eine Technik, tatsächliche Bestände und Affekte zu erzeugen.

In *Die Aktion*, 2. Jg. 1912, Sp. 1264—1269.

Der Arme

Man weiß die Armut, wenn man ihr sich hingibt. Jedoch nicht mit der Hingabe des Reichen oder Staatlich-denkenden. Der eine bemitleidet die Armen, die ihm als faillierte Banquiers gelten, die andern versuchen sie zu heben. Man lasse den Armen in seinem Gleichgewicht von Nichts und Null, man fasse den Armen genau in dieser Stelle, greife ihn kräftig an seiner Stärke. Die wirtschaftlichen, sittlichen oder empfindsamen Urteile beginnen damit: wie ist der Arme nicht reich, wie gelangt der Arme zu Besitz, wie kann der Reiche mit ihm zusammenfühlen. Damit trägt man den Armen aus seiner Lage fort, sieht ihn als ein Aufzuhebendes, Übergehendes und eben nicht als den Armen. Arm ist keine Negation des Reichen, nichts Überflüssiges, kein Unglück und keine Krankheit. Vielmehr erstaunt es mich, daß der Reiche in der tödlichen Beschränktheit verharrt, den Besitz als das Nötige festzusetzen. Der Arme schweigt, und niemand hört, daß er als Armer gesehen werden will. Einmal doch ohne Vergleich, einmal doch ohne die Scham des Reichen, einmal doch ohne die Dinge, die er nicht besitzt. Man soll ihn nicht damit benennen, was ihm nicht ziemt; man verstelle ihn nicht zu einem Bettler, der um Gottes Liebe zum Emporkömmling wuchern will. Man rede von ihm nicht in steigenden Zahlen, man sehe seine dauernde Art. Armut ist wohl für den Reichen eine gesellschaftliche Schande, und er gibt nicht, weil er sagt: dieser, ein Mensch wie ich, ißt nicht; aber er wagt nicht zu bedenken, daß der Arme ein anderer Mensch ist.

Armut, ich schalte die seelische Armut aus, ist wohl eine ökonomische Bezeichnung. Dieser Zustand jedoch steht außerhalb der sozialen

Charakteristik. Vor dem Armen erfahren die äußeren Dinge eine Umkehr, und der Arme wird zum sozial Unfaßbaren. (Soziale Charakteristik ergibt sich trotz allem aus dem Vergleich.) Man betrachte einfach den Mann, der dem Nichts gegenübersitzt.

Es bezeichnet den *Wert oder Unwert dieser Zeit*, daß sie den Menschen, der nichts hat, als einen, der nichts ist, aber durch Besitz etwas werden kann, bezeichnen muß, da sie jede Technik des Armseins, jeglichen Verfeinens dieses Zustandes entbehrt. Zweifellos entspricht dies der allgemeinen Verdummung, der Zustände wie Armut, die dinglich schwer gefaßt werden, gestaltlos vergleiten oder durch Umschreiben fast hinweggeleugnet werden. Zunächst steht fest: Der Arme zieht die Armut der üblichen Anstrengung, das Leben zu gewinnen, vor; denn er wertet die Veränderung, die der Komfort bringt, nicht allzu hoch und glaubt nicht, daß hierdurch ein wirklich anderes Verhältnis zum Geschick eintrete. Er sieht Sonnenschein und Regen, Brot und Bildung als Momente, die vor dem großen Geschick nur soweit schützen, als es abgestufter, vielleicht dunkler eindringt. Er untersteht dem Schicksal unbekleidet, ohne Dach und verschleierndes Wissen, unmittelbar. Er sieht seine Haut und seine Seele genau, denn seine einzig innere Nahrung bilden Erlebnisse, jedoch nicht die üblichen des Erwerbens und Wissens. Für ihn gibt es zwei Dinge, das Märchen und das Stehen ins Verrecken; vor allem das Wunder, der Augenblick und die Ewigkeit. Nicht diese metaphysisch gefaßte Ewigkeit, sondern das gleiche Sein. Er hat gar keinen Vorwand und muß selbst der Idee ermangeln, die den geheiligt Armen zum Reichen macht. Er ist dem Gesetz entfremdet, das im Großen nur angewendet wird, wenn etwas da ist, und der Arme besitzt noch nicht einmal das Verbrechen. Er steht auf dem indifferenten Nullpunkt, wo nur das Plötzliche möglich ist, hilft und eintritt.

Er meint nicht, der Mensch sei zu Gewissem bestimmt oder eine Persönlichkeit, die über andere hinauswachsen müsse, und so widerlegt er die üblichen Werte und Satzungen. Er meint nicht, ein Mensch müsse den andern übertreffen in dem und jenem, er bettelt und wird sich darum nicht geringer. Dies nämlich ist das geringste Maß von Arbeit, das er der Welt zugesteht, und schenkt dem Gebenden einen kleinen Sieg, während er ein Brot kaufen kann, das er irgendwie doch bekommen hätte.

Dieser Nichtfaßliche, der seinem Innern gemäß arm ist, vermag sein unschädliches Gleichgewicht abzulegen, damit er sichtbar handle und deutlich werde. Hier erweist sich: der Arme ist nicht der Schwache oder Verelendete; denn wievieler Lustigkeit, welchen Gleichmuts bedurfte es jedem zu sagen: Herr, Ihr seid so groß und ungebunden von Orten und Zeiten, die Häuserwände entlangzustehen. Die dem Armen einzig mögliche Handlung aus der Armut heraus, diese Erweckung ist das Verbrechen; denn der Arme ist der Mann, der Arbeit seiner nicht wert achtet, der die üblichen Werte nicht besitzen kann, da sie – dank der heutigen unreligiösen Menschenart – großenteils Ding- oder Sittenwerte sind. Der Arme allein erkennt unspekulativ die Willkür aller Gesetze; wohl weiß er, sie funktionieren hie und da fast präzis, aber er weiß ebensogut, daß sie dank ihrer unreligiösen Art kaum eines Menschen Seele zu fassen vermögen. Und hier ist: den Armen kann kein Mensch verpflichten, denn im schlimmsten Fall ist er eben arm und stirbt. Ob er das fürchten mag?

Der Arme steht auf und bleibt nicht allein; denn er wittert die Zeit, wenn Menschen um anderes streiten als Besitz, Überlegenheit und vergleichsweises Bessersein; wenn Menschen die ungeheiligten Gesetze entkleidet schauen. Denn eines ekelt ihn: der Zwang. Und ist doch Arbeit heute nur noch Zwang, da sie keiner geistigen Macht dient, vor der jeder au fond gleich ist. Der Arme kann sich nur vom Reichen aus gesehen vergreifen, nämlich wunderbar handeln.

Da steckt es: handelt er, so tut er's hemmungslos und kühl, plötzlich ohne Signal, Übergang und Vorbesprechung. Und werden die andern arm, das erscheint ihm auch für den andern nicht bitter. Seine Kenntnis nackteren, fast absoluten Seins läßt ihn alles zu Ende treiben. Er wird ungemein klug und vorurteilslos handeln, eben unmittelbar unkonventionell überraschend und wird allen wunderbar schöpferisch sein. Für ihn bleibt keine Ausrede, nur die Tat; denn welchen Stufen sollte er Vergleich, Einhalt und Gesetz entnehmen? Er wird fremdartig handeln, das heißt seine Handlung scheidet und ist geschichtlich. Die Größe wird vom einzelnen in die Armen übergehen; denn sie steht dem Geist, der nicht erkannt wird, sondern wonach umgeschichtet und gerichtet wird, am nächsten.

Der Arme, der seinen Pflanzentraum entläßt und Handlungen vollzieht, aus denen neue Gesetze wachsen, wird das Spielen verrosteter Harmonikas aufgeben; diese Frauen werden einige Zeit keine Löcher, um die noch Fransen hängen, pflegen wie kleine Kinder; sie gehen nicht auf dem Weg zum Vergleich; sie legen liebe gewohnte Topfscherben beiseite, um laut schreiend in einer Nacht, ungeführt von Sozialdemokratie, das Pflaster, das ihre nackten Füße härtete, mit spitzen Fingern und murmelnd, ja beschwörend aufzuheben, um den

Sternenhimmel vor dem Blick solcher, die ihn zu messen und zu zahlen suchen, zu schützen. Der Sozialdemokrat wird sie verleugnen, ich
liebe sie. Ein andermal werden sie nicht in blutende Mauerecken zu-
rückfallen.

In *Die Aktion*, 3. Jg. 1913, Sp. 443—446. Auch in »Anmerkungen«, Verlag Die
Aktion, 1916, S. 53—56.

G.F.R.G.*

Frau Margarete Häberle befand sich in ihrer Stube allein, da sie auf
dem Bett sich quälte, den Tod zu erwarten. Beide, die Stube und sie,
schauten diesem Vorgang zu mit einer puritanischen Ärmlichkeit, die
nichts zu verlieren hat. Zu dem abgeschrubberten Boden war schon
oft die gequälte Hand einer Sterbenden gesunken. Der arme, dünn-
strähnige Kopf der Witwe mühte sich zu unterscheiden, ob der
dunkle, breite Lehnstuhl eine Haube sei, oder noch der alte Stuhl. In
ihrer Angst begann sie ein Kirchenlied zu singen, während die letzten
Sterne wegschwanden. Die Alte richtete sich auf, jedoch irgend etwas
hinderte sie an einer rechten Andacht, deren sie bedurft hätte. Sie beschaute entrüstet ein niederträchtig brünstiges Bild, das irgend ein
schönheitstrunkenes Gemüt hingehängt hatte, und rief in ihrer schweren Angst, als ihr etwas den ausgetrockneten Magen heraufuhr:
Jakob, Jakob! Inzwischen war es hell geworden und wie verärgert
über den unpassenden Beginn des Tages, da sie weg mußte, schrie sie:
Du dreckiger Haderlump. Doch in diesen Worten fuhr es ihr vom
Magen in die Herzgrube und dies Gefühl und solche Schimpferei
breiteten in ihr eine Wohligkeit aus, die dem abgebrauchten Leib
nicht mehr anstand und ihn zum Tode brachte. Nach einer kurzen
Stille einer bescheidenen Ehre für die dürre Frau, die zusammenge-
krumpelt in dem billigen Weißzeug lag, das an manchen Stellen
durchgewaschen war, hatte sich die schon recht verrunzelte Haut der
Alten noch mehr zusammengeschoben, das Hemd war ihr im letzten

---

* »GmbH für religiöse Gründungen« (Anm. d. Herausgebers)

Kampf von der Schulter gerutscht und einiges verriet, daß dies Hinterstubengeschöpf, das sparsam seine Haut abgenutzt, wohl früher einige Feinheit des Leibes besaß, die herauskam, da die geizende Armut weggewichen war, worüber die roten Karos des Federbettes stürmten, da die Hände der Alten mit ihren Schmutzrinnen sie nicht mehr griffen. Ein langgeschossener junger Mensch klinkte auf, rief herein: »Mutter, mach Kaffee!« und schlug dann wieder die Tür zu. Irgend etwas mochte ihm aber nicht als Gewohnheit erschienen sein, die Ruhe, das fehlende Gerassel der Töpfe, das ungeöffnete Fenster, oder ein Hauch, der von Toten ausströmt. Er kam nach einigen Minuten noch einmal hinein; er ging erschrocken auf das Bett in der Ecke zu und schrie wie ein niedergeworfenes Kind nach der Mutter. Dann stellte er sich auf, als ertappe er sich bei etwas Unpassendem, strich die hohe, etwas enge Stirn, holte sich ein Buch aus dem Nebenzimmer und las sich mit lautem litaneiendem Tonfall ein Gedicht, in dem stand, eine Seele von lauterm Feuer sei entrückt worden, diese Seele war strahlend herausgeputzt, von goldenen Stirnreifen war die Rede, verschiedene Planeten fielen in Staub vor der Glut des Gefühls, farbige Glasfenster, strahlende Chormäntel und eine grenzenlose Lust standen darin. Von sich befriedigt und als habe er der Frau schon zu Gutes erwiesen, schaute er bedeutend, als wolle er diese Pfennigsparerin mit einem verschwenderischen Jubel ausstatten, auf den Leichnam, fast entrüstet darüber, daß nicht Ginevra oder mindestens Salome vor ihm erstarrt sei. Dies brachte ihn zu Maß, zumal er sich sagen mußte, daß ein paar alte Möbel kein dankbares Publikum abgeben. Er schaute in die Frühsonne, die ihm eine Huldigung an den Tod, aber noch viel mehr an das eigene bombastisch glühende Leben schien, das jetzt erst, schier grenzenlos und vor allem sehr stilvoll vor ihm lag. Denn wie einen Vorwurf hatte er die kleine Beamtenwitwe angesehen, wenn sie ihr spärliches Essen nahmen. Er ging jetzt heran, faßte die Augenlider, schrak kläglich zurück, jedoch wütend über sich, bezwang er sich, ging wieder an die Bettstatt und, als gelte es, eine Jalousie herunterzulassen, drückte er die Augen zu, stolz über sich, wie er den Tod angefaßt. Dann ging er in der Stube hin und her, zu überlegen, was geschehen müsse. Da griff er auf seine Dürftigkeit, denn mit der Alten war auch der kleine Witwengehalt, dessen größten Teil er bei aller Einschränkung verbrauchte, weg, und jetzt gerade war der 1. April. Der Wirt war mit dem Mietsbuch zu erwarten, und die Alte wollte ins Grab, wofür sie wohl Geld gespart hatte, aber dies war bei den Anschaffungen des

Sohnes draufgegangen. Diese Geschehnisse mochte Jakob Häberle doch nicht ohne weiteres ansehen und ging in seine Stube herüber, wo er sich an den Schreibtisch setzte und überlegte, ob sich nicht etwas schreiben ließe, ein Dithyrambus an seine Jugend, an das Leben oder auf die recht dürftigen Altvorderen, denen gegenüber er sich schon ins rechte Licht setzen wollte. Er begann, einiges von einer zweiten Mutterschaft, wie er seine Mutter als Jüngling noch einmal zum großen Leben in seiner schenkenden Güte habe berufen wollen, ihr aber habe die Glut gemangelt; dichtete von Asche auf dem Herde, von Jubel atmendem Gebläse und zum Schluß kam einiges vor, wie wenn man nur tüchtig innen wolle, könne kein Tod über einen, man gebäre sich immer wieder und gnädig endete er, er wolle die Alte in ihrer mühelosen Schuldigkeit ruhen lassen, denn wenn sie auch wieder käme, sei sie doch nur restlos dienende Magd, während nur jubelndes Herrentum, Stehen über den schwierigen Dingen, die gewichtlos seien, lachender Mund und Tanzschritt das Wehen der Wipfel wert seien. Dieser arme und erhabene Schlucker saß im Redeschwall seiner Rhythmen, über denen er Leiche und Miete vergaß.

Es klingelte draußen, befehlend, fordernd; der Einlaß Verlangende schien mit der Schelle Bescheid zu wissen, wie man diesen kurzen, unverschämten Ton herausbringe. Der Wirt trat mit der Mietmahnung herein, angesichts der dürftigen, gestreckten Leiche gewährte er Häberle drei Tage Frist und verabreichte ihm die Adresse des Sarghändlers Bulwig.

Dies sind die vielen Straßen, gezogen von der unnachsichtigen Geometrie der Häuserblocks, welche die Menschen ausladen zu regellosem Gewimmel. Dies sind die langen Straßenzüge, gerade Paradefronten, unerklimmlich gerade, wie die Fassaden von Jungfern. Hier krümmen sich Privatstraßen, gleich dem diskret kaschierten Hängebauch einer Bankiersfrau, in der Kurve busiger Wollust und der zitternden Beine der Börsianer.

Kaffee, Lebenszentrale, spirituelle Produktenhandlung, deine Bogenlampen schreien Richtungen in die Nacht. Schwankend ging Häberle vom Tod durch Straßen, die Begierden zu wecken wissen. Seine Armut ließ ihn die Häuserwände durchschauen, öffnete ihm Türen und er sah, daß dieser Stadt ein Bewußtsein fehle, etwas wie ein ungeheures Plakat, daß ihr Schädel und Auge einschlüge. Er warf die Hacken hoch und schrie laut; der religiöse Dusel ists, auf den seid ihr noch nicht reingefallen, Messiasse muß man zur Agiotage bringen, Papiere auf Seelenheil. Er stand vor dem Brutofen seiner Jugend, dem Café. Mit ihm trat der Gedanke an die Mutter hinein und der Wille, seinen vagen Einfall in etwas Verzehrbares umzusetzen. Er war der Romane müde, dieser indirekten Wirkungen auf Menschen.

Rulatsch rief ihm präzise zu: »Beileid!«

»Kinder, könnt ihr mir was zum Sarg pumpen?«

»Ausgeschlossen!«

»Geh mal zu dem Dicken, der die Emanuela reingelegt hat, zu Bulwig.«

»Bulwig? den empfahl mein Wirt. Gibt er auf Pump?«

»Schind' ihn, krieg ihn mit der Emanuela ran.«

Hortensio Preno kam, sichtlich durch vegetarische Unterernährung stilisiert. Er erhob den Zeigefinger: »Dem Mann muß eine Katastrophe beigebracht werden.« Hortensio Preno war der letzte Freund Emanuelas, er vergeistigte sich jetzt vermittels Askese. »Wie die Hure schamlos Rumpsteak schlingt, vergröbert sich ihr bißchen Sensibilität, das ich ihr mit Mühe beibrachte.«

Der dämonische Peter Kahl flüsterte: »Öffnen wir die Fürstengruft, rauben wir einen Sarg.«

Quatsch, Bulwig muß ran. Und man beschloß – Bulwig.

»Kann man ihre Leiche nicht ins Meer versenken?« klang es aus einer lichtblonden Reformjungfrau.

Häberle ging.

Frech und kurz trat Häberle in Bulwigs Kontor.

»Wie können Sie ein Mädchen demoralisieren, man muß es den Eltern mitteilen.«

»Bulwig«, stellte sich der dicke Kaufmann vor.

»Häberle.«

»Sie wünschen?«

»Ich komme wegen Emanuela.«

»Na, das ist gut.« Dann schüchtern »Sehen Sie mal, das Mädchen hat es jetzt gut, sie ist angezogen, kann leben. Außerdem: man hat mal was Apartes; daran hängt man, unsereins.«

»Ja, aber Sie ruinieren die seelische Haltung der Dame.«

»I wo, sie hat sich ganz gut erholt.«

Häberle spottete. »Immerhin wird es für sie nur ein Übergang sein.«

»Herrgott, woher wissen Sie, daß ich Pleite mache?«

»Sie dürfen nicht Pleite machen, Sie müssen mir einen Sarg liefern.«

»Bitte, gern. Die Adresse?«

»Brunholdstraße 12, 5 Treppen, links.«

Bulwig gab die Order ins Geschäft weiter.

»Herr Bulwig, Sie dürfen nicht pleite gehen.« Häberle war gerührt.

»Ja, lieber Herr, daran werden Sie mich kaum hindern können, übrigens Eli erzählte viel von Ihnen.«

»Mann, haben Sie denn keine Idee?«

»Idee? Keine Spur. Ja, ich mach eine Destille auf.

»Steigern Sie sich.«

»Wieso denn?«

»Erfinden Sie etwas; Ihr Geschäft hat schon, ich möchte sagen einen metaphysischen, religiösen Charakter, nur die Grundlage ist zu real. Finanzieren Sie eine religiöse Bewegung. Heut ist ein Mangel an Ideologien, weil man nur für die verkäuflichen Sachen Verständnis hat; die Leute sind leer wie abgeklopfte Heringstonnen, sie haben Sehnsucht und Langeweile. Darum, setzen Sie sich, verkaufen Sie ihnen religiöse Werte; aber wenn Sie nicht verkaufen, so ist es zwecklos; nur für diese Verkehrsform hat man heute Verständnis, und man muß teuer verkaufen, sonst wird das nicht geschätzt. Sehen Sie, welch rentable Kapitalanlage ist die katholische Kirche; aber sie weckt zu wenig neue Bedürfnisse. Fragen Sie Thyssen nach Seelenheil, und er wird recherchieren, in welchem Ressort der junge Mann beschäftigt ist; verkaufen Sie ihm aber Seelenheil mit einer Aussicht auf Dividende und er wird Fanatiker. Das ist einfach. Sie übernehmen das Geschäftliche, ich organisiere die Angelegenheit.«

Bulwig kniete vor Häberle nieder, voll innerem Schauer rufend: »O, der du uns verheißen bist, Messias.«

Darauf Häberle, emporgerichtet: »Bulwig, es handelt sich um ernste Dinge. Haben Sie einen Hauptgläubiger, ist der Jude?«

»Ja, Poschatzer.«

»Dann ist alles gut; der Rest ist eine Frage der technischen Virulenz.«

Es schoben drei Neger in den Laden: »Saide, Nechaburak, Sie haben Kisten zur Verpackung von Toten?«

»Gewiß.«

»Diese Kasten halten einen überseeischen Transport aus?«

»Wir garantieren für erstklassige Emballage.«

»Können Sie auch einige Balletteusen zur Freude des geehrten Leichnams besorgen und ihm eine Luxuskabine bei der Woermann-linie mieten?«

»Ja, ja.«

Häberle trat Bulwig auf den Fuß und vor.

»Meine Herren, ist ein großer Herr zu den Guten und Blutigen ein-gegangen?«

»Gewiß, o Herr, flüstert dir dein Sklave vor. Er trug drei Sonnen-schirme in einer Hand und spielte nobel auf der langen Pfeife.«

Die Neger zogen die Hüte ab.

»Ja, aber dann verdient der Ruhmreiche mehr als paar lumpige Tänzerinnen, die sind noch nicht einmal für Sie ausreichend.«

Diese großartige Einschätzung schlug die Neger.

»Kaufen Sie dem Gewaltigen eine neue Religion, da hat er wirklich was Prächtiges und Dauerhaftes, und ein gutes Klavier dazu.«

»Ja, wir berieten schon lange, wo wir das fertig kaufen könnten, aber wir wollen bei den Tänzen nicht so schwitzen müssen.«

»Meine Herren, Sie können alles haben. Wir liefern sie mit und ohne Orchestrion, Carusoplatten verteuerten allerdings die Sache ge-waltig, bei einer Anzahlung von 10 000 Mk. läßt sich die Sache prompt liefern.«

»Können wir die Leiche gleich reinbringen, sie liegt im Automobil?«

»Sehr gut, riecht sie auch nicht zu stark?«

Zum Glück kam Emanuela. Therese, die älteste Tochter, wurde ge-holt, die beiden Verkäufer trugen Bulwigs Klavier in den Laden, die Gemahlin und die anderen Göhren statierten in Divandecken und Tischtüchern.

Emanuela löste die Haare und umschlang sich einen roten Bettvor-leger, Bulwig mußte mit den Ofentüren rasseln, Emanuela tanzte, Therese spielte einen Matschitsch, und die Göhren brüllten dazu: Das Wandern ist des Müllers Lust.

Den Negern schien die Leiche lebendig zu werden, als die Bogen-lampen zischend aufgingen; hätte Bulwig sie nicht gehalten, wären sie vor Angst ausgerissen. Schwitzend legten sie 10 000 Mark auf den Ladentisch.

Häberle sagte ihnen gewichtig beim Hinausgehen: »Sie sollen eine phänomenale, neue Religion haben.«

Poschatzer ballte sich im roten Klubsessel, über ihm stierte eine ge-firnißte verquollene Madonna von Bellini, die vor zwei Jahren ent-standen war; um ihn sakrale Gegenstände, auf einem Altar lag das Hauptbuch.

Er hatte Geld in allen möglichen rentablen Unternehmungen fluk-tuieren, das arbeitete von selbst, nur durfte man keinen Gedanken haben, sonst war Pleite im Anzug. Das war klar; bis jetzt hatte er's mit der totsicheren brutalen Idiotie geschafft; aber diese Summen, die in Bordellen staken, in südamerikanischen Republiken putschten, Arbeiter in Kohlenwerken ertrinken ließen, mußten gesammelt werden, um Widerstandskraft zu besitzen. Er war gerade beim Absetzen seiner Werte. Die luxuriösen Bordells auf Chios hatte er bereits der internationalen Friedensgesellschaft zur Lösung der Balkanfrage mit gutem Profit verkauft. Die Republik Perkedo mußte er allerdings ohne nennenswerten Gewinn Brasilien einverleiben und vor seinen Augen stand eine Negerrevolte, veranlaßt durch protestantische Missionare, die eine unsägliche Langeweile verbreitet hatten. In wenigen Tagen wird er seine verschiedenen Zeitungen losschlagen, die mächtig hochgepeitscht waren durch Schlagwort und Sentimentalitäten, und er entließ gnädig die Meinung und den Abend seiner Mitbürger. Aber dann, wie alles behalten, ohne Geldwerte hereinzustecken, wie, ohne Konkurrenz zu machen, die Arbeit und die Hetz der anderen Spekulanten entwerten? Da mußte ein Gedanke kommen und gerade sowas hatte er infolge richtiger Selbsterziehung zu Gunsten der Geschäfte sich schon längst abgewöhnt.

Ein Diener, sein Knigge, meldete Häberle. Eine kritzlige Handschrift auf einem abgerissenen Blockzettel war die Visitenkarte. Poschatzer nickte; denn er nahm jeden an, konnte man doch immer was erfahren. Wieviel Geschäfte und keine kleinen, hatte er schon mit Hausierern gemacht. Erst letzthin sein großer Krüppelimport aus den Balkanländern nach Amerika! Er schaffte alle interessant Angeschossenen von da rüber, aber er wußte noch nicht genau, welche Sekte am wohltätigsten war. Das hatte er von Damosch, der dafür ein Hemd, 50 Pfennig und einen abgebrannten Pantoffel bekam. Später allerdings hatte er ihm mal 50 Mark geschickt.

Häberle trat ein.

»Häberle.«

Poschatzer: »Sehr angenehm.«

»Wissen Sie, daß Ihr Geld bei Bulwig zum Teufel ist?«

»Warum?« sprang Poschatzer auf.

»Weil er so viel hat, daß er nie zu bezahlen braucht und übrigens in 14 Tagen werden die übrigen Werte entwertet sein.«

»Was, wieso?«

Häberle zeigte die zehn Tausendmarkscheine.

»Die hat Bulwig in einer halben Minute verdient, die Stunde hat 120 halbe Minuten, der Geschäftstag mehr als 1200, rechnen Sie sich's aus, können Sie da mit?«

»Mein Gott, Mensch, Kind, Liebling, Kaiser, wie macht Ihr das?«

»Geben Sie mir zunächst einen Scheck von 150 000 Mark als geringfügige Sicherheit für unsere Idee. Eine Kleinigkeit für Sie.«

Poschatzer zeichnet mit allen möglichen Kautelen, so daß er mehr als gesichert war.

»Wie machen Sie's?«

»Wir gründen ein Welthaus für Religion.«

»Johann, Sekt! Ich zeichne 50 Millionen, ich zeichne alles. Der Herr meiner Väter sei gepriesen. Schemah Israel. Und wie machen Sie's?«

»Wir importieren Religionen für alle Bedürfnisse. Konkurrenz gibt's nicht. Wir entwerten mit der Askese alle Gelder, wir erobern –«

»Mein ist die Rache«, schrie Poschatzer.

Sie fielen in die rotglühenden Sessel zurück.

Johann schlürfte den blaueingelaufenen Sekt ein. Sie erholten sich, schwangen Importe, gleich Rauchopfern, angenehm und wohlig.

Poschatzer stöhnte: »Städte unterworfen meinen Wursthänden!«

Häberle knirschte: »Diese Eroberung muß ertragen werden. Ein Billet nach China, Billet – – Reich der Mitte.«

Man holte Krokodillederkoffer, 8 Schneider, 2 Reiseautomobile, Kakes, in 4 Stunden ging der Zug nach Peking, es war keine Zeit zu verlieren. Die Schneider rasten, das Auto schnellte, der Zug fuhr in das Reich der Mitte.

Fast weinend stand der dicke Poschatzer allein auf dem Perron, glas- und lichtbekleidet. Er fuhr nach Haus, um zu warten.

Der Gedanke raste nach Peking.

Man trat in das Eßzimmer, das mit byzantinischen Patentmöbeln ausgestattet war. Beim fünften Gang erhob sich Jakob Häberle, um den Toast auszubringen. Am Ende der Tafel saß ein Versuchs-Chinese, den Häberle auf seiner Spritzfahrt aufgegriffen hatte, stumm und gleichgültig, einzelne Reiskörner kauend. Presse, Finanz, Bulwig, alle saßen gespannt da.

»Wohin will dies alles, welche inneren Süchte hetzen uns? Wir wußten es bisher nicht. Diese anscheinend so lebendige Stadt, die unter den Bogenlampen liegt, ist mit Toten angefüllt, alle Prächte eurer Hände, jegliche gemessene Geste eurer Dichter sind erstarrt, und ihr wißt bald nicht mehr, wo alles Tote unterbringen ...«, dergleichen apostrophierte Häberle.

Poschatzer erhob sich, vollgegessen und aufrichtig gerührt:

»Am Abend meines Lebens, das von rastloser Tätigkeit verzehrt wurde, empfand ich eine Leere. Wozu dies alles, sagte ich mir; denn es ist an mir, zu bekennen. Sachlich gesprochen, meine Herren, wir bedürfen einer Religion. Dagegen gibt es keinen Einwand; der ganze geschäftliche Betrieb hat sich dermaßen vergeistigt, er bedarf einer zentralen Macht. Unsere allmächtige Industrie produziert alles, warum sollten wir nicht religiöse Bestrebungen produzieren? Die Kirche ist dem heutigen Apparat nicht mehr gewachsen. Sehen Sie sich Ihre Bilanz an, wir werden nicht mit Religion arbeiten, sondern mit dem Religiösen, nur so vermögen wir den Markt zu beherrschen. Das Volk der Denker ist dazu berufen, das Volk der Denker kann das! Bedenken Sie, meine Herren, es war nicht immer das finanzielle Moment, das die Völker leitete. Kriege fanden statt, wo das Geld geradezu egal war. Aber wenn wir die Religion in das umklammernde Netz der Finanzierungen zulassen und börsenfähig machen, so beherrschen wir alles. Wir haben diese sodann zu einer Finanzoperation ersten Ranges umgewandelt; unsere Vormachtstellung wird niemals erschüttert werden, wenn wir der Menschheit die inneren Werte prägen und verabreichen. Die Religionen sind nicht am Absterben, lediglich ihre Aufsichtsräte. Jene leiden darunter, daß sie von veralteten Organisationen gemanagt werden, daß sie dem modernen Betrieb nicht angepaßt sind. Zunächst wird es naturgemäß schwierig sein, die gesunkenen religiösen Werte stark zu machen; drum wenden wir uns bei Beginn unseres Unternehmens nicht an die religiösen Empfindungen, die gänzlich brach und unbeschäftigt niederliegen. Die Kunst und der ganze technische Apparat werden dem Unternehmen dienstbar gemacht, ein provisorisches Haus ist errichtet, die Bureaus befinden sich im alten Liskow'schen Palais, das mit jedem Komfort ausgestattet wurde. Ich ersuche die Herrschaften, sich in 3 Wochen von der Prosperität des Unternehmens in unserem Festspielhaus zu überzeugen. Meine geehrten Gäste, trinken Sie mit mir auf das neue Unternehmen, die G. m. b. H. für religiöse Gründungen sie lebe hoch, hoch, hoch!« Aus verquollenen Kehlen knurrte man hoch, hoch, hoch! Die beiden Gebrüder Süßknorpel stießen sich in die Seiten. »Wir kaufen Kuxen, und Weizen ist auch fest.«

Aber der dicke Bankier Blumentraum rief: »Die Ideale müssen zur Börse zugelassen werden.«

»Mein Herr«, sagte zu Poschatzer der dünne Zeitungsmagnat Bien, »Sie müssen inserieren, Sie brauchen ein Organ; morgen früh haben Sie die Kalkulation.«

Ein Häuserschieber hatte inzwischen Poschatzer ein Theater mit Riesenrestaurant verkauft. Diese Pleiten wollte er endlich loswerden; er verlangte nicht viel, Poschatzer kaufte billig.

Ein Dekorationsfabrikant rief ihm zu: »Sie brauchen einen neuen Stil.«

Ein Architekt bat um Massenbestellung von Kathedralen. Die Reporter telephonierten, vereinfachte Kunstgewerblerinnen, lineare Nackttänzerinnen, Theaterfriseure, alles rief an. Denn in dieser Nacht standen Lichtreklamen über der Stadt: »Wo schaue ich Religion?« oder »Zeichnen Sie Aktien der G. F. R. G.«

Denn an diesem Abend waren Inserate erschienen, wie: »Gesucht stilvolle Kunstgewerblerinnen (Van de Velde verbeten), monatlich 30 Mark.« »Nackttänzerinnen, nur künstlerisch (Duncan zwecklos), monatlich von 20 Mark aufwärts.« »Interessante Hysteriker à 10 Mark, mit Krämpfen 15 Mark, welche blau anlaufen 20 Mark. Nur Angebote großen Stils finden Berücksichtigung.«

Inserate wie: »Neuer Architekturstil gesucht« oder »Pantomimen religiösen Inhalts abzugeben bei – – –, zahle die höchsten Preise«; oder »Hymnendichter georgischer Couleur, 24 gesucht, pro Abend 3 Mark, solche älterer Richtungen 1 Mark pro Abend«; oder »Erreichen Sie den ersehnten Zustand durch Pillules exstatiques«; oder »Hypnotiseure, die erfolgreich tätig waren, Medien, Schlaftänzerinnen, Traummalerinnen, Schlafwandler, Veitstänzer sowie Einschlägiges melde sich bei – – –«; oder »Fakire, Feuerfresser, Degenschlucker, the Fakir of the World, amerikanische Philosophen (Monisten verboten), religiös Wahnsinnige gesucht«; oder »Ein Posten Azteken usw. usw.« Und da oben fraß man, während die letzten päpstlichen Kastraten Palästrina sangen und auf die Mayonnaisen schielten. Der Chinese, ein Brahmane und ähnliche zeigten zwischen den Gängen Proben religiöser Technik. Der Chinese wurde besonders gefeiert...

Jedoch dem Chinesen wurde Angst, als er diese Menschen fressen und trinken sah, ihm wurde übel und er ging in die Garderobe. Dort gedachte er seiner Ahnen, und nicht gern erhängte er sich; jedoch war dies schmerzloser, als von den unaufhörlich Kauenden, unheimlich schwarz angezogenen Menschen aufgezehrt zu werden.

Das Dinner war zu Ende, jeder der Anwesenden hatte inzwischen sich seinen Plan zurechtgelegt und war überzeugt, daß er den übrigen Rest von Bagage schon reinlegen werde. Schnäpse und Zigarren wurden in einer Krypta serviert...

Die Fenster des langen Hauses gingen auf den platt ausgestreckten Platz. Spärlich behaarte oder verwirrt verschmutzte Schädel hingen über das verbrannte geringe Gras; nüchtern rollte der Himmel, unbemüht eine Farbe den erstarrten Augen vorzusetzen.

»Ich bin entzwei gerissen
Man hat mich hinausgeschmissen,
Aus dem süßen Gnadenstuhl.
Gebete klemmen mir die Schläfen und meine Sünde
legt mir Eis ins Blut.
Wenn mir mein feurig Einmaleins muß auferstehen
Und ich zur Schul kann gehen
Und sitzen auf des Herzens Bank
Von wo mein Geist ist abgereist in einem dunklen Wagen
Gezweig und Stern zum Dank.«

Das Auto Häberles pannte; zum ersten Mal dachte er, seit er im Stinkwagen der Hetz saß; man muß Irre einsammeln, den Irrsinn in den gehetzten Spekulanten wecken, die die Fähigkeiten der verirrten Seele vergaßen oder sie nur in Poker und Unterschlagungen noch finden. Ich nehme diese Menschen, um die Banausen anzustecken.

Ein Irrer kam spazieren. Auf Häberle grade zu. Den ängstigte das; denn er wußte nicht, wohin der Mann mit seiner Seele ginge. Er stieg rasch in den Wagen. Der Vogelköpfige frug schmahlkehlig:

»Welche Zeit tragen Sie in Ihrem Kleid? Wir werden bald ganz ausgekocht sein; der Rücken des Herrn Hulzing ist ein guter Scheit im Ofen des Bösen. Vivat Descartes, Ordner meiner nervigen Koordinate!«

»Gutes Wetter«, meinte Häberle.

»Eine reinliche Gleichung, Geschätzter, trefflich präpariert; aber hüten Sie sich vor X; Herr, bewahre mich, das Infinitesimale ist weitläufig, mein Herr, es geht über den langen Korridor in die kleine Kammer mit den Wasserfällen, Niagara, Baedeker. Nirvana Verkündigung mal O.«

»Das macht nichts, wieviel zahlt man für Sie?«

»Eine Brezel, die in sich zurückgekehrt, geehrter Herr, ist zuverlässiger als diese langen Nächte, die nicht wiederkommen sollen und sehr weit hinausgehen, an so vielen Fenstern vorbei. Brezeln sind so treu, wie der Hund, der meine Beine anfiel. Diese guten Hosen, geehrter Herr, haben viele Karos; Sie müssen sehr lange reisen, bis sie da herumkommen; und wann werden Sie die Nacht kennen, bei der zu zählen zu beginnen ist? Merken Sie sich doch die Knöpfe.«

Eine Frau flatterte heran, hinter ihr hüpfte eine Alte.

»Sie will mich in ihren hohlen Zahn nehmen, lieber Herr Jesus; aber der hat keine Goldkrone, und ich bin doch die Himmelskönigin aus Pirna und habe ihn mit Schmerzen geboren, verlor dabei den

Mann – wie mir das Blut rann – wie verloren aus den Poren. – Nein, man soll keinen Jesus gebären, der will mich nun nicht ernähren und doch mußte der königliche Akzisenerheber sterben – weil er die Gottheit wollt beschmutzen; soll nie meinen Leib anreißen – den will ich mir aufputzen – und wenn die Herren Ärzte ihn beschmeißen; nein, Jesus, du mußt die Kosten zahlen, mein böser Herrsohn, Vatermörder, sonst muß ich in den Stinkzahn der Hure; ach, gute Frau Hure, freßt mich nicht!«

»Aber geht, als ich da wohnte, Ihr wißt, junge Frau, in der kleinen Straße, wo die Mädchen sich hinlegen; da kamen die feinsten Herrn in den Mund und beklagten sich nicht, bei Leib nicht, bei meinem weiland Leib nicht.«

Die Flatternde sprang aufs Auto, und sie fuhr los. Der Schmalkehlige sprang auf, hielt dem wehrenden Häberle die Hände mit irrsinniger Kraft. Der Chauffeur, der vor dem Motor stand, war tot gefahren.

»Welche Kraft, welch Schicksal steckt in den Irren«, dachte Häberle.

Man wurde gegen die Anstalt geschleudert, das Auto war hin. Häberle kam gut davon, da statt seiner der Oberlehrer das Genick brach; die Himmelskönigin aus Pirna war rechtzeitig abgesprungen und lag verschlagen auf dem Pflaster. Wächter und Ärzte rannten paddelnd geschnellt im Tariftempo heran. Irre schrien und versuchten aus dem Fenster zu springen, die Flatternde stöhnte.

»Und doch zerbrach ich den Satan, mein Kleiner.« Dann legte sie sich zum toten Oberlehrer. »Warum rechnest Du nicht mehr, kluges Rotgehirn? Ach, ich will Dir das Gehirn sammeln gehen; das gibt schöne Pfennige; Herr Doktor, Sie müssen ihm die Karierten zunähen.« Eine blonde Dünngliedrige tanzte schwankend heran, sie schleuderte die Tamburinen ihrer glänzenden Hände und sprang atemlos gemäß dem Keuchen des ablaufenden Motors. Bald kreiste sie auf einer Stelle, dann wieder wurzelte sie gerad hinauf zum Dachfirst und sagte im singenden Ton:

»Wenn auch das Theater erloschen ist, zahlen sie einem Mädchen, das die Jungfräulichkeit wegtanzte, die Gage. Denn meine Kleider sind kein Flitter, sinngemäß aus Stilkunst bitter – müssen Linien sich ergeben, wie die Strahlen der Blitzdusche, in der ich die Gnade Gottes sehe, aber sie darf mich nicht wecken, die Wassersonne – sie friert mich ins Leben, und da muß man immer verbrennen; wenn dann zu Majory der Tau kommt auf mein Butterblumenhaar und sagt – iß doch Näglein von deinen Händen, die heller als die Klarinette singen —«

»Aber nein, du kannst nicht singen – ich muß dich zum himmlischen Hofstaat anbinden —« sang die Flatternde.

»Aber du hast damit Charlie nicht aufs Trapez gebracht; wie der schwingt – Tag und Nacht – zu meiner Lobpreisung und ist eines richtigen Lords Sohn. Küß mir die Hand, Mama Heiland – denn ich machte ihn schwingen und deine Engel verdienen nichts.«

»Das macht nichts,« sagte Häberle, »ich laß ein neues Auto mit einem Chauffeur kommen. Haben Sie Telephon?«

»Man muß nach den Kranken sehen. Die in der dritten Klasse sind die aufgeregtesten.«

»Aber warum behalten Sie die?«

»Wär sie ganz gern los, sind aber ein paar Interessante darunter, ein ganz gutes Material.«

»Haben Sie religiös Wahnsinnige?«

Der Direktor lächelte nachsichtig.

»Ja, die Fremden interessieren sich immer für diese Leute. Dabei sind sie langweilig, belästigen mit ihrem Singen, einige muß man noch künstlich ernähren.«

»Aber verkaufen Sie sie doch.«

Mißtrauisch erstaunt sah ihn der Arzt an; dann winkte er zwei Wärtern.

»Mein Herr,« sagte er, »seien Sie überzeugt, daß sie vorläufig dieses Haus nicht verlassen. Ich habe genügend Gründe anzunehmen, Sie sind der Großfürst Wladimir, der mit dem Chauffeur aus der Anstalt des Geheimrat Plürkens floh.«

»Mein Herr,« fauchte Häberle blaß und zog einen Browning.

Zugleich packten ihn sechs geübte Arme und zogen ihn ins Haus. Häberle wehrte sich strampelnd, man hielt ihn, da schrie er auf.

Eine Schlafwandlerin, die unbemerkt auf dem Dachfirst balancierte, fiel hinab.

»Der Kopfsturz von dreißig Metern ist der Konkurrenz nicht geglückt,« sagte die Lächelnde, »Majory O'Brien.«

Man schloß die Türen.

Häberle schrie; er biß sich in die fuchtelnde Hand. Ein Arzt kam.

»Saubande«, stöhnte er, »wollte ein schlankes Geschäft machen, den Markt umwerfen. Mensch«, brüllte er den Arzt an, dessen Ruhe ihn erregte, »Sie laden den Haß eines Welttrusts auf sich.«

»Gewiß.«

»Können Sie das ertragen? Ich werde eine Inquisition einrichten«, verhieß Häberle kühl.

»Gestatten Sie, Ihren Puls zu fühlen.«

Häberle pulste wüst.

»Für jeden Herzschlag will ich Sie rosenkranzeln lassen, bis Sie abklappen. Fakieren werd ich Sie auf meiner Mutter Kochmaschine«, er röchelte und sein Herz jagte in den Hals.

Der Arzt untersuchte ihn.

»In welcher Klasse wünschen Sie untergebracht zu werden?«

»Für mich gibts keine Klassen, ich will Euch vertrusten –«

»Ziehen Sie sich aus.«

»Sie Schwein«, gröhlte der gebäumte Häberle, »immer diese Perversionen, so was, auch ne Wissenschaft. Riechen Sie die Seele im Achselschweiß? Verrückt kann man werden. Aber nicht so kläglich wie Sie, rizinushaltiger Pinzettenfritze.«

Der Arzt beklopfte den Rücken.

Häberle wurde ruhig und sagte:

»Ein kranker Mensch ist schwer zu bewerten. Verstauen Sie mich in die dritte und geben Sie mir Lektüre.«

»Ruhen Sie etwas, Königliche Hoheit«, bat der Arzt, gerührt von der vollendeten Demokratie des kranken Russen.

»Ich ruhe nur mystisch, so in der Kontemplation. Geben Sie mir Kant zu lesen, wenn ich nicht platzen soll.«

Königliche Hoheit wurde in die dritte Klasse gebracht. Auf einem Bett saß ein Magerer in Drillichhosen. Häberle las Kant, den er nicht verstund; dies brachte ihn zur Raserei; denn er hatte noch nie ein Buch begriffen.

Der Irre sang in den wolkigen Abend:

»Bettdecken, ihr verdeckt mich nicht,
Denn die Sonne ging verloren,
Liegt im Hauptbuch aufgeschlagen,
Fremde Seele sinke in den Magen,
Bringe mir ein neues Licht,
Das sich meinem dünnen Blute mischt,
Ewig schenkt man mir nur Bäder.
Borge eine Flamme mir
Für mein Blattgeäder,
Heiz, mein Bruder, mich noch mehr,
Leg dich in mein Bett,
Wärme mir die Sohlen, doch verstohlen.

Wolken trennen uns, wir sehn nicht mehr,
Gib mir, Abend, deine Hand,
Lege mich ins dunkle Land.«

Häberle versuchte verführt einen neuen Schieber, er tänzelte. »Welche sichere Aktie ist die Seele, ich kann noch keine Verse machen, bin also nicht verrückt.«

»Wie willst du dann Menschen finden und gewinnen?«

Häberle erklärte: »Es ist ein fundamentaler Irrtum, daß man mit Geld, statt mit der Grundkraft, der Seele, spekuliert.«

Der Irre erwiderte: »Sie befinden sich in einem Etablissement, wo nur mit Seele gearbeitet und verdient wird, allerdings mit pensionierter. Knäblein, auf, ich beginne die Beschwörung. Seien Sie ganz still, stören Sie mich nicht.«

Der Irre öffnete das Fenster und legte sich dünn in den Nachthimmel. Die Hände streckte er umarmend hinaus.

»Hören Sie die Stimmen«, flüsterte er, »die in uns rinnen, sich in den Mund schmiegen, hineinbiegen.«

Häberle murmelte: »Die Süchte nach der Aktie steigen, jeder wird sich neigen.«

»Herr, was sagen Sie mir das; ich gebe Ihnen das Beste, womit ich einem Unwissenden dienen kann.«

Die Sterne sickerten verlockt und bezaubert in das jähe Geviert des Fensters.

Der Irre pfiff und zwitscherte: »Jede Minute ist größer als diese Entfernung; ich kann mit dir den Raum durchschweifen, doch die Minute wanderst du nicht zurück. Größen sind doch nur so groß, als wir sie sehen. Die Perspektive ist wahr, die Wissenschaft Täuschung. Der Irre ist der vollendete Wissenschaftler. Weil ich dies behaupte und dagegen mein Hirn einsetze, hält man mich hier. Der Wissenschaftler ist irr, denn er sucht die Wahrheit. Ihr verschuldet das, mesquine Sterne! Ich glaube meinen Augen, und so hab ich euch in Gewalt. Hier nehm ich dich auf den kleinen Finger, verdammte Venus.«

Er hielt seinen kleinen Finger in den flackernden Strahl des Sterns.

»Ganz nahe, von schwerem Gewicht, mir aber körperlos und nur dürftiger Beleuchtungsversuch, was bist du wert? mein kleines Gefühl? O pillule lunaire.«

»Sagen Sie, wer hat Ihnen Ihre Seele genommen«, frug Häberle neugierig zudringlich.

»O mein Kinderglaube, Herr, oh, er kommt, mir die Haut zu jukken, bis sie blutet.« Der Irre sprang in den Schrank.

Häberle klopfte.

»Bleib draußen, schwarzer Mann.«

Häberle schrie: »Er ist weggegangen.«

»Sicher?«

»Wir wollen ihn töten! Ein anderer ist auferstanden, der ihnen nichts tun wird, im Gegenteil, er wird Ihre Partei ergreifen, Sie sind der Hauptmensch und unser Ziel, Sie sind uns wichtig, Sie kommen aus dem Lauselokal heraus.«

Der Irre stieg zuversichtlich aus dem Schrank und grüßte hoheitsvoll.

»Sei gegrüßt, Zentrale«, murmelte Häberle.

»Zunächst, er ist zu töten, dann können wir weiter sehen.«

»War es recht«, fuchtelte der Irre, »man respektierte mich nicht und fing mich ein, was wäre von mir übrig geblieben, wenn ich mich gewehrt hätte, und womit? Ich biß, das half nicht, die Kerle ließen mich nicht ran, und wenn, trugen sie Fausthandschuhe. Dann nahm ich den Kopf und rannte gegen die Wand, auch dieser Protest mißlang; zuletzt nahm ich das Hirn und dachte andersrum, um nicht auf denen ihren Blödsinn zu kommen und damit gings trotz der Dauerbäder; wissen Sie, das war andauernde Notwehr, weiter nichts. Wenn man mich nicht mehr bedrängt, werde ich mich äußern, man hat mir nur nachzugeben, zu gehorchen. Durch Gehorsam wird man verstehen lernen. Ich werde die Gewalt nämlich an mich nehmen!«

»Recht so«, erwiderte Häberle, »und was werden Sie tun?«

»Ich werde dieses Museum in die Luft sprengen.«

»Bitte nicht vorher, als bis ich mich entferne.«

»Ich werde meine Kameraden aufrufen, wir werden verkündigen. Auf Proteste lassen wir uns nicht ein, unser Protest besteht aus Dynamit.«

»Aber Ihre Lehre?«

»Habe ich nicht, wir verlangen nur das Monopol des Seelenraubs auf einige Zeit, ich werde Kaiser von Seele. Kommen Sie, Kleiner, ich wills Ihnen zeigen.«

Häberle näherte sich ihm neugierig.

»Ich werde auf die Seelen der Irren spekulieren, ich werde die Vernunft auf Baisse setzen. Ich werde die Kirche ruinieren, den Herrn Kinderglauben, indem ich ihn zum gespielten Börsenobjekt mache.«

»Bruder«, stürzte Häberle zu Boden, »ich gehöre mit Recht hierher, ich werde dir einen Kapitalisten schicken.«

»Seien wir still«, flüsterte der Irre, »der Mond ist unruhig geworden.

Seelen klitschen von den Wolken ab,
Meiner Hoffnung Grab,
Schwimmt in tiefe Wolkenwatte,
Seelenapotheke gibt Rabatte,
Nieder steigt der Sterne Taxe,
Daß bedrängte Seele wachse
Und die Leere wird bewertet,
Die die Welt dem Menschen locht.
Sterne stürzen, die ihr je verklärtet,
Meere trocknen, ausgekocht,
Wälder ungefühlt verdorren,
Himmel fallen aus den Wolken,
Erd wird Schaum und ist gebrochen
Und der Mensch wird umgemolken.
Häuser brennen schamrot auf,
Straßen ziehen ihre Wege,
Lichte löschen, Gashahn schweigt,
Damit auch die Koksbeträge.
Nackt entgleiten wir dem Haus,
Ganz Gefühl und gänzlich Wissen,
Seele fährt zur Haut heraus,
Wird zur Hausse aufgerissen.«

»Welche Nationalhymne«, zitterte Häberle vor Erregung und stürzte sich auf den Irren.

»Konkurrenz«, schrie er, »hier ist nur für einen Platz.«

»Wir sind dritter Klasse, also zu zweien. Ich sehe, Sie ertragen meinen Gedanken nicht«, und hieb ihm eine Mächtige ins wackelnde Gebiß, so daß einige Vorderzähne dem blutenden Maul entwichen.

Häberle schlug in Schmerzen auf den Mann los, der sich nicht mehr wehrte; der Irre lachte, wußte er doch, daß er den Neuling durch seine Gedanken besiegt habe und ließ sich schlagen, bis der müde wurde; er begriff, der Neue hatte seinen Anfall. Dann läutete er dem Wärter, damit der am Boden Wälzende sich nicht verletze.

Häberle schrie: »Laßt mich raus, ich bin bei der Konkurrenz, dazu bin ich nicht verpflichtet, das halt ich nicht aus, das bringt mich um!«

Man zog ihm die Jacke an, später brachte man ihn ins Dauerbad. Da saß nebenan der Irre, den der Anfall Häberles erregt und angesteckt hatte.

»Bruder«, flüsterte der Irre, »du hast mich krank gemacht. Ich sah dich und wurde krank, so lieben wir uns.«

»O Gott«, stöhnte Häberle, »der Verstand ist mir ausgeblutet, haltet mir das Hirn fest, Mörder.«

»Ruhig«, flüsterte der Irre durch einen Spalt der Holzwand, »gut, das Hirn zu verlieren, ich nehme dich in meine Blutarme, ich lehre dich und führe dich hinaus, mein Kind.«

Häberle sang:

»Ich ertränk euch
Ungekaufte Seelen
Müsset euch vermählen
Steigender Flut.
O Bombardon der Badewanne
Brülle mich aus, entflamme
Mit tiefem Fluten
Ganz bezwungner Masse
Den Schmerz.
Ich schmelze ins Zink, Herr Wärter,
Das Wasser spülte mir das Herz aus.
O Badeschwamm, mein Hirn,
Wie redetest du die Venus an?
Bruder, verrate es mir,
Sonst muß ich aufweichen.
Waschfrauen-Vereinigung,
Der Kontinente, herbei,
Ich mache Generalwäsche,
Preisschwimmen.«

Der Irre sang ihm zu:

»Nackt plätschert das Kind,
Armut wird es begreifen,
Werde zu nichts, vergesse und erstehe
Und alles Anfangs Kraft
Wird in dir.
Kleiner, schreiender Poseidon,
Werde des Elements gewohnt,
Komm dann zu mir.«

»Na, was macht er jetzt?« frug ein bebrillter Arzt.

»Er singt.«

»Also normale Paranoia, war vorauszusehen. Stecken Sie ihn wieder zu seinem alten Nachbar, um zwei Untersuchung.«

Man brachte den Erschöpften ins alte Zimmer. –

Die Literaten kauerten noch gekrümmter in den Sofas des Cafés.

Sie streckten gierig die gepflegten Köpfchen über Häuser und Dächer in den Kosmos.

»Der Häberle gründet ne neue Richtung«, tippte einer an.

»Gesellschaft für Industriemystik.«

»Der Knabe muß zu Geld gekommen sein, man sieht ihn nicht mehr.«

Emanuela liniierte sich sensibel ins Café.

»Madame«, sagte der Spezialdämoniker, »erzählen Sie.«

»Häberle, damit ist nichts.«

»Kinder, wir müssen also eine Gegengruppe gründen.«

Man vertiefte sich in ein Zeitschriftenprojekt, da man sonst keinen Gedanken aufzubringen vermochte.

Die Maler hatten etwas mehr gehört. Bei einem Kunsthändler war nach kirchlichen Bildern, monumentalen Schinken gefragt worden.

»Eine neue Kunst müssen wir machen, mehr Gotik Kinder, die Impressionisten werden das nicht überstehen.«

»Jetzt fängts mit dem Tektonischen an, man muß Cezanne monumentalisieren, man muß uns jetzt kaufen«, erklärte Rakinsky, »die Idee wird durchdringen; was kann Häberle ohne uns machen?«

Man brach auf und begab sich entschlossen nach Hause, eine neue Richtung zu malen.

»Wissen Sie, die Mystik meines tiefen Gelbs, die Komplementärfarbe wird siegen.«

»Aber kein Linienschmus, alles plastisch, Meyerstein!«

Die Literaten waren sich klar, man mußte an Poschatzer herankommen, Häberle, dieser kleine Ableger, sollte das Rennen laufen, lächerlich, der Plagiateur; zunächst mußte man polemisieren, natürlich in Blättern der alten Richtung, um in die neue dann gewinnbringend einzukriechen. Man trennte sich, damit jeder die Situation bedenke. – Häberle war ruhig geworden. Er hörte dem Irren zu, der ihn vieles lehren konnte; denn er sah ein, daß er in diesen faulen Zeiten, die schon alles geschluckt und abgewertet hatten, nur mit dem kompletten Irrsinn durchdringen werde. Den begriff man doch nicht so rasch, der war noch nicht lanciert, die Literaten hatten viel zu schwache Dosen gemixt, lanciert. Man müßte die Strohköpfe mit kräftigeren Mitteln vergiften. Mit einer Sache, die eben eo ipso unbegreiflich war. Aber er mußte heraus; denn die Literaten werden bei Poschatzer eindringen, der nicht merken darf, daß Häberle nur ein Exemplar einer ungemein zahlreichen Gattung sei. Aber wie Poschatzer unschädlich machen, daß er keine Dummheiten begehe? Am besten, man bringt ihn ins Irrenhaus, Häberle wird frei und hat die ganze Sache in den Fingern. Poschatzer ist dann abhängig. Einer muß das immer sein, jetzt war es Häberle, einmal sollte es merkwürdigerweise der sein, der nicht die Idee hatte. Er schrieb:

»Sehr geehrter Herr! Glänzender Erfolg, ich bin im Begriff, ganze Irrenhäuser, vor allem Somnambule und religiös Irrsinnige, zu billigsten Preisen aufzukaufen. Kommen Sie sofort zum Abschluß des Ankaufs.«

Häberle ging gelassen mit dem Wärter in die Sprechstunde des Arztes.

»Wie geht's?«

»Danke, gut«, erwiderte Häberle. »Aber wir müssen nun ernsthaft reden. Wissen Sie; mein bester Freund, um den dreht sich die Geschichte. Der ist verrückt; ich entrierte auf Gefahr meiner Freiheit, aus Liebe zu ihm den ganzen Blödsinn. Er ist nämlich verrückt. Sie werden sehen, er wird mich noch heute besuchen, nur so konnte ich ihn in eine Anstalt bringen.«

»Na, mein Lieber, ob das stimmt?«

»Sie werden ja sehen, ich spreche nicht weiter, sonst halten Sie mich wieder für verrückt. Untersuchen Sie mich, ob Sie außer nervösen Symptomen, die jeder hat, irgend etwas bei mir finden. Allerdings, die Sache regte mich etwas auf, da ich sehr überarbeitet bin.«

Der Arzt besah sich die Zunge, er untersuchte das Herz, er beschaute die Augen, er beklopfte die Knie, er machte eine Blutuntersuchung. Es war nichts zu finden.

»Sagte Ihnen ja gleich, wissen Sie, die Sache mit meinem besten Freund hat mir nicht schlecht zugesetzt. Immer mit einem Kranken zusammen zu sein.« Der Arzt schaute das Opfer erstaunt an.

»Wir werden sehen; bewahrheiten sich Ihre Angaben, so werden Sie natürlich gleich entlassen.« Der Arzt fürchtete schon. »Aber Sie machen uns wegen Freiheitsberaubung keine Geschichten.«

»Das wird ganz von Ihrem Benehmen abhängen. Adieu.«

Er besprach sich mit dem Irren.

»Junge, du wirst ein neues Brüderchen bekommen, das gibt gute Gesellschaft.«

Poschatzer tutete an.

Dick und rücksichtslos stürzte er in das Zimmer des Arztes.

»Warten Sie, bitte, draußen!«

»Habe keine Zeit, Geschäft muß gleich abgeschlossen werden, muß mir hier noch das Kloster kaufen.«

»Aha, das ist mein Mann«, sagte sich der Arzt.

»Also die Irren haben Sie uns verkauft?«

»Gewiß«, erwiderte man klingelnd.

»Aber daß Sie mir keine anderen Sorten als religiöse einschmuggeln, höchstens noch paar Epileptiker! Wann können sie transportiert werden? Geht's ohne Überwachung?«

»Ich hoffe«, sagte der Arzt, zugleich packten Poschatzer kräftige Arme. Er schlug um sich.

»Ich lasse Sie verknacksen! Bande!« Er schäumte, man brachte den entrüsteten Mitbürger in eine Tobsuchtszelle.

Häberle hatte hinter der Tür zugehört.

»Nun, Herr Doktor, hatte ich recht?«

»Sie sind entlassen.«

»Was habe ich zu bezahlen?«

»Bitte, nichts, da Sie irrtümlicherweise festgehalten wurden.«

Das Direktorium kam und entschuldigte sich, von Opfermut murmelnd, von unzulänglicher Wissenschaft triefend.

Häberle sauste auf Poschatzers Auto zur Anstalt hinaus.

Er vergaß nicht, dem Direktor einzuschärfen, er dürfte nichts von seinem Opfer dem Kranken erzählen, sonst könne er für die Folgen, einen Prozeß usw. nicht bürgen.

Die Aktien des Unternehmens stürzten. Das wollte Häberle; so war eine Konkurrenz nicht zu befürchten, niemand wird sich an der Sache mehr die Finger verbrennen wollen. Zugleich hatte man ja die anderen Papiere stark selbst gekauft und verdiente.

Bulwigs Särge faulten, die neue Richtung war gefährdet, die Impressionisten stiegen mit den Kohlenpreisen, die Kirchen fielen im Terrainwert, da keine Aussicht mehr war, sie zu Theatern, Kintöppen, Warenhäusern umzumanagen. Poschatzer ernannte ihn von der Anstalt aus zum selbständigen Generaldirektor. Der fühlte sich recht wohl, da er an seiner Internierung nur verdiente. Im übrigen machten ihm die ulkigen Käuze in der Anstalt Spaß. So hatte er sich noch nie amüsiert. »Ich lebe in einem permanenten Witzblatt. So einem Selbstmordversuch zuzusehen, wie das ulkig ist, und was die Kerle für eine Energie haben! Sechsmal hängt sich so einer auf, bis die Transaktion glückt. Toller Junge!«

Häberle fuhr zum Papst, um ihm klar zu machen, daß er ihn gerettet habe. Er wurde gesegnet und erfuhr eine Menge Dinge, die ihm sehr nützen konnten. Dem Retter der Kirche wurde die Heiligsprechung zugesagt, wenn er sterbe. Er ließ die Gespräche durch das

Zwerggrammophon aufnehmen, um die Leute zu kompromittieren. Keiner merkte den Zauber in der Rocktasche; Häberles Bosheit war groß. Aber er bekam Gewissensbisse und überlegte, ob er sterben solle. Aber ob die Sache mit der Heiligkeit dann funktionierte? Er überlegte sich das und schickte pünktlich die Raten für Poschatzer in die Anstalt. Natürlich dritter Klasse, damit der Gute an andere Zeiten erinnert werde. Er war nämlich auf Betreiben der Anstalt Poschatzers Vormund geworden.

In Rom war seines Bleibens nicht lange. Er führte mit dem Quirinal noch einige unverbindliche Besprechungen, die Kirche aufzukaufen. Man traute ihm jedoch nicht; die hirnlosen Diplomaten vertrauten der Zeit, die alles heile; außerdem die Kirche abzuschaffen, dann wars fünf Minuten später doch mit dem Staat aus, und von dem Schwindel lebte man. Immerhin verlieh man ihm einen Orden, da er die Pazifizierung der Schwarzen und eine Forschungsreise auf eigene Kosten zugesagt hatte. Man stellte ihm einen ausrangierten Kreuzer zur Verfügung.

Häberle begab sich zunächst nach Paris, er brauchte für alle Fälle einige geübte, erfahrene Dynamitarden. Er hielt sich nicht an utopistische Berufsrevolutionäre, die nie über esoterische Volksreden hinauskommen, sondern engagierte einige sehr solide Kleinbürger, die er fest besoldete; die die Sache nur phantasielos, aber um so reeller betreiben konnten, zumal er nur die Väter zahlreicher Familien verpflichtete.

Aber das war nebensächlich und galt ihm nicht viel. Er sah auch bald ein, daß in Paris nicht viel zu holen sei und die Verzweiflung eines Altkonservativen viel stärkere Affären entrieren werde als die schläfrige Gewohnheit ausgeschriener Streikmaniaken.

Er fuhr nach China. Indien war für ihn nichts, war schon zu abgeklappert. Zunächst kaufte er altchinesische Nachttöpfe und machte die epochemachende Ausstellung im Pariser Trokadero.

Die Zeitungen schrien vor Delikatesse.

»Ein altes Volk, dessen Kultur die letzten unaussprechlichen Dinge bezaubert.« Eine andere: »Bisher hieß es in Schönheit sterben. Eine untergehende Rasse, an der wir Geschäfte schamlos machen, lehrt uns in Schönheit ...«

»Die rohe Unkultur englischer Watercloset«, schrieb eine andere, »nein, die Hand des Künstlers, der die kleinsten Dinge ziert, ist uns verdorrt; der Hygienewahnsinn verhäßlichte uns sogar das Nötige und drang in das Geheimste, das Badezimmer.«

Eine andere frug: »Vermag nicht die Schönheit des Apparates die

Gesundheit mehr zu fördern?« »Selbst das Badezimmer ist demokratisiert«, entrüstete sich das royalistische Blatt, »aber solche Offenbarungen lassen uns stärker an den Sieg der königlichen Sache glauben. Wir sahen jetzt, auch diese Dinge können sich blaublütig vollziehen.«

Damit die Reaktionen nicht in vollem Fahrwasser schwämmen, kaufte das Musée Guimet die Sammlung zu einem unverschämten Preise an. Die Regierung machte dafür eine Anleihe und veröffentlichte ein Communiqué.

»Bürger! Die Weisheit der Republik offenbarte sich wie in den ruhmreichen Tagen der Bastille. Wir sind keine Fanatiker, sondern gerecht und von der objektiven Einsicht des Republikaners durchdrungen. Wir nahmen unter blutigen Opfern das Banner verfaulter Mißwirtschaft, wir nahmen unter Opfern, würdig der Nachkommen eines Marat, die Nachttöpfe. Wir stellen statistisch geprüft fest, daß heute im Durchschnitt der Bürger bessere Toiletten zur Verfügung hat als früher. Das Schöne ist heute dem wissensdurstigen Bürger zugänglich, und bedeutet dies nicht 100 000mal mehr als die praktische Usurpierung der Nachttöpfe durch wenige Unterdrücker? Denn, Bürger, da gab es Fürsten, die über hunderte solcher Geräte verfügten. Und welche Zahl unterdrückter Menschen nahmen sie in Anspruch? Die Republik wird auch weiterhin unter Opfern unentwegt die Nation verteidigen und schützen. Jedenfalls: eine Auslieferung der Nachttöpfe an das Deutsche Reich wird nimmermehr stattfinden; wir werden unser Erbgut bis zum letzten Blutstropfen verteidigen.«

Das zog. Die Republik war gerettet und man legte Häberle nahe, Frankreich zu verlassen, neue Umstürze befürchtend. Jedoch nicht, ohne dem kühnen Entdecker einer ungeahnten Kultur, dem Enkel eines Montesquieu, das Großkreuz anzuheften.

Ein neuer künstlerischer Einfluß kam hoch; Japan fiel im Preis, die Goncourts wurden jetzt vom kleinsten Kommis verachtet; neue Richtungen brachen in allen Künsten ungeahnt schnell hervor.

Nach einigen sozialistischen Interpellationen war die Sache erledigt. Häberle kehrte nach China zurück. Er errichtete ein Deportationsbureau für Rebellen und da dort zu Lande die Politik von den Religiösen befeindet wurde, bekam er ganz hübsche Exemplare. Der Staat zahlte gut, da jener für völlige Unschädlichkeit der Ware garantierte.

Er brachte seinen Objekten, die er zunächst in ein Reservatland schaffen ließ, die altgeübte Kontemplation bei und entzog ihnen jedes Interesse an der Politik. Die Kaiserinwitwe war vorläufig gerettet.

Er wurde ihr Liebling, ihr Ratgeber; die englischen Zeitungen schimpften über die unberechtigte Anmaßung Deutschlands. Der deutsche Botschafter suchte Häberle zu entfernen, aber vergeblich; denn Häberles Stellung war fest, leistete er doch reellere Dienste als das gesamte diplomatische Chor. Er war fest entschlossen, die chinesische Kunst usw. zu importieren, damit keiner von der einheimischen Zunft mit ihm konkurrieren könne. Er lechzte danach, die Kameraden zu knechten.

»Ich brauche euch nicht, ich will euch lehren«, knirschte er. Das war sein Fluch.

Er drang in die geheimsten Kultübungen unter dem Vorwand, Verschwörungen aufdecken zu müssen, und wurde von einigen Höflingen bereits als Gott verehrt; denn er galt als Retter Chinas. Natürlich schloß er auch eine Anleihe ab.

Die Zeitungen des Poschatzerschen Konzerns schrieben:

»Ein Deutscher ist es, dem es gelang, das Reich der Mitte uns untrennbar zu verbinden. Nicht mit banaler, roher Gewalt eroberte er sich das Land, nein. Er drang in das Innere dieses geheimniserfüllten Volkes; ein neuer, weiser Kung, erwies er dem Volke wie der Regierung in seiner Weisheit Ratschläge und an die alte Überlieferung mahnend, in der allein dies Volk gesunden kann, darf er als Reformator des gewaltigen Reiches gelten.«

Was ihn etwas auf den Hund brachte, war ein exotisches Abenteuer. Eines Tages ekelte ihn die Stupidität des Großhandels; Poschatzer fehlte eben. Er versuchte in künstlichem Exotism das Gegenmittel zu nehmen, und ließ sich von einem Kuppler eine erotische Geschichte arrangieren. Vom Morphium wurde ihm schlecht, so daß die Tänzerin ihn nicht mehr wollte, und die Liebe war genau das gleiche. Trotzdem erschienen später bändeweis exotische Gedichte, Romane, die sich auf Häberles schmierige Wollust als einzige Tatsache stützten. Er pflegte von der Nacht, seiner Herrengeste und erotischen Geheimnissen zu erzählen, während er in Wirklichkeit im eingeborenen Viertel vor der armen Tänzerin zitterte und schlapp abfiel.

Allmählich waren aber die chinesischen Literaten hinreichend in den Kultübungen trainiert, er hatte ihnen, die alten Texte studierend, den esoterischen Gehalt eingeprügelt, er hatte genug Maler und Mimen auf Lager. Zugleich wurde dem chinesischen Kanzler diese Konzentration der Aufrührer bedenklich und Häberle erfuhr vom Coiffeur einer Ministerfrau, daß man mit ihm kurzen Prozeß mache, wenn er nicht bald abziehe.

Er ließ den italienischen Kreuzer und viele Transportdampfer kommen und verschwand mit den sorgfältig verstauten Chinesen.

Hier spreizte Europa seine Beine, den immer noch größeren Trottel erwartend; Leuchttürme schwenken helle Flut ihm entgegen, Eisenbahnen schnauben für ihn wie überhitzte Ehrenjungfrauen.

Eigentlich, Häberle hatte Angst. Man mußte beginnen, aber er ließ die Chinesen vorläufig noch in den Eierkisten und ging allein ans Land. Der Lärm, sagen wir Marseilles, langweilte ihn in seiner toten Vergeblichkeit. Ganz konnte er sich dem Anstand des Orients nicht entziehen; dort, wo die guten Menschen die platte Gemeinheit ruhig auf sich nehmen. Häberle setzte sich an einen Prellstein und gedachte weinend in seiner Reporterseele der geschwollenen Füße der Rikschafahrer, der Geishas und des Bauchtanzes. Aber Deutschland, mein Vaterland, und die neueste Stilbühne hatten nicht vergeblich die gänzlich unbegabte Schauspielaspirantin Eva Weichtor zwecks echten Exotism nach Abessynien geschickt gehabt, in einer Schauspielerin den Extrakt von Kommis und Europa darreichend.

Wie gesagt, Häberle schlug um; er lebte dem zukünftigen Debüt der Aspirantin, die ihren Körper spielte.

Ein schmächtiger Zahntechniker stieg ihm mit dem Revolver nach; sie trafen sich vor einem Klosett im Dunkeln.

Häberle bekam vor lauter Angst Vernunft.

»Masqui, lohnt sich das, spuckte er aus?«

Den Techniker knickte das um. Er heulte. »Entschuldigen Sie, aber so was kann auch 'nem anständigen Menschen passieren.«

Häberle, der nicht wußte, was er sagen solle, pahte als Deutscher das sächsische Wort zut und bestieg das Schiff, sich weiter den Chinesen zu widmen. Er wußte wieder, was man dem heimatlichen Kontinent zumuten darf, soll und muß.

Vielleicht war der Herrscher Ludomir der Forsche zu fürchten. Häberle hatte mit dem Erlauchten wegen einer Lieferung pompöser katarktischer Apparate zu unterhandeln, deren Fabrikation der Krone übertragen werden sollte. Man sprach von Spiritism. Ludomir wollte das sehen, und man begab sich auf ein abgelegenes Waldschlößchen.

Häberle kaufte trotz der amerikanischen Konkurrenz die besten Medien auf und umgab Ludomir mit Spirits, unter deren Einfluß er nun regierte.

Häberle hatte nicht mehr des Kaisers zitternden Bart und spitzen Hut, den er Mißliebigen gern nachwarf, zu fürchten.

Die Spirits regierten und über den Städten schwebten ihre gebietenden Pflanzengewebe.

Poschatzer wurde die Sache zu dumm; die Sache sollte endlich angehen. Man revolutionierte die Irren, die die Anstalt in Brand steckten, und in 50 Autos überfuhr er mit seinen Insassen die Nacht und ihre Passanten. Er kam in die Stadt, man ließ die aufgekauften und entsprungenen Irren einfach in den Straßen herumlaufen, in den Gaststuben sitzen, in Theater und Bordells gehen. Die Stadt wurde ungemein nervös. Irre stürzten auf die Bühne, zündeten die Kulissen an und ein Mönch auf der Galerie predigte Buße. Das zog. Irre stürzten in Bordells und rissen die Männer von den Frauen herunter. Die Menschen umstanden schaudernd die schreienden Ausgehungerten, die wie Halbgötter nicht von den Frauen ließen. Die Neger wurden aus den Boudoirs verjagt und die Irren schrien die Arme hochwerfend in den gestickten Kissen; dutzendweise stürzten sie sich aus den Fenstern der Schlafzimmer; die feinen Damen wurden gelyncht, das Volk vergewaltigte die Leichen.

Ein anderer Typ wurde losgelassen auf die derangierte Stadt. Unsichere Allmenschen gingen spazieren, Kranke, die die Leute auf der Straße weinend baten, ihren Flöhen das Leben zu schenken, die sie predigend und schreiend dem Volk aus den Hosen zogen. Die erregte Schamlosigkeit schlich umher, und auf den Straßen saßen ruhige Chinesen kontemplativ lächelnd, niemandem antwortend und ungemein verwirrend.

Chinesische Maler malten Tag und Nacht auf den Straßen, und die Leute verloren vor den unzähligen fremdartigen Bildern, die sie entstehen sahen, die fraglose Sicherheit der Augen. Ausrufer stützten die Arme der unaufhörlichen Pinsler, bis Samariterkolonnen sie abholten und massierten. Die Maler fielen um. Natürlich standen sie gänzlich im Einfluß der stärkeren chinesischen Kunst. Da sie die unbegriffene Malerei zu verarbeiten versuchten, wurden ihre Bilder unverständlich. Da jeder Chinesenmalerei wollte und es deren jeden Tag unendlich viele gab, räumte man die Museen aus; die Rembrandts schaffte man dutzendweise zu Poschatzer, der sie gegen mäßige Chinesen sparsam eintauschte.

Jetzt war es an der Zeit, kräftiger einzusetzen.

Poschatzer hatte auf die Kirchen Hypotheken genommen. Er zog sie zurück. An dem denkwürdigen Sonntag, dem Sonntag der tausend Monstranzen, ließ er die Kirchen pfänden. Während des Gottesdienstes drangen seine Gerichtsvollzieher in die Reliquiarkammern und zogen vor der erstaunten Gemeinde den Priestern die Chormäntel vom Leibe, die nunmehr in Unterhosen dastanden; die Kirche war verloren und man schimpfte auf ihre Unsolidität und die Schamlosigkeit der Chorbuben.

Vor den konsternierten Gemeinden erschienen mit betäubender Selbstverständlichkeit chinesische Geistliche und bezauberten die Versammelten durch ihre gänzlich unverständlichen Worte und Litaneien.

In einer Faustaufführung brachen Stürme der Wut los, als man zitierte: »Im Anfang war die Tat.«

Dies die Wirkung schlafender Fakire.

Das Publikum brachte sich gern kleine Nägel bei, natürlich öffentlich.

Ein Journal veranstaltete Preisausschreiben für den am meisten Gespickten.

Man eröffnete die religiösen Theater, für Wollust, für Askese.

Dilettanten mögen diese Theater beschreiben.

Emanuela und Bulwig begannen die sakralen Umarmungen. Den Anwesenden wurde schlecht. Man blieb ruhig trotz mehrmals versagender Beleuchtung, jedoch engagierte Kurtisanen und Zuhälter rissen dem Publikum die Kleider herunter und vergewaltigten es. Man hatte begonnen und tobte. Frauen bekamen Weinkrämpfe und die Arme der Männer bluteten. Irre sangen; man spielte laszive Pantomimen. Frauen und Männer stürmten die Bühne, die Schauspieler wurden in Fetzen gerissen, auf die Aktricen regneten Brillanten. Man brachte Sekt.

Zwei Mädchen, die man von der Straße hereingezogen hatte, flüchteten auf den Schnürboden. Ihre widerstrebenden Mütter wurden massakriert.

Einige töteten sich. Man kastrierte bereits, um zu anderen Rasereien überzugehen.

Man hatte die Mädchen entdeckt, eine Frau stürzte sich auf sie.

Diese guten Menschen sprangen vom Schnürboden und langten als schleimige Masse unten an.

In bodenloser Scham, verstört und aus allen Fugen gerissen stierten sich die Versammelten an. Man trank, um die schleimige Masse nicht zu sehen. Frauen, zur Besinnung gekommen, erdolchten sich mit ihren Hutnadeln. Die Sonne strahlte in der Apsis und nackt flüchteten die Menschen auf die Straße. Die Irren und Rowdys verfolgten sie. Das Militär schoß nicht, da Ludomirs Spirits alles billigten. In den asketischen Veranstaltungen. Man durchstach, man schleppte Eisenketten, man blieb tagelang und fastete. Einige gemieteten Proletarier leisteten Unmenschliches. Man schwieg tagelang und bestarrte eine Glühbirne. Diese verlosch. Die Leute hatten für ihre unendliche Konzentration kein Objekt mehr, sie langweilten sich, sie bedurften der gegenseitigen Auslösung. Sie stürzten aufeinander los, sie beschenkten sich mit Geschlechtskrankheiten. Verseuchte Mischlinge arbeiteten darin en gros. Seuchen trafen die Menschen.

Kapitalisten zogen die Askese vor, Proletarier die Wollust.

Man erwartete einen Weltuntergang; die Propheten hüpften klagend aus allen Winkeln, aus dem Pflaster heraus. Die Weine gingen zu Ende, da Mißernte war und die Provinzler, die von der letzten Sensation vernommen hatten, ihn banalerweise wegtranken. Ludomirs Spirits bedrückten das Volk. Man hatte Wollust und Askese, anderes bedurfte und verlangte man nicht mehr. Die Kamine der Fabriken erkalteten und weißten. Die Arbeiter keilten sich in Poschatzers Etablissement.

Streikunruhen begannen. Die geübten Dynamtarden setzten ein. Es brannte in der Stadt. Abends sah man Häuserwände hochfahren und die Trommelfelle platzen. Die Chinesen aber entzündeten jeden Abend ihre berühmte Ki Wai Dschengs, dies Feuerwerk, fähig, den Himmel zu öffnen, die Nacht zum Sommertag zu erwärmen und die Geister der großen Herrscher und den geringelten Drachen hervorzuzaubern. Nächtelang reckten sich die Augen der Menschen in den Himmel, bis sie zusammenbrachen oder der Tag die Gesichte, denen sie preisgegeben waren, wegschmolz; wobei sie geängstigt, öfters auch irrsinnig in die Kultübungen Poschatzers gierig liefen.

Man aß nicht mehr, man trank kein Wasser mehr. Was die Menschen brauchten, nahmen sie sich. Immer war für sie etwas bereitgestellt, drum arbeiteten sie nicht mehr; aber immer war zu wenig, drum brach man in fremde Häuser ein, raubte und erschlug die sich wehrenden Besitzer. Militär war nicht da. Es hatte die entlegenen Übungsplätze bezogen, um fanatisch in die Kunst des Parademarsches einzudringen; dieser Kult konnte nicht unterbrochen werden, da der Mensch vor Studium dieses religiösen Aktes sich gern der Kaserne durch Kauf eines fremdländischen Dampferbilletts entzieht. Große Betriebe fallierten sofort, da sie naturgemäß spekulativer existierten. Es galt für ehrend und als Beweis großen Reichtums, bankrott zu sein. Die Pleitenen gründeten Klubs für Bankrotteure, da sie die süße Gewohnheit des Gründens, die sie am Leben erhielt, nicht entbehren konnten. Es war schwierig, in solche Klubs von Millionenbankrotteuren aufgenommen zu werden. Entlassene Fürsten ahmten, wie immer heute, die Kaufleute nach und schlossen sich zur Vereinigung abgedankter Herrscher zusammen. Mit Recht hofften sie auf diesen heftigen Zahn der Zeit und taten nichts, außer daß sie Poschatzer ihre Reiche, die sie doch nicht besaßen, für geringe Summen, sogar für Naturalien oder Anstellungen als Repräsentanten verkauften. Poschatzer vertrustete die Reiche und versah seine präsumptiven Untertanen mit Propheten und Kulten. Europa tanzte und die Redaktionen spielten lärmend auf.

Bulwig schwamm, Häberle florierte, Poschatzer thronte. Ludomir dankte ab, um in den Klub der entlassenen Herrscher aufgenommen zu werden. Das reizte seine Romantik, um mit Geschlechtern, die älter als das seine waren, die Zeit gemeinschaftlich totzuschlagen.

Literatur gab es nicht mehr, die Leute waren alle zu ausgezeichneten Rhapsoden, infolge der permanenten Ekstase, gedeihen. Die Literaten kamen dem nicht nach und verlegten sich auf den Kleinhandel. Auf die Maler verzichtete man, denn man hatte in der Verzückung dutzendweis ungemein reizende Visionen, und dieser Fixigkeit kam selbst der Geläufigste nicht nach.

Poschatzers großer Tag war da. Er besuchte die Überreste der Börse, zwei Brownings in der Tasche und von einer Kohorte Berufsboxer bewacht. Die zur Börse nicht Zugelassenen, die auf der Treppe feilschten, spuckten aus, die Makler sprangen ihm an den Hals. Die Boxeurs traten ruhig in Tätigkeit. Nach einigen Nockauts gab es keine Börse mehr. Auf der Produktenbörse hingegen wurde er tenorhaft gefeiert. Die Preise mußten steigen; da die Fabrikation vernichtet war, wurde ungeheures Geld frei und all die Werte klingelten in Poschatzers Hosentasche. Dieser verließ fast platzend die Börse. Die Boxeurs waren bereits draußen und nichts hinderte die Kleinbürger, das nutzlose Lokal zu sprengen. An den Kandelabern hingen die Makler mit eingeschlagenem Nasenbein und verrenkten Augen, wohlgeordnet. Sie hatten sich vor Pleite und Angst vor der Polizei erhängt.

Poschatzer legte sich heiter auf das Sofa und sagte Häberle:

»Jetzt ist alles mein.«

Häberle sagte gelassen:

»Sie befinden sich in einem krassen und unverzeihlichen Irrtum«, und wickelte langsam die Vormundschaftspapiere aus der Tasche, die er ihm vorsichtig von fern zeigte.

Poschatzer stürzte sich auf Häberle, jedoch die Boxeurs traten herein mit aufgekrempelten Armen. Ebenso Bulwig.

Poschatzer schrie:

»Bulwig, er will uns bestehlen, wieder einsperren, telephonieren Sie der Polizei.«

Bulwig lächelte freundlich, ruhig.

»Sie entschuldigen, ich bin Mitvormund und das Kuratel besteht zu Recht. Was für 'nen Sarg wollen Sie?«

Poschatzer brach rund nieder.

»Niederträchtiger Lausbub«, ächzte er; womit er nicht Unrecht hatte, und ihn rührte der Schlag.

Die entlassenen Arbeiter vernichteten und rochen nach Henessy. Die Seuchen rasierten. Auf den leeren – ganz wertlosen – Terrains der Warenhäuser begrub man die Leichen, vorausgesetzt, man fand sie gerade auf der Straße. Die Papiere auf Ekstase, auf Seelenheil stiegen ins Ungemessene. Häberle floß das Geld der Erde zu. Dem weinenden Papst, der vier Tage auf seiner Treppe gewartet hatte, um die Menschen zu retten, verweigerte er ein Gespräch und der Heilige Mann starb vor Angst, da die Ekstatiker ihn zu töten versprochen hatten. Häberle grinste, Häberle ließ die Leiche seiner Mutter in Platin fassen, Häberle wußte nicht mehr, was er sich leisten könne und blieb zu Hause. Aber die Literaten waren kalt geblieben und sehr gehässig. Da sie es beruflicherweise geübt hatten, die Leidenschaft sorgfältig zu ökonomisieren, saßen sie unbewegt im Café zu Haufen wie Eulen auf der Stange. Emanuela kam mit derangiertem Kleid ins Café.

»Er hat mich hinausgeschmissen, der Feuilletonist, und wem verdankt er alles? Doch mir.«

»Sehr richtig«, erwiderte man.

Die Verschwörung begann.

Man forderte die Messiasse zu schriftstellern auf, damit ihre Weisheit bliebe.

Man schickte Häberle einen gemeinschaftlich verfaßten Hymnus.

Häberle, um nicht verrückt zu werden vor lauter Macht, ließ sich aus Zabrsche ein junges Bauernmädchen kommen. Dieser einfältigen Natur trat er staunend entgegen. Das Mädchen beherrschte ihn bald. Es bekam seine Geschäfte in die Finger.

Häberle antwortete den Literaten in einem miserablen Gegenhymnus, der ihm schlecht bekam.

Eines Abends besuchte er mit Katinka das Café.

Lächerlicher Nichtskönner, gähnten die Wände. Keiner kümmerte sich um ihn. Er wollte es ihnen zeigen und schrieb seine Gespräche mit Katinka nieder und faßte seine Memoiren ab.

Die Messiasse schrieben und blamierten sich gräßlich. Außerdem, keiner brauchte mehr Literatur und die Messiasse fielen ab wie blinde Hunde. Auch Häberle blamierte sich hinreichend und Katinka hieb ihm eine öffentlich runter.

Er erinnerte sich Emanuelas und besuchte sie heimlich.

Dort weinte er, und warf in Hysterie die Vormundschaftspapiere in das Feuer. Sie ging ins Café mit ihm und erzählte. Lächelnd hörte er zu. Da sagte man leise hinter ihm:

»Was will der Gauner jetzt noch, wo er keine Papiere mehr hat und er nicht Poschatzers Erbe ist.« Und sie schrieben noch die Nacht über den Fall.

Häberle merkte den schaudervollen Reinfall, schnitt sich in der Garderobe etwas die Pulsadern an, aber trotz seines Rufens kam niemand und er mußte sterben. Bulwig verweigerte dem Unsinnigen, der doch auch ihn um die wertvolle Vormundschaft gebracht hatte, das Begräbnis und verzog mit der Platinhülle von Frau Häberle.

Katinka nahm das Bargeld, was ihren Eltern hinreichte, eine musterhafte Schweinezucht zu errichten; ich erinnere an die geschätzten Perlowitzer Mastschweine, die auf Viehausstellungen oft mit Medaillen bedacht werden.

Einige kluge Juden verkauften jetzt Getreide, gaben den Fabrikanten Kredit. Das Militär hatte inzwischen den Parademarsch erlernt und kehrte innerlich gekräftigt zurück. Man brachte die Irren in die Anstalten und die Diplomaten versammelten sich zu einer Konferenz, um die gelbe Gefahr unschädlich zu machen, und teilten China auf. Jedoch man hatte übersehen, da die Diplomaten nie nach Hause kommen, daß Europa von den wegen Trottelhaftigkeit exportierten Chinesen bereits erobert worden war. Die Diplomaten zogen sich ins Privatleben zurück. Es ist dies das Ende der denkwürdigen Konferenz von Fu - t - sche - u.

In »Der unentwegte Platoniker«, Kurt Wolff Verlag, Leipzig 1918; Vorabdruck einzelner Teile unter den Titeln: »Der Tod« (vom Anfang bis: »... über denen er Leiche und Miete vergaß.«) in *Die Aktion*, 3. Jg. 1913, Sp. 452—454; »Poschatzer« (von: »Poschatzer ballte sich...« bis »Der Gedanke raste nach Peking!«), in *Die Aktion*, 3. Jg. 1913, Sp. 454—456; »Der Besuch im Irrenhaus« (von: »Die Fenster des langen Hauses...« bis »...Man schloß die Türen.«) in *Die Aktion*, 3. Jg. 1913, Sp. 456—459.

Parafrase

I

Parafrase ist: Jemand sieht einen Fisch in einem Geschäft ausgelegt, stellt über ihn eine biologische Betrachtung an und kauft ihn für die Familie. Dieser Mann verflüchtigte seine Mahlzeit zu einer theoretischen Übung, wiewohl solche kaum die Schmackhaftigkeit des Essens oder die Verdauung beeinflussen mag.

Oder: einer sagt, daß die zwielichte Seele von Fräulein Ludmilla Meierson wie eine Flagge auf Halbmast in das raschelnde Rostrot des verblutenden Herbstes gesenkt ist, wobei er eine gute oder schlechte Handlung dieser Damen berichten will.

Oder: man singt erst in sich verhalten, dann mit sich bäumendem Aufflug der feurigen Tenorstimme, die traumschwarzen Haare Sabinens seien als wie die lichtblauen Wellenkämme der Adria, vorausgesetzt, diese waren von dunkler Färbung oder wie wenn statt des versonnenen Sommermittages das lastende Schweigen der gewölbten Nacht vorhanden wäre.

Weiter ermüdet der Parafraseur, mit der Untugend eine Sache zu vermindern oder zu steigern, indem er's ihr an Eigenschaften mangeln läßt, mit denen sie nie etwas zu schaffen haben kann: z. B. Herr von Gwinner war insensibel für den geheimen Reiz verdämmernder Gemächer, als er die Chancen der türkischen Anleihe bedachte.

Man sei kurz, die Parafrase unterdrückt eine deutliche Vorstellung des Gegenstandes, und sie ist grenzenlos, zumal sie jenem Dinge zumutet von geradezu vernichtender Allegorik. Endlos ist die Parafrase; denn der Herumschreiber, der mit genauer, kläglicher Sicherheit vorbeiredet, kann in Ermangelung präziser Sachvorstellung, 1000 und alles auf ein Mädchen, die Frühe oder einen interviewten Tenor beziehen. So erstaunt man, wenn der Parafraseur beschließt, zumal er nie eigentlich fertig wird; gewiß, er kehrt stets zum Alten zurück; denn was vermag er seinen »Gleichwie's« nicht alles noch anzuhängen. Der Parafraseur wiederholt, und gerade zu unpassender Zeit, wenn er seine Vision an besonders imaginären Haaren herbeizieht. Dann fand er ein selten und köstliches Gleichnis.

II

Parafrase ist eine handfeste Sache zu entphilosophieren und als Vorwand zu einem Einfall zu benutzen. Nähme der Mann ein philosophisches Objekt und spräche hierüber erkenntniskritisch, so eröffnete sich bestenfalls, daß er auf verzweifelt banale Gedanken gerät oder gar kein Philosoph ist; jedoch die metaphysischen oder soziologischen Kriterien eines Schnupfens zu ergrübeln, erscheint originell, zumal der geringste Gedanke über den Schnupfen überrascht; so wenn man von einem reifen Camembert behauptet, daß das substantielle Ineinander aus seiner ruhenden Inselhaftigkeit und Fürsichsein in ein atmosphärisches Aneinander dynamischen Ineinandergreifens des dualistischen Verhältnisses von reiner Luft und käsehafter Atmosphäre übergegangen sei.

Hingegen der Fall des lyrischen Philosophen, der verkündet: der Kausalbegriff durchschneidet einer Möwe gleich die Windstille des greisenhaften Abendhimmels des Platonismus und schreit auf nach Fleisch und Brot in dieser allzu dünnen frierenden Gebirgskälte.

Bei Gott, diese Leute überzeugen nie und werfen alles durcheinander. Vollführt man denn beim Mittagessen die Acts des Bellachini oder die Pas der Pawlowa?

III

Andererseits deutet auf ziemliche Niedertracht, die Dinge zu einem Mysterium zu verdünnen. Die Sprache enthält ziemlich unanschauliche Worte wie dies bedenkliche »mystisch«. Es mag hie und da bequem sein, mystisch mit ins Leere gegrabenen Augen zu raunen, vor allem sehr leicht ist's, wenn die Sache endlich kommen soll, sie als mystisches Nichts zu entdecken. Es erfordert Takt, Genauigkeit und Gleichgewicht, zu schildern wie ein Mensch unter einer Gaslaterne steht, ohne der Laterne zu entdichten, was ihr als Laterne der städtischen Gasanstalt eigen ist und ohne den Menschen zu verleuchten, daß er nur ein eitel Spiel Licht und Dunkel flirrt; jedoch so zu dichten, daß beide mit Entschiedenheit Laterne und Meier sind. Sicher zeugt es nicht von Klarheit und Bezeichnung, Meiern die Gaslaterne überstrahlen zu lassen dank seiner inneren abgeklärten Reinheit, und somit die Laterne als Vorwand zum Verdunkeln zu verwenden. Nein, das ist schlecht und macht mißvergnügte Steuerzahler, außerdem wird alles nur Gleichnis und das Tertium Comparationis ist die Technik des Ineinandermischens. Ich wette, Meier würde nicht unter die Gaslaterne gestellt, wenn dem Poeten irgendwelch andre Umschreibungen einfielen, z. B. das beliebte Kristall unter dem eisklaren Polarlicht der sommerliche Wasserspiegel geblendet vom durchsichtigen Leib schwimmender Fische oder die schmalen ringelastenden Hände blasser Frauen. Dies scheint nicht nötig, hingegen willkürlich und ebenso unnotwendig ist Meiers Tod. Man weiß nicht, hält Meier die lange Rede, weil er stirbt, oder stirbt er, um zu sprechen, und weil lang genug das Stück ermüdete. Aber was nicht alles vermöchte er noch statt zu sterben. Er sagt vielleicht, ach Scherz war's meine Lieben, Heiterkeit, und man erregte harmlose Zuhörer drei Stunden, um durch einen Witz gar noch hinter der Bühne die Angelegenheit umzuwerfen. Wozu denn soll man gebracht werden?

Schließlich weil Kunst mehr sein soll, als (das Selbstverständliche) Kunst nämlich wirken soll, muß sie verpflichten. Der Parafriseur jedoch setzt indifferenten Unglauben voraus, den er mit Bildern behängt und pocht auf die Ermüdung des Hörers als Argument.

In *Die Aktion*, 3. Jg. 1913, Sp. 469—471 (unter dem Pseudonym Sabine Ree).

Der Tapezier

Für eines der schönsten Dinge schätzte ich einen Totenkopf, der, klappte man ihn auf, »Freut Euch des Lebens« spielte, dessen Zähne bei angestrengtem Hinsehen zarte Gipssäuglinge waren, sein Griff ein blendender Frauenleib im Gazekleid; der umgedrehte Boden zeigte die Landkarte von Sachsen und in die Augenhöhlen (Abgründe verwesender Verzweiflung) waren Ansichten der Dresdener Bastei eingelassen. Das Ganze war ein Bierglas und schlechthin dämonisch. Ich schenkte es später einem Satanistenklub, man nahm es dankend entgegen, stellte es unter eine Ropsradierung und die Gemahlin des zweiten Vorstandes trank daraus bei den schwarzen Messen blutrote Himbeerlimonade.

Die Gefahr des Seltenen und Verwegenen scheint die Trivialität des Tapeziers zu sein, für den ein Schwan immer eine Jardiniére ist. Der Jäger der Seltenheitstropen setzt für die sinnvoll übliche Bedeutung einer Sache etwas anderes ein, bis das Weltbild träumerisch verschwimmt in jene beliebte dilettantische Stimmung, wo jedes Ding tausend andere sein kann. Eine zu dehnbare Liberalität des heutigen Urteils fällt mir auf; und doch das versetzende Gleichnis will mir nicht einleuchten; eine noch fragwürdigere Sache soll hier einer undeutlichen Vorstellung Berechtigung verschaffen. Die Gefahr des Gleichnisses, das von weither kommt, ist die rasche Abnutzung und man kann behaupten, daß jeglicher Künstlichkeit das Tempo von Vulgarisierung und Verschleiß entspricht. Zwei Dinge gehören zueinander, soweit sie durch Handlung verbunden werden können. Jedoch die Tricks des Tapeziers lassen sich nur durch mittelbare Assoziation vergliedern.

Heute besitzen wir eine ganze Literatur des Tapeziers.

Menschen, die mit einem passiven und negativen Gefühl, gewissermaßen mit Abwesenheit dichten, denen das Gleichnis die Sache übertäubt, es an Gestalt mangelt, und die ihre Empfindungen mit einem Bilde bezeichnen. Das Bierglas ist nicht Bierglas, sondern gibt sich auf und vergißt sich, und ist einiges andere, das auch nicht sich selbst meint, vielmehr ein ziemlich banales Paradox. Eine Handlung, eine Rede; jeder ihrer Teile meint wohl etwas mehr als nur sich selbst und schafft dank seiner Zugehörigkeit zu einem Ganzen über sich hinaus, jedoch gerade um der einheitlichen Komposition willen. Sie helfen sich damit von der Stelle, daß sie mit den Augen nicht sehen, wohl aber hören, mit den Ohren nicht hören aber sehen, und mit dem Tastempfinden erkennen. Und dies, da sie gezwungen sind – dank ihrer ideologischen Art – associierend zu drapieren. Es sind Ideologen.

Dem direkten Menschen kann etwas widerfahren, das leicht mit solchem Gebaren verwechselt wird. Hier der Unterschied. Dieser sieht mit dem Auge so gut, daß er nicht hinhören muß und darf. Wie verwandt sind dem Tapezier der Schauspieler, der Jongleur und der Überlegene, diese Manager der Unfruchtbarkeit des Dilettantismus. Und zwei Formen liegen ihnen zugrunde: Der Artist und der Mystiker. Beide machen den Sprung in ein Jenseits, das sie von allem freispricht und sie sind in der Freiheit des Unproduktiven befangen. Der Artist über- oder unterschätzt aus Sterilität die Bedeutung des Kunstwerks; und gar der Mystiker, dessen Tätigkeit in einem Ineinanderstülpen und Vertauschen der Gleichnis gewordenen Welt besteht, der alles als Gleichnis in sein ekstatisches Nichts zieht und nur durch den kontemplativen Bezug auf tausend Dinge drehend sich rettet; denn er lebt von der Variation der Parafrase. Der Dekorateur wie der Mystiker sind Parafraseure, nur nach entgegengesetzten Seiten gerichtet. Beiden fehlt es an Grenzen, weil ihnen keine gestufte Intensität zuteil wurde; sie illusionieren bedenklich, nehmen den Dingen den kristallisierenden Sinn und Zweck und vertauschen mit Spiegel und Maske und ohne Spiegel und Maske. All diesen fehlt die genaue Verpflichtung, weil sie durch ein verzerrendes, spielerisches Medium zu irgend etwas gelangen; denn sie *beziehen,* sei es durch die Kunst oder das Mysterium, und sind zuletzt Kunstgewerbler auf die eine oder die andere Art. Unproduktiv wie sie sind, erscheint ihnen nichts zu ihrer Person gehörig, da sie keine sind. Der Mystiker, der Artist, der Jongleur und der Überlegene, sie sind um einer Imagination willen Skeptiker und hängen in der Kunst, dem Mysterium, die sie zur Willkür treiben; denn dies ist zuerst das Tyrannische solcher Existenzen, die Willkür und das bodenlose Dogma;

dogmatisch sind sie immer und wenn nur einen Augenblick. Zwei Seinsformen besitzt das Dogma; die Ewigkeit oder den Augenblick; und beide sind imaginäre Zeitarten, in denen sich nichts handeln und bilden läßt.

Die Parafrase ist ein Surrogat und zumeist noch ist ihr Inneres das Unnennbare, das Unbewußte oder die dunklen träumenden Dinge. Sie setzt das »Wesen« flink voraus und meditiert um und über eine Sache. Gleich gilt ihr, ob man das »Wesentliche« glaubt oder für lügnerisch hält, wenn nur die Parafrase wirkt und klingt. Die Parafrase verpflichtet nur dekorativ (das Dekorative eines Bildes, damit man mich nicht mit falschen Schlüssen fange, besteht in seiner Ideologie) sie ist immer gebrochen und fordert einen Denkknick, indem sie statt der Sache irgend ein anderes bringt, da jene durch das Rot, Lila oder die Topase der Vision beiseite rückt. Einigen gar dienten die geträumten Prächte der Kunst als Surrogat für das große Leben. Die Parafrase ist aus Gummi oder aus Talkum und Sülze ohne das Kotelett. Ihre Dehnbarkeit, die endlos sich ringelnde Bezugnahme, zerstört jede Form und Nötigung, zumal nicht wenige auch in der Parafrase leben. Ich meine hier z. B. die häufige Figur des Jüngers. Vor allem eins: der praktische Parafraseur; was kann er nicht alles tun, womit vermag er nicht den dialektischen Weg zur Maxime zu finden. Dieser Edle lebt dialektisch und ihn unterhält vor allem die wechselnde Spannung zwischen Parafrase und »Wesen«. Und wäre es nicht zu Ende, wenn dem Parafrisierenden das Wesen plötzlich einfach begegnete, grüßte und ihn anhielte? Doch in demselben Augenblicke wird er ein Neues umschreiben, wenn er nicht der Ermüdung des tautologischen Bourgeois anheimfällt.

Dem Parafraseur ist die menschenmögliche Wahrheit einer Sache ganz gleichgültig. Der Mystiker hat seine inkommensurable Ekstase, an der jeder Begriff scheitert; dem ästhetischen Parafraseur wäre die Wahrheit seiner Sache geradezu ein Hindernis; jedoch zu welchem Ende sollte man eine bestimmte Sache sich selbst entziehen und nach vielen Seiten wenden? *Man pflegt eine Jacke eindeutig anzuziehen;* jener lebt gerade davon, daß sich von Dingen, denen man die Gegenständlichkeit entzieht, viel reden läßt und daß man von ihnen nur noch einen unbestimmten Reiz verspürt, der durch lange Gleichnisse ausgenutzt wird.

In *Die Aktion,* 3. Jg. 1913, Sp. 529 f. (unter dem Pseudonym Sabine Ree).

Nuronihar

Eine Pantomime

für Frau Napierkowska

Im Vordergrund eine Ebene, in der Mitte ein Abgrund, hinten ein Hügelsaum mit bunten Blumen bedeckt. Grün liegt die Ebene da, der Hügelsaum ist eine Kurve voller Ausdruck, links ist das Sommerzelt des Kalifen Vathek aufgeschlagen, vor diesem ein breites Ruhelager. Über der Szene wölbt sich ein tiefblauer Himmel. Die Landschaft ist ganz unnaturalistisch, räumlich ist sie einfach und klar disponiert, jedoch von reichen Farbennüancen bedeckt, die präzis bleiben müssen. Ihre Aufgabe ist, Bewegungen und Gebärden des Tanzes zu klären, sie erweitert und verstärkt diese. Himmelskurve, Hügelsaum und die kleinen Erhöhungen am Rande des Abgrundes ziehen in reinen Linienverhältnissen daher und klingen zusammen. Die Kurven der Landschaft sammeln sich im Zelt des Vathek, das sie zusammenhält. Dieses ist von einer ruhig schimmernden lachsroten Farbe. Der Abgrund beherrscht drohend die Mitte, er bildet zu der ruhigen Landschaft einen schweren Kontrast. Der Dunst des Nachmittags zieht über die Ebene, die Szenerie ist scharf gelichtet. Später ist alles wie in einer rötlichen luziden Perle, die Schatten des Nachmittags erklimmen den Rasenteppich des Hügels. Dann verbreiten sich die Farben des dämmernden Abends, man schwingt wie in einem ungeheuren Opal, rot, grün, gelb, blau, jede Lokalfarbe geht verloren.

Zwei riesenhafte Schildwachen in gelben Mänteln, von blauen Schilden bedeckt, stehen vorn an der Bühne rechts und links. Die blauen Schilde bedecken die ganze Figur, über diesen starren zwei maskenhafte Köpfe, sie stehen immer unbewegt.

Vathek trägt den grünen Mantel des Propheten, ein dicker, pompöser Eunuch in einem organgenen Gewand begleitet ihn. Derselbe hält den prächtigen grünen Federwedel des Kalifen. Vatheks Bewegungen zeigen an, daß er nie Widerstand gefunden hat, ein Wort, ein Blick von ihm bedeuten unumstößliche Handlungen und verursachen entschiedene Konsequenzen. Er verschlingt die Dinge und Menschen, die ihm nichts gelten, das Kalifat ist ihm eine stumpfe, großartige Gewohnheit. Es plagt ihn eine ungestillte Gier, eine Langeweile, die Undenkbares leidenschaftlich erwartet und ihn alles Frühere vergessen läßt. Man verehrt ihn seiner Stellung gemäß als Heiligsten, Weisesten und Mächtigsten und Gott. Er kennt sich, und diese sakralen Übertreibungen sind ihm geläufig, er achtet darum nichts. Trotz alle diesem umgibt ihn die mächtige Manier und ein machtvoller Anstand, ohne das Pathos dieser Verehrung wird er zum Schwächling, weil geradezu feige.

Nuronihar ist mit einem pflaumenblauen Kostüm bekleidet; sie ist ein Mädchen, die von vornherein über die Erfahrungen des weiblichen Geschlechts verfügt, ohne sie je verwirklicht zu haben. Menschen sind ihr über den Augenblick hinaus überraschend gleichgültig, sie ist zu sehr mit sich, zumal ihrem Körper beschäftigt, als daß ein Mensch sie tiefer interessieren könnte. Sie ist ein Mädchen, das sich nur körperlich ausdrückt, kurz – die Tänzerin. Jeder Eindruck und was sie sieht setzt sich in rhythmische Bewegung um. Über ihren Tänzen vergißt sie die Umgebung, jedoch wird sie nichts tun, was ihr schaden könnte. Denn sie ist durchaus unkritisch und unüberlegt, so daß sie immer eindeutig bleibt und nie Zweifel erweckt oder solche hegt. Mit einem durch keine Hingabe beirrten Instinkt fühlte sie stets, wodurch eine Situation getrieben wird und wohin es hinausläuft; diese wird sie stets mit ihren Tänzen beherrschen, steigern und lösen. Sie gestaltet jeden Vorgang zu einer Tanzfolge, deren Erfolg sie zugleich mit der Beherrschung der Situation einkassieren wird, ohne daß sie irgend etwas Verbindliches geleistet hätte. Nuronihar vermag zu persönlichen Zwecken sehr leidenschaftlich zu werden, vor allem der Tanz vermag sie zu begeistern. Dieser Tanz ist ein Kalifat und anderes mit Bestimmtheit wert; Nuronihar tanzt ein Drama; sie beherrscht mit ihrem Tanz die wichtigen Punkte der Bühne, sie ist der rhythmisch am stärksten beteiligte Teil der Szene.

Die Bewegungen aller Personen haben nichts mit denen des Dramas zu schaffen, auch nichts mit realistischen Gesten. Sie sind keine Bewegungen von Arm und Bein, es gibt keine Mimik, nur eine rhythmische Erregung des ganzen Menschen. Der Tanz der Nuronihar rhythmisiert alle. Das Stellen lebender Bilder ist verboten, Personen ohne irgendeine rhythmische Tanzbewegung gibt es nicht. Gerade so unmöglich als eine Puppe ist ein klassischer Balletteleve. Es ziehen über die Bühne lebende Kurven weniger, rhythmisch komponierter Figuren. Stets lebe die ganze Bühne, tote, beziehungslose Stellen sind zu vermeiden. Die Bewegungen seien körperlich derart komplett und prägnant, daß nichts Psychologisches bleibt. Der Tänzer ist ein ganzer rhythmisch erregter Mensch. Die Bewegungen werden durch Landschaft, Beleuchtung usw. nur bereichert und getönt. Das Dekorative dominiert nicht, vielmehr dient es und orientiert und klärt die Komposition der Tanzbewegungen. Mittag, Abend und Nacht sind Eigenschaften des Tanzes und durchaus nicht selbständige Dinge. Der Tanz ist strahlend hell, frisch, deutlich und straff. Der Tanz wird dämmerig, müde, träumerisch und fließend, der Tanz wird nächtlich und rätselhaft, in jedem Fall bleibe er plastisch und präzise. Es gibt hier keine Stimmungskunst, d. h. passive Darstellung, der Tanz beherrscht alles.

Mit Gulchenruz und den zwei Gespielinnen beschäftigen wir uns nur kurz. Gulchenruz ist der kindlich Liebende, es ist ihm selbstverständlich, daß seine etwas dumme Zärtlichkeit übermäßig erwidert wird. Ohne Mädchenbegleitung ist er undenkbar. Nuronihar ist sein liebster Kuchen, sie verfügt über diesen kleinen Buben, der ihr vieles abtrotzt. Das Trio Gulchenruz und seine zwei Gespielinnen ist diskret, etwas zerbrochen und zerstört durch das Fehlen der früheren dominanten Nuronihar. Sie bewegen sich hie und da ähnlich wie diese, die sich ihnen gleichsam imprägnierte, mitunter passen die Bewegungen durchaus nicht. Die Gewandfarben sind diskret, terra siena und braun – Gulchenruz vielleicht dunkelgelb. Dieser ist neben Vathek ein elegantes hilfloses Insekt.

Es bedarf der Details über die Beziehungen zwischen Vathek und Nuronihar, diese sind nur soweit da, als Nuronihar tanzt und Vathek rhythmisch sich bewegend zusieht und mit ihr tanzt.

Vorhang.

Der Beherrscher aller Gläubigen liegt auf dem Ruhelager. Hinter ihm pflanzt sich der Eunuch auf, Vathek ist wesentlich, alles bewegt sich und rennt in unsäglicher Ehrfurcht herum und konzentriert sich um den ruhig liegenden Kalifen, der dieser bald blitzschnellen, bald sakralen Ehrerbietung Ziel ist. Den sklavischen Aufwand von Gesten erwidert er kaum. Die erste Bewegung macht er, wenn Nuronihar tanzt (nicht, wenn sie kommt oder dasteht), denn in der Pantomime entscheidet allein der Tanz, er ist das Dramatische. Vathek auf dem Diwan, hinter ihm der Eunuch mit dem Fächer. Vor ihm rhythmisch betend, bald feierlich schreitend, der alte Muezzin mit den zwei Koranschülern. Sie sind in schwarze und braune Gewänder gekleidet. Sie beten, der Kalif winkt, die drei stürzen zu Boden, ein Hofmarschall, der am anderen Ende der Bühne dem Kalifen gegenübersteht, erhebt die Hand; das klassische Ballett tänzelt hinein, in himmelblaue, rosa, seegrüne Gazeröckchen gekleidet. Sie führen einen ebenso klassischen wie blöden Sylphentanz auf, der eine Libellenjagd, gefolgt von der üblichen Huldigung an die Königin, mit Palmenwedeln usw. darstellen kann. Diese zärtliche und süße Sache wimmelt von akkurater Zehendressur, Pirouetten und Pas usw. Dieser Tanz bildet einen kräftigen Gegensatz zu den Bewegungen der anderen Spieler, besonders zu denen der Nuronihar. Die Bewegungen und Gesten der Nuronihar und des Vathek durchströmen den ganzen Körper, der Rhythmus ist vielfältig, wenn auch tanzförmig und geschlossen. Dies süßliche Corps de Ballet hingegen arbeitet mit den Mitteln dürftiger Virtuosität mit den Zehen und Knöcheln. Neben dieser traurigen klassizistischen Künstlichkeit wirken die Gesten der anderen Spieler lebendig und werden bereichert. Vathek lächelt und wendet sich ab. Der entsetzte Hofmarschall stürzt sich ihm zu Füßen, das Ballett eilt hinaus unter konventionellen nichtssagenden Zeichen des äußersten Schrecks und verborgener Entrüstung (also wenn wir nicht mehr ziehen, dies ungefähr ist der Ausdruck der zuletzt abgehenden Ballettdame). Die Tanzmusik löst sich verwirrt und synkopisch auf; sie behält jedoch die alte, dumme Tanzmelodie bei. Inzwischen erschien, als das Ballettkorps der Elfenkönigin huldigte, Nuronihar auf dem Hügelsaum. Diese schaute, zuerst versteckt und etwas scheu, dem Tanz zu. Leise beginnt sie, vom Gebüsch noch ein wenig versteckt, zu tanzen (die Gesten der Ballettdamen haben sie etwas inspiriert), sie vergißt über diesem einführenden Spiel den Kalifen. Sie bewegt sich, hinter ihr blaut der runde Himmel, unter ihren Füßen zieht die melodische Kurve des Hügels. Die Umgebung Vatheks entsetzt sich über diese unmögliche und selbständige Handlung, der Hofmarschall hebt betäubt den Kopf, er sieht eine reglementswidrige Sache, er bedeckt den Kopf mit seinem Rock, während er unaufhörlich mit Armen und Beinen rhythmische Zeichen erschrockener Entrüstung von sich gibt. Der kleine Hofstaat wendet sich ab; einige schauen immer wieder hin, der dicke Eunuch springt auf und zieht das Schwert, um auf den ersten Blick des Kalifen Nuronihar zu töten. (Jede Erregung wird nur durch rezitativisches Tanzen sichtbar, obwohl er nicht weiß, wie er dies machen kann, da der Abgrund ihn hindert.) Der asketische Koranlehrer drückt den beiden Schülern die Köpfe in den Koran, damit sie nicht sehen. Der lange jüngere Schüler hält das nicht aus, er ist so entzückt, daß er beim ersten Lächeln Nuronihars, welche ein wenig die Hand hob, zögernd und ängstlich, dann ermutigt, zuletzt rasend tanzt. Nuronihar kümmert sich nicht um ihn, sie schaut hier und da zum Kalifen. Der Koranschüler fleht Nuronihar an, der Lehrer und der andere Schüler wollen den Tanzenden halten, sie schlingen ihm seinen Turban um die Beine, Nuronihar ahmt den Tanz eines gefesselten Jungen nach, da reißt sich der Schüler los, rasend tanzt er zu Nuronihar und stürzt in den Abgrund. Der Eunuch erhebt das Schwert, man wirft entsetzt die Arme in die Höhe, auch der mit dem Rock bedeckte Hofmarschall. Nuronihar tanzt ruhiger, etwas eingeschüchtert, da dreht sich zum erstenmal der Kalif um, der bisher nichts sah, sondern meditierend sich zurückgewandt hatte, um Buddha gleich und höchst erhaben dazukauern. Alles wirft sich zu Boden, in der Angst, die Tanzende nicht schon längst weggeschafft zu haben. Der Kalif drückt automatisch das Schwert des Eunuchen herunter, mit einer seitlichen selbstverständlichen und ruhigen Geste, während Nuronihar den Tanz der Verlockung beginnt. Sie will über das Peinliche der Situation hinweg und nahm außerdem wahr, daß der Kalif vielleicht ihr gehören kann. Nur Vathek und Nuronihar sind jetzt in Beziehung, der Hofstaat ist zu Boden gesunken, einige halten sich an der rechten Seite abgewandt, der Eunuch steht als dekorativer Fächer da. Nuronihar tanzt; die früheren Motive dienen, diesen Tanz zu entwickeln und aufzubauen, indem sie ihn durch ähnliches andeuten und vorbereiten, durch unvollendete Bewegungen oder Kontraste fordern und verlangen. Der Tanz geht über alles Fragmentarische hinaus, er ist Arie nach dem Rezitativ. Die Motive werden vervollständigt, ihre Verbindung konzentriert und einheitlich. Es ist nur Nuronihar, die tanzt, und der Kalif, der schaut und zugleich in immer stärkerem Maße zur Ursache des Tanzes wird. Der Tanz ist in der Pantomime die einzig erlaubte Darstellung der Leidenschaft, die sich nicht in fragmentarischen Gebärden oder gar einem Mienenspiel äußern darf. Der Kopf bleibe ruhig und lenke nicht vom ganzen Körper ab. Nuronihar nützt die ornamentalen Vorteile der Hügelkurve, sie gibt das Äußerste an Bewegung, Vathek jedoch stets ruhig, jedoch erregt, ohne Mimik oder Tenorgesten. Sein grüner Mantel brenne immer mehr von Leidenschaft, Nuronihar interessiert nur körperlich, die Falten ihres Kleides ordnen und klären die Bewegungen. Es muß ein Absatz gegeben werden, eine Trennung zwischen dem früheren und dem jetzigen. Der Tanz wird immer hemmungsloser, es ist der Sinn dieser Pantomime, sich immer mehr zu lösen und von der üblichen Geste zu entfernen. Wir denken uns oft Bewegungen und wagen höchstens über diese zu schreiben. All dies Geheime muß ungehemmt zum Vorschein kommen, der Steigerung entspreche unter allen Umständen eine strenge Komposition und Ordnung. Der Tanz beginnt grüßend und dienend; je mehr Nuronihar den zum erstenmal in seinem Leben erstaunten Vathek hinreißt (dieses Staunen zeigt er mit dem Sprung eines groß aufspringenden Tiers, sein Mantel hebt sich zuckend und flammend, je stärker er schaut, um so erregter wird der Tanz.) Die erst kindlichen, etwas herben, fast geknebelten Gebärden Nuronihars werden frei und lasziv; ein Kind entdeckt seine furchtbaren Fähigkeiten, es kann hoffen, Gewalt über den Beherrscher der Gläubigen zu üben und so alles zu durchdringen und zu unterwerfen. Nuronihar wächst mit einem unbeschreiblichen Machtverlangen zu etwas Großem, ihre laszive Zärtlichkeit wechselt mit einem drohenden Befehlen jäh, Vathek erstaunt schauernd darüber, er gibt sich diesem Schauspiel mit ungekannter Wonne hin. Er hat den Stärkeren gefunden, Nuronihar wird im Verlauf des Stückes gewaltiger, unermeßlicher und grenzenloser, Vathek nimmt an Kraft des Herrschers ab und gerät in eine passive Leidenschaft. Zuletzt ertrinkt er in Nuronihar und ihrer Suggestion. Diese tanzt, als wolle sie den Abgrund übertanzen, als habe sie den besten Willen, sich dem Sultan in die Arme zu agieren, so tanzt sie z. B. rasend zum Abgrund, springt hoch, wahnsinnige Geste des Sultans, der sie halten will und darüber fast hineinspringt, dann tanzt sie zartlächelnd zurück (sie lächelt mit Armen und Beinen und mit dem ganzen Körper) auf die ruhige grüne Kurve des Hügels. Hier gibt sie, weit entfernt vom Sultan, auf der Höhe des Hügels das Äußerste an Lust und Offenheit, sich selbst genießend und den Sultan vergessend, oft wendet sie ihm den Rücken zu, in die Ferne tanzend, bis sie, jäh an den Abgrund tanzend, diesem einen Früchtezweig, den sie im Tanz vom Gebüsch abpflückte, mitten ins Gesicht wirft. (Dieses Abreißen ist nichts Wesentliches, keine selbständig betonte Anekdote.) Vathek greift zum Schwert, er wehrt sich zum letztenmal, dieses Zur-Wehr-setzen fordert eine Bewegung, die mit allen anderen Vatheks kontrastiert. Zu gleicher Zeit verschwindet Nuronihar plötzlich, sie entreißt sich tanzend dem Blick. Vathek greift mit seinen großen erschrockenen Armen ins Leere, er steht da, den Rücken zugewandt. Sich besinnend, macht er einen Schritt, lautlos steht der Eunuch neben ihm, Vathek stürzt sich auf ihn. Die beiden großen Männer verlassen schreitend und stumm die Bühne, eine grün-orange Komposition. Vathek stützt sich auf den gebückten Eunuchen, der Hofstaat liegt beim Fallen des Vorhangs, mit dem zugleich die Musik schließt, niedergestreckt am Boden.

Zweite Szene.

Es ist dunkel, eine weiße Wolke steht über dem Abgrund, die zum endlosen blauen Nachthimmel reicht, zwei ältliche Sterngucker kommen von rechts und links auf die Bühne, sie sind mit ungeheuren Fernrohren bewaffnet, keiner nimmt zunächst den andern wahr. Sie beobachten mit einem sakralen Schauer tanzend einen schmächtigen und einzigen Stern und recken sich im Tanz hoch empor, ihre Fernrohre schwingend. Um ihn besser zu sehen, tanzen sie auf die Mitte der Bühne, wo sie zusammenstoßen, die Sternrohre schwanken wie vom Sturm geschaukelte Bäume, sie selbst fallen beinahe zu Boden, sie bedrohen sich, gehen mit den Instrumenten aufeinander los, da schreckt sie ein ferner Hornruf aus dem Lager des Kalifen auf, und sie ziehen sich unverrichteter Sache zurück. Zu gleicher Zeit mit den Sternguckern tänzelte Nuronihar auf die Bühne, von der Mitte kommend, sie sieht das stille Zelt des Kalifen und wiederholt verträumt und schläfrig Rhythmen des Verlockungstanzes. Bei dem Hornruf hebt sie ein Bein und tanzt erschreckt zum Abgrund zurück. Ihr großer Schatten fährt über die weiße Wolkenwand, es fröstelt sie, ihre Bewegungen werden enger, sie zieht ihr feingewebtes Kleid an sich, um sich vor der Nachtkälte zu schützen. Sie tanzt sich leise in den Schlaf und legt sich ermüdet am Abgrund nieder. Inzwischen tanzen mit schlotternden Gesten die Sterngucker, sie schauen nach oben, hoch ihre Fernrohre reckend, jeweils, wenn sie sich still verhalten, ragen die beiden Sternrohre weit in die Bühne hinein. Der Giaur wächst aus dem Abgrund herauf, dunkel und groß. Er hält eine kristallene Kugel, die jene Eigentümlichkeit der Gestirne besitzt, Menschen an sich zu ziehen. An diesem ungeheuren Juwel wird Nuronihar ihre ganze Gier und Leidenschaftlichkeit entfalten, hier gibt sie sich hin, verlangt, liebt und ist hilflos preisgegeben. Sie verrät trotz ihrer zarten Formen die Kraft der seltenen Menschen, die Ungewöhnliches begehren und erzwingen. Sie wird das Gestirn zu umarmen und an sich zu pressen versuchen. Die Hände gegen es schleudernd, während es still in der blauen Nacht über dem Abgrund kreist. Die Tänzerin gerät in einen Mythus hinein, der sie unablässig festhält und sie zuletzt verdirbt. Dieses Gestirn und dieses Verlangen ändert vollkommen die Geste der Nuronihar. Alles vom jungen Mädchen verschwindet, sie wird zu einer furchtbar verlangenden Frau verwandelt, an der Vathek, der Kalif, klein wird. Dieses Gestirn gibt ihr eine neue Kraft, der Kalif hat von jetzt an mit einer Frau zu tun, die Größeres als er ist, kennt und anstrebt. Das Juwel umgleitet Nuronihar, getragen von den ungeheuren leuchtenden Armen des Giaur, der es beschwörend und bezaubernd hält. Nuronihar erhebt sich im Schlaf (ein solches Erheben ist nichts anderes wie der Beginn des Tanzes). Es ist ganz dunkel, und man sieht nichts als das am Abgrund aufgestützte, umschattete aber glühende Haupt des Giaur. Das Juwel, das einem Gestirn gleicht, schwebt um Nuronihar, die es im Schlaf tanzend und in träumendem Verlangen umwirbt. Das anfangs rote Gestirn wird immer köstlicher, es funkelt heller. Der begehrende Tanz Nuronihars wird immer bestimmter und rasender. Sie will sich neben dem stärkeren Glitzern des Juwels behaupten und deutlich bleiben, das zuletzt alles und auch sie überstrahlt. Es schwebt nun höher auf der weißgelben seidenen Wolkenwand, auf der man Nuronihars Schatten aufsteigen sieht, der furchtbarer tanzt und aufwächst, bis er wirbelnd das Juwel, den Mond, zu halten scheint. Rings um das ruhige gewölbte Blau der Nacht und zwei Sternengucker, die sich Zeichen geben, daß ein neues Gestirn entdeckt ist. Es entschwindet unter dem greulichen Lachen des Giaurs und dem leisen Rollen des Donners langsam das Gestirn, das er mit Gewalt in den Abgrund zieht. Im gleichen Augenblick bricht der Schatten Nuronihars plötzlich getroffen zusammen, allmählich hellt sich das Dunkel, man sieht ein wenig, Nuronihar schläft am Abgrund, als sei nichts geschehen. Die Sterngucker rennen aufeinander neidisch los, sie versuchen in lächerlicher Weise den Tanz des Schattens nachzuahmen, dabei versucht einer den andern umzurennen, damit er zuerst das neue Gestirn verkünde. Sie schlagen mit den Sternrohren aufeinander los. Jeder rennt dann zur verkehrten Seite im Wettlauf ab.

Es kommt Gulchenruz mit zwei Gespielinnen, die Nuronihar suchen. Ihre Gesten sind ängstlich und kindlich, sie erinnern etwas an die früheren Bewegungen Nuronihars, die jedoch in jeder Hinsicht freier und kräftiger sind. Die Bewegungen der Mädchen sind ein wenig unterwürfig, sie geben im Spiel den Launen des Gulchenruz nach. Diesem Dreiklang von Bewegungen fehlt die dominante Nuronihar, etwas Trauriges, Zerrissenes, Furchtsames schwebt in der Gruppe. Sie finden erschrocken Nuronihar dicht am Abgrund ruhen, Gulchenruz tanzt stürmisch jedoch zierlich auf sie zu und versucht sie zu umarmen. Die Gespielinnen machen Bewegungen von Spielen, Haschen und Fangen, Nuronihar verhöhnt dies alles mit karrikierenden Bewegungen, mit einer energischen Drehung schüttelt sie Gulchenruz, der sich an sie gehängt hatte, wie einen kleinen Hund ab. Im selben Augenblick erscheint unüberwindlich und bestimmt Vathek, vor dessen Gebärde die drei grazil und tanzend zusammenbrechen. Vathek führt mit viel Haltung Nuronihar hinweg, beide schreiten in korrespondierendem Tanzrhythmus über die Landschaft hin.

(Vorhang.)

Dritte Szene.

Das Innere des Zelts des Vathek. Vorne ist Dämmerlicht, nach hinten und den Seiten verliert sich die Szenerie ins Dunkel. Man errät in dieser Finsternis eine große Tiefe. Treten die Personen nach vorne in die Mitte der Bühne, so werden sie von einem warmen, farbig gedämpften Licht beleuchtet. Gehen sie zur Seite, so nimmt man die einfache große Silhouette wahr. Hierdurch ist es leicht möglich, die Gesten zu modifizieren. Vorne vermag man durch feine Details zu wirken, im Hintergrund bewegt man sich als gehaltene schwere Masse. Vathek hält sich meist im Dunkeln, Nuronihar, die immer größere Wichtigkeit erlangt, nutzt das gegebene spärliche Licht. Mitunter tritt sie auf kurze Zeit ins Dunkel zurück, sie erscheint dann gespenstisch und geheimnisvoll. Später wird die Kathedrale hineingezaubert. Die übrige Szene verdunkelt sich allmählich, denn tiefe Nacht ist gekommen. Die Kathedrale nimmt den größten Teil der Bühne ein, sie dehnt sich weit in die Tiefe. Das Zelt ist nicht mehr zu sehen. Jene wird durch große Strebpfeiler gestützt, die in eine endlose Höhe aufwachsen. Man sieht kein Dach, und so macht die Kathedrale, der Palast des Eblis, etwa den Eindruck eines unvollendeten Baues. Man konnte ihn nicht fertig bringen, die Kathedrale ist von Beginn an zur Ruine bestimmt, da der Baugedanke jede Verwirklichung übertraf. Drei strenge, einfache Basaltstreben wachsen, unregelmäßig aufgestellt, im

Innern empor. Zwischen ihnen steht die Lichtscheibe, ein ungewisses Licht gleitet mitunter wie Wasser an den Pfeilern hinunter. Wände sind kaum wahrzunehmen, die Lichtscheibe, die zwischen den Pfeilern schwebt, spiegelt sich auf dem schwarz polierten Boden, ihr Widerschein gleicht einer phosphoreszierenden Wasserlache. Er umschließt so die Person, welche die Kathedrale betritt, das Licht nimmt zu, es glüht stärker. Damit treibt es Nuronihar zu immer leidenschaftlicherer Kraftentfaltung. Nuronihar wird wie ein Elementargeschöpf, sie gibt in dieser Szene ihre ganze erotische Fähigkeit in einer Steigerung, sie überwindet rücksichtslos menschliche Hemmungen, z. B. den Kalifen. Dieser agiert seinen hilflosen Verfall, vor der Erscheinung der Kathedrale bricht er schaudernd zusammen und tanzt taumelnd unter den Zeichen hilflosen Schrecks. Wenn er Nuronihar zurückzuhalten versucht, nimmt er sich mühevoll zusammen, es gelingt ihm beinahe noch einmal, den Eindruck eines Kalifen zu machen, gebieterisch ruft er Nuronihar zu sich, diese zögert etwas in ihrem rasenden Tanz, erstaunt über den erwachten Kalifen, dann tanzt sie um so ekstatischer, er faßt sie, zugleich erschrocken, die Stufen der Kathedrale betreten zu müssen. Auf diesen liegt massig der Giaur, er streckt die großen breiten Arme quer über das Tor, das in die Kathedrale führt. Sein Haupt dunkelt, an beiden Seiten stehen die unbeweglichen Schildwachen, bedeckt von den langen, dunklen Schilden.

Die Musik spielt Weisen eines vollkommenen und weisen Glücks voller Erregung, etwas Prächtiges liegt darin, aber die Musik bleibt leicht und immer rhythmisch präzise, sie wird nie protzig laut. Vathek sitzt im Dunkel und bewundert Nuronihar, die still in der spärlichen Helligkeit vor sich hin tanzt. Plötzlich springt er auf und besinnt sich auf sich selbst, da draußen ein mächtiges Hornsignal ertönt. Unter den Motiven eines Waffentanzes wankt er zum Zelt vor. Nuronihar, die ganz seiner vergißt, tanzt wenige Motive des Beschwörungstanzes und sucht im Leeren das Juwel zu erfassen. Plötzlich sieht sie Vathek, der mit Gewalt versucht, an seine Stellung und das Heer zu denken und zu diesem zurückkehren will. Hier beginnt sie den Entkleidungstanz, der den Kalifen wieder zurückzieht und ihn im Crescendo gänzlich unterwirft. Sie zieht sich ein Gewand ab und wirft es neben dem Kalifen nieder, der sich danach bückt, den Gebückten schleift sie wie ein Tier mutwillig ins Dunkel; der Kalif setzt sich betäubt nieder. Den Entkleidungstanz spielt Nuronihar, als sei sie allein ohne Koketterie, sie ist von ihrem Körper entzückt und vergißt hierüber die Umgebung. Bald tanzt sie in dem lichteren Vorderplan des Zeltes, bald gerät sie in das vollkommene Dunkel. Vathek streckt verlangend seine Hände nach ihr aus, sie tanzt auf ihn zu und tänzelt nun verlockend und raffiniert zwischen seinen Knien. Jäh und plötzlich wie angeekelt beginnt sie Motive des Eblistanzes, noch zwischen den Knien des Sultans, bis auf ein kirschrotes Gewand hatte sie alles abgeworfen. Da erglüht, heraufbeschworen von dem Tanz, im Hintergrund das Haupt des Giaurs, infolge des Lichts, das er ausstrahlt, bemerkt man, daß er auf den Stufen zu dem schwarzen Palast des Eblis ruht, der mächtig aufstrebt und endlos ins Dunkel ragt. Zwischen den drei Basaltstreben der matte, runde Lichtkreis. Nuronihar beginnt nun einen immer rasenderen Beschwörungstanz, je heftiger und stärker der Lichtkreis brennt, um so rasender tanzt sie. Der Lichtkreis bildet sich zur leuchtenden Kugel, immer mehr verschwindet das ungewisse vage Zelt, man sieht nur den Palast und Nuronihar, die auf den Stufen der mächtigen Eingangspforte tanzt. Die breiten Arme des Giaur versperren den Eingang. Vathek sitzt zuerst geblendet, dann versucht er, die Rasende zurückzuhalten, da sie die erste Stufe emportanzt. Sie wehrt sich, Vathek markiert noch einmal mit mühseliger Anstrengung den Kalifen, sie spottet seiner, da hängt er sich an sie, zugleich voller Schrecken, die Stufe zu dem unterirdischen Palast betreten zu müssen. Unbezwinglich zieht es Nuronihar zu dem Gestirn, Vathek den Rücken zudrehend, zieht sie sein Schwert aus der Scheide und stößt es in der gleichen Stellung dem Kalifen in den Bauch, der tot zusammenbricht. Er fällt wie ein Sack in die Arme des Giaurs, diese sinken nieder und versperren nicht mehr den Eingang. Jetzt springt Nuronihar über den Leichnam hinweg zu dem immer glühenderen Gestirn (unter leiser, unheimlicher, aber immer rasenderer Tanzmusik). Wirbelnd tanzt sie, von dem fahlen Licht der Decke beleuchtet, in der endlosen Architektur zwischen den Strebepfeilern, zuletzt zieht es sie unwiderstehlich zu dem Licht, sie gelangt zwischen die Lichtscheibe und ihren Reflex am Boden, die sie umschließen. Zu der Rasenden bildet der breit und ruhig daliegende Giaur, der den Leichnam des Kalifen in den Armen hält, einen Kontrast, sowie die Ruhe der unbewegten Architektur. Mit einem Hochsprung gelingt es ihr, den Lichtkreis zu berühren, da senkt sich dieser über sie und umschließt sie. Sie verbrennt darin prasselnd unter gänzlich ekstatischen qualvollen Tänzen.

In *Die Aktion*, 3. Jg. 1913, Sp. 1006—1017. Übersetzung in *La Phalange*, September 1913, übersetzt von Marcel Ray.

Herbstausstellung am Kurfürstendamm

Die neue Kunst; ich verstand darunter eher einen Kampf eines jungen Künstlers, innerlich durchgeführt; eine langdauernde, zähe Bemühung um menschlich Wichtiges. Dies ein Irrtum; wie mich die Herbstausstellung lehrt. Die Unruhe innerlicher Vorgänge ist nicht zu verspüren; der Kampf wurde bequemfeigerweise nach außen projiziert; statt in fruchtbarer Unzufriedenheit mit sich selbst zu rechten, schlug man auf die – sachlich genommen – Unbeteiligten los und stürmte die Tür eines Bilderhängvereins.

Nun sitzen die frühreifen Professorchen in der Glorie des offiziell nicht Totgehängten, durchlaufen befriedigt die Räume, um nicht ohne Selbstgefühl vor dem einjurierten Œuvre zu verharren, um gleichsam im eigenen Laden zu empfangen, abgegrenzt durch die charaktervollen Bilderchen; und sie kommen; der wohlwollende Kritiker von annodunnemals die Gelegenheit eines neuen Kämpfchens beschmunzelnd; die erfreute Mama, die Ausgeburt ihres Jungen bequietschend; es ist nicht leicht, ein so sensibles Kind großzuziehen; und vielleicht der dünne Schatten einer mageren Jüngerschar; alles synthetisch, wie das Blau zu dem Gelb steht! Bande!

Ging es darum? Um die Dienerverbesserung von Schulze und die Lackstibeln von Pachulke?

Ich glaubte nämlich, eine neue Idee sei aufgetaucht! Die, wenn sie vorhanden war, von den jungen Herrschaften entweder nicht begriffen oder verraten wurde. Wobei ich einfüge, daß nur der die Idee zu verraten imstande ist, der sie nicht begriffen hat.

Diese Leute tun alles nur Mögliche, eine Erkräftigung der Kunst abzuleiten in einen kleinen befriedigten Ehrgeiz.

Im großen Ganzen: das menschliche Format scheint nicht auszureichen, es ermangelt der Intensität.

Noch nicht einmal Experimente vermögen die Jungen von WW aufzuweisen; nur flau Danebengegangenes. Umschreibungen des Willens anderer. Dies ist die Generalimpression.

Nicht die Historienanthologie Hofers meinten wir; keine archaisierenden Hochstapeleien, nicht das ölige Kompositionsschema Erbslöhs; keine austapezierten Teilchen Cézannes; nein, ein unerbittlich Fanatisches, grob und linkisch, aber glühend von Wagnis. Die Mehrzahl dieser Jungen sind prädestinierte Akademiker. Noch eine solche Ausstellung, und es regnet Professuren.

Anders geartet Pechstein, der es leider zu selten unternimmt, sein Äußerstes herauszustellen und sich somit gefährdet; aber ihm gelingen zusammengefügte, klingende Kompositionen. Die italienischen Akte wiegen zu leicht. Kisling, dem eine ruhig ausdrucksvolle Plastizität seiner Stilleben gelingt, dessen Porträts sich durch ruhige, gutgeteilte Form auszeichnen. Nur, er schönt mir die Farbe zu sehr, etwas Paradewichs. Kokoschka brachte leider alte Arbeiten, die aber immer freuen. Das ist ein Mensch des geraden Wegs, niemals modisch, der nie auf die materielle Farbe hineinfiel, nie auf das billige Rezept der Komplementärfarbe reagierte, stets aus Dreck eine charakteristische Farbe erzeugte. Wiewohl ihm manches recht schwer werden mag; denn er ist aus Wien, was einer ernsten Kunst etwas zuwidersteht.

Zwischen den Picasso, Pechstein hängen Dinge der alten Sezessionisten. Mancher unter ihnen versuchte, dem Zug der Zeit zu folgen, zum Beispiel Brockhusen. Er geht aufs Kompositionelle los. Bezeichnend, zunächst wechselt er das Format; natürlich geht er zum Großen über. Denn deutsche Komposition drückt sich nur meterweise aus; Kraft wird doch gar zu gern gegen zahlenmäßige Größe eingetauscht. Damit will man sich denn ein neues Pathos gewinnen. Selten sah ich Einflüsse Grecos mit solch unziemlicher Technik verquickt. Die Figuren verdorren zu armseliger Staffage, die Landschaft kompromittiert die Figuren. Dies ungefähr der Eindruck seiner Kreuzigung oder ägyptischen Flucht. Rösler, der sich vereinfachen will, wurde ganz unzulänglich und schwach.

Man wollte vielleicht dies ängstliche Unternehmen auf stärkere Füße stellen, und gab ihm zum Fundament zwei Sonderausstellungen von Munch und Picasso.

Munch zeigt Entwürfe für Wandgemälde in der Aula einer Universität in ein Viertel der Originalgröße. Es ist nicht einfach, über

Vorläufiges zu urteilen, mag auch eingewendet werden, daß der künstlerische Vorsatz sich im Entwurf mitunter reiner, ja fertiger äußere als im fertig Beschlossenen, das unvorhergesehene Hindernisse entgegenstellte. Jedoch, allein der Größenunterschied von Entwurf und Endgültigem wird einen solchen Artunterschied ergeben, daß ein verbindliches Urteil uns verfrüht und unstatthaft dünkt. Nur wenig, grob umrissen, sei erwähnt. Die Anlage der Bilder erschien uns überraschend klassizistisch; in einigem erinnerten sie uns fast an Marées. Mitunter befürchten wir, daß die kolossalischen Wandmalereien etwas leer dastehen werden. Die Bilder zeigen die üblichen, etwas unverbindlichen nackten Themen durchschnittlicher Wanddekoration: badende Menschen, die Liebe und ähnliches, versuchen die schematischen Pole menschlichen Geschickes festzustellen. Ein Entwurf überschreitet die etwas populär-philosophische Haltung: »Der Sonnenaufgang«, worin Farben und Linien mit seltener Gewalt verbunden sind.

Munch wird etwas zu spät in Berlin hervorgehoben; ich bezweifle, daß er jetzt noch als Parole ausgegeben werden kann. Einige Jahre früher, und manche sensitive Seele hätte sich in ihm gefunden. Zaghaft, nach Vergangenem schauend, wagten sich die Aussteller an einen Picasso-Saal. Welch ein Gegensatz zu den anderen Jungen; ein Bemühen, bereit zu allen Folgerungen und zu allen Opfern. Den Berliner Jungen, der, mitten im Ruhm, nach bewundernswerten, schönen Dingen, sich in den zumeist unbegriffenen Kubismus gewagt hätte, soll man mir zeigen. Der soviel gute Dinge einem Besseren, aber weit Schwierigeren, fast Unerreichbaren, geopfert hätte. Köpfeschüttelnd stehen unsere Tapetensynthetiker und Grüppchenbändiger davor.

Picasso, der einzige, der es wagte, in wichtigen Dingen auf einer Kräftigung unseres Sehens zu verharren. Ich möchte nicht immer wieder das Formale dieses Künstlers zerlegen; nur seht den Weg endlich, den er hinter sich schaffte.

Dieser auf anscheinend irreführenden Umwegen beständige Willen; niemals läßt er sich vom »Schönen« verführen, niemals von seiner Begabung zur großen Komposition verlocken. Ich möchte nicht in den leeren Streit geraten, ob Picasso groß ist oder nicht; denn wo überhaupt sind unsere verbindlichen Kunsturteile, sei es über Manet, sei es über Cézanne. Man möge zunächst sich über den ethischen Wert Picassoscher Anstrengung ins Klare kommen, über die große Disziplin. Es ist beschämend, von solchen Dingen schreiben zu müssen; aber vor der Leichtfertigkeit unserer neuen deutschen Stilisten muß man solch

Selbstverständliches bereden. Das unreife Kindertum der meisten springt vor den lachenden Augen auf; ein bitteres Spektakel dem, der sie verteidigen möchte. Die neue Kunst besteht nicht im Komplementäranstreichen, nicht im Negativen, daß man durch Weglassen oder gar mit stapelndem Archaisieren eine Gruppe auf die Beine streiche. Wir erhofften anderes, Strengeres, überzeugendere Haltung, ein Organisieren eines verbindlichen, umfassenden Sehens.

In *Die Aktion*, 3. Jg. 1913, Sp. 1186—1189.
Siehe auch: *Katalog der Herbstausstellung.* Berlin 1913. Verlag des Ausstellungshauses am Kurfürstendamm GmbH. Berlin W. 1913.

Ausstellung der Sezession in Berlin

Man lehnte einige Sezessionsbilder ab und bekehrte sich etwas verspätet zu der platten Einsicht, daß die Vereinskarte keine Qualität garantiert; hieraus errang man sich endlich den milden Entschluß. Diese Linie kann nicht konsequent genug verfolgt werden – haut man die Oppler, dann aber auch Brandenburg, Feiks, und Linde-Walther usw. Uns scheint, dies Vorgehen bedeutet einen tätigen Protest gegen die belanglose Majorität, den Berliner Impressionismus der geistig Unterernährten; dieser Einwurf, genau und heftig gerufen, dürfte den Klub auf ein Minimum bringen.

Der Berliner Impressionismus reagierte gegen eine noch kläglichere Akademie als der französische, eine solche, die nie einen geistigen Abglanz, etwas wie Überlieferung aufbrachte. Logischerweise siegte man mit geringerer Gewalt als in Frankreich. Es ziemt sich, diesen Sieg des absinkenden Impressionismus festzustellen. Um ein Kleines ändern ihn aufgeregte Junge ab. Man geht auf das große Format, ohne hierzu irgendwelche Mittel zu besitzen, vergröbert den Auftrag und wendet sich von dem hundeschnäuzig Überlegenen der nur technischen Absicht zum trauten Gartenlaubensujet; haltungslose Sentimentalität und unsachlicher Bedeutungsschwindel sind festzustellen. Das Format bläht bombastisch, ein verschluderter Pinsel beschnalzt sinnlos die teure Leinwand. Oder van Gogh wird mit heftigem Farbverbrauch gänzlich mißgestrichen. Farbige Ordnung gelenkt von einheitlichem Lichtverlauf – eine Tugend der französischen Impressionisten – blieb in Berlin fast unbekannt. Das Farbige eines relativen Meisters wie Liebermann orientiert sich an älteren unkoloristischen

Tendenzen (Courbet z. B.). Corinth glaubt immer noch, daß bunte Dinge Farbigkeit erzeugen; er versucht den vergeblichen Sprung vom Objekt zur Farbe, als ob Farbiges kein psychisches Moment wäre voller Selbständigkeit. Trübner und Leibl pfählen die gewisse Grenze, durch die Malerei und Kunst getrennt sind. Ihre menschliche Forderung ist gleich Null; nur Technisches erzwingt unverbindliche Hochachtung vor kaschierten Fragmenten und die beiden verbrauchen die ihnen mögliche Energie aufs Malen, für die Kunst bleibt so gut wie nichts übrig. Eine dichtere Technik läßt jedoch diese Arbeiten gebundener erscheinen, ohne daß sie wirklich dadurch gebildete Form aufweisen, le style oder die peinliche Richtung. Wie selten sieht man ein Bild, das keine kunsthistorischen Teilassoziationen veranlaßt und in ursprünglicher Ganzheit dasteht. All diese Heuser, Zack usw. gehen von einem Teil aus, der vielleicht innerhalb einer Komposition mitwirkt, der bei ihnen jedoch einseitig ins Formlose abgespielt wird. Mit Parallelismen, Bewegungskontrasten, zusammengestrichenen Farben usw. braut man ein mechanisches Rezept, nie eine Form. Diese Dinge werden sinnvoll innerhalb der Kraft des Volumens, des modellierten Raums, der jedem perspektivischen Ton entfremdet ist. Unerhörtes trennt Rezept und Totalerfindung, welche die umschlossene Vorstellung des Körperlichen birgt.

Heckel und Kirchner verwechseln blendend Primitives und Elementares. Segal voltigiert auf dem Mißverständnis einer Menge, in hunderten undeutlicher Menschenköpfe anzupunkten, die hülflos sich zu keiner Kraft addieren. Menge in der Kunst fügt sich steigender Konzentrierung.

Deutsche

Purrmann besitzt vielleicht die stärkste Sensibilität der Farbe unter den Jungdeutschen. Er versucht das Gleichgewicht von körperlicher Form, statischer Schwere und Farbe herzustellen; einer der wenigen Deutschen die wirklich farbig sehen. Seine Bilder sind ungeschickt ausgewählt; am stärksten wirkt die Landschaft mit den Häusern. Hie und da bricht etwa die Farbe ab und versagt; das koloristische Gesamtniveau wird erschüttert, Stellen werden unfarbig, da sie zum Ganzen nicht gut abgewogen wurden. Jedoch Purrmanns Farbe sitzt fester als die der meisten. Gestalt und Farbe entsprechen einander, sie sagt Räumliches aus. Dem steigenden Terrain gemäß höht sich die

Kraft der Farbe, dem Fallen der Dächer entspricht ein farbiges Absinken. Purrmann nimmt sparsame Farben und Formelemente in ein Bild auf, die er variierend wiederholt. Seine Vorstellungen besitzen erarbeitete Festigkeit.

Erbslöh benutzt leider eine etwas zu tiefe Münchner Palette. Die Hintergründe seiner Akte sind noch zu materiell. Einheitliche Erfindung zeichnet ihn aus. Ich wünschte seiner Farbe einen Zuwachs an Kontinuität, die sein Streben nach Raum und Modellierung nur stützen wird. Ich vermisse seinen Freund, den begabten Kanoldt.

Pechstein zeigt mit seinem Porträt und dem großen Stilleben Arbeiten, die zum Besten der Ausstellung gehören. Er hat sich vom flächig Dekorativen, billig Rhythmischen losgemacht und erkannte, daß es vor allem darum geht, räumlich Geordnetes, eine feste Malerei zu geben. Er wandte sich vom Gebrauch nur reiner Komplementärfarben ab – dieser physiologischen Ideologie – und gibt ein plastisches, klug akzentuiertes Farbenkontinuum. Groß und gebaut ist sein Frauenporträt. Einige modellierte Akzente dürfen dramatischer, heftiger hingesetzt sein. Die farbigen Teile verbindet er in modulierenden Übergängen, wodurch seine Bilder räumlich funktionell werden. Vor einem gelb-grün-roten Hintergrund eine Frau in blauem Gewand. Dies Blau, das nur noch in der Schale verklingt, isoliert den Menschen und gibt ihm sein ernstes übertrefflich beschlossenes Gewicht. Das rote Gesicht wägt eine grüne Kette aus, die dem grünen Hintergrund verbunden ist, damit sie maßvoll wirke. Wundervoll ist das statisch Farbige des Tisches gelungen, worauf die Frau den vielleicht zu flächigen Arm stützt. Leicht steigt die lichte Schale auf, ihr bläuliches Weiß schwillt zu Blau an. Darauf das Orange der Früchte, die sich von dem ruhigen Gelb des Hintergrundes abheben. Pechstein benutzt mit Klugheit die Kontraste innerhalb der gleichen Farbgattung. Zwischen komplementäre Teile setzt er nicht komplementäre, wodurch er eine reichere, logisch dichtere Farbenfolge gewinnt. Diese bedingt die klärende und zugleich verbindende Enveloppe der Kontur; seine Zeichnung ergibt sich aus dem Malen.

Durch die Bilder des frühverstorbenen Seurat erhält die Ausstellung besonderen Wert. Seurat malte weniges in seinem kurzen Leben, doch seine Hauptwerke waren Entscheidungen. Seine Bilder hängen in den Sammlungen seiner Freunde, eine ganz geringe Zahl kam zufällig zum Verkauf. Vor ein paar Jahren konnte man eines der besten Stücke in einer Bäckerei des Boulevard Raspail für 200 Franken kaufen. Ein Amerikaner aus der Closerie des Lilas erstand es und nahms nach Mexiko mit. Man sieht neben guten Landschaften das sehr wichtige Chahut, ein vortreffliches Frauenporträt und eine Fassung der Grande Jatte, die vor Jahren erfolglos in München hing. Über die Bilder ist nicht viel zu sagen. Die Theorie, die sich aus ihnen ergibt, kennt man. Die hieratische Ordnung des Chahut überzeugt. Unerhört weise ist jedes Ornament, jede Figur in eine besondere Fläche gefügt; diese Flächen wachsen farbig zusammen und der Parallelismus der Ornamente verbindet sie. Beim Orchester, der Rampe wird das Räumliche etwas problematisch, hier genügt eine nur ornamentale Anordnung nicht. Kein neuer Maler besaß solch strengen Sinn der Flächenteilung, die nüchtern fanatische Reinheit der Zeichnung erweist das außerordentliche Gefühl dieses wahren Meisters. Die Lehre Seurat ist durch sein wundervolles Œuvre gerechtfertigt; teilweise auch durch Arbeiten des Cross, von dem unter anderem ein Aktbild gezeigt wird. Seine Farben besitzen nicht die Dichtheit des Seuratschen Auftrags. Die komplementären Flächen sitzen etwas locker aneinander. Die Grenze neoimpressionistischer Theorie: sie kann nur Flächiges erzeugen. Zweckmäßig und nicht schwer wäre es, andere Arbeiten Seurats nach Berlin zu bringen: die Poseuses, die Parade, den fabelhaften Cirque usw.

Gerade neben Seurats Quadrille wird der Unwert des Tanzes von Matisse deutlich; eine große dissolute Affiche, deren unverbundene Ornamentik noch nicht einmal zu Malerei verpflichtet. Derains Arbeiten sind ernsthafter, jedoch verbilligt er kubistische Anregungen zu perspektivischen Trucs. Seine Hintergründe wie ausgesägt, die Farbensynthese etwas kalkig zusammengestrichen. Allerdings er hätte besseres schicken können.

Mit zwei Meistern ist das Wichtige dieser Ausstellung zu erschöpfen: mit Cézanne und Renoir. Niemand außer ihm besitzt die gleiche instinktive Sicherheit, erfindet den Vertrag aller Kräfte. Die gelockerte

Farbe lösender Impressionisten verwebt er zu körperhafter Dichtheit. Sein Auftrag erzeugt stets eine Gestalterkenntnis und entspricht funktioneller Körperlichkeit. Daher die sinnvolle Festigkeit seines Auftrags. Farbe und Körper sind untrennbar verbunden, daher der lückenlose Reichtum an Bezug in seinen sparsam gewählten Farben, die modulierende Körper schaffen und durch die Anwendung auf tatsächlich geformtes Vielfältiges bedeuten. Keiner wie Renoir steht durch Natur den alten Meistern so nahe. Allerdings gerade bei ihm steigen die Grenzen heutiger Malweise auf. Er gibt nur Ausschnitte alter Bildnisüberlieferung. Von Cézanne sehen wir ein wertvolles Frühwerk, der Mord. Der Einfluß Daumiers und Delacroix', die Hand barocker Meister ist noch abzulesen. Zwischen Farbigem sitzt unübersetztes Helles und Dunkles. Die Komposition ermangelt des bindenden Zentrums, des point central. Der Auftrag blieb noch unentschieden, hie und da ist er zerteilt, dann geht er wieder der konkreten Form nach. Die andern Bilder zeigen besser oder schwächer den vielbeschriebenen Meister, der die Mittel der Alten wiederfand.

Picasso, der stärkste der heutigen Künstler, fehlt.

Wertvoll vor allem scheint uns, daß man in Deutschland mit der Stabilisierung eines gestaltenden Sehens begann.

In *Der Merker*, 4. Jg. 1913, S. 436—437.
Siehe auch: *Katalog der 26. Ausstellung der Berliner Sezession 1913*. Verlag des Ausstellungshauses am Kurfürstendamm GmbH. Berlin W. 1913.

Camille Lemonnier

Camille Lemonnier, der impressionistische Epiker der Belger, verdiente sich schon darum den Dank seiner Heimat, da er die Kunst seines Landes die große, geistige Erneuerung des französischen Impressionismus erleben ließ. Belgiens Kunst, deren Aufgabe es zu sein scheint, Frankreich zu verbreitern und zu entgeisten, gewann in Lemonnier einen entscheidenden Fall.

Taine und Zola versuchten eine Massensynthese mit Hilfe der Milieutheorie; Zola glaubte den Roman hierdurch neuartig sinnvoll zu beleben. Unschwer vermag man im Impressionismus der Maler ähnliches aufzufinden. Man identifizierte die neue Methode mit der Wirklichkeit schlechthin und stellte einen Menschen auf, der, malerisch formuliert, gleichsam keine Lokalfarbe mehr besaß; sondern jede Handlung wurde zu einem Farbfleck der Gesamtbeleuchtung zerlegt. Der Mensch erfuhr seine Bestimmtheit weniger durch das Menschlichgemeinsame oder nur ihm Eigene, als durch die Bestandteile, die der ganzen Atmosphäre zugehören. Was die menschliche Aura an Weite gewann, büßte sie an geschlossener Form ein. Diese Menschen werden nicht durch die Intensität ihrer Gesinnung zum Typ, vielmehr dadurch, daß sie sich in keinem Punkte aus der Gesamtbestimmung herauslösen. Wie der Mensch des impressionistischen Bildes gänzlich in das Lichtspiel aller Dinge verwebt ist, unterliegt der Mensch des impressionistischen Romanes dem kommunistischen Geschick einer Masse, die zweifellos nicht weniger konstruiert ist als ein aristokratisches Ideal. Der Held, dieses unumgängliche Requisit des alten Romanes, so wie die freie Handlung, die spielend – gleichsam nur aus dem bewußten Willen einzelner geschaffen wird, verschwand; nicht mehr das Seltene, Singuläre wird betont, vielmehr der einzelne zerfällt zum mechanistischen Atom einer unbewußten Masse und unterwirft sich gänzlich den allzugläubig aufgenommenen Entwicklungsgesetzen der gesamten Tier- und Pflanzenwelt.

Einer solchen Gesinnung muß das Deskriptive, in dessen Gewalt die Person sich zur Sache verflüchtigt, vor allem wertvoll erscheinen und der Dialog, in dem Menschen durch Überlegen die Handlung bestimmen, ist fast ausgeschaltet. Die Tat wurde zum Trieb umgewertet. Hierdurch glaubte man, dem elementaren, kosmischen Sein sich genähert zu haben; während man nur eine neue Methode erfand, die allerdings an Konsequenz und Breite nichts zu wünschen übrig läßt.

Lemonnier gab sich dieser Entdeckung rückhaltlos hin, wandte sie in aller Folgerichtigkeit auf seine Heimat an und verwandelte in seinem Schaffen den literarischen Impressionismus gänzlich zu belgischem Geblüt. Wie ein Meunier oder Laermans den französischen Impressionisten gegenüber steht, verhält sich Lemonnier zu den in Frankreich Gleichstrebenden.

Baudelaire entwarf eine Darstellung des Brüsseler Lebens und die Kapitel dieses Entwurfes tragen Überschriften wie: »Tabak, Küche, Weine, Weibchen, Roheit, die belgischen Affen usw.«; er verwies auf die alten flämischen Maler, wie Jordaens, und schalt ihre Bildner um ihrer »Philosophie à la Courbet« willen, die nur malen, was sie mit den Fäusten greifen. Er beschuldigte sie des »horreur de l'esprit«, der es wiederum verursache, daß man Geistiges in der Kunst grob wörtlich fasse und stellte dem »peintre cochon« den »peintre litterateur« entgegen. Ihre Romanschriftsteller nannte er die »Nachahmer der Kopisten der Affen von Champsfleury«.

Lemonnier verarbeitete das belgische Leben mit der Methode des französischen Impressionisten, aber er blieb gänzlich Belger und war stark genug – wiewohl es ihm nicht gelang, Geistigkeit zu geben –, das neue Verfahren mit seinem flämischen Instinkt zu durchströmen. Seine Menschen sind nicht im gleichen Maße, wie die Zolas, theoretisch bestimmt; seine Arbeiter sind keine Pioniere sozialistischer Kraft, sie stehen im Dienste ihrer einförmigen kolossalischen Mühe und die Hilflosen umklammert der Moloch, der sie dürftig nährt, bis er sie in unbesieglicher Umarmung verschlingt. Der Moloch gibt ihnen gerade so viel, daß sie ihren stupiden Bedürfnissen, dem Trunk, einer tierischen Brunst, genügen können.

Wir dürfen es nicht verschweigen, daß der Belger Lemonnier häufig das Elementare mit dem Rohen verwechselte. Die Dinge, die Fabrik, die Naturereignisse bestimmen diese Menschen gänzlich und erstarren zu allegorischen Kräften, ohne daß sie je zum Symbol sich klärten, da sie sich nicht auf einen übergeordneten Zentralpunkt beziehen. Die Menschen Lemonniers besitzen dunkle, breite und formlose Kräfte; die Arbeit, die jene verrichten, weist keinen allgemeinen Zweck auf und erhöht ihre Vollzieher nicht. Lemonnier gibt Frauen mit breiten Brüsten, gedunsenen Leibern, die ohne Gewissen – wie ein Tier – lieben und gebären. Was diese Menschen eint, ist der Hunger, die Sucht, aber niemals tätige Kraft. Die Menschen werden von den Dingen vernichtet, kaum, daß es ihnen gelingt, in dem Übermaß des Deskriptiven dialogisch zu sprechen. Diese Geschöpfe, deren Fleischfetzen blutig im Kolbengestänge der Maschine hängen, spüren ihr gerettetes Leben nur am Geschmack von Fleisch und Schnaps. Ganz nahe stehen diesen Menschen die Typen, die wie Tiere der Natur einverleibt sind, mit dem Bock, dem Weidevieh und den Bäumen zusammenleben. Lemonnier zeichnete seine Heimat durch ein Temperament hindurch, das breit aufglühte, mit ungeheurer Regsamkeit sein Land überströmte und in seinen Büchern erstand seinem Lande ein unerhörter Chronikeur. Er malte breit und wahrhaftig das Leben seiner Landsleute. Nachdem diese nötige Aufgabe erfüllt wurde, vermögen die heutigen Belger, wie Verhaeren und Crommelynck, auf geebneten Wegen das Mythische ihres Volkes zu suchen und zu erdichten.

In *Der Merker*, 4. Jg. 1913, S. 658—659.

Camille Lemonnier, französisch-belgischer Schriftsteller, 24. 3. 1845—13. 6. 1913.

Pascoli

Wie ein Gedicht für sich selbst abgeschlossen und im Ausmaß stehen soll, so auch der Gedichtband.

Geiger vereinigte in seinen ausgewählten Gedichten Pascolis das Zusammengehörige und schied drei Gruppen, deren jede zusammengehörende Dichtungen verbindet, die jeweils eine Art dichterischen Sprechens ausschöpft.

In einer bedeutenden Ode, mit der der Übersetzer seinen Dichter geleitet, gibt Geiger gleichsam ein symmetrisches Gegengewicht zu dem antikischen Beschluß des Buches.

Der erste Teil enthält zehn Dichtungen in Terzinen, die geistige Bildhaftigkeit verbindet, welche zumeist in einem dichterischen Geschehen verdeutlicht und gesteigert wird. So manches dieser Gedichte gemahnt uns, vielleicht auch unter der Suggestion der nämlichen Strophe, ein wenig an die Vorstellungswelt Dantes. Trotzdem gewahren wir den genauen Gebrauch eigenster Gefühle und Bilder, die an einem prägnant-sinnlichen Vorgang zu Gestalten sich verdichten. In Stücken, wie »Der Blinde« oder »Der Taumel«, wird eine Erkenntnis durch das Gefühl vollkommen ins Bildhafte verwandelt und gewinnt lateinische Deutlichkeit. Wir erfahren an ihnen das Paradox des Dichterischen, das die Gegenstände entmaterialisiert und das Ganze dem Geschauten vermählt. Ein glückliches Gesamtempfinden verkettet diese Gedichte; es wäre eben so billig, wie leichtsinnig, eine Gesamterkenntnis aus ihnen ableiten zu wollen.

In den achtzehn Liedern und Idyllen finden wir den Dichter in das schlichte Leben seines Volkes verankert. Fern von den distanzierten

Bildungen d'Annunzios entdeckt Pascoli gütigen Gefühls die geringen Dinge der kleinen italienischen Welt. Strickerinnen, Kärrner, die Dudelsäcke, Kinderträume bedeuten ihm geliebtes Dichterisches. In einem vierstrophigen Idyll »Landpriesters Abendsegen« nähert er sich einem freundlich großen, franziskanischen Gefühl.

Der dritte beschließende Teil gewährt uns drei Festsänge, in denen Pascoli nicht nur Antikisches, eine weit zurückgreifende Überlieferung, belebt, sondern auch die Welt Dantes, gleichsam exzepiert und zsammengeschlossen, erweckt. Zu den Festen singt er in den ersten zwei hymnischen Vorgängen die Gerechtigkeit der Gewalten, die den blutbedeckten Täter ereilen. Im dritten stellt er die Liebe dar, welche jede Untat auslöscht. An Stelle der Danteschen Maria setzt er die Mutter schlechthin, deren Schatten den Muttermord des Sohnes verzeiht und ihren eigenen Mörder rettet. Pascoli erweist sich im Schluß dieses Gedichtes geradezu als Lehrer der Wiederkehr. Mutter und Sohn kehren zur Erde zurück, »er Leids zu tun, sie Leids zu tragen«. Zu solchen Gegenständen mögen den Dichter die täglichen Gewalttaten italienischer, noch dauernder Leidenschaft geführt haben – und dieses ganz heutige Pathos gleicht die alten Namen aus, die geradezu jetzige Untaten gütig verkleiden.

Die einleitende Ode ist dem toten Dichter geweiht; seine ausgewählten Gedichte schließen mit einer anderen Ode, welche die Helden des heutigen Italiens feiert: die italienischen Arbeiter, die den Simplon durchbohrten und im fremden Land, da sie das eigene nicht nährt, jeden Weg zu einer fremden Welt zu finden wissen, aber nicht den der Heimkehr. Der Dichter türmt die Ode zu der hymnischen Bitte, ein großes römisches Reich möge seinen Söhnen Brot und Triumphe auf der eigenen Erde geben.

Geiger stellt uns mit seinem großen wortklaren Können einen Dichter her, welcher das Bild seiner Heimat unnachahmlich bewahrte und dem ehrenden dichterischen Besitz Italiens dauernd angehören wird.

In *Der Merker*, 4. Jg. 1913, S. 675—676.

Giovanni Pascoli, italienischer Schriftsteller, 1855—1912.
Übersetzungen: B. Geiger, Ausgewählte Gedichte, Leipzig 1913.

Über Paul Claudel

Die heutige Kunst zieht sich auf die ihr eigentümliche autonome Kraft zurück. Die Maler gedachten des optisch Elementaren, der apriorischen Grundlagen ihrer Kunst. Wir sehen die Dinge nicht, sie umschmeichelnd oder ihnen unterworfen, vielmehr nach den uns gemäßen Elementen, wodurch sie Körper werden. Der Raum bedeutet uns nicht ein suggeriertes Medium, oder farbige Assoziation, er gilt uns als Sinn des Malens überhaupt. Malen heißt Raum schaffen, zu gesetzmäßigen Körpern verdichten, die auf eine heftige plastische Einheit zusammengedrängt werden.

In jeder unserer heutigen Künste bemerkt man ein Erwachen autonomer Kräfte, eine Zunahme bewußter Aktivität. Diese ist nur gesetzmäßig zu äußern möglich, somit gewinnen wir vielleicht die Kraft der Demut zurück, den Willen zum Stil, der das Absonderliche verstößt.

Man warf uns vor – »Ihr seid Schulmeister, von Abstraktionen verführt, steril ist euch Hirn und Auge, ihr vergaßt die Kraft der Anwendung. Abstraktion ist unsinnlich, undichterisch, ist das tote Ende jeden Prozesses.«

Es ist zu entgegnen: »Wir gebrauchen keine Abstraktionen. Gerade wir schaffen das Unmittelbare: Elemente, die Voraussetzung des Lebens sind, das nötige Langvergessene.«

Man darf manch heutigen geradezu als Künstler des Unmittelbaren ansprechen.

So verfuhren auch einige unserer Dichter, sie verschmähten die Einzelanekdote, die Nuance beschreibender Übergänge und geben einen Stoff, der auf die Elemente, das Nötige zurückgebracht ist;

eine Sprache, die im Dichterischen, dem Gleichnis, verbleibt, eine Dichtung, der kein stoffliches Prinzip, wie Milieu und s. f., unterschoben ist.

Dichten gilt den Neuen nicht für geschmackvolles Ordnen des irgendwie gegebenen Stoffes. Sie glauben, daß den autonomen Formen des Dichterischen autonome Gebilde entsprechen, die gleichsam von Beginn an spezifisch dichterisch sind. Nehmt den Croquignol des Charles Louis Philippe, dessen Tod Frankreich auf den Mund schlug. Croquignol ist nicht Bureaubeamter oder Pariser, oder Zimmermieter, Croquignol ist die Organisation bestimmter unmittelbarer Empfindungen, die sich auf nichts beziehen, als andere Empfindungen, diese Elemente jeder zeitlichen Darstellung.

Nehmen sie den Immoralisten Gides. Enthüllt Picasso die geistigen Teile, wodurch wir körperlich empfinden und gestalten, Gide gibt ihnen die Dinge in die Hände, wodurch ihre Empfindung zum Gedicht wird. Immerhin – er ist analytischer, rückschauender, posthumer als der instinktive Pflastervermesser aus Moulin.

Der Ahne dieser Dichter ist Mallarmé, der unermüdliche Sucher eines distinguierten Absolutums, eines engen Traums; er glaubte, solle das Gedicht nie die Zone des Regellosen kreuzen, bedürfe es ungemeiner Distanziertheit, Ferne. Er lehrte: nicht ein Objekt, sondern die rein sprachliche Empfindung des Traums, des Imaginären ist Gegenstand des Dichterischen. Ihm war das Gedicht zu einem Mysterium absoluter Sprache geworden, deren Formel der Deutsche Hegel aufgestellt hatte: »Ein Dasein, das unmittelbar selbstbewußte Existenz ist.« Mallarmé suchte den schwierigen Punkt, wo die Sprache sich durch das Fixiertsein allein rechtfertigen kann, durch den Gegensatz des geschriebenen Schwarz und des unerschlossenen Weiß des Papiers. (Ich zeige auf seinen unveröffentlichten Coup de Dès hin.)

Aber Mallarmé war im Grunde nicht nur Fanatiker des Absoluten, er war Dandy und orginiell und ging von der Lehre des Spleens aus, dieser Quelle jeder reinlichen unromantischen Phantastik. Er gewinnt sein Imaginäres, die Umsetzung merkwürdigerweise aus dem impressionistischen Moment der sensibilité; trotz aller Parnassiens war er durchaus Impressionist und originell, identifizierte das Absolute mit dem Seltenen. Also eine Individualitätsstrebung.

Mallarmé lehrte, das Gedicht dürfe nirgends ein reales Objekt nennen; also er haßte das Gleichnis, das zum allegorischen Gegenstand der Bedeutung rennt. (Denn die Allegorie bezieht sich vergleichend auf das Objekt, sie meint die Dinge der andern Ebene, sie besaß nie Form.) Die Dichtung hingegen bezieht sich auf den rêve, die sensibilité. Mallarmé verbot die Dinge und lehrte den bildhaften Zusammenhang.

(Mitunter täuscht der Allegoriker die Kette seiner Gleichnisse so genau zusammen, daß man glaubt, das Allegorische sei auf dem Weg zum Gemeinten umgekehrt und renne im eigenen Kreise herum. Vielleicht ist der Artist dieser gehemmte Allegoriker.)

Mallarmé lehrte: die Sprache ist das ganze Gedicht; sie trägt den Traum, der spezifisch in der Sprache deutbar sein muß. Der Traum ist Einordnung der Bilder (imaginations) die auseinander hervorgehen, nicht nach logischen Bedingungen, sondern der Tonverwandschaft nach, dieser alten Kraft.

Die Präludien des Denkens, des Psychologischen sind überschritten. Und nichts ist Abbild oder bedeutet einen Gegensatz, sondern gilt autonom, d. i. selbstgemäß.

Diese Dichtung ist im gewissen Sinne gänzlich unintellektuell, da sie dies versenkte. Es ist spirituelle und spezifische Kunst, da alles Fremde geopfert wurde.

Begreiflich, daß diese wichtige dichterische Konstruktion der angetönten Surrogate bedurfte, des Künstlichen, der Distanz, die der gründlichen Reinheit fast zuwider gehen; zumal das Künstliche nicht selbständig ist, sondern irgendwie noch verneint und opponiert; für das Absolute mochte das Seltene gelten, das neben dem Néant, dem Leeren mühselig wächst. Man erinnere sich Mallarmés Angst vor le vide, der weißen mystischen Sterilität, die bereits bei den Ahnen Beckford, Poe und Baudelaire anhebt.

Rimbaud zog in den voyelles aus der Lehre den gelungenen Schluß, da ihm tatsächlich aus den Lauten die Bilder entstehen.

Wir stellten fest: dem eigentlich Dichterischen entsprechen autonome, gleichsam transzendente Gebilde als Gegenstand, d. h. solche, die eine anekdotische, zu beschreibende Welt übertreffen, die als »Stoff« schon Schöpfung oder Traum sind. Diese Gebilde stellen die Elemente unserer geistigen Existenz dar, sie garantieren uns die Dauer des geistigen Prozesses.

Gewisse geistige Gebilde gehen aus dem Religiösen hervor und gewannen in der Kirche sinnliche Form und Tektonik. Hier sind geordnete Elemente gegeben, die von Beginn an imagination sind, jedoch nicht im Sinne einer Einbildung (fantaisie), sondern einer geistigen Wirklichkeit, von Funktion und Kraft.

Mit dem Religiösen erhebt sich nicht nur vielleicht ein Drama des Elementaren, sondern zunächst und vor allem ein Monumentales. Wir führen dies prinzipiell aus.

Das religiöse Drama besitzt einen Zeitbegriff, wie er keiner anderen Art des dramatischen Darstellens angehört.

Die Zeit der Tragödie ist ein Paradox; sie hebt sich selbst auf, da sie auf einem Streit der Kontraste aufgebaut ist; das Geschehnis zerreißt in der Dissonanz der Gegensätze, welche die Zeit jeweils für sich erkämpfen, und besteht nur als fixierte Ordnung.

Nicht weniger widerspruchsvoll ist das Mysterium geartet, das die Ewigkeit umspielt. Vor dem Ewigen ist alle Zeit nichts; und nicht der Vorgang ist wesentlich, sondern die fest geltende Doktrin, das Resultat: die bestätigten ewigen Regeln. Der Vorgang ist nur eine zentripedale Modulation des jeweiligen Erfassens des Ewigen.

Die Tragödie ist kontrastierend, zentrifugal und negativ.

Das Mysterium ist einheitlich, zentripedal, vereinheitlichend, bestätigend; selbst im Zugrundegehen.

Dies meinte wohl Nietzsche, da er das Gefühl des Überflusses im Tragischen der Griechen, des Aischylos herausstellte. Jeglicher Schrecken, jede Angst, jeder Haß ist im Mysterium positiv bestimmt, als Bestätigung der göttlichen Regel.

Das Mysterium ist die monumentale Form des Dramas. Vor dem Ewigen vergeht das Einzelne. Die Situation wird zum Prinzipiellen ausgedeutet und alles kehrt in die Verkündigung zurück, vor der diese Welt nur als Gleichnis bestehen kann (hier ist das Tragische jedes heidnischen Mysteriums bezeichnet, worin kein Jenseits als Ziel, als Höchstes geglaubt wird). Dem Christen wird durch die Bestätigung des Ewigen jeder Zeitbegriff zum Paradox; das Endliche, Geteilte ist nichts; das Zugrundegehen – Auferstehen in der Seligkeit und der Moment, das Wunder, bedeutet den jähen Eingang zum Ewigen. Das Leben wird durch das Wunder Funktion des Ewigen, das sich im Leben nur in der Antinomie bestätigen kann. Der Glaube ist die Voraussetzung dieses Aktes und darum gerät dem Gläubigen das Leben und nicht das Ewige zum Paradox. Die zeitliche Handlung trägt nur den Sinn im Augenblick des Wunders; um das Ewige und Gott zu erkennen.

Im Mysterium ist das Ende eindeutig; »tout est fini«. Es ist vor dem einzelnen Stück da; die Spannung, die das Zeitliche der Tragödie als positive Kraft betont, scheidet aus; »delivrez moi du temps«.

Wir erwarten nur die »explosion intelligible«, in der das Ewige rein dasteht und spricht: »il n'y a plus de mortal avec moi.«

Dramatisch ist nur, daß die Gnade herbeigesprochen wird mit der »grande haleine pneumatique«, der Kampf der Bilder, der Imaginationen, die vor der geistigen, fast puristischen Absicht des Mysteriums leicht dekoriert wirken können. Das Emporsteigen zur Gnade selbst ist plötzlich und vielleicht dramatisch insofern das Jenseits dem profanen Zusammenhang unserer Welt entfremdet ist, der Vermittelung bedarf und nur durch die eine Umkehr erlangt wird.

Der christliche Mensch ist anscheinend dramatisch, soweit er sich aus dem Zustande der Erbsünde erheben will; doch zugleich höchst undramatisch, da Christus die Welt von Beginn an erlöst hat und somit alles getan ist. In der Erbsünde ist ein dialektischer, ja dramatischer Zwiespalt gegeben, der eine Allgemeinheit zu binden vermag. Allerdings verhehlen wir nicht die Gefahr, daß vor dem vergleichlosen Ewigen das Zeitliche, also die Handlung, das Schauspiel für einen Umweg oder eine Ausrede gelten kann; zumal das Böse im Mysterium von vornherein als Nichts und im besten Fall für ein Wortgeklingel verachtet wird. Das Mysterium agiert seiner Natur gemäß optimistisch.

Die ewigen Dinge, zu denen jedes Mysterium strömt, sind unumgänglich und dogmatisch. Jeglicher Ausgang ist vorbestimmt und drum wird sich leicht die Gefahr einer gegnerischen Dialektik erweisen.

Mallarmé war im gewissen Sinn orthodox. Allein galt seine Gläubigkeit einem indifferenten Néant; er war orthodox, da sein Glaube kein Objekt besaß.

Anders Claudel, der mit der Kraft des Gläubigen, ja bisweilen mit dem brutalen wortgeschwollenen Reichtum des Bekehrers dasteht. Ihm ist die Wirklichkeit, die gedacht, bestätigt und gedichtet werden kann, von Beginn an die katholische Welt; und das Gefäß, das die verstrebenden Wasser zum Strom sammelt, die Kirche.

Ein äußerst Gebautes, eine gegliederte Form ist Gegenstand seines Dichtens; man möchte fast sagen, Claudel ist Dichter durch die Kirche, die vor ihm eine geschlossene Welt, in der alles vollbracht ist, ausbreitet. »La creation est finie.« Diese katholische Welt gilt ihm für in Ewigkeit bestimmt.

Gegenstand der Claudelschen Dichtung ist nicht das Einzelne, sondern das Metaphysische. Sein Drama bedeutet nichts anderes als Vermittlung des Letzten, das ist Ritus, Opfer, Wunder und Lehre.

Er bedient sich dieser Akte im Sinne Baudelaires, der die Sakramente ein Mittel der Dynamik nannte und schrieb: »Das Opfer und das Gelübde sind die erhabenen Ausdrucksformen und Symbole des Austauschs.« Das Tragische gilt im Mysterium nur so weit, als der Mittler des Metaphysischen stirbt; denn das Wunder bezieht sich nicht auf jenen, sondern die andern. Dem Mittler gehört die Verzweiflung und er vollzieht in sich das Opfer. Das Wunder entsteht aus der Verzweiflung, die den Glauben gewinnt. Es ist wichtig, daß der Glaube die Verzweiflung voraussetzt – dadurch wird er unmittelbare Kraft, dramatische Kraft – nicht Meinung. Der Glaube ohne Handlung, ohne Opfer kommt fast einer Theorie und zum wenigsten pretenziöser Behauptung gleich. Da das Wunder die Projektion der innerlichen Ewigkeit ist, eine sinnliche Schöpfung, muß es sich nötig immer auf die anderen beziehen, und wenn auch nur als Beispiel. Der Gläubige selbst bedarf des Wunders nicht; drum postuliert dies das sichtbare Drama.

Das Mysterienspiel ist ebenso griechisch wie katholisch; denn beide Welten dichten aus reinem religiösen Zentrum; sollte eine Analogie für Claudel gefordert werden, so nennen wir bedenklich Aischylos, dem jener hie und da die Klischees einer Botenrede oder einer Komposition von Chor und Einzelrezitativ entleiht.

Die christliche Welt ist bejahender Natur, wenn man das Wunder anerkennt, d. h. zugesteht: die ewigen Regeln werden durch das Wunder erkannt(denn jene werden erst im Paradox deutlich, in der sinnlichen Antinomie unserer Welt), und der Weg völliger Umkehr durch die Gnade muß beschritten werden.

Also – Gegenstand Claudels, das Ewige. »Delivrez moi du temps«. Das Absolute gilt ihm, dem er die Kirche gleichsetzt; denn dem katholischen Menschen ist die Kirche unbedingte Voraussetzung der Religion.

Claudel ist kein Mystiker, dem das All ins Namenlose aufgeht, was jeden Dichter notwendig zerstörte. Das Absolute des Mystikers löste die Kirche auf, während diese dem Katholiken das Absolute durch das Dogma, d. i. die bis ins einzelne genaue Vorschrift, erst garantiert.

Claudel meint immer das eine: die Lehre, und er schrieb verschiedene Legenden nur, insoweit er von anderen Teilen derselben Lehre ausgeht.

Claudels Drama ist im gewissen Sinne dualistisch. Der Katholische und der noch nicht Katholische stehen gegeneinander, die Kirche und das Chaos, das gleichgerichtete Gesetz und die Verwirrung, die noch nicht bestätigte Zeitlichkeit und das Ewige; und vor allem die Natur, die dem katholischen Menschen zum Mittel und zum Gleichnis entschwindet.

Wir sagten bereits: es bezeichnet das literarisch Monumentale, daß es unfragwürdig, unabgeleitet von irgend welch Zufälligem auftrete; denn es darf nicht allein ästhetisch geglaubt werden, sondern religiös; dem Monumentalen widerspricht das Spezifische, Einzelne, es verlangt die Anstrengung aller Kräfte und vor allem darf der fragwürdige Gedanke einer Genetik nicht aufsteigen; die Lehre, die Handlung muß gleichsam vor dem einzelnen Spieler bestehen; er empfängt sie als fertiges Geschenk und die falsche Aktivität des Psychologischen ist ausgeschlossen.

Darum entsprechen einer so gerichteten Absicht am ehesten Stoffe, die bereits konventionell sind; zumal das Monumentale, dem nichts mit dem Außerordentlichen gemein ist, die Dauer und unbeugsame Stete seiner Mittel und Stoffe dartun muß. Vor bereits Gekanntem erfaßt uns nicht die Spannung vor dem Stoff, dem Geschehnis; ungeteilt und gleichgerichtet vernehmen wir das rezitierte Wort. Die Ereignisse sind in der konventionellen Fabel uns wie simultan gegeben; nur vermag die Sprache sie nicht in einem Atemzug mitzuteilen. Voraussetzung eines Dramas ist jedoch nicht irgendwelche Lehre, sondern das dramatisch vorbestimmte Gleichnis, der Mythus. Das Christentum besitzt in einem gewissen Sinn nur einen: das Leben Christi. Alle anderen modulieren die Kraft dieses unbesieglichen Lebens. Die Lehre ist geradezu in Christi Leben gegeben und somit besitzt der Katholik eine dramatische Lehre. Diese anzuwenden ist der katholische Dramatiker beauftragt, der den vorgewußten Typ der Ereignisse umschreibt. Er gibt die Varianten und wie Christi Leben in Respons und Antiphone gegliedert ist, so das dramatische Klischee der katholischen Lehre, gipfelnd in der Hymne des Übergangsursprungs in die Gnade.

Mit dem Leben Christi ist die dramatische Welt des Katholiken fast erschöpft. Es verbleibt nur das Nachahmen, das stets wiederholte Errichten des Vertrags, des Ausgleichs zwischen dem Ewigen und dem Menschen. Vor allem, und dies ist wichtig, stellt Claudel den Menschen heraus, an dem die Dinge der Welt zum Gleichnis geraten; wie dieser Mensch wiederum ein Gleichnis ist. Dies ist wichtig; denn es verbürgt scharfe Grenzen der gedichteten Bezirke, einen Stufenbau von Gleichnissen.

Wir sahen: Gegenstand des Claudelschen Dichtens ist ein bereits äußerst Geformtes, die Kirche; behandelt er diese nicht unmittelbar, so wählt er ein anderes, bereits tektonische Gebilde zum Stoff: die Stadt, das Königtum; Claudel liegt nichts an den Dingen, sondern an ihren Prinzipien, die im Menschen sinnenfällig werden. Jedoch nicht ganz – die Prinzipien überschreiten den Menschen: um König zu sein muß sich der König opfern und ebenso schenkt sich der Heilige dem Wunder.

Was verbleibt dem Dichter, wo sein Stoff bereitet und seine Menschen bestimmt sind? Er, die ewigen Dinge konstituierend, ist nur die parole intelligible dieser. Der Natur allerdings auferlegt er umso herrischer die dem Menschen gemäße Ordnung. Die Dinge, die sich Gottes Hand entziehen sind die »Nullheit«. Claudel sucht nicht eine neue Erde, sondern die Bestätigung Gottes, der sich dem Menschen im Wort spendet. Alt ist der Gott, und vielleicht neu das Wort: »Aus mir kommt ein Neues, seltsam ähnelnd hervor.«

Es verbleibt dem Dichter die gedrängte Fülle der Gleichnisse, wodurch jegliches Ding auf den Menschen und dieser wiederum als être fini in die Vollkommenheit Gottes gezogen wird. Wer aber nicht diesem geordneten ausgeglichenen Kreis einbeschrieben ist, nicht an Gott glaubt, glaubt nicht an das Sein und haßt sich selbst; denn Gott bedeutet dem methaphysischen Optimisten Claudel ein unendliches Wachstum, eine unbedingte Bejahung.

Diese Menschen des Dichters und ihre Landschaft sind mit einem Gesetz gemessen, woran jedes automatisch zum Gleichnis wird. Die Dinge sind vom Vertrag mit Gott durchtränkt. Die Rede entspricht den Formen des kirchlichen Gebets und ist von bekehrender Dialektik und gebieterischer Katechetik erfüllt.

Und doch sind diese Gedichte vielleicht nur Umschreibungen. Das Dramatische gerät am Katholizismus zu geschehnislosen Scholastendialektik. Eine ungeheure Wiederholung des Dogma; diese Dinge wurden oft und beispiellos ausgesprochen; diese Dramen sind Paraphrasen, wenn nicht gar überfüllte Allegorien der Dogmen.

Das bereits aufgestellte Dogma verführt zu falscher Rhetorik; es bedarf nicht der Rede, sondern des Glaubens. Die Mystiker meinten die Stille; in seiner letzten Ode erbittet Claudel sonderlicherweise: »Gib, daß ich ein Wort ohne Klang sei und wie ein Säer der Stille«.

Wir glauben: L'arbre ist das zu rhetorische Panorama des katholischen Gesetzes; der plastische Fall wird vom »Ewigen« gar zu hemmungslos absorbiert. Das Absolute enthüllt man zu ungeduldig, zu häufig; statt daß es als steile, sehr dünne Spitze der Pyramide dastehe. Die Kette der Gleichnisse vermischt die Dinge zu sehr; die Rhythmen werden von der Leidenschaft am Unendlichen ins fast Unübersehbare geweitet und gelöst; ein Atem, der fast die Lungen sprengt.

Vielleicht darf man einwenden: das Katholische schwächt die Arbeiten Claudels zu ideologischen Historiendramen.

In *Die weißen Blätter,* 1. Jg. 1913, S. 289—297, und in »Anmerkungen«, Berlin 1916, S. 18—28.

Wilhelm Lehmbrucks Graphisches Werk

Wilhelm Lehmbruck geht vom Zusammenklang der Linie und der plastischen Komplexe aus. Seine Radierungen sind charakteristische Leistungen eines Bildhauers. Er liebt es, mit der kalten Nadel zu radieren und gleichsam ins Material hineinzuarbeiten. Er läßt oft den Plattengrund stehen, um die Plastik seiner Blätter zu steigern; der mitunter gerauhte Hintergrund belebt und gibt etwas wie Patina.

Es ist uns an diesen Blättern vor allem wertvoll, wie sie auf elementare Empfindungen zurückgehen. Der Künstler verfällt jedoch nicht in chaotisches Träumen, vielmehr entstehen seine Empfindungen in und mit der plastischen Form; seine Empfindungen sind zugleich erfunden und geraten darum nie in unbeherrschte hemmungslose Grenzenlosigkeit. Unermüdlich sprechen sie sich durch das Mittel des menschlichen Körpers aus, die Akte einer einheitlichen, jedoch vielgegliederten Menschlichkeit entstehen. Denn nicht irgendwelche isolierte Abstraktionen, die auf eine ebenso isolierte Sachvorstellung angewandt werden sollen, bilden den Kern seiner Vision, immer ist es ein räumliches Ganzes, das vom Beginn an unauflöslich und fertig dasteht. Man vergaß, daß geistige Dinge nicht aus einer Isolierung wachsen, hierdurch werden sie nur für den blinden Rohling betont, vielmehr aus mythischen Figuren, wie sie bei uns wohl nur Lehmbruck und Barlach schaffen.

Lehmbruck paßt seine plastische Phantasie den Bedingungen des radierten Blattes an. Nehmen wir die Komposition *Raub I*. Hierin stellt er sich Aufgaben, die plastisch zu lösen unmöglich wäre. Vor allem war es geboten, auf diesem Blatt einen vollkommenen Gegensatz der Bewegungen und Körper zu geben. Die Gesten des Mannes drängen und reißen fort, sein Akt ist robust, alles zur Aktivität gespannt, eckig und hartnäckig. Die Frau steht in ängstlichem Widerstreben, beim Mann ist der Körper stärker betont, denn er handelt und will. Seine Bewegungen weisen bestimmt hinaus. Dort, wo er hineingreift, wird sogleich eine noch stärkere Gegenbewegung gezeichnet. Sein abgewandtes Gesicht ist auf die Frau gerichtet, das Seelische setzte sich völlig in die Geste um. Die Frau zeigt ihr Gesicht, das angstvoll auf den Mann blickt. Eine Skala entgegengesetzter Empfindungen ist uns vor Augen gestellt. Es ist eine Gruppe, denn beide sind in einem Tun verstrickt und in intime räumliche Beziehungen gesetzt und in ein einheitliches, sparsames Parallelogramm gespannt. Das Tun des Mannes verlangte ein Betonen der Extremitäten und möglichst starke Bewegung, die der Frau sind ihrem Verharren gemäß verdeckt.

Lehmbruck gab noch eine andere, ruhigere *Fassung dieses Themas*, die ist vertikal gehalten. Vielleicht wollte der Künstler zunächst eine komplizierte Gruppe bilden; später beschränkte er sich auf die beiden wichtigen Menschen. Das erste Blatt zeigt die gewalttätige Kraft, hier gibt er noch das Motiv des Werbens und Überredens. Die Linien sind flüssiger, die Frau tendiert in ihren Bewegungen mehr zum Mann. Wichtig für diese Blätter, wie für alle Lehmbruck'schen Arbeiten, ist, daß das Psychologische sich nie literarisch ausspricht, sondern durch Linienspiel und Aufbau ausgelöst wird. Gesichter werden soweit gegeben, daß das Bild geklärt wird. Es ist gleichsam eine Maske, ein Gesichtstyp, der immer stärker gebildet wird; denn diese Gestalten sind Requisiten eines durchgängigen Empfindens, nicht Illustrationen zu diesem oder jenem. Lehmbruck bemüht sich, feststehende Bilder seiner Menschlichkeit zu geben; er empfindet nicht zu einer Anekdote und darum fällt das Illustrative, Theatralische und Genrehafte weg. Diese Menschen sind eins mit ihrem Tun, sie spielen es nicht. Die Bewegungen eines *Ausschauenden* sind so gerichtet, daß er unserem Gedächtnis immer mit diesem Tun verbunden bleibt. Gesicht und Glieder sind nur auf das Ausblicken hin gebildet und darum gibt dieses wie jedes Blatt den Typ. Nicht den Typ, der aus tausend Dingen und zehn Modellen angeblich abstrahiert ist, sondern den Typ der Bewegung, die eben nur dieses eine ausführen kann, nämlich Schauen; Bilder einer festen, bestimmten Menschlichkeit. Ebenso eindeutig ist die räumliche Anordnung. An den Fassungen von *Raub II* beobachten wir die Läuterungen, das Herausbilden des Wichtigen; Unwesentliches wird getilgt und untergeordnet, damit die Gesamtlinie geklärt werde. Der Hintergrund spricht deutlich mit, ohne daß er durch unnötiges Gegenständliches ablenkt und Nebensächliches schildert. Nichts ist geschiedener, als Darstellung und Schilderung. Der Hintergrund gibt die Empfindungen als Ton dargestellt, er ist ein auslösbarer Teil des Ganzen, der Gesamtfunktion, da die Figuren hier Maß und Akzent für ihre Bewegungen und den Farbenwert finden. Gegen den Ausschauenden eilen und queren Linien, welche die Schwierigkeit des Ausblicks auf einfache Weise darstellen. Frei hebt sich die Männergestalt ab, denn Ausblicken ist ein Sichablösenwollen, der Vorgang ist bildmäßig deutlich und bedarf keiner genremäßigen Zutaten, welche nur die Größe des Aufbaus verletzten. Die Figur herrscht, das andere begleitet.

Die *Madonna* ist vom Hintergrund gefangen und geschützt, ruhige Vertikalen senken sich über die Gruppe, in der keine anderen Senkrechten vorkommen. So wird das Bild durch die Richtungen im Hintergrund bereichert. Der Ton ist schwer und saftig. Diese Madonna gibt die fruchtbare Frau wieder, die starke und schöpferische Kinder gebiert. Der Oberkörper ist flächig gehalten, hie und da jedoch plastisch betont. Hierzu kontrastiert der voluminöse Kinderakt, die Extremitäten geben stark entscheidende Raumbewegungen an. Die Gliedmaßen sind gänzlich in das Gefüge der Komposition eingestellt, denn diese gibt das Maß, und nicht ein akademisches Nachrechnen der Anatomie.

Meerstimmung. Die Linien des Mädchenkörpers erwecken in uns das Gefühl welliger Dünen. Dieser Körper enthält die Bildungen der Strandlandschaft. Er breitet sich ruhig aus wie endloser Himmel über dem Meer. Er hat die Stimmung einer weiten Meerlandschaft in sich gesogen. Der Rücken hebt sich ruhig wie ein Dünenhügel, das Bein streckt sich wie der lange Strand.

Bei der *Kleopatra* starren die Stiche der Nadel wie gezückte Messer, der Hintergrund ist aufgepeitscht.

Immer präziser bestimmt Lehmbruck die Form und damit die seelische Haltung seiner Gestalten, ohne sich auf die Manier eines Typs festzulegen. Seine Phantasie ist stark genug, die Empfindungen besonders und verschiedenartig darzustellen und das Repertoire des Menschlichen zu erweitern. Er erarbeitet sich den eckigen, etwas queren Körper von Knaben oder Mädchen bis zu den vollen gewundenen Formen der Frau, seine Akte sieht er immer auf ein kompositionelles Ganzes hin. Der einzelne Akt bedeutet ihm ebenso eine Form, die allein den Forderungen eines räumlichen Ganzen unterliegt, wie die

Gruppe. Niemals wird man das interessante, aber stets dilettantische Fragment antreffen; das räumliche Herausarbeiten erlaubt ihm vollständiges Ausschöpfen kompositioneller Bindungen, ohne daß dem Beschauer die Empfindung von Kunstgewerbe überkommt. Denn Lehmbrucks Gebilde sind von vornherein dreidimensional vorgestellt. Sie modulieren durch Tiefe und Höhe, wobei er den alten Mitteln der Überschneidung Neuartiges abzugewinnen versteht. Die räumliche Anordnung Lehmbrucks ist von jeder Akademie frei. Seine Köpfe bildet er in wesentlicher Deutlichkeit, er teilt sie in prägnant-plastische Komplexe auf, wobei er je nach der Empfindung die quellende runde Kurve ebenso benutzt, wie überecke Linien. Es ist wichtig, wie er die Einzelheiten des Aktes ordnet und in große Komplexe richtet. Er sieht sie wie das Ganze auf ihren plastischen Wert an, nicht auf das Interessante. Er weiß genau, welcher Empfindungswert im Format liegt, wo er breite oder hohe Blätter zu nehmen hat. Wir begrüßen in ihm einen Radierer, der in seinen Blättern die Form, das Kompositionelle, betont, dem er Unwichtiges unterzuordnen und zu opfern versteht.

Abbildungen hierzu auf den Seiten 379–386

Verlag Paul Cassirer, Berlin 1913.

Siehe auch: E. Petermann, Die Druckgraphik von Wilhelm Lehmbruck, 1964, mit ausführlicher Bibliographie.

Anmerkungen zur französischen Plastik und der Kunst des Jean Baptiste Carpeaux

Kaum erneuerte sich jemals eine Kunst dermaßen bedingt wie die französische Plastik, unter zweifelhaften, ja gefährdenden Voraussetzungen. Man vergaß den Besitz der einzigen Gotik und verstand ihre Formen nicht mehr, wenn sie auch, wie zufällig, in Werken wie dem »Bruno« Houdons, den »Bourgeois de Calais« und dem »Balzac« Rodins blitzhaft aufleuchten mochte. Ein Erneuern der Tradition wurde nötig, wenn überhaupt noch französische Plastik sein sollte.

Die italienische Renaissance hatte einen neuen Formgedanken vorbereitet, das Barock. Vielleicht ist es erlaubt, das Barock einmal der Renaissance voranzustellen, zumal wir glauben, daß erst mit diesem ein ursprünglicher Gedanke ausgezeichnet wurde, der uns Heutige wieder zu gestalten anhebt und unseren Formvorstellungen eingeordnet wird. Man unterschätzt vielleicht infolge der Primitivität mancher unserer Künstler, die sich in ihren Arbeiten einer anders gearteten elementaren Haltung hingeben, das Barock und wehrt sich, ihm hemmungslos nachzugehen. Man tadelt die Überfülle, das kraus gerollte dieser Ornamente. Lag es doch nahe, das Barock mit dem Stillosen zu verkuppeln und sein Elementares als Großmannssucht und wüstes Übertreiben scheltend zu beschauen. So begreifen wir, daß man der Natur Michelangelos trotz allem Lobpreisen und Beschwärmen zweifelnd und mißtrauisch gegenüberstand, sogern man ihn auch zum Prototyp des Schöpferischen erhob.

Das Barock war eine neu erfundene Formenwelt, fähig, das ganze Empfinden und Leben auf sich zu beziehen und zu beherrschen. Allerdings, es mag wahr sein, das Barock wurde in einer vielleicht niedergehenden Zeit erneuert; es ist der Stil einer Zeit vielseitiger Leidenschaft und gewandter Klugheit. Jedoch fragt sich's, ob es notwendig nur niedergehenden Geschlechtern verpflichtet ist. Das barocke Liniament bedeutet einem Künstler wie Giotto gegenüber keine Formverwilderung, vielmehr ein Mittel, vom anderen Standpunkt aus eine Seheinheit zu gewinnen. Solche Deutung verschuldete eine naturwissenschaftliche Suggestion, und man gab vor, aus Vergangenem lasse sich Folgendes restlos herausziehen; während es unstatthaft ist, zahlenmäßiges Verrechnen auf das Bestimmte und Einziggeartete, nämlich Kunst, anzuwenden. Nichts berechtigt dazu, das Barock an eine bestimmte Zeit zu binden; denn es ist gleichsam ewig, wenn es auch dann und wann zu heimlichem ungeschautem Leben versenkt wird. Man sollte endlich davon lassen, von geschichtlichen und einzelnen Schöpfungen, die immer nur Relatives bedeuten, auszugehen und mit Vergleichen zu binden, zu werten und zu diskreditieren. Ein Vergleich wird nimmer verpflichtende Werte ergeben, da er naiv die stete Wiederholung konkreter Einzelheiten voraussetzt. Vielmehr stellt der Vergleichende einen Kompromiß auf, wobei er die beteiligten Dinge und ihr Eigentümliches bestiehlt. Das Überlegen im Vergleich ist der Gegensatz von forderndem, selbständigem Denken.

Das Barocklineament ist eine plastische Kurve, die wagt, in einer Bewegung alle Richtungen des Dreidimensionalen darzustellen. Wird sie malerisch, so wird dem Modulieren der Ausdehnung eine bestimmte plastische Ordnung des Farbigen entsprechen; ungefähr wie Cézanne oder Chardin ihre einfach orientiert farbigen Probleme zu lösen verstanden. Vielleicht, durch unschöpferisches Vermischen älterer Renaissanceüberlieferungen und der neuen Formabsicht entstand jenes falsche Barock, das naiv einen perspektivischen Illusionismus mit dem Neuen verwechselte. Es ist das unvergängliche Verdienst der zwei Entdecker eigener französischer Kunst aus dieser Welt ein Klassisches hervorgeholt zu haben; ich meine Puget und Poussin. Gerade Poussin hob deutlich das Unnaturalistische dieser Welt heraus, definierte sie als innere gesetzmäßige Anschauung und steigerte die angeblich gesetzlose Ausdruckskunst durch den Platonismus der Florentiner Akademie zum Klassischen. Trotz der eindeutigen Fassung ging die Klassik Poussinischer Gesinnung verloren; der größere Teil der Nachwirkungen des Barocks zeigt eine unerfreuliche bequeme, kunstgewerbliche Gesinnung. Das Konstruktive, das Puget noch deutete, wurde vom Ornamentalen und Zierenden verspielt, und schwer vermag man in den

Arbeiten der Nachfolger, bei Robert le Lorrain oder Pierre Monnot, das Wollen Pugets wiederzufinden; vorausgesetzt, man verschmäht es, den Klassizismus, d. h. eine Vermischung alter Gesamtform und modischer Details, als Klassisches vorzutäuschen. Erst in unseren Tagen wurde die Zwiespältigkeit französischer Plastik endgültig durch Rodin und Maillol gelöst. Rodin entriß der Überlieferung den Willen zum Bewegten, er erzeugte dieses ohne den üblichen, ermatteten Kontrast von Architektur und organischer Form, von Geometrischem und modulierendem Ornament zu mißbrauchen; wobei er sich bald von Gotik, bald vom Barock anregen ließ. (Ich erinnere an den Bosetto di Fontana, der Rodinschen Arbeiten ganz nahesteht.) Maillol stellte das statisch Geglichene hin, nicht ohne Associationen mit älteren Überlieferungen gänzlich vermeiden zu können. Beide erläuterten klar genug den Gegensatz von französischer Romantik und Klassik, fragmentarischem Ausdruck und gesetzmäßigem Hinstellen. Diese Künstler mußten unfreiwillig die Leistungen des Carpeaux verdunkeln. Und doch entschied dieser Mann zu Wesentliches, als daß man ihm nur die Rolle des Handlangers zuweisen könnte. Wir wagen zu behaupten, daß Rodin in ihm fast restlos vorausgeschaffen ist, ebenso wie man vielleicht sagen darf, daß im Louvrerelief der Flora Maillol vorgebildet wurde.

Leicht nennt man Carpeaux einen Eklektiker, gerade weil in ihm die Voraussetzungen beider Künstler gegeben sind. Aber mit gleichem Recht könnte man diesen entgegnen, sie hätten sich Carpeaux gegenüber spezialisiert. Das Erforschen französischer Plastik ist in Deutschland noch jung. Man beschäftigte sich am ehesten mit den Künstlern, die kämpferischen Absichten entsprachen. Die letzten Schöpfungen hielt man unter dem Zwang polemischer Gründe für die Endergebnisse und je gesteigerter in einem Werk eine Richtung vorgeführt war, um so eher wandte man sich ihm zu. Es ist nötig, endlich die Überlieferung französischer Plastik festzustellen. damit man der Gefahr entgehe, die Künstler vereinzelt zu sehen. Gerade im Plastischen mag man sich zu genauen Erläuterungen der angewandten Formgefühle bequemen, des Klassischen und Romantischen, des Klassizistischen und Kunstgewerblichen. Rodin erstarrt nicht mehr in einer wundertaumelnden Isolierung zum unbegreiflichen Phänomen, wenn man seinen Werken die Wachsmodelle Carpeaux' voranstellt; die Holzreliefs Maillols gewinnen festen nationalen Boden neben den Najaden des Jean Goujon und der Flora Carpeaux'. In gewissem Sinne brachte Carpeaux für die französische Plastik die Entscheidung.

II.

Um Carpeaux' Leistungen zu bewerten, muß man die vernachlässigte Plastik Frankreichs eingehender verdeutlichen und darstellen, was sie von den Geschicken der Malerei trennt. Die Entdeckungen Pugets und Poussins waren verschieden geartet, sie gaben ihren Künsten zweierlei Richtung und die Folgen zerteilten sich gänzlich. Poussin gelang es, dem Staffeleibild die Grenzen der Darstellung zu bestimmen. Puget hingegen eröffnete die gefährliche Liebe zum Beiwerk, eine vage Virtuosität, die sich unsachlicher Surrogate bedient. Unglücklicherweise wuchs die französische Plastik nicht aus einer eigenen Architektur heraus; drum entbehrte sie von Beginn des tektonischen Zwangs und einfacher Formelemente. Man warf Spätantike und Barock mit pompösem Schwung zusammen und pfropfte zwei Ausdrucksarten aufeinander, von denen die eine nur durch Reminiscenzen an frühere Kunst gehalten wurde und eher der Vereinfachung als eines Bündnisses mit dem bewegten Barock bedurfte. Drum entbehrt französische Plastik öfters einheitlichen Sinn, das kleinlich Bewegte wird um geometrische Formen, Uhren, Möbel, Brunnen gehäuft, die es mit Mühe durch den gewaltsamen Kontrast beruhigen. Dies Kunstgewerbliche bedeutet ein Mißverstehen der Einheit von italienscher Barockarchitektur und Plastik. Das Wesentliche des Barock war es, eine Kurve gefunden zu haben, mächtig genug, das Architektonische dramatisch zu modellieren und die Skulptur im gleichen Geiste zu schaffen. Hier wurde dank der Einheit der Form nur ein Mittel gebraucht, um die verschiedenen Dinge, Architektur, Skulptur, Brunnen usw. zu bilden. Diese Architektur jedoch, die der italienischen Plastik ihren Sinn gab, fehlte in Frankreich; statt eines Gesetzes erstrebte man erregte Ideale und schwankte unaufhörlich zwischen romantischem, literarisch gestimmtem Ausdruck und einem gemäßigten Klassizismus. Dem Gesetz unterschob man das beschränkende Maß, dem gesteigerten Typus die allegorisierende Idealfigur höfischer Luxusvorstellungen. Selten bekannte man sich zu einfacher, deutlicher Darstellung, versperrt von einer zwiespältigen problematischen Überlieferung. Michelangelo, der die französische Plastik geradezu beherrschte, wurde ihr zum Verhängnis, da man die Anregungen dieses Monumentalkünstlers zu kleinlichem Wollen verzärtelte. Weder Carpeaux noch Rodin erledigten die Zwiespältigkeiten. Erst Maillol suchte einfache Lösungen auf.

III.

Über einzelne Werke Carpeaux'

Der Tanz oder die Weltteile entspringen noch der kunstgewerblichen Gesinnung, welche die französische Plastik Jahrhunderte lang befangen hält. Ich stelle absichtlich beide Werke zusammen. Der Tanz Carpeaux' erinnert an alte Kanzeln- und Brunnenmotive, die man gewiß nicht als einfache Aufgaben ansprechen kann. Es charakterisiert die Erfindungsart Carpeaux', daß er den Tanz zuerst als Freiplastik ausführte; dieser Fassung fehlt die Mittelfigur der Tamburinschlägerin. An der Oper ist dies Motiv eingefügt; die Gruppe gewinnt Reliefwirkung, da die Tamburinschlägerin die anderen Figuren etwas gewaltsam bezwingt, weil sie die stärkste Plastizität hat. Der Tanz ist vom Hintergrund fast unabhängig; nur durch Verschiedenheit der Tiefenverhältnisse erhalten die anderen Figuren Reliefwirkung. Diese also ist nicht als Gesamtform konzipiert, sondern entsteht aus dem Tiefenverhältnis der Figuren untereinander. Dabei sehen wir fast mit Widerstreben, daß die plastisch freieste Figur von den anderen umschlossen wird. Es erklärt sich dies aus dem zweifelhaften Motiv, das ein gewaltsames Zustopfen seiner Löcher verlangt. Der Künstler ermüdet nicht, möglichst viele Ansichten zu häufen, um das Auge in fortwährender Bewegung zu halten. Angeregt wurde er zweifellos durch die Marseillaise seines Lehrer Rude. Gewiß, die Bewegung des Kreisens ist unerhört stark gefaßt und variiert. Die Mittelfigur mit ihren entgegengesetzten Richtungen zwingt die Gruppe zum Zusammenhalt, aber die Mäßigung der Flächen, die Jean Goujon übte, ist verloren. Wir sehen ein Werk französischer Romantik, das den Superlativ vom plötzlichen Ausdruck anstrebt. Einen Vorzug besitzt es vor den verwandten Arbeiten eines Lorrain oder Monnot. Der Hintergrund ist nicht mehr literarisch, also gegenständlich betont. Die Erzählung beschränkt sich auf die Figuren, die einem gemeinsamen, äußerst abgestuften Tun hingegeben sind. Doch glauben wir, es ist die Virtuosität, die den Tanz motiviert und trägt. Diese fantaisie, die der Franzose scharf von der Imagination trennt, enthält stets Zweideutiges. Eine Plastik, die aus dem Bewegten erfunden ist, ohne dies als Einheit zu benutzen, wird auf die Steigerung gegenständlichen Empfindens und verbindliche Fertigkeit angewiesen sein. Die fantaisie stellt ein elementares Gefühl in einzelbewegten Figuren dar; die Gesamtbewegung wird durch das Erzählte aufgeheftet.

Reiner und einfacher stehen die Weltteile da. Doch auch sie zeigen noch die Herkunft vom kunstgewerblichen Motiv, das sich selbständig kaum zu rechtfertigen vermag, da es immer auf eine ihm entgegengesetzte Form hinausweist. Ich erinnere an die hellenistisch-römische Gruppe der Louvrenymphen, die eine Schale tragen, an die klassizistische Arbeit Germain Pilons der drei Urnenträgerinnen, die Uhr von Falconnet und die Leuchter Clodions. Das Motiv ist unplastisch und wiederum nur durch die Fülle der Bewegung zu rechtfertigen, die verschmelzende Virtuosität und ordnenden Geschmack erfordern. Problematisch bleiben diese Schöpfungen »der Tanz und die Weltteile«, sie sind grob gesprochen noch Garnierungen eines leeren literarischen Lochs. Wobei das Mittel der Fernwirkung nach innen (ein Paradox) angewandt ist. Die plastischen Massen entbehren den Kern und Mittelpunkt, in dem sich die Bewegungen binden und zusammenströmen. Die Geste ist zu materiell und wörtlich als bewegte eindringliche Aufmunterung des Beschauers verstanden. Diese Problematik ist in der ganzen französischen Plastik beschlossen. Trotzdem entschied Carpeaux vieles mit seinen Arbeiten. In den vier Weltteilen wurden die Möglichkeiten unplastischer Motive erschöpft und die Gebundenheit an das Kunstgewerbliche unwiderruflich gelockert. Diese Figuren stehen in solch freiem Verhältnis zu dem gestützten Gegenstand, daß sie ihn fast entbehren können.

In zwei Monumentalarbeiten kommt Carpeaux der modernen Plastik fast ganz nah: Im Ugolino und der Flora. Allerdings fand er noch nicht die Lichtverschmelzung Rodins oder Maillols Formeinfachheit. Der Ugolino geht auf den Kauernden des jüngsten Gerichts in der Sixtina zurück und dem Ugolino ist der Denker Rodins äußerst verpflichtet. Die Arbeit verbindet sich jedoch diesem nicht durch gleichstehende Geistigkeit, ihnen sind nur das Motiv, die Stärke enes angespannten Gefühls und die außerordentliche Virtuosität gemein. Im Ugolino sind Kunstgewerbe und mißverstandenes Barock überwunden; das Klassizistische konnte in der Empfindungswelt Carpeaux' keinen Platz finden. Immer noch ist diese Arbeit romantischer Art; und die plastische Einheit deckt sich nicht ganz mit der Erfindung. Eine allegorische Zwiespältigkeit belastet noch diese Werke, allerdings nicht so hemmend wie früher.

Für die Porträtbüsten besaß Carpeaux ein unvergleichliches Vorbild in Houdon. Carpeaux' Arbeiten sind bewegter als die des Vorgängers, stärker aus dem Modélé heraus erfunden; das Manuelle wird weniger verborgen und als Ausdrucksmittel benutzt, um dem Ganzen die einheitliche Bewegung des Entstehungsprozesses zu erhalten. Rodin fand die impressionistische Einheit durch Aufzeigen des schaffenden Modélé, das er in Übereinstimmung mit der Lichtführung brachte, wobei er Romantik und Kunstgewerbe nicht gänzlich entließ. Maillol bemühte sich um Ursprüngliches, er suchte einfache Formen und gab sich einer anderen, elementaren Überlieferung hin.

Abbildungen hierzu auf den Seiten 387–391

In *Kunst und Künstler*, 1913/14, S. 487—495 (Drucknachweis durch freundlichen Hinweis von K. R. Schütze, Berlin).
Siehe auch: Katalog *»Sur les traces de Jean Baptist Carpeaux«*, Paris 1975.

Das Gesetz

Es bezeichnet die heutigen Gesetze, daß sie unser Menschliches nicht berühren. Sie stehen fast außerhalb unseres Lebens. Man meint, grade hierdurch lasse man der sogenannten freien Persönlichkeit offenes Feld. Unter diesen kann ich mir nur das Undeutliche vorstellen, entweder etwas, das kläglich im einzelnen bestimmt und stimmungsgemäß sich im Einzelfall erledigt oder ängstlich nachahmend ohne Sittlichkeit und Bewußtsein einen Brauch verbreitet. Beide Arten solchen Reagierens schließen das Fordernde, das Gesetz aus.

Die heutige Menschheit, der jedes Produktive als krankhafte Ausnahme erscheint und es nicht als das nötig Selbstverständliche anzusehen vermag, entbehrt der fordernden schöpferischen Sittlichkeit, einer solchen, die den gegenwärtigen Menschen steigert und den künftigen bestimmt. Dies ist klar, daß wir heute des irgendwie Konstruktiven ermangeln. Die impressionistische Gesinnung wird als Negativ verschwinden; bei ihr ergibt sich die Einsicht als Folge des geleisteten Akts; und wie einer handeln werde, läßt sich psychologisch erraten, aber nicht gesetzmäßig bestimmen. Einen bestimmenden Willen gibt es heute nicht; nur einen durch die Gleichart der erstrebten Objekte zählbaren. Der Weg jedoch, der zu diesen führt, bleibt der Person vorbehalten. Dies ist der Sinn der Ethik, den Willen und den Weg zu bestimmen, eine Ordnung der Wege zu geben, die vom Einzelobjekt unabhängig und diesem nicht dialektisch unterworfen sind.

Das Gesetz ist Darstellung des stärksten Wollens und ursprünglich, insoweit es wohl bestimmt, selbst jedoch sichtlich frei ist. (Es wird hier nicht von abgeleiteten Verordnungen, Regeln, Maximen gesprochen, sondern von einfachen Gesetzen.) Das Gesetz ist eigentliche Willkür. Es ist ein produktives Moment und entzieht sich der Analyse, da es das Äußerste an innerer Anstrengung bedeutet. Man muß wieder das vermehrende stärkende Gesetz anerkennen, das gänzlich abgetrennt vom Maß oder gar dem heute Üblichen, »der Hemmung«, ist, welche die Ruhe einer vagen Allgemeinheit schützen soll. Es ist heute jedem belassen, ein kleiner Schuft zu sein, einfach, weil es kein Gesetz gibt, das die Qualität einer Menschenart bestimmt. Die Individualperspektive ist das Unglück, die Betrachtweise, wie einer anders ist. Dem anderen gibt das Gesetz Mittel, sein Anderssein, wohlgleitend und in Ruhe, zu erledigen. Diesem wiederum steht eine objekterfüllte Uniformierung gegenüber, deren unangenehmer Mechanismus sobald wie möglich vergessen wird. Das Individuum kann das Individuum heute nur in der Sache, dem Mechanismus treffen.

Das Gesetz ist ein Akt menschlicher Unmittelbarkeit. Menschlich unmittelbar ist der, dessen Existenz die Sichtbarmachung transzendenter Gebilde einschließt, ja bedeutet. Es ist als Anhalt jeder Revolte zu bezeichnen, daß sie sich mit einem transzendenten Inhalt beschäftigt; denn Revolte hat nur Sinn, insoweit Gesetzbildung erstrebt wird. Das Gesetz ist die transzendente Voraussetzung der Daseinsbildung und Ausdruck des Wollens, das mit einem spontanen Sollen identisch ist.

Das Gesetz ist der Regel gänzlich fremd; diese rät lediglich die Anwendung einzelner Teile und ist stofflich und gänzlich teilmäßig bestimmt. Das Gesetz hingegen fordert ein Dasein, das auf der Unmittelbarkeit des Menschen basiert.

Es handelt sich darum, den Sinn des Gesetzes gänzlich aus dem menschlich Elementaren, nicht aus den Wissenschaften zu gewinnen, und diese unterzuordnen.

In *Die Aktion*, 4. Jg. 1914, Sp. 117 f.

Fünf Gedichte

I

Nicht die, mein Gott, so jähe Messer schwenken,
Nicht die, welch Liebe blöd verführte,
Noch die, die in dem Elend andrer waten.

Wer unsres Lebens steten Tod verspürte,
Dem die Gedanken breiten Rücken senken;
Die jahrelang das Nichts als einz'ges taten.

II

Dies taube Liegen auf Gedanken
Hohl wie die Rücken gleitender Messer;
Der Schmerz vor Lauten, die Gedanken widerlegen.

Es mögen sich Begriffe um das Starre ranken,
Du bohrst dich in die Leere immer besser,
Bis du erschluchzst nach irrer Schreie Segen.

Daß deine aufgedrungen starren Augen schwanken,
Daß deiner Hohlheit Tore sich verbögen
Und du in deiner Nullheit niederbrichst.

III

Du bist nun gänzlich eingedrungen,
Vergaßest auch des Stuhls, worauf du sitzest;
Du starrst, daß du im Winter an dem Flusse schwitzest.

Die Luft ist dir versandet und gerunnen,
Die Füße hackte dir das Ruhen ab
Und in der Stille weißt du nicht dein Grab.

Die Blitze stumpfen ölig in der Ruhe,
Des Ungewitters Mühe gießt vergeblich
Und deine Füße kosten nur die Schuhe.

Noch lange, nie erwarte deinen Gott;
Denn schmutzig liegst du, unerheblich,
Und deine Leere ist sein Spott.

IV

Der Städte abgedrehte Lichte,
Der Trunknen Fallen in den frühen Straßen,
Der Mörder nichtiges Geheule.

Sie preisen abgelegene Gesichte,
Vor denen sie gleich schlechtem Wind vergasen.
Und Gott steht tastend an der Beule,

Die er genannt, als er sich selbst verschworen
Und gegen seinen Atem seine Hand gerafft.

Vor seinem Fuß entsank die Keule.
So hat er dies Geschöpf in Sünd' geschafft.

V

Ich tat mir Lieb mit Lieb erwürgen

Und wählte der Geliebten meinen Feind zum Gegengift.
Doch die Geneigtheit stellte Feindschaft sich als Bürgen.

Dieweil die beiden in die Schultern sich verbissen,
Hat totes Lieben mich in jähes Sterben eingekleidet,
Und zwischen zweien zugebeugten Klippen bin ich eingeschifft.

Wem hätt' ich stummes Irrsein je geneidet!
So seh ich brennend mich dem Gott entfernt,
Und lustlos makelnd tausche ich Gefühle.

Gedanken sinken mir entsternt,
Und Huren drehen taubem Korn die runde Mühle.

In *Die Aktion*, 4. Jg. 1914, Sp. 216—218.

Totalität

I

Über die spezifisch gesonderte Stellung hinaus bestimmt Kunst das Sehen überhaupt. Das Gedächtnis aller angeschauten Kunst belastet den Betrachter, wenn er ein einzelnes Bild ansieht oder einen Natureindruck aufnimmt. Die Kunst verwandelt das Gesamtsehen, der Künstler bestimmt die allgemeinen Gesichtsvorstellungen. Somit die Aufgabe, jene zu organisieren. Damit die Augen der Allgemeinheit sich ordnen, sind Gesetze des Sehens nötig, die das Material des physiologischen Sehens werten, um ihm einen menschlichen Sinn zu verleihen. Unsere räumlichen Vorstellungen werden uns bedeutend, da wir durch die Kunst imstande sind, sie zu bilden und zu verändern. Kunst wird wirkende Kraft, wie weit sie vermag, das Sehen gesetzmäßig zu ordnen. Zu oft verwechselte man die Typen des psychologischen Ablaufs des Kunstbetrachters mit den eigentlichen Gesetzen, indem man naiv den Betrachter mit dem Bildwerk verschmolz.

Kunstgesetze ergeben sich nicht aus den Begriffen, die dem Urteil über Kunst zugrunde liegen; vielmehr bauen sich die Kunstgesetze auf den Grundformen auf, die einem möglichen Kunstwerk zugrunde liegen. Unter dem Einflusse der Philosophie erhob man, diese überschätzend, die Lehre vom Kunsturteil zur Grundlage der Ästhetik und glaubte so das der Kunst Eigene konstruieren zu können. Es ist dies die Folge der Lehre, daß Philosophie Wissenschaftslehre von den Begriffen sei, die unserem Erkennen zugrunde liege, so daß man daraus schloß, Ästhetik sei die Lehre von den Begriffen, die dem künstlerischen Urteil zugrunde liegen. Hier zeigen sich deutlich die Folgen eines indirekten Verfahrens, daß nicht die gegebenen Tatsachen zu Voraussetzungen erhoben werden, sondern ein surrogierter psychologischer Verlauf oder intellektueller Bestand, dessen Funktion wiederum gleichsam metaphysische Substrakte unterlegt werden. Eine entscheidende Tatsache ist das Urteil über Kunst nicht, dem stets als mindestens gleichberechtigt der Vorgang des Kunstschaffens entgegengestellt werden kann. Vielmehr die einfache Tatsache, daß eine Reihe von Leistungen vorhanden ist, die Kunst darstellen. Gewiß könnte man annehmen, daß man aus dem Urteil der Kunsterkenntnis bestimmen könne, was denn Kunst überhaupt sei, wo sie beginne und wo sie aufhöre; zumal eine erdrückende Menge angeblicher Kunst besteht, welche als schlecht, gemein oder unkünstlerisch bezeichnet wird. Hier setzt der Begriff des qualitativen Urteils ein, das zwar nichts Objekthaftes dem Gegebenen hinzufügt, aber auch nicht innerhalb des gegebenen Bestandes verharrt. Zumal der Beschauende durch das Urteil für sich den Tatbestand bestimmend verwandelt und festlegt. Diese Widersprüche sind durch die Natur des Kunsturteils selbst bedingt, da dieses nicht intellektuell ist, vielmehr von den Elementen der Form auszugehen hat.

Vielleicht wird man, um zu einer deutlichen Vorstellung zu gelangen, die Ästhetik nicht mehr als ein Methodengebiet der Philosophie betrachten dürfen, worin die Methode der Kunsterkenntnis untersucht wird, und zwar Erkenntnis in dem Sinne definiert, daß Erkenntnis etwas Posthumes sei. Vielmehr verlege man den Begriff der Kunsterkenntnis in das spezifische Schaffen selbst; in dem Sinn, das einzelne Kunstwerk selber bedeutet einen spezifischen Erkenntnis- und Urteilsakt. Gegenstand der Kunst sind nicht Objekte, sondern das gestaltete Sehen. Es geht um das notwendige Sehen, nicht um die zufälligen Objekte. So dringt man zu den objektiven Elementen dessen, was apriorische Kunsterkenntnis ist, die sich im Urteil über Kunst nur a posteriori ausspielt. Der Erkenntnisakt, d. h. die Umbildung der Weltvorstellung, geschieht weder durch das Schaffen des Kunstwerks oder das Betrachten, vielmehr durch das Kunstwerk selbst. Denn Erkenntnis, die über ein kritisches Verhalten hinausgeht, heißt nichts anderes, als Schaffen von Inhalten, die an sich gesetzmäßig, d. h. transzendent sind.

Die Gesetzmäßigkeit der Logik ist nicht allgemein, sondern Logik ist spezifische Wissenschaft wie Physik oder irgendwelche, die ihre eigenen Gegenstände besitzt, es aber nicht unternehmen darf, ihre besonderen Gegenstände zum Inhalt einer allgemeinen Wissenschaft umzufälschen.

Aus diesen Anmaßungen der Logik entsprang der Irrtum, daß man mit logischen Hilfen religiöse Systeme zerstören könne, während man nichts weiter erwies, als daß Logik unfähig sei, die gesamten geistigen Bestände zu erfassen und zu gründen. Wie die Scholastik glaubte, daß man mit dem Urteil das Sein erzeuge, so gab man sich dem nicht minder gefährlichen Irrtum hin, daß nur die Logik geistige Systeme auf ihr Daseinsrecht hin begründe. Logik ist nichts weiter als die Lehre von den Begriffen, die der Logik selbst zu eigen sind, die aber auf die geistige Welt nicht beherrschend oder rechtfertigend wirken können, vielmehr mit ihr nur so weit verbunden sind, als sie auch einen besonderen Teil des Bestandes darstellen. Aus dieser irrtümlichen, zu verallgemeinerten Anwendung der Logik ergaben sich in jedem Sondergebiet Antinomien, die verschwinden, sobald man jedes Gebiet auf seinen besonderen, objektiven, wirklich erkenntnismäßigen Bestand prüft. Die Logik als allgemeine Wissenschaft ist eine Technik des Vergleichs, woraus sich unmittelbar der dialektische Charakter der logischen Praxis entwickelt, was der Möglichkeit, Gesetze aufzustellen, zuwiderläuft.

II

Psychologie ist nichts anderes als eine Reaktion gegen die Logik. Man hoffte zu bestimmteren Ergebnissen zu gelangen, wenn man einzelne Fähigkeiten oder Funktionen konstruiere. Die Psychologie begründete ihre Erkenntnis zumeist auf Tatsachen, die gänzlich außerhalb des Philosophischen liegen, die wohl Bestandteile unseres Seins ausmachen, jedoch niemals den besonderen Bestand gesetzmäßiger totaler Gebiete erklären können, da sie vielleicht Vorbedingungen erörtert, aber nicht den unmittelbaren Bestand. (Es ist einzufügen, daß Psychologie häufig mit Mischbegriffen operiert). Sie verfällt ebenso wie die Logik dem Irrtum, eine Wissenschaft sei fähig, mehr als über sich selbst auszusagen. Dies entspringt dem Fehlen einer allgemeinen Metaphysik, die, ebensowenig wie eine andere Wissenschaft, Regeln der Sondergebiete zusammenzufassen vermag und nur als geschlossene oberste Realität, als intensivste Gewalt unseren Fähigkeiten gelten darf, nicht aber als extensiv allgemeine.

III

Was alle diese Gebilde der geistigen Welt trennt und somit ihnen zu einem bestimmt geformten Sein verhilft, ist Totalität. Gebilde sind erst, wenn sie deutlich sind, Form gewinnen; nur die Totalität, ihre Geschlossenheit macht sie zum Gegenstand von Erkenntnis und ermöglicht, daß sie realisiert werden können. Denn jede Realisierung und jede Bewußtheit heißt nichts anderes als Abgrenzung; Totalität ist nichts anderes als ein geschlossenes System spezifischer Qualitäten, und dieses ist total, wenn eine ausreichende Intensität die Totalität begleitet. Totalität macht, daß das Ziel jeder Erkennnis und Bemühung nicht mehr im Unendlichen liege, als undefinierbarer Gesamtzweck, vielmehr im einzelnen beschlossen ist, da die Totalität das konkrete Sein der einzelnen Systeme rechtfertigt, ihnen den Sinn verleiht. Totalität ermöglicht die Aufstellung qualitativer Gesetze, insofern die Gesetzmäßigkeit im einzelnen System nicht mehr auf der variierten Wiederholung und der Wiederkehr des gleichen beruht, vielmehr auf der Artung elementarer, spezifischer Gebilde. Hierdurch gelangt man zur Aufstellung qalitativer Gesetze, die immer ein geschlossenes System ergeben; die nicht quantitativ variieren, sondern intensiv, die nicht endlos wiederkommen, sondern qualitativ sich ablösen, so daß es möglich ist, solche Gesetze auf den zeitlichen Verlauf anzuwenden, z. B. die Biologie, ohne daß man genötigt ist, das Individuelle der Tatsachen zu zerstören.

Wir betonen, daß Erkennen nicht ein kritisches Verhalten ausmache, vielmehr ein Schaffen von geordneten Inhalten, d. h. totalen Systemen bedeutet. Als System gilt uns nicht mehr die Einordnung einer Vielheit, die gewisse einseitige Merkmale aufweist, wir fassen darunter keine irgendwie quantitativ bestimmte Ordnung, d. h. eine solche, die eine gewisse Zahl von Gegenständen umfaßt; vielmehr bezeichnen wir als System jede konkrete Totalität, die nicht durch ein außenliegendes Instrument eine Ordnung oder Gliederung erfahren kann, sondern die an sich schon organisiert ist. Indem wir das Erkennen als Schaffen konkreter Organismen definieren, entziehen wir die Erkenntnis der Lehre einer sich wiederholenden Allgemeinheit. Hierdurch wird die Erkenntnis ihrer theoretischen Isoliertheit und Bedeutungslosigkeit entrissen, und das Erkennen wird dem Schaffen gleichgesetzt und ein Unmittelbares geschaffen, das zwar latent da war, jedoch nicht dargestellt wurde.

IV

Totalität ist ein in keiner Weise ableitbarer Begriff, der weder aus Teilen gewonnen, noch auf eine höhere Einheit zurückgeführt werden kann (rechtfertigt jedes Lebewesen).

Totalität schließt niemals irgend etwas aus, d. h. vor ihr gibt es weder ein Positives noch ein Negatives, denn der Kontrast, d. h. die unbedingte Einheit von Gegensätzen, macht die Totalität aus.

Totalität ist niemals irgendwie quantitativ bestimmt und kann immer eintreten gemäß rein qualitativer Voraussetzungen. Jeder individuelle Organismus muß total sein.

Totalität ist nicht Einheit; denn diese bedeutet stets Wiederholung, und zwar Wiederholung ins quantitativ Unendliche; während Totalität als endliches System nur unter Mitwirkung aller bestimmten, verschieden gearteten Teile eines Systems da ist. Infolgedessen wird, was eine übergedankliche Tendenz besitzt, innerhalb des Gesetzmäßigen ausgeschaltet.

Die Totalität ermöglicht die konkrete Anschauung, und durch sie wird jeder konkrete Gegenstand transzendent. Sie hat als Intensität nichts mit der extensiven Größe des räumlich Unendlichen zu schaffen, dessen Abgeleitetes das Zeitlich-Unendliche der Physiker ist.

V

Innerhalb des seelischen Verlaufs nehmen wir totale, d. h. geschlossene Gebilde auf.

Diese Gebilde machen das Gedächtnis aus und funktionieren als geschlossene Qualitäten, da gerade die Totalität ihren Sinn ausmacht, insofern sie von der Totalität die qualitative Bestimmung erhalten. Wir wären nie imstande, Bestimmtes vorzustellen und zu bestimmen, wenn unser Gedächtnis nicht die Vereinigung prägnanter qualitativer Gebilde darstellte, ohne die, da Totalität eine Funktion ist und eine zeitliche Bestimmung erhält, die Zeit für uns nie Unterschiede enthalten könnte. Zeit, rein vorgestellt, muß qualitativer Unterschied der Erlebnisse bedeuten, der, allegorisch an Hand geometrischer Vorstellungen betrachtet, räumliche Folge bedeutet, während Zeit nur Unterschied der Qualität ist.

Da wir Erkennen als Schaffen konkreter Gegenstände definieren, sind Prinzipien erst an Hand des Seins, dieser Art des Erkennens, vorstellbar. Die apriorische Voraussetzung des Prinzips ist die Qualität resp. die Totalität. Alle qualitativen Prinzipien sind Umschreibungen a posteriori der Totalität. Kunst erkenntnismäßig betrachtet, geht nicht auf Begriffe, sondern auf die konkreten Elemente der Darstellung.

Der totale Gegenstand absorbiert jeden psychologischen Verlauf, der auf ihn hinzweckt, also auch jede Kausalität. Die kausale Betrachtung ist eine rein rückschauende, welche stets den konkreten Gegenstand überschreitet; die Ursachen sind surrogiert, nicht das Totale. Die Ursachen eines Gegenstandes liegen in einer anderen, postumen Ebene als der Gegenstand selbst. Kausales Denken löst in eine ungegliederte Vielheit auf und veräußert ihren Gegenstand zur Allegorie eines unsinnlichen Vorgangs, der außerhalb des Gegenstandes liegt. Darum sagt sie nicht über die Form, die Qualität desselben aus.

Das Gedächtnis ist die reine Funktion qualitativ verschiedener Erlebnisse, die ihrer Qualität nach untergeordnet werden und *simultan* latent sind, um zu agieren innerhalb eines qualitativen Erlebnisses, das Entsprechendes oder Entgegengesetztes hineinnimmt. Am konkreten Erlebnis besitzen wir die Zeit unmittelbar, an der Beziehung des Qualitativen bewußt. Wir messen die Zeit mittelbar wissenschaftlich mit Hilfe der Größe und verwandeln sie in ein simultan Räumliches, während sie unmittelbar Differenz der Qualität ist.

In der Beziehung des konkreten Erlebnisses zu den qualitativen Funktionen der Gedächtnisvorstellungen greifen wir die Zeit unmittelbar. Jeder Gegenstand kann total sein, insofern es keine einfachen Gegenstände gibt.

Totalitäten unterscheiden sich voneinander durch Intensität, d. h. je kräftiger und reicher der Bezug ihrer Inhalte ist, je mehr diese selbst vielseitige Elemente darstellen.

Diese Denkweise geht vor allem auf Erschaffen von Gegenständen aus und knüpft aufs engste an den unmittelbaren Lebensprozeß an, der, wie das Gedächtnis, rein qualitativ bestimmt ist; denn die Zahl ist das Mittel eines retrospektiven Denkens, das die Erlebnisse simultan vorstellt und uns zu der Täuschung veranlaßt, eine Kontinuität sei nur durch das Unqualitative und nur die Zahl verbürgt, während die Totalität eine bis ins kleinste gegliederte Zeitfolge erweist, die in jedem Punkt zeitlich, d. h. qualitativ unmittelbar interpretiert, deren Intensität bald zu-, bald abnimmt, je nach Art und Intensität der Erlebnisse und in *jedem* Augenblick tatsächlich beginnen kann. Die Totalität ermöglicht es, daß wir an jedem beliebigen Punkte unserer Erlebnisse diese wie ein Ganzes betrachten.

Während die quantitative Betrachtung es uns verböte, an irgendeinem Punkte stehen zu bleiben, da ihre Kontinuität niemals qualitativ bestimmt werden darf, was eine Begrenzung ausschließt. Die qualitative Betrachtung der Erlebnisse erlaubt uns nicht, irgendwie eine nur kleinste Einheit festzustellen, d. h. unsere Erlebnisse lösten sich vollkommen chaotisch auf und wir verlören jeden Weg, unsere Erlebnisse zu latenten bestimmten Funktionen umzudeuten, welche qualitativ bestimmt an jedem beliebigen Punkte hervortreten können.

Da das Quantitative nichts Neues erzeugen kann, sondern nur die Wiederholung einer Einheit darstellt, so kann es niemals als Darstellungsmittel irgendwelcher zeitlicher Prozesse benutzt werden, außer wenn diese selbst rein quantitativer Art sind, d. h. man wiederholt rückschließend einen Prozeß, was jedoch im unmittelbaren Leben uns unmöglich erscheint, denn die zeitliche Anschauung stellt immer eine neue Konstellation dar. Trotz der stets qualitativen Verschiedenheit zersplittert unser Sein nicht, da es als Qualitatives eine der verschiedenen Totalitäten darstellt.

Unter den Titeln: »Anmerkungen« (Totalität I—II) in *Die Aktion*, 4. Jg. 1914, Sp. 277—279; »Totalität« (Totalität III—IV) in *Die Aktion*, 4. Jg. 1914, Sp. 345 bis 347; »Totalität« (Totalität V) in *Die Aktion*, 4. Jg. 1914, Sp. 476—478. Ebenfalls in dem Buch »Anmerkungen«, Verlag Die Aktion, Berlin 1916, unter dem Titel »Totalität I—V«.

Die Sozialdemokratie

organisiert, das besagt, sie bringt die Massen, deren Bewegung allerdings von vornherein anzuzweifeln ist, zu einer staatsfreundlichen Harmonie. Man stellte die kühne Utopie des befriedigten Kleinbürgers auf und stattete die Parteibücher mit allen Rechten platter Hypothesen aus, dem Darwinismus, diesem Trost des letzten Parvenus. Man versorgte den Frühstücksrevolutionär mit sämtlichen Hemmungen eines pseudowissenschaftlichen Theorems, damit er ja nicht eher losgehe, bevor sämtliche Prämissen zu dem Experiment gegeben sind. Die Sozialdemokratie erklärte sich zu einer konservativen Partei von Beginn an, da sie sich als Klassenpartei aufstellte.

Der Sozialdemokrat, diese Reinkultur des politischen Menschen, dem alles zur öffentlichen Angelegenheit wurde. Man evolutioniert sich von Protest zu Protest, bis bei sämtlichen Mitgliedern die Theorie gut sitzt. Ein Verein von Rationalisten wird nie revolutionieren; nur etwas mehr ordnen. Sozialdemokratie, Militär und Volksschule, wie sind sie identisch. Das Ende der sozialdemokratischen Tätigkeit wird lediglich eine Überfüllung nationalökonomischer Lehrstühle sein.

Denn das Menschliche dieses Vereins ist mißverstandenes Plagiat; man eskamotierte aus den Vorbildern jedoch das menschlich Kostbare, das Elementare. Man nahm dem Leidenden seine ihm verliehenen Rechte, man lehrte ihn beneiden und weitaus Schlechteres schätzen; man gab ihm ein Ziel, und der Leidende wurde zum politischen Menschen. Er, der einzig fähig, über unser aller Köpfe zu springen, nicht zu einer Utopie, sondern zu einer gewaltsamen Kraft; nicht zu einer gewogenen Ordnung, sondern zu einem Gericht.

Für den Leidenden können gerade nur die besten Köpfe denken; nur der unbekümmert Unstaatliche.

Nur der Arme, Unorganisierte ist fähig, über das ihm nicht Gegebene zu urteilen; er ist auf die Dinge angewiesen, die nicht durch ökonomische Gehaltsaufbesserung zu erlangen sind. Die Sozialdemokratie wird lediglich die Vollendung des von ihr verpönten Kapitalistenstaates herbeiführen; ein jeder wird bei ihr Kapitalist sein und an der allgemeinen Transaktion schieben; Gott gnade jedem Elementaren.

In *Die Aktion*, 4. Jg. 1914, Sp. 246.

Augenleidende Kritiker

Glosse

Es gibt eine Unter-dem-Strich-Anstellung, signiert Fritz Stahl. Inhaber dieser Position befaßt sich mit Kunstreportage; er zensiert, infolge unfähiger Augen, die Bilderverzeichnisse der Berliner Kunstausstellungen.

Dieser letzte Nachläufer malerischer Verfehlungen nährt sich davon, jede Ausstellung zu passieren; zwischen einer Fehlgeburt und dem besten Büstenhalter vollzieht sich unablässig das lebenslänglich engagierte Malheur seiner kritischen Unzulänglichkeit.

Für ihn besitzt Kunst einen reellen Zweck; ihn zu ernähren. Alle Bildner, von Tutmé bis zu Defregger, arbeiten und malen daran, Herrn Stahl zu ernähren. Das Ergebnis der Tätigkeit Michelangelos; was konnte sie anderes sein als Feuilleton oder Mädchenzirkel des Fritz Stahl. Tägliches und langgeübtes Schreiben hindern diesen östlichen Skeptiker, ein Bild je ausreichend zu bestarren.

Allerdings; es gibt jeweils nur wenige bedeutende Maler; diese Leute sind für Stahl unbrauchbar. Das Tun dieser Leute bleibt seinen säuerlichen Augen stets fremd. Die Masse der Talentlosen macht das Brot aus. Nur diese besitzen einen reellen Wert für den Reporter. Ohne sie verhungerte er, seine Situation wäre unhaltbar wie die eines Sauhirten ohne Schweine. Aber er löst die Unfähigen aus der verdienten Anonymität und willfährig lassen sie sich von Stahl, dem sie Brot bringen, mißgebären. Aber wie geschieht Ihnen vor wichtigen Malern? Dort geraten Sie zur permanenten Groteske. Nie fanden Sie einen; zögernd bläute man Ihnen, als dem Blindesten, von Ausstellung zu Ausstellung die Namen der französischen Impressionisten ein. Man dachte: wehe wenn er sie lobt. Wann bemühten Sie sich an der Quelle zu lernen, wann haben Sie je etwas gelernt? Einmal verließen Sie Ihre Skatpartie: um sich den Cézanne, den Sie dennoch tadelten, in Paris zu besehen. Man führte Sie und Sie begannen zu loben; bis dahin entnahmen Sie Ihrer skrupellosen Ignoranz das Recht zu schimpfen.

Sie betraten also mit verspäteten Maijungfern die Zimmer Pellerins und sahen bei Vollard einige zur Wand gedrehte Bilder. So geriet Ihnen Cézanne nach Ladenschluß zum großen Mann. Aber Stahl: dann passierte wieder was. Ihren hilflosen Augen gerann die Sache natürlich zur Schablone. Sie predigten von Cézanne, aber ohne eine Ahnung zu besitzen. Ohne fähig zu sein, Schlüsse zu ziehen. Auch in diesem flagranten Fall konservierten Sie Ihre einzige Unwissenheit und glaubten, Malerei sei nur Vorwand zu einem gefaselten Feuilleton. Wann hätten Sie die Methode dieses Künstlers gekannt? Aber Sie hätten ja nur ihn selbst lesen müssen. Aber, Fritz Stahl, über dem Zensurenschreiben vergaßen Sie eines: die Selbstkritik, die zur Arbeit zwingt. Damit meine ich nicht das automatische Ableiern geldhaltiger Gemeinplätze, sondern Nachlesen von Œuvrekatalogen, Kenntnis des Marktes, geschichtliches Wissen. Welchen Maler von Bedeutung kannten oder fanden Sie selbständig? Keinen. Welchen Alten entdeckten Sie? Keinen. Was wissen Sie von neuerer Bildergeschichte? Nichts. Zu welcher Expertise eines Kunstwerks wären Sie fähig? Nie im Leben. Welche Ausstellung haben Sie angeregt? Keine.

Weisen Sie aus den Hunderten Ihrer Schreibereien einen Satz auf, der Verständnis verrate, der eindeutig beweisen könnte, daß Sie je etwas begriffen. Sie sind dazu nicht imstande. Sie kennen sich vielleicht in den Anfangsgründen der Kunstgeschichte aus. Vielleicht darf ich, ohne mein Gewissen zu beschweren, Ihnen die Kenntnisse eines ersten Semesters zugestehen. Aber mehr gewiß nicht.

Bleiben wir noch etwas bei Cézanne. Eines können Sie. Mit Hilfe der Annoncengewitztheit Ihres Patrons gelingt es Ihnen, in der Rotationsmaschine die Dinge zur Mode zu massakrieren. Man geniert sich dann von Cézanne, man kriegt das Kotzen und stellt ihn weg; ich weiß nicht, Stahl und Cézanne. Man braucht eine starke Gesundheit, um mitanzusehen, wenn Stahl Delacroix oder Gericault zensiert. Aber man reiße den Esel vom Gott hinunter. Schließlich kostete diese Groteske zuviel gute Bilder. Sie verlangen heute Ihren täglichen Cézanne und kaufen Mosse den wohlverdienten Kiesel.

Sie setzten Ihren unfähigen Augen ein kostspieliges Monument: die Mossesammlung. Diese Entgleisung stellt die reifsten Urteile Ihrer abgenutzten Blindheit dar.

Aber wie soll ich mich gegen das komplette Nichts wehren?

Sie begriffen an der neuen Kunst so wenig wie beim Impressionismus, worum es geht. Sie können nicht die Qualität unterscheiden; zumal Sie den Gehalt der Angelegenheit nie faßten. Sie besitzen nicht irgendwelche Anschauung. Sie sehen nur das Wüsten; ich eine wichtige Angelegenheit. Und mit einem maskierten kleinen Klaps wollten Sie sich bei mir lieb Kind machen, uns so ein bisserl mißdeuten. Ich versuche die Jungen in meinem Vorwort vor Ihren traurigen Protégés zu bewahren. Damit es doch diesmal Ihnen vorbeigelänge, den Kitscher statt des Könners hochzubringen. Damit diesmal nicht wieder alles umgefälscht werde. Denn Sie sehen ja keine Bilder, nur das Ergebnis Ihrer unwissenden Augenlosigkeit, die verschlafen vom Skat aufblökt. Ich will im Zusammenhang mit Ihnen nicht von mir sprechen; denn das hieße die ursprüngliche Einzigkeit Ihrer Unfähigkeit verkennen. Aber wir sagen auch zu verschiedenen Gegenden Guten Morgen. Das Ihre hieß immer Gute Nacht; Sie gähnen schon zu lange. Und als Sie wachen sollten, verschliefen Sie gründlich in Ermangelung eines Lichts.

Sie erschließen aus Ihrem Engagement das Recht, über Kunst zu schreiben; aber was nagen Sie an meinen paar Sätzen Geschriebenem herum? Da ergeht es Ihnen wie bei der Negerplastik. Sie haben davon nicht den leisesten Schimmer. Sie können keinen haben. Sie kennen diesen Markt und diese Ware nicht. Sie müssen es zugeben. Und sie schreien Fälschung. Und bei mir murmeln Sie, ich schreibe schlecht. Wie können Sie auch anders, von Gott auserwählt, nachzuhinken in ungemessenem Abstand; nur verdeckt durch die Annoncensuggestion Ihres Blattes.

Aber ein liebes Wort, sentimental erstapelt, ließen Sie in das Herz Ihrer gerührten Leser gleiten: Wir verfolgten alten Kritiker. Sie meinen wohl, der Hase lief ungefähr: Vasari, Thoré-Bürger, Stahl, Winckelmann. Kein Mensch hat nämlich gegen die alten Kritiker gekämpft; ich glaube auch nicht einmal gegen die blöden, wozu Sie gehören. Aber selbst dies, was jeder weiß, wissen Sie nicht.

Fix, gehen Sie endlich mit der von Ihnen bebrüteten Unkunst in Pension.

In *Die Aktion*, 4. Jg. 1914, Sp. 364—368.

Brief an Ludwig Rubiner

Sie tadeln, daß ich Rubens für einen guten Maler halte, und wollen mich durch diese etwas banale Tatsache binden, Delaunay als dessen Gegenstück zu erkennen. Delaunay gilt mir als Journalist ohne Grenzen. Er besitzt mehr oder weniger die Malerbegabung, worüber jeder wohl verfügt, der das Malen erlernen will; darüber sitzt ein durch »geistige« Gemeinplätze gänzlich enthaupteter Flachkopf; so mißriet er zum Journalisten der platteren Ideologien, der nie vom bereits durchformten Gegenstand wegkommt, der *über* den Eiffelturm, *über* Kinderstubenkosmos malt. (Ungefähr, wie wenn Picasso nur Violinschlüssel malte.) Am gleichen Abend, da ich Ihnen Rubens erwähnte, zeigte ich Ihnen ein Bild des entscheidenden Konrad Witz, das Delaunay in seinen Kathedralenbildern usw. traurig abschwächte.

Sie sagen von Picasso, er gelte Ihnen für den bedeutendsten Menschen usw.; deswegen müßten Sie verstehen, daß Delaunay kein Apodikt, kein Entscheidender ist, sondern breit plausche Malersnatur; Picassos Erschütterung hält vor, so daß er zur nötigen Konstruktion gelangt; er verpflichtet sich und uns. Sie wissen, Picasso war früher ein öfters schwächlicher Erzähler; er ist es nicht mehr; wohl aber Delaunay, dessen Leinwände ein belangloses, journalistisches Revolutionspathos vorfärbten, aufgeweicht von kosmischer Geistigkeit, wollte sagen leerer Weiberart.

Zu Rubens: der nicht nur die »Vision« des Barock besaß und sie im Malen erschaffte, der tatsächlich einen Bezirk bestimmte, dessen bourgeoise Klischeedefinition auf etwas Böses herauskommt. Aber halten Sie sich nicht an die Cooc-Verhaerensche Sinnlichkeit; bedenken Sie, Rubens und die Religiosität, die Jesuiten usw.

Die Barrikaden Delaunays schillern kosmetisch wattig; eine hoffnungslos futuristische Pubertät verkriecht sich dahinter.

Geist nenne ich nicht den weitläufigen, unbestimmbaren Gemeinplatz; der im Geschrei und Flugblatt den Gemeinen (d. i. den immer Bestimmungslosen) anreißt; vielmehr die Konstruktion, die unverminderbar, ohne Täuschung den Armen hält und aufbaut. Es geht mir um konstruktive Menschen, nicht um Journalisten.

Sie verzeichnen noch Freundlich und Chagall als wahrhaft Geistige. Des letzteren Bilder erzählen: Rußland ist eine Kuh, dort wird den Leuten der Kopf abgeschlagen, obwohl die russischen Kirchen laut Bädeker Kuppeln tragen usw. Gut, meinetwegen die Metaphysik möge in jedem Rülpsen hermetisch eingeschlossen sein. Aber ich sehe nicht, wo sie hier steckt. Wo wäre hier das Dogma; nur die Unterstrichmalerei. Und Freundlich? Wie er hinter dem trüben Dekorateur Picabia hinterdreindrängt; ein nichtiger Dilettant, ein Pathetiker der Armseligkeit.

Wir wissen es bis zum Überdruß, daß ein betrübendes Vermächtnis der Gartenlaube Beckmann heißt. Gegen Scheffler hätten Sie im Fall Kokoschka nicht einräumen sollen, was man als Lenbachsches Verhängnis bezeichnete; denn Scheffler liebt wohl gerade den Kitsch an Kokoschka. Aber warum *für* Meier-Gräfe? diesen Typ des impressionistischen Schreibers? Glauben Sie wirklich, er verstehe nur von Picasso nichts? Es heißt doch nicht mutig sein, über schon Gemanagtes Feuilletons zu schreiben, wohl aber für einen Freundlich hoffnungsvoll einzutreten.

Es heißt doch nicht unbedingt zur Kunst sprechen, wenn man, wie dieser Meier-Gräfe, vor Begeisterung geschwollene Backen bekommt, falsch wertet (Greco, Marées usw.) und die Besinnung verliert. Das ist mir peinliche Impressionistenschreiberei, die im Einzelfall ertrinkt.

Man malt nicht gegen; Polemik im Bild, das ist journalistische Umdeutung; Kunst betreibt keine Psychologie des Nachbarn; der Polemiker gilt mir als der niemals von seinem Gegensatz losgelöste Mensch, der zur entscheidenden Form sich nicht zusammenschließen kann. Au fond polemisiert man immer gegen etwas in sich, und sei es nur eine leere Reizbarkeit.

Allerdings rate ich niemandem, sein Menschliches auf die jetzige deutsche Malerei zu gründen; in diesem Fall garantiere ich für eklektische Gefahrlosigkeit. Ist der »visionäre Raum« anderswo geschaffen, gut; aber wir sind nicht dazu da, nur ihn zu besprechen oder als polemisches Fahrzeug auszuleihen. Dies eben ist Politik: jedes Ding zum Surrogat abzunutzen. Wir Schreiber mögen endlich präzise Ideen, Menschen und Geschicke in der uns gemäßen Form geben.

In *Die Aktion*, 4. Jg. 1914, Sp. 381—383.

Ludwig Rubiner, Schriftsteller, 12. 6. 1881—27. 2. 1920, Vertreter der phonetisch anarchistischen Richtung des deutschen Expressionismus.

Die Mißgeburt

Zarte Seelen, ihres schnöden Jahrhunderts müde und der wucherischen Kunstformen eines früheren Maurers, Schweineschlächters oder Posener Litzenverkäufers überdrüssig, zogen sich in eine Zeit voll jungfräulichen Schauders zurück, die ihnen im Guten und Schlechten bemerkenswert erschien, zumal sie wenig genug von ihr verstanden. Diese Änderung der Unselbständigkeit trug ihnen den Namen Präraffaeliten ein; zogen sie es doch vor, bei der Sixtinischen Madonna vorüberzugehen und vor Boticelli stehen zu bleiben. Hier ungefähr mag die Neigung der Leute, die ich mit mehr oder minder großem Vergnügen Zeitgenossen nennen muß, eingesetzt haben. Ich nenne jene ästhetisierenden Klerikalismus.

Der Erfolg jeder aristokratischen und seltenen Neigung, jedes gewählteren Lasters, besteht darin, daß Cohn und Krause es binnen zwei Monaten fix gekauft und fast sich angeeignet haben. Allerdings, dieses Unweigerliche fast ist den Dingen gefährlich, da es sie karikiert und verzerrt. Einerseits treibt die rapide Verschlechterung der Luft jeden Empfindlichen dazu, sich zurückzuziehen, mit der nötigen Folge, daß gerade die Üblen und Bedenklichen noch mehr dominieren und ihre Anrüchigkeit mit irgendeiner verdächtigen Niaiserie verdecken. Bluff und Platitude sind in zwei Tagen ein und dieselbe Sache, und der Sinn der Mode des Übereinkommens ist, einen Narren nicht irgendeinem dunklen, ungenannten Geschick zu überlassen und den Klügeren dem Narren gleich zu modeln. Da heute keiner eine Eigenart hat, müssen möglichst auffallende, verblüffende Dinge erfunden werden.

Selbstverständlich wird man, zumal man sich recht gut kennt, die Dinge kaufen, die am wenigsten zu einem gehören, um sich zu verbergen, was ja menschenfreundlich ist. Zugleich unternimmt man es, die Sachen aufdringlich zu zeigen, da sie nicht mehr als selbstverständliche Nebendinge einem Menschen dienen. Das Protzentum kann definiert werden als Nichtübereinstimmung der Dinge mit der Person in jedem Sinne. Der Besitz ist heute keine persönliche Angelegenheit, sondern ein Mittel, sich einen möglichst hohen Kredit zu schaffen: er hat meist nichts mit dem Besitzer zu tun.

Eine gewisse Klasse heute recht einflußreicher Menschen beschäftigte sich vor nicht allzu langer Zeit damit, abgetragene Kleider, altes Eisen, verschlissene Uniformen, abgenutzte Silbergegenstände auf irgendwelche geheimnisvolle Weise zu verwerten. Genau diese gleichen Leute machen jetzt den Antiquitätenrummel, um sich und andern eine namhafte Vergangenheit zu suggerieren. Der Mann, bei dem ich am Vormittag einen Scheck einlöse, empfängt mich abends in irgendeinem byzantinischen Gemach, aber dies ist nicht der unselige Herr Cohn, das ist im gleichen Maße Adalbert Hildukind von der Schlappendarre. Wie Cohn in Byzanz lebt, ißt und schläft – sein WC ist eine Krypta –, so lebt Kunibert II., der Herrscher von Cohnburg, der über ein Volk von Krämern regiert, in einer künstlich verwitterten Burgruine. Dies ist der gleiche, in dessen Namen die zeitgemäßesten letzten Erfindungen zwecks möglichst ausgiebiger Menschentötungen bestellt werden. Cohn hingegen bucht in einem Schmöker, der ein Kodex des Klosters vom heiligen Basilides zu sein scheint, den letzten Agioverdienst. Ideen haben heute eine um so größere Anziehungskraft, je weniger sie zu einer ernsthaften Gesinnung verpflichten. Die dekorative Suggestion geht über alles, da sie nicht bindet. Die Verpflichtung, die der Besitz z. B. eines Marées oder Cézanne enthält, wird nicht anerkannt. Heute versteckt die blöde Sache einfach die latenten Werte. Die Dinge haben Katalogwert, und der Besitzer investiert nicht das Geistige, sondern freut sich des Katalogs. Gerade das Geld, dieses Mittel zu allem, das gestattet die besten und die schlechtesten Dinge zu werten, kümmert sich nicht um die moralische Leistung, und im Kaufpreis ist diese nicht einbegriffen. Man bezahlt nicht den Heroismus des Marées, sondern das Bild; jedoch nicht dies ermöglicht uns eine Fortsetzung, sondern der Heroismus. Diese Gesinnung, resp. dieser vollständige Mangel an solcher, bewirkt, daß die Dinge ihres lebendigen, schöpferischen und somit symbolischen Charakters beraubt werden. Somit ist jedes heute gestattet und möglich. Gräbt man heute ägyptische Kunst aus, so wird sie morgen in Mode sein, obwohl die Wissenschaft nichts mit künstlerischer Einschätzung zu tun hat. Vielleicht findet der eine oder andere dies und jenes schön. Frau X macht mich auf ihre Flügeldecke aufmerksam, ein paar zusammengeflickte Chormäntel. Gut, in drei von hundert Fällen mögen die Stücke ganz nett sein; aber gibt es denn nur irgendeine Schönheit? Diese Decken gehören in ein Kunstmagazin, aber nicht auf den Bechstein. Sie waren früher mehr als schön, sie waren wirksame Teile einer prachtvollen ernsthaften Handlung, die uns heute nichts mehr angehen. Welches Recht hat denn Frau X, die Decke schön zu nennen. Erstens das Schöne hat keinen tätigen Wert? So, so. Der Chormantel kleidet den Priester nicht mehr zu einem Symbol. Gut, man bestaunt die Arbeit. Aber, zum Teufel, was geht uns diese Arbeit an, die wir nicht mehr machen können und wollen. Noch schlimmer. Frau X meint, man muß diese Flügeldecke (katholischer Herkunft) besitzen, sonst kann man nicht Bach (Konfession: protestantisch) spielen. Frau X wäre mir viel lieber, wenn sie sich's bequem machte und einfach das Gebet der Jungfrau oder das Schlummerlied von Schumann auf dem Grammophon plärren ließe. Warum soll der arme Bach wieder herausgezerrt werden, um Frau X, deren höchster und bester Erfolg in einer guten Toilette und einem entdeckten Coiffeur besteht – wogegen nichts einzuwenden ist –, die Empfindung einer anständigen Existenz zu verschaffen, zu der ihr jede Vorbedingung fehlt. Und Herr X, er liest Buddhas Reden, La-aot-se und alte Mystiker. Man gibt Kirchenmusikabende, Madrigale werden mit einem Unterton von Cacewalkrhythmus verzapft. Ich weiß, auch diese Dinge sind ganz gut. Aber warum diese Exzesse? Weil die Herrschaften sich ihrer selbst schämen. Auf dem Gebetpult mit elektrischen Lampen liegt George und im Nachttisch Paul de Cock. Die Wände des Schlafzimmers sind mit unbefleckten Empfängnissen bedeckt, und die apokalyptische Hand eines Trecento Johannes wird als Haken für die Unterröcke der Gnädigen benutzt. Die Badewanne ist ein alter Sarkophag, dann sollen sie auch im faulen Wasser von wegen des Stils sich waschen und antike Zahnbürsten benutzen. Zeitgenossen, ihr seid mir zu vielseitig. Das Schauen der Dinge geht den Leuten nicht ins Herz, jedoch sie können jedwede Sache besitzen. Man rede mir nicht von den barbarischen Völkern des sozialistischen Zukunftsstaates. Schlimmer kann es nicht werden. Auch der Pöbel bestaunt alles, auch der Pöbel will alles besitzen. Und doch lieber griechische Bronzen zum alten Eisen werfen.

Anmerkung. Alle diese Menschen besitzen die Sachen, aber werden nicht des Entscheidenden teilhaftig, dessen Symptome Kunstwerke vermitteln. Kunstwerke sind vermittelnde Bruchteile einer Gesinnung, aus der herausgearbeitet wird. Nicht das einzelne Bild gibt ihnen Rembrandt in die Hände, auch nicht alle. Rembrandt ist ein unendlicher Mythus, der fortzubilden ist, der wächst. Auch nicht alle Bilder, wiewohl dies eher. Denn es ist von größter Wichtigkeit, daß ein Mensch vom Amslo zum verlorenen Sohn kam. Aber schließlich ist das Sache dringlicher Heftigkeit. Das Entscheidende ist der Begriff Rembrandt. Der bleibt, auch wenn nichts mehr von Rembrandt existiert, und er verbürgt die Unsterblichkeit. Der Begriff Rembrandt ist von einer geschichtlichen Transzendenz, die jenseits jeder Tatsache steht, und der, wenn er verloren ginge, wieder geschaffen werden muß. Cézanne z. B. ist einfach nötig, er hat zu sehr gewirkt, als daß er sich nicht mit dem Prädikat »notwendig« geschmückt hätte. Ein ähnlicher Vorwurf ist den heutigen Künstlern zu machen. Sie fassen bei dem Großen die Technik, aber nicht die Gesinnung. Aber gute Malerei geht über Technik hinaus, Technik ist nichts Selbständiges, keine Konservenbüchse. Gesinnung und Haltung müssen natürlich vom Einfall und Sujet gleichfalls getrennt werden.

In *Die Aktion*, 1914, 4. Jg., Sp. 188—191, unter dem Pseudonym »Urian«

Kunst-Ausstellungen

Diese Ausstellungen dünken mich öffentliche Unfälle, die dem Vermischten des Reporters zugehören. In jedem Fall: die Antithese der Kunst nennt sich heute Ausstellung. Fast ein jedes Bild bezeugt ein unerzogenes Sehen, das den Maler nicht vor optischen Kreuzungen, formalem Vermischen bewahren kann. Ich erhoffte uns ein organisiertes Auge, noch mehr: ich erwartete, einem durch Gesetzmäßigkeit befestigten Schauen entspräche allmählich eine gänzlich bestimmte Menschlichkeit. Ich beklage die Schwächen der Jungen, die hilflos von einem Rezept fremder Ärzte ins andere krank liegen: kurzatmig bleiben sie auf kaum begonnenem Marsch, und es mißrät ihnen, anderes zu ermalen als geringe Vorurteile des Sehens, ein ungefähres Pathos, das weder gefährdende Erschütterung noch eine nur entworfene Ordnung aufzeigt. – Fertig wurden die Modelle unsern Malern vorgewiesen; vorbestimmte Arten der Darstellung waren ihnen zubereitet; geängstet übernahmen sie billige, unbedeutendere Teile der ihnen gebotenen Weisungen und verstanden es nicht, Lehren aus zweiter Hand eigene Intensität zu geben; sie teilten und verminderten diese. Man redete von Snythesis und verrohte schon geformte Elemente; wirre Akademiker verschütteten die nicht unwichtige Erwartung.

Wir kennen die Vorbilder, die man gefällig mechanisierte; ewige Schüler schablonierten die fertig vorgefundene Kunst der Franzosen, und vorschnelle Ideologen täuschten fragmentarische Versuche – wobei kaum ein Teil des Formens zur Durchbildung drang – zu methodischen Gewinsten. Man möge die traurige Verbilligung des Sehens eingestehen, welche die feige Verlegenheit dieser Augen verschuldete. Nichts anderes tat man: traf man auf das Ganze einer Lehre, entnahm man die bequemen, reizenden Teile und vermischte sie oft vielfältig widersprechenden Stücken eines billig konventionellen Sehens; was einmal als Wille zur Ordnung überzeugte, schwächte man zur haltlosen Laune des Eklektikers. Wenn das Malen gänzlich pausiert, treibt man auf dem Leinen leere Gymnasiastenliteratur.

Nicht anders als mit den Malern verhält es sich mit den Bildhauern, wiewohl der Kubsimus ihnen Entscheidendes erregen mußte.

Zweifellos; dieses Erneuern des Malens war nicht ausreichend expansiv; man betrieb ein belangloses Verändern von Teilen; kaum einer zerriß die Grenzen des Bildnerischen, was jede Erneuerung bedingt, wenn verpflichtende Gesetze gefunden werden sollen. Typ dieses vorsichtigen Revolutionärs ist der Liberale, wo es des Unbedingten bedurfte, dem das Ziel nicht Vertrag und nächste Ausstellung, sondern ferner und gefährlicher Versuch bedeutet. Im ganzen: man wende sich anderem zu. Adieu Malerei!

Das Denken *über* – das ist Weiberart, sich von bereits Gedankengeformtem beschlafen zu lassen – ist dermaßen erfolgreich eingedrungen, daß man vieles heutige, Gemälde und Dichtungen, als Vorschlag oder Anleitung zum Gemälde oder Gedicht bezeichnen muß. Der Feuilletonismus bemächtigte sich in diesen Fällen vor allem des Monumentalen; die Beispielsbilder absoluter Kunst gelten mir eher als plakatierte Traktate denn als Kunst.

Der Teufel wohl erfand die Simplizität, um ihm peinliche Sünder zu verkleiden und dem betrogenen Gott einzuschmuggeln. Simplizität ist ein Zeichen, daß vieles mechanisiert wurde und nicht mehr dargestellt werden braucht. Sie ist nicht Form, da sie den Trük des Andeutens, der Interpretation besagt. Simplizität besagt nichts von Anfang. Beginn ist immer das Zusammengesetzte; wo man im einzelnen alles zu sagen gezwungen ist. Simplizität umgeht die Form, die Unterordnen, Wertbetonen enthält. Simplizität, das ist das Sehen des Bürgers, sein Sprechen, wo alles im Hauptsatz auf einer egal grünen Wiese guten Tag sagt.

Man möge doch die Metaphysik so selten anrufen wie einen Gläubiger, den man nicht auszahlen kann. Heute aber, da jeder ein unbestimmtes Gesicht aufsetzt, steckt sie in jedem üblen Wind; aber nicht wie eine Ausrede, daß der Verstand nicht reichte, sondern als Positives, als Programm und einziger Gegenstand der Darstellung. Da man sie gänzlich verlor, materialisiert man sie dinglich. Selbstverständlich eine gänzlich erdachte, die von einer anderen erdachten umgeworfen wird; die Metaphysik wurde zur einzigen Sensation. Sie steht und fällt mit der guten und schlechten Malerei des Herrn X und wird als Marktwert hochgetrieben und gelöscht. Infolgedessen ein besonderes Kunsturteil: entweder du malst und glaubst diese Metaphysik oder du bist unmoralisch und ein schlechter Kerl.

Etwas gemein erscheint es mir, in einer Zeit der Versuche Kritiker zu sein, im Sinn des Zensurengebens. Damit schafft man nur Verwirrung. Der Kritiker solcher Zeiten sei miterschüttert, auch auf der Suche und leidenschaftlich bemüht, das einer Kunst gemessene Analogon zu geben. Die Unfähigkeit der Kritiker, die völlig formlose Kunstgewerblichkeit der Literaten bürdete den jungen Malern das verwirrende Geschäft jenes Theorems auf, das zum Schreiben verpflichtet. Da hierzu die meisten unvermögend sind, müssen sie die nirgendwo verdeutlichte und gesonderte Ideologie in die Bilder hineinstellen und die Augen zur Einseitigkeit einer hemmungslosen idée fixe verstarren. Wer hätte nicht sein Absolutum, sein Unbedingtes an der Hand, das über die fruchtbare Relativität der Dinge hinwegtäuscht, indem man dem Bild ein Urteil, ein Dogma einmalt, während ein dogmatisches Verhalten eher die Wirkung der Bilder sein müßte. Die der Anschauung fremde Ideologie löst jede Form und macht das einzelne Bild zur Metapher einer darüber hinausgehenden Theorems: die Bilder verrinnen zu Kommentaren von Kunstphilosophie. Da diese anscheinend akademischen Tafeln eine sie überdringende Reflexion enthalten, die das einzelne Bild ironisiert und für nichtig hinstellt, muten sie mich romantisch an. Das Bild verschrumpft zur Illustration der Ideologie und diese gerät zum episodenhaften Genrestück. Etwas von zweifältiger Allkunst steckt in diesen Bildern, die gesonderte Arten des Darstellens verkuppeln.

In *Die weißen Blätter*, Berlin 1914, S. 1356—1358, sowie in »Anmerkungen«, Verlag Die Aktion, Berlin 1916.

Carl Einstein im Vorwort zu diesem Buch:
Man liebt nicht die Systeme, Falsifikate verängsteter Beunruhigungen. Erfinden unser Geschäft; Ausleiern zur Methode Angelegenheit posthumer Akribie. Mißverständnisse bleiben unvermeidlich. Man stellt es zuvor ohne Bedauern fest.

Negerplastik

Anmerkungen zur Methode

Kaum einer Kunst nähert sich der Europäer dermaßen mißtrauisch, wie der afrikanischen. Zunächst ist er hier geneigt, überhaupt die Tatsache »Kunst« zu leugnen und drückt den Abstand, der zwischen diesen Gebilden und der kontinentalen Einstellung sich auftut, durch eine Verachtung aus, die sich geradezu eine verneinende Terminologie schuf. Dieser Abstand und die Vorurteile, die hieraus folgen, erschweren jegliche ästhetische Einschätzung, ja verhindern sie gänzlich; denn eine solche setzt zunächst ein Angenähert-sein voraus. Der Neger jedoch gilt von Beginn an als der inferiore Teil, der rücksichtslos zu bearbeiten ist, und das von ihm Gebotene wird a priori als ein Manko verurteilt. Leichtfertig deutete man recht vage Evolutionshypothesen auf ihn zurecht; er mußte dem einen sich ausliefern, um einen Fehlbegriff von Primitivität abzugeben, andere wiederum putzten an dem hilflosen Objekt so überzeugend falsche Phrasen auf, wie Völker ewiger Urzeit und so fort. Man hoffte im Neger so etwas von Beginn zu fassen, einen Zustand, der aus dem Anfangen nie herausgelange. Nicht zum wenigsten beruhen viele Meinungen über den afrikanischen Menschen auf solchen Vorurteilen, die zugunsten einer bequemen Theorie hergerichtet wurden. Der Europäer beansprucht in seinen Urteilen über die Neger eine Voraussetzung, nämlich die einer unbedingten, geradezu phantastischen Überlegenheit.

De facto entspricht unsere Nichtachtung des Negers lediglich einem Nichtwissen über ihn, das ihn nur zu Unrecht belastet.

Vielleicht ergibt sich aus den *Bildtafeln* folgendes: der Neger ist kein nicht entwickelter Mensch; es ging eine bedeutsame afrikanische Kultur zu Grunde; der heutige Neger entspricht einem möglichen »antiken«, vielleicht wie der Fellache dem alten Ägypter.

Einige Probleme der neueren Kunst veranlaßten ein weniger leichtfertiges Eindringen in die Kunst afrikanischer Völker; wie immer verursachte auch hier ein aktuelles Kunstgeschehen, daß man eine entsprechende Geschichte bilde: in ihrer Mitte erhob sich die Kunst der afrikanischen Völker. Was vorher sinnlos erschien, gewann in den jüngsten Bestrebungen des bildenden Künstlers Bedeutung; man erriet, daß kaum irgendwo bestimmte Raumprobleme und eine besondere Weise des Kunstschaffens in dieser Reinheit gebildet waren, wie bei den Negern. Es ergab sich; das bisher gefällte Urteil über den Neger und seine Kunst bezeichnete eher den Richtenden als das Objekt. Der neuen Beziehung entsprach alsbald eine neue Leidenschaft; man sammelte Negerkunst als Kunst; passioniert, das ist: in berechtigter Aktivität bildete man aus den alten Materialien ein neu gedeutetes Objekt.

Die kurze Darstellung afrikanischer Kunst wird sich den Erfahrnissen neuerer Kunst nicht entziehen dürfen, zumal das geschichtlich Wirkende stets Folge der unmittelbaren Gegenwart ist. Jedoch sollen diese Beziehungen erst später entwickelt werden, um auf einem Gegenstand zu verharren und nicht durch Vergleiche zu stören.

Die Kenntnisse von afrikanischer Kunst sind im ganzen gering und unbestimmt; außer einigen Beninarbeiten ist nichts datiert; mehrere Typen von Kunstwerken werden nach den Fundorten bestimmt, jedoch glaube ich hieraus keinen Nutzen ziehen zu dürfen. Die Völkerschaften wanderten und schoben sich in Afrika; außerdem muß man annehmen, daß auch hier, wie anderswo, die Stämme um die Fetische kämpften und der siegreiche Stamm die Götter des Unterlegenen sich zueignete, um ihrer Kräfte und ihres Schutzes teilhaftig zu werden. Gänzlich verschiedene Stile rühren oft aus einer Gegend her; mehrere Erklärungsweisen können hier auftreten, ohne daß man entscheiden dürfte, welche berechtigt wäre; man kann in diesem Fall annehmen, es handle sich um frühere und spätere Kunst, oder zwei Stile bestanden gleichzeitig nebeneinander, oder eine Kunstart sei importiert. In jedem Falle, weder die geschichtlichen noch geographischen Kenntnisse erlauben vorläufig auch nicht die *bescheidenste* Kunstbestimmung. Der Einwand liegt nahe, man möge aus einem stilkritischen Aufbau eine geschichtliche Reihe erzwingen und vom Einfachen zum

Zusammengesetzten vordringen. Man begebe sich der Einbildung, Einfaches und Erstes seien möglich identisch; gar zu gern erschleicht man, daß die Voraussetzung und die Methode des Denkens auch Beginn und Art des Geschehens sei, während jedes Anfangen, worunter ich allerdings ein individuelles und relatives Beginnen verstehe – denn anderes ist nie tatsächlich festzustellen – höchst zusammengesetzt ist, da der Mensch noch im einzelnen viel, ja zu vieles ausdrücken möchte.

Drum erscheint der Versuch, etwas über afrikanische Plastik auszusagen, als ziemlich hoffnungslos. Zumal, da eine Majorität noch den Beweis fordert, daß jene überhaupt Kunst sei. So muß man fürchten, auf die Beschreibung äußerer Tatsachen verwiesen zu bleiben, die niemals anderes ergibt, wie, ein Lendenschurz sei eben ein Lendenschurz, die an keiner Stelle zu einem allgemeinen Schluß übergeht, welchem Gesamtgebiet denn all diese Lendenschürze und wulstigen Lippen angehören. (Kunst als ein Mittel zu anthropologischen oder ethnographischen Einsichten anzusehen, erscheint mir dubios, da die künstlerische Darstellung kaum etwas über die Tatsachen aussagt, woran eine solche wissenschaftliche Kenntnis gebunden ist.)

Trotzdem, man wird von der Tatsache und nicht einem unterschobenen Surrogat ausgehen. Ich glaube, sicherer als alle mögliche Kenntnis ethnographischer usw. Art gilt die Tatsache: die afrikanischen Skulpturen! Man wird das Gegenständliche, respektive die Gegenstände der Umgebungsassoziationen ausschalten und diese Bildungen als Gebilde analysieren. Man wird versuchen, ob sich aus dem Formalen der Skulpturen die Gesamtvorstellung einer Form ergibt, die denen über Kunstformen homogen ist. Eines jedoch wird unbedingt zu befolgen, eines zu vermeiden sein: man halte sich an die Anschauung und schreite innerhalb ihrer spezifischen Gesetze fort; nirgendwo aber unterschiebe man der Anschauung oder dem aufgespürten Schöpferischen die Struktur der eigenen Überlegung: man unterlasse das Interpolieren bequemer Evolutionen und stelle den Denkvorgang nicht dem schöpferischen Kunstgeschehen gleich; man begebe sich des Vorurteils, seelische Vorgänge könnten einfach mit umgekehrten Vorzeichen versehen werden, und Kunstnachdenken kontrastiere einfach dem Kunstschaffen; vielmehr ist jenes ein generell verschiedener Vorgang, der gerade die Form und ihre Welt überschreitet, um das Kunstwerk dem allgemeinen Geschehen einzuordnen.

Das Beschreiben der Skulpturen als formaler Gebilde leistet jedoch erheblich mehr als ein Gegenständliches; die gegenständliche Aufzählung überschreitet das gegebene Gebilde, indem dies nicht als Gebilde, sondern als Führer zu irgendeiner Praxis, die nicht in seiner Ebene liegt, umgebraucht wird. Die Analyse der Formen hingegen verbleibt in dem unmittelbaren Gegebenen; denn nur irgendwelche Formen sind vorauszusetzen; jedoch dienen diese eher einem Erfassen als einzelne Dinge, da sie als Formen zugleich über Sehweisen und Gesetze der Anschauung aussagen, also gerade zu einer Erkenntnis hinzwingen, die in der Sphäre des Gegebenen verharrt.

Wird eine formale Analyse möglich, die sich auf bestimmte eigentümliche Einheiten des Raumschaffens und Schauens bezieht und sie umkreist, so ist implizite erwiesen, daß die gegebenen Gebilde Kunst sind. Vielleicht mag man einwenden, eine Neigung zum Generalisieren und ein vorgesetzter Wille diktierten insgeheim einen solchen Schluß. Dies ist falsch; denn die Einzelform umschließt die gültigen Elemente der Anschauung, ja sie stellt sie dar, da diese nur als Form vorgestellt werden können. Der Einzelfall hingegen berührt das Eigentümliche des Begriffes nicht, vielmehr verhalten sich beide dualistisch zueinander. Gerade die wesentliche Übereinstimmung der allgemeinen Anschauung und der Realisierung machen eben das Kunstwerk aus. Weiter bedenke man: das Kunstschaffen ist ebenso »willkürlich« wie die notwendige Neigung, die einzelnen Formen der Anschauung zu Gesetzen zu verknüpfen; denn in beiden Fällen wurde ein Organisieren angestrebt und erreicht.

Das Malerische

Der üblichen Verständnislosigkeit des Europäers für afrikanische Kunst entspricht die stilistische Kraft derselben; stellt sie doch einen bedeutenden Fall plastischen Sehens dar.

Man darf behaupten, daß die Plastik des Kontinentalen von malerischen Surrogaten stark durchkreuzt ist. Im Hildebrandtschen »Problem der Form« besitzen wir den idealen Ausgleich des Malerischen und Plastischen; eine so auffallende Kunst wie die französische Plastik scheint bis Rodin gerade um die Auflösung des Plastischen sich zu bemühen. Selbst die Frontalität, worin man eine strenge »primitive« Formklärung zu sehen pflegt, muß als malerisches Erfassen des Kubischen bezeichnet werden; denn hier wird das Dreidimensionale in einige Ebenen aufsummiert, die das Kubische unterdrücken; betont man doch die dem Beschauer nächsten Teile und ordnet man sie zu Flächen, während man die zurückliegenden Teile als beiläufige Modulation der Vorderfläche ansieht, die dynamisch geschwächt wird. Man betont die gegenständlich vorn plazierten Motive. In anderen Fällen ersetzte man das Kubische durch ein gegenständliches Bewegungsäquivalent oder eskamotierte durch eine gezeichnete oder modellierte Formbewegung das Entscheidende, den unmittelbaren Ausdruck der dritten Dimension. Selbst perspektivische Versuche beeinträchtigten das plastische Sehen. So versteht man leicht, daß seit der Renaissance die nötigen, bestimmten Grenzen zwischen Freiplastik und Relief immer tiefer versanken, und die malerische Erregung, ein nur materiell Kubisches (Masse) umspielend, jeglichen dreidimensionalen Formbau überwuchs. Unschwer ergab sich hieraus, daß Maler und nicht Plastiker entscheidende Fragen über das Dreidimensionale anhoben.

Es erhellt ohne weiteres, daß unsere Kunst bei solchen formalen Tendenzen eine gänzliche Vermischung des Malerischen und Plastischen passieren mußte (Barock) und solch Verfahren nur mit einer völligen Niederlage der Plastik enden konnte, die, um wenigstens den Erregungszustand des Verfertigers zu bewahren und auf den Beschauer zu übertragen, gänzlich impressionistisch und malerisch sein mußte. Das Dreidimensionale war wegempfunden; die persönliche Handschrift überwog. Diese Formgeschichte war nötig einem seelischen Geschehen verpflichtet. Kunstkonventionen erschienen gleich Paradoxen; Übereinkunft war ein möglichst gesteigerter Schöpfer und demgemäß ein möglichst angeregter Beschauer; die Dynamik der individuellen Prozesse überwog; sie galten, und bei ihnen verharrte man mit besonderem Nachdruck. Die Entscheidung war in Vor- und Nachspiele gelegt, das Werk zerrann immer mehr zu einem Leiter psychologischer Erregung; das individuell Fließende, Verursacher und Bewirktes wurden fixiert. Diese Plastik waren eher Bekenntnisse einer Genetik als objektivierte Formen, eher blitzartige Berührung zweier Individuen; der Dramatik des Urteils über Kunstwerke legte man öfters eine größere Wichtigkeit bei als diesen selbst. Nötig mußte jeder prägnante Kanon der Form und des Schauens gelöst werden.

Ein immer stärkeres Entfalten der Plastizität wurde erstrebt, ein spältigeres Vervielfältigen der Mittel. Gegen die tatsächliche Unplastizität vermochte auch die realistisch geputzte Sage vom »abgetasteten« Modell nichts, vielmehr bestätigte gerade sie den Mangel einer gründlichen und einheitlichen Raumkonzeption.

Ein solches Verhalten zerstört die Distanz zu den Dingen und wertet nur den funktionellen Sinn, der in ihnen dem Individuum aufbewahrt ist. Diese Art Kunst bedeutet die potentielle Ansammlung eines möglichst großen funktionellen Effektes.

Ja wir sahen, daß dies potentielle Moment, der Zuschauer, in einigen neueren Versuchen virtuell und sichtlich gemacht wurde. Wenige Stile, die in Europa auftraten, schieden sich hiervon, insbesondere der romanisch-byzantinische: jedoch seine orientalische Herkunft ist erwiesen und gleich bekannt ist die ziemlich rasche Umwandlung zur Bewegtheit (Gotik).

Der Zuschauer wurde in die Plastik verwebt, er wurde ihre nicht mehr trennbare Funktion (z. B. perspektivische Plastik); er verband sich in dem überwiegend psychologischen Umwerten der Person des Verfertigers, wenn er dieser urteilend nicht widersprach. Die Plastik war Konversationsstoff zweier Menschen. Einen derart gerichteten Plastiker mußte vor allem interessieren, die Wirkung und den Beschauer voraus zu bestimmen; um die Wirkung vorweg zu nehmen und zu erproben, lag ihm nahe, sich selbst in den Betrachter zu verwandeln (futuristische Plastik), und die Skulpturen müssen als Umschreibung des Effektes angesehen werden. Das seelisch-zeitliche Moment überwog vollständig die räumliche Bestimmtheit. Um das, wenn auch öfters unbewußte Ziel der Mühe zu erreichen, stellte man die Identität zwischen dem Beschauer und dem Verfertiger her; denn nur so war ein uneingeschränktes Wirken möglich.

Es bezeichnet diesen Sachverhalt, daß man die Wirkung auf den Beschauer zumeist als Umkehren des schöpferischen Vorgangs, wenn sie auch als wenig intensiv charakterisiert wird, ansieht. Der Plastiker unterwarf sich der Majorität der seelischen Vorgänge und verwandelte sich selbst zum Beschauer. Stets nahm er bei der Arbeit einen Abstand, der dem künftigen Beschauer entsprach und modellierte die Wirkung; er verlegte das Schwergewicht in die Sehtätigkeit jenes und modellierte in Touches, damit erst der Beschauer die eigentliche Form bilde. Die Raumkonstruktion wurde einem sekundären, ja fremden Mittel, nämlich der materiellen Bewegung geopfert; die Voraussetzung aller Plastik, der kubische Raum, war vergessen.

Vor wenigen Jahren erlebten wir in Frankreich die neubestimmende Krisis. Durch eine ungeheure Anstrengung des Bewußtseins erkannte man die unsachliche Fraglichkeit des Verfahrens. Einige Maler verfügten über genügende Kraft vom mechanisch weiterrutschenden Handwerk abzusehen; losgelöst von den üblichen Mitteln untersuchten sie die Elemente der Raumanschauung, was denn diese erzeuge und bestimme. Die Ergebnisse dieser wichtigen Mühe sind hinreichend bekannt. Zugleich entdeckte man notwendig die Negerplastik und erkannte, daß sie isoliert die reinen plastischen Formen gezüchtet hat.

Üblicherweise bezeichnet man die Bemühungen dieser Maler als Abstraktion, wiewohl sich nicht leugnen läßt, daß nur mit einer ungeheueren Kritik der verirrten Umschreibungen man sich einer unmittelbaren Raumauffassung nähern konnte. Dies jedoch ist wesentlich und scheidet die Negerplastik kräftig von solcher Kunst, die an ihr sich orientierte und ihr Bewußtsein gewann; was hier als Abstraktion erscheint, ist dort unmittelbar gegebene Natur. Die Negerplastik wird sich im formalen Sinn als stärkster Realismus erweisen.

Der heutige Künstler agiert nicht nur für die reine Form, er spürt diese noch als Opposition seiner Vorgeschichte und verwebt seinem Streben das allzu Reaktive; seine nötige Kritik verstärkt das Analytische.

Religion und afrikanische Kunst

Die Kunst des Negers ist vor allem religiös bestimmt. Die Bildwerke werden verehrt, wie bei irgendeinem antiken Volke. Der Verfertiger arbeitet sein Werk als die Gottheit oder ihr Bewahrer, das heißt, er besitzt von Beginn an Distanz zum Werk, das der Gott ist oder ihn festhält. Seine Arbeit ist entfernte Adoration und somit das Werk a priori etwas Selbständiges, mächtiger als der Verfertiger; zumal dieser seine gesamte Intensität in das Werk hineinarbeitet und somit als der Schwächere diesem sich opfert. Seine Arbeit muß als religiöser Dienst bezeichnet werden. Das Werk als Gottheit ist frei und losgelöst von jeglichem; Arbeiter wie Adorant stehen zu ihm in unmeßbarem Abstand. Jenes wird sich nie dem menschlichen Geschehen vermischen und wenn, so als das Mächtige und wiederum Distanzierte. Die Transzendenz des Werkes ist im Religiösen bedingt und vorausgesetzt. Es wird in Adoration, in einem Grauen vor dem Gott geschaffen und das gleiche ist seine Wirkung. Verfertiger und Anbeter sind a priori seelisch, das ist wesentlich identisch; der Effekt liegt nicht im Kunstwerk, sondern in seinem vorausgesetzten, unbestrittenen Gottsein. Der Künstler wird sich nicht vermessen, neben dem Gott wetteifernd eine Wirkung anzustreben; diese ist sicher gegeben und vorausbestimmt. Das Kunstwerk als Mühe um einen Effekt ist hier sinnlos, zumal die Idole oft im Dunkeln adoriert werden.

Der Künstler erarbeitet ein Werk, das selbständig, transzendent und unverwoben bleibt. Dieser Transzendenz entspricht eine räumliche Anschauung, die jede Funktion des Beschauers ausschließt; ein vollständig erschöpfter, totaler und unfragmentarischer Raum muß gegeben und verbürgt sein. Abgeschlossenheit des Raumes bedeutet hier nicht Abstraktion, sondern ist unmittelbare Empfindung. Die Geschlossenheit ist nur garantiert, wenn das Kubische völlig geleistet ist, dem nichts hinzugefügt werden kann. Die Aktivität des Beschauers kommt nicht in Frage. (Handelt es sich um religiöse Malerei, so wird diese gänzlich auf die Bildfläche sich beschränken, damit ein Gleiches erreicht werde. Einer solchen Malerei ist also nicht vom Dekorativen oder Ornamentalen her beizukommen; dies sind sekundäre Folgen.)

Ich sagte, das Dreidimensionale muß vollkommen und ungemindert geleistet sein, die Anschauung ist religiös vorausbestimmt und wird vom religiösen Kanon gefestigt. Mit dieser Bestimmung des Schauens ist ein Stil geleistet, der keiner Willkür des einzelnen unterliegt, sondern kanonisch bestimmt ist und nur durch religiöse Umwälzungen verändert werden kann. Der Beschauer adoriert die Bilder oft im Dunkeln, ist betend ganz vom Gott beansprucht und diesem völlig hingegeben, so daß er kaum auf die Art des Kunstwerks einwirken, ja achten wird. Die Situation bleibt die gleiche, wenn ein König oder Häuptling dargestellt wird; ja auch im Bildwerk des gemeinen Mannes wird ein Göttliches angeschaut, ja verehrt; auch hier bestimmt dieses das Werk. In einer solchen Kunst finden individuelles Modell und Porträt keinen Platz, höchstens als profane Nebenkunst, die sich der religiösen Kunstübung kaum entziehen kann oder als unwesentlicheres Gebiet, wenig geachtet, kontrastiert. Das Werk wird als Typus der adorierten Gewalt angerichtet.

Es bezeichnet die Negerplastiken, daß sie eine starke Verselbständigung der Teile aufweisen; auch dies ist religiös bedingt. Jene sind nicht vom Beschauer, sondern von sich aus orientiert; die Teile werden von der engen Masse aus empfunden, nicht in abschwächender Entfernung; somit werden sie und ihre Grenzen verstärkt sein.

Weiter fällt auf: die meisten dieser Arbeiten entbehren des Sockels und ähnlicher Aufstellungszutaten, was verwundern könnte, da die Statuen in unserem Sinn äußerst dekorativ sind. Jedoch wird der Gott nie anders vorgestellt denn als selbständiges Wesen, keiner Hilfe bedürftig. Fromme, verehrende Hände mangeln ihm nicht, wenn er vom Adoranten einhergetragen wird.

Eine solche Kunst wird selten das Metaphysische verdinglichen, da es als selbstverständlich vorausgesetzt ist. Es wird sich gänzlich in der vollständigen Form dartun müssen und in ihr erstaunlich intensiv sich konzentrieren; das heißt, die Form wird zur äußersten Geschlossenhiet durchgebildet. Ein kräftiger Realismus des Formalen wird auftreten; denn nur so werden die Kräfte tätig, die nicht auf abstraktem oder reaktiv polemischem Wege zur Form gelangen, sondern unmittelbar Form sind. (Das Metaphysische der heutigen Künstler verrät noch immer die vorhergegangene Kritik des Malerischen und ist in die Darstellung als gegenständliche und formale Essenz einbezogen, wodurch die Unbedingtheit von Religion und Kunst, ihre streng abgegrenzte Korrelativität zu einem zerstörenden Vermischen verwirrt wurde.) Im formalen Realismus, worunter nicht ein nachahmender Naturalismus verstanden wird, ist die Transzendenz gegeben; denn Nachahmung ist ausgeschlossen; wen dürfte ein Gott nachahmen, wem sich unterwerfen. Ein folgerichtiger Realismus der transzendenten Form ergibt sich. Das Kunstwerk wird nicht als willkürliche und künstliche Schöpfung angesehen werden, vielmehr als mythische Realität, die an Kraft die natürliche übertrifft. Das Kunstwerk ist real durch seine geschlossene Form; da es selbständig und überaus mächtig ist, wird das Distanzgefühl eine ungeheuer intensive Kunst erzwingen.

Während das europäische Kunstwerk der gefühlsmäßigen, sogar formalen Deutung unterliegt, insofern der Beschauer zur aktiven optischen Funktion aufgerufen wird, ist das Negerkunstwerk aus mehr als formalen Gründen, nämlich auch religiösen, eindeutig bestimmt. Es bedeutet nichts, es symbolisiert nicht; es ist der Gott, der seine abgeschlossen mythische Realität bewahrt, worein er den Adoranten einbezieht und auch ihn zu einem Mythischen verwandelt und seine menschliche Existenz aufhebt.

Formale und religiöse Geschlossenheit entsprechen sich; ebenso formaler und religiöser Realismus. Das europäische Kunstwerk wurde geradezu die Metapher der Wirkung, die den Beschauer zu lässiger Freiheit herausfordert. Das religiöse Negerkunstwerk ist kategorisch und besitzt ein prägnantes Sein, das jede Einschränkung ausschließt.

Um ein abgegrenztes Dasein des Kunstwerks herauszubilden, muß jede zeitliche Funktion ausgeschaltet werden; das heißt ein Umgehen des Kunstwerks, ein Betasten muß verhütet werden. Der Gott besitzt keine Genetik; diese widerspricht seiner gültigen Existenz. Es mußte also eine Darstellung gefunden werden, die ohne Modélé, das eine unfromme, persönlich beeinträchtigende Hand verrät, sofort in festem Material sich ausdrückt. Die Raumanschauung, die ein solches Kunstwerk aufweist, muß gänzlich den kubischen Raum absorbieren und ihn vereinheitlicht ausdrücken; Perspektive oder die übliche Frontalität sind hier verboten, sie wären unfromm. Das Kunstwerk muß die gesamte Raumgleichung geben; denn nur, wenn es jede zeitliche Interpretation, die auf Bewegungsvorstellungen beruht, ausschließt, ist es zeitlos. Es absorbiert die Zeit, indem es, was wir als Bewegung erleben, in seiner Form integriert.

Kubische Raumanschauung

Es bezeichnet jedes begriffliche Auseinandersetzen, und sei es noch so sehr der Anschauung verhaftet, daß es sich verselbständigt und um seiner spezifischen Struktur willen nicht alle Divergenzen des Kunstgeschehens ausdrückt.

Zunächst ist die formale Beschaffenheit der Anschauung, die afrikanischer Plastik zugrunde liegt, zu untersuchen. Wir können nun gänzlich von dem metaphysischen Korrelat absehen, da wir es als selbstverständlichen Mitfaktor auszeichneten und wissen, daß gerade aus dem Religiösen eine abgelöste Form gefolgert werden muß.

Somit ist die Aufgabe einer formalen Klärung der Anschauung, die in dieser Kunst sich äußert, gestellt. Den Fehler, die Kunst der Neger an einem unbewußten Erinnern irgendwelcher europäischer Kunstform zu schanden zu machen, werden wir vermeiden, da die afrikanische Kunst aus formalen Gründen als umrissener Bezirk vor uns steht.

Die Negerplastik stellt eine klare Fixierung des unvermischten plastischen Sehens dar. Dem Naiven erscheint die Bildhauerei, deren Aufgabe es ist, das Dreidimensionale zu geben, als das schlechthin Selbstverständliche, da sie mit einer Masse arbeitet, die als solche nach drei Dimensionen bestimmt ist. Diese Aufgabe stellt sich als schwierig, ja zunächst als fast unlösbar dar, wenn bedacht wird, daß nicht ein irgendwie Räumliches, vielmehr das Dreidimensionale als *Form* ausgeprägt werden soll. Eine fast unbeschreibbare Erregung bemächtigt sich des Überlegenden; dieses Dreidimensionale, das nicht in einem Blick gefaßt wird, soll ja nicht als vage optische Suggestion, vielmehr als geschlossener, tatsächlicher Ausdruck gebildet werden. Europäische Lösungen, die, geprüft an afrikanischer Plastik, eher zu Auswegen sich verzeichnen, sind den Augen geläufig, überzeugen mechanisch und durch Gewohnheit. Frontalität, vielfältige Ansicht, übergehendes Modélé und plastische Silhouette heißen vor allem die üblichen Mittel.

Die Frontalität betrügt fast den Beschauer um das Kubische und steigert sämtliche Kraft auf eine Seite. Die gegenständlich vorderen Teile ordnet sie nach einem Blickpunkt und verleiht ihnen eine gewisse Plastizität. Die einfachste naturalistische Ansicht wird ausgewählt, die dem Beschauer zunächst liegende Seite, die ihn gewohnheitsmäßig am ehesten gegenständlich und psychologisch orientiert. Die anderen, untergeordneten Ansichten suggerieren rhythmisch unterbrochen die Empfindung, welche den Bewegungsvorstellungen des Dreidimensionalen entspricht. Aus den abrupten, vor allem durch den Gegenstand verknüpften Bewegungen ergibt sich ein Vorstellen räumlicher Zusammengehörigkeit, das formal nicht gerechtfertigt ist.

Gleiches widerfährt ihm an der Silhouette, die durch perspektivische Truks womöglich unterstützt, das Kubische ahnen läßt. Genauer gesehen ist sie der Zeichnung entlehnt, die nie ein plastisches Element ist.

In all diesen Fällen findet man ein malerisches oder zeichnerisches Verfahren; die Tiefe wird suggeriert, jedoch selten unmittelbar als Form gebildet. Diese Verfahren sind auf dem Vorurteil gegründet, das Kubische werde mehr oder minder durch die materielle Masse verbürgt, eine sie umschreibende innere Erregung, oder eine einseitige Formanweisung genügten, damit das Kubische als Form da sei. Diese Methoden wollen das Plastische eher suggerieren und bedeuten, als daß sie zur Konsequenz gelangten. Jedoch auf solche Weise ist dies kaum möglich, da hier das Kubische als Masse und nicht unmittelbar als Form vorgestellt wird. Masse jedoch ist der Form nicht identisch; denn jene kann nicht in Einem tatsächlich wahrgenommen werden; immer sind in diese Verfahren psychologische Bewegungsakte geknüpft, welche die Form zu einem Genetischen auflösen und ganz vernichten. So beginnt das Schwierige, die dritte Dimension in einem einzigen, optischen Vorstellungsakt zu fixieren und als Totalität zu schauen; daß es in *einer* Integration gefaßt sei. Was aber am Kubischen ist Form?

Klar ist, diese muß auf einmal gefaßt werden, jedoch nicht als gegenständliche Suggestion; was Bewegungsakt ist, muß zur Unbedingtheit fixiert werden. Die dreidimensional situierten Teile müssen gleichzeitig dargestellt werden, das heißt, der zerstreute Raum muß in ein Blickfeld integriert werden. Das Dreidimensionale darf weder gedeutet noch schlechthin als Masse gegeben werden, vielmehr muß es als bestimmtes Dasein konzentriert sein, indem das, was die Anschauung des Dreidimensionalen erzeugt, und üblich und naturalistisch als Bewegung empfunden wird, als formal fixierter Ausdruck gebildet ist.

Jeder dreidimensionale Punkt an einer Masse ist unendlich deutbar; schon dies scheint einer eindeutigen Bestimmung unlösbare Schwierigkeiten entgegen zu halten und läßt jegliche Totalität als unmöglich erscheinen; selbst die Kontinuität seiner Beziehungen erschwert nur das Erhoffen einer bestimmten Lösung, so sehr man sich auch schmeicheln mag, in der allmählichen, langsam geleiteten Funktion dem Betrachter einen einheitlich bestimmten Eindruck zu suggerieren; keine rhythmische Anordnung, keine zeichnerische Beziehung, kein noch so reiches Vervielfältigen der Bewegung vermögen uns zu betrügen, daß das Kubische hier nicht unmittelbar und in Einem zur Form gesammelt sei.

Der Neger scheint diesem Problem eine reine und gültige Lösung verliehen zu haben. Er fand, uns zunächst ein Paradox, eine formale Dimension.

Die Vorstellung des Kubischen als Form – nur hiermit hat es die Plastik zu schaffen und mit keiner materiellen Masse – ergibt unmittelbar, daß zunächst bestimmt werden muß, was jene ausmacht; dies sind die nicht zugleich sehbaren Teile; sie müssen mit den sichtbaren in eine totale Form gesammelt werden, die in einem Sehakt den Beschauer bestimmt und einer fixierten dreidimensionalen Anschauung entspricht, damit das sonst irrational Kubische als sichtlich Geformtes sich erweise. Der optische Naturalismus abendländischer Kunst ist nicht Nachahmen der Außennatur; die Natur, die hier passiv nachgeahmt wird, ist der Standpunkt des Beschauers. So versteht man das Genetische, ungemein Relative, das unserer meisten Kunst anhaftet. Diese paßte sich dem Beschauer an (Frontalität, Fernbild) und immer mehr wurde das Erzeugen der optischen Endform einem aktiv beteiligten Betrachter anvertraut.

Form ist eine Gleichung, wie unsere Vorstellung; diese Gleichung gilt künstlerisch, wenn sie ohne Beziehung auf Fremdes und unbedingt aufgefaßt wird. Denn Form heißt jene vollkommene Identität von Anschauung und einzelner Verwirklichung, die ihrer Struktur nach sich decken und nicht sich verhalten wie Begriff und Einzelfall. Die Anschauung umfaßt wohl mehrere Fälle des Verwirklichens, besitzt jedoch keine höhere Qualitätsrealität als diese. So erhellt sich, daß

Kunst einen besonderen Fall bedingungsloser Intensität darstellt und in ihr die Qualität unvermindert erzeugt werden muß.

Aufgabe der Plastik ist es, eine Gleichung zu bilden, worin die naturalistischen Bewegungsempfindungen und somit die Masse gänzlich absorbiert sind, und ihre sukzessive Verschiedenheit in eine formale Ordnung umgesetzt ist. Dies Äquivalent muß total sein, damit das Kunstwerk nicht mehr als Gleichung anders gerichteter menschlicher Tendenzen empfunden wird, vielmehr als ein bedingungsloses, geschlossenes Selbständiges.

Die Dimensionen des üblichen Raums sind dreifach gezählt, wobei die dritte, eine Dimension der Bewegung, nur gezählt, aber nicht auf ihre Art geprüft wurde. Da das Kunstwerk das schlechthin Geartete herausbildet, erfährt diese letzte Dimension eine Zweiteilung. Unter Bewegung stellt man ein Kontinuum vor, das den Raum wandelnd umschließt. Da bildende Kunst fixiert, wird dies Einheitliche geteilt, nämlich nach entgegengesetzten Richtungen aufgefaßt und enthält so zwei gänzlich verschiedene Richtungen, die in dem unendlichen Raum des Mathematikers z. B. ziemlich belanglos bleiben. Tiefenrichtung und Tendenz nach vorne sind in der Plastik gänzlich gesonderte Arten der Raumerzeugung; sie sind nicht linear unterschieden, vielmehr erstklassige Formunterschiede, wenn sie nicht impressionistisch, das ist unter dem Einfluß wiederum naturalistischer Bewegungsvorstellungen, verschmolzen werden. Aus dieser Erkenntnis geht hervor, daß Plastik im gewissen Sinn diskontinuierlich ist, zumal die Kontraste als gründliches Mittel nicht entbehrt werden können, um den Raum gänzlich zu schaffen. Das Kubische soll nicht als sekundäres suggerierendes Modélé verschleiert und somit nicht als materialisierte Beziehung eingeführt werden, vielmehr als das Eigentliche hervorgerückt sein.

Der Betrachter einer Skulptur glaubt leicht, sein Eindruck setze sich aus einem Sehen und andererseits einem Vorstellen der tiefergelegenen Teile zusammen; eine solche Wirkung hätte um ihrer Zweideutigkeit willen nichts mit Kunst zu schaffen.

Wir betonten, Plastik ist keine Angelegenheit der naturalistischen Masse, sondern lediglich der formalen Klärung. Also geht es darum, die nicht sichtbaren Teile in ihrer formalen Funktion, als Form, das Kubische, den Tiefenquotienten, wie ich es nennen möchte, an den sichtbaren als Form darzustellen; allerdings nur als Form, ohne das Gegenständliche, die Masse zu vermischen. Die Teile dürfen also nicht materiell und malerisch dargestellt werden, vielmehr so, daß die Form, wodurch sie plastisch werden und die naturalistisch in dem

Bewegungsakt gegeben ist, in eines fixiert und simultan sichtbar werde. Das heißt, jeder Teil muß plastisch verselbständigt und so deformiert sein, daß er die Tiefe absorbiert, indem die Vorstellung, wie er von der entgegengesetzten Seite erschiene, in die frontale, jedoch dreidimensional funktionelle, hereingearbeitet ist. Also jeder Teil ist ein Ergebnis der formalen Vorstellung, die den Raum als Totalität und vollständige Identität des Einzeloptischen und der Anschauung schafft, und den surrogierenden Ausweg verwirft, der den Raum zur Masse schwächt. Eine solche Plastik wird stark nach einer Seite zentriert, da diese das Kubische als Totales, als Resultante nun unverstellt gibt, während die Frontalität nur die Vorderfläche summiert. Diese Integration des Plastischen muß Funktionszentren erzeugen, wonach sie geordnet ist; aus diesen kubischen »points centrales« ergibt sich ohne weiteres eine nötige, starke Aufteilung, die man als kräftige Verselbständigung der Teile bezeichnen darf. Dies ist begreiflich; denn gerade die naturalistische Masse spielt keine Rolle, die berühmte kompakte undurchbrochene Masse früher Kunstwerke ist belanglos; außerdem wird hier die Gestalt nicht als Effekt, sondern in ihrem unmittelbaren Raumsein gefaßt. Der Körper des Gottes entzieht sich als Dominierendes den verbindenden Händen des Arbeiters; der Körper ist funktionell von sich aus erfaßt. Häufig tadelt man an den Negerskulpturen die sogenannten Proportionsfehler; man begreife, die optische Diskontinuität des Raumes wird in Formklärung übersetzt, in eine Ordnung der, da es um Plastizität geht, nach ihrem plastischen Ausdruck verschieden gewerteten Teile. Ihre Größe ist eben nicht das Entscheidende, vielmehr der ihnen zugebilligte kubische Ausdruck, den sie rücksichtslos darstellen sollen. Allerdings eines verschmäht der Neger, wozu den Europäer sein Kompromiß verführt, das zu einem Elementaren interpolierte Modélé; denn eines bedarf eben dieses rein plastische Verfahren, der entschiedenen Aufteilungen. Die Seiten sind gleichsam untergeordnete Funktionen, da die Form konzentriert und intensiv ausgelöst werden muß, um Form zu sein; denn das Kubische ist eben unabhängig von der Masse als Resultante und Ausdruck dargestellt. Und nur dies ist statthaft; denn Kunst als ein Qualitatives ist eine Frage der Intensität; das Kubische muß in der Unterordnung der Ansichten als tektonisierte Intensität sich darstellen. Hierbei ist der Begriff des Monumentalen zu berühren. Diese Auffassung gehört wohl Zeiten an, die jeder Anschauung ermangelnd, ihre Arbeiten ellenmäßig ausmaßen. Da Kunst es mit Intensivem zu schaffen hat, fällt Monumentalität als Größe weg. Noch anderes ist hier fortzuräumen. Diesen plastischen Ordnungen wird man mit linearen Interpolierungen nie sich nähern dürfen; hierin zeigt sich ein von begrifflichen Erinnerungen geschwächtes Sehen, sonst nichts. Man wird aber den unverbogenen Realismus des Negers verstehen, wenn man schauend sehen lernt, wie der eingegrenzte Raum des Kunstwerks unmittelbar fixiert werden kann. Die Tiefenfunktion drückt sich eben nicht durch Maße aus, sondern durch die Richtungsresultante der verschweißten, und nicht gegenständlich addierten, Raumkontraste, die in der Bewegungsvorstellung der Masse nie einheitlich angeschaut werden kann; denn das Kubische ruht nicht in den einzelnen, verschieden gelegenen Teilen, vielmehr in ihrer, immer in Einem aufgefaßten, kubischen Resultante, die nichts mit Masse oder geometrischer Linie zu schaffen hat. Diese stellt das kubische Sein als ungenetisches, unbedingtes Ergebnis dar, da die Bewegung absorbiert ist.

Nachdem die plastische Konzentration untersucht wurde, sind die Folgen leicht erklärbar. Oft wendete man gegen die Negerplastiken eine Unproportioniertheit ein, andere wiederum wollten von ihnen die anatomische Struktur der verschiedenen Stämme ablesen. Beides erledigt sich; denn das Organische hat keinen besonderen Sinn in der Kunst, da es lediglich die reale Bewegungsmöglichkeit anzeigt. Indem man das Kunstnachdenken dem Kunstschaffen, wenn auch in zeitlicher Umkehrung gleichsetzte, konstruierte man mit abrupten Begriffen, als ginge Kunst irgendwie vom Modell aus und abstrahiere davon. Es leuchtet füglich ein, daß die Voraussetzung eines solchen Verfahrens bereits Kunst wäre; niemals wird man bei einer Untersuchung die Ebene seines Gegenstandes verlassen dürfen, sonst redet man von vielem, aber nicht von dem vorgesetzten Gegenstand. Abstrakt wie organisch sind kunstfremde (entweder begriffliche oder naturalistische) Kriterien und somit gänzlich exterritorial. So möge man auch von vitalistischen oder mechanischen Erklärungen absehen, was Kunstformen anlangt. Breite Füße z. B. sind nicht breit weil sie tragen, sondern der Blick nach unten sich zuweilen dehnt oder ein kontrastierendes Equilibre zum Becken gesucht wird. Da die Form weder an das Organische noch an die Masse gebunden ist (das sogenannte Organische bedarf hie und da des Sockels als geometrischen und kompakten Kontrastes), entbehren die meisten Negerplastiken des Sockels; ist er einmal vorhanden, wird er plastisch akzentuiert durch Spitzen und so fort.

Jedoch zurück zur Frage der Proportionen. Diese sind davon abhängig, wie sehr vom entscheidenden Tiefenquotienten aus, worunter ich die plastische Resultante verstehe, Tiefe ausgedrückt werden soll. Die Beziehungen der Teile untereinander hängen lediglich von dem Grad ihrer kubischen Funktion ab. Wichtige Teile verlangen eine entsprechende kubische Resultante. So verstehe man auch die sogenannten gewundenen Gelenke oder Gliedmaßen der Negerplastiken; diese gerollte Windung stellt sichtbar dar und konzentriert, was eben das Kubische zweier sonst abrupten Richtungskontraste ausmacht; sonst nur geahnte zurückgelegte Partien werden aktiv und in einem gesammelten einheitlichen Ausdruck funktionell, somit Form und unbedingt notwendig zur Darstellung des unmittelbar Kubischen. Diesen integrierten Formen müssen die anderen Seiten in seltener Vereinheitlichung untergeordnet werden, jedoch sie blieben nicht unverarbeitetes, suggestives Material; sie wurden formal aktiv. Andererseits wird die Tiefe als Totalität sichtlich. Diese Form, die mit einheitlicher Anschauung identisch ist, drückt sich in Konstanten und Kontrasten aus. Diese aber sind nicht mehr unendlich deutbar, sondern die zweifache Tiefenrichtung, die Bewegung nach vorn und nach hinten, ist in einem kubischen Ausdruck gebunden. Jeder kubische Punkt kann nach zwei Richtungen gedeutet werden; hier ist er in die kubische Resultante einbezogen und befestigt, und enthält darum in sich und nicht als interpolierte Beziehung beide Tiefenkontraste.

Es mag bei der Negerplastik, wie bei mancher sogenannten primitiven Kunst auffallen, daß einige Statuen ungemein lang und schlank sind; zugleich sind die kubischen Resultanten nicht allzu betont. Vielleicht äußert sich hier ein unbändiger Wille in der schlanken Form, das Kubische geradezu nackt zu umfassen. Diesen dünnen komprimierten, einfachen Formen glaubt man vermöge des umgebenden Raums nichts anzuhaben.

Zur Gruppe will ich nur weniges hinzufügen. Sie bestätigt sichtlich die vorgetragene Meinung, daß das Kubische nicht durch die Masse sondern die Form ausgedrückt wird; denn sonst wäre jene wie jede durchbrochene Plastik ein Paradox und Unding. Die Gruppe stellt den extremen Fall dar, was ich als plastische Fernwirkung bezeichnen möchte: zwei Teile einer Gruppe verhalten sich genauer betrachtet nicht anders als zwei entfernte Teile einer Figur. Ihre Zusamengehörigkeit spricht sich in einer Unterordnung unter eine plastische Integration aus, vorausgesetzt, es ist nicht einfach eine kontrastierende oder addierende Wiederholung des Formthemas gegeben. Die kontrastierende hat den Reiz, die Richtungswerte umzukehren, und somit auch den Sinn der plastischen Orientierung. Die Nebeneinanderreihung hingegen zeigt in einem Blickfeld die Variation eines plastischen Systems. Beide werden total erfaßt, da ein einheitliches System vorliegt.

Maske und Verwandtes

Ein Volk, dem Kunst, Religiöses und Sitte unmittelbar wirksam sind, wird, beherrscht und umzirkt von den Gewalten, jene an sich sichtbar machen. Tätowieren heißt seinen Körper zum Mittel und Ziel einer Anschauung machen. Der Neger opfert seinen Körper und steigert ihn; sein Leib ist dem Allgemeinen sichtbar hingegeben und dies erwirbt an ihm greifbare Form. Es bezeichnet eine despotische, bedingungslos herrschende Religion und Menschlichkeit, wenn Mann und Frau den individuellen Trieb durch Tätowierung zu einem allgemeinen machen; allerdings auch eine gesteigerte Kraft der Erotik. Welch Bewußtsein heißt es, den eigenen Körper als unvollendetes Werk zu begreifen, den unmittelbar man verändert. Über den naturalistischen Leib hinweg verstärkt der Tätoweur die von der Natur skizzierte Form und die Körperzeichnung erreicht ihre Höhe, wenn die Naturform negiert wird und eine imaginierte sie übertrifft. In diesem Fall bedeutet der Körper höchstens die Leinwand und den Ton; ja er gerät zu einem Hindernis, das die stärkste Formgebung provozieren muß. Sich tätowieren setzt ein unmittelbares Bewußtsein seiner selbst voraus und demgemäß ein mindest so starkes der objektiv geübten Form. Auch hier finden wir, was ich als Distanzgefühl, eine ungeheure Begabung objektiv zu schaffen, bezeichnete.

Die Tätowierung ist nur ein Teil des sichobjektivierenden Tuns, den gesamten Körper zu beeinflussen, ihn bewußt zu produzieren, und dies nicht allein im unmittelbaren Bewegungsausdruck z. B. dem Tanz oder dem fixierten wie der Frisur. Der Neger bestimmt seinen Typ so stark, daß er ihn verändert. Überall greift er ein, um den Ausdruck unverfälschlich zu signieren. Begreiflicherweise verwandelt sich der Mensch, der sich als Katze, Fluß und Wetter fühlt; er ist dies und vollzieht die Folgerungen an dem zu eindeutigen Körper.

An der Maske versteht der psychologisierende und zugleich theatralische Europäer dies Gefühl am ehesten. Der Mensch verwandelt sich immer etwas, jedoch bleibt er bemüht, eine gewisse Kontinuität, die Identität zu wahren. Gerade der Europäer bildete dies Gefühl zu einem fast hypertrophen Kult; der Neger, der weniger vom subjektiven

Ich befangen ist und die objektiven Gewalten ehrt, muß, soll er sich neben ihnen behaupten, sich in sie verwandeln, gerade, wenn er sie am gesteigertsten feiert. Mit der Verwandlung stellt er das Gleichgewicht zur vernichtenden Adoration auf; er betet dem Gott, er tanzt dem Stamm ekstatisch und er selbst verwandelt sich durch die Maske in den Stamm und den Gott; diese Verwandlung gibt ihm das mächtigste Begreifen des Objektiven; er inkarniert dies in sich und er selbst ist dies Objektive, worin alles einzelne zernichtet.

Darum: die Maske hat nur Sinn, wenn sie unmenschlich, unpersönlich ist; das heißt konstruktiv, frei von der Erfahrung des Individuums; möglich, daß er die Maske als Gottheit ehrt, wenn er sie nicht trägt.

Die Maske möchte ich die fixierte Ekstase nennen, vielleicht auch das immer bereite Mittel, ungeheuer zur Exstase zu stimulieren, indem das Gesicht der adorierten Gewalt oder des Tiers fixiert da ist.

Es mag etwas überraschen, daß oft gerade religiös orientierte Künste sich an die Gestalt des Menschen klammern. Dies erscheint mir naheliegen, da die mythische Existenz unabhängig von der Gestalt bereits Übereinkunft ist. Der Gott ist schon erfunden und unvernichtbar seiend, wie er sich auch weise. Diesem formal so entschiedenen Kunstgefühl widerspräche es fast, an dinglichen Inhalten sich zu erschöpfen und nicht alle Kräfte der Form – dem Dasein des Gottes – adorierend zu widmen. Denn nur die Kunstform entspricht dem Sein der Götter. Vielleicht will der Adorant den Gott an den Menschen ketten, wenn er ihn als solchen darstellt, und ihn so in seiner Frömmigkeit verzaubert; denn keiner ist so Egoist, wie der Beter, der zwar alles dem Gott gibt, aber ihn ungewußt zum Menschen macht.

Hier ist auch der eigentümlich starre Ausdruck, der auf den Gesichtern geformt ist, zu erläutern. Diese Starrheit heißt nichts anderes als letzte Intensität des Ausdrucks, befreit von jedem psychologischen Entstehen; zugleich ermöglicht sie vor allem eine geklärte Struktur.

Ich gab eine Folge von Masken, die vom Tektonischen zu einem ungemein Menschlichen niedersteigen, damit die verschiedenartige Reihe der seelischen Fähigkeit dieses Volkes belichtet werde.

Hie und da erscheint es fast unlösbar, welchen Ausdruckstypus das Negerkunstwerk darstelle, ob den Erschrockenen oder den Erschreckenden. Hier halten wir einen schönen Beweis für die zweideutige Gleichgültigkeit des psychologischen Ausdrucks. Schon erfahrungsgemäß decken sich die physiognomischen Ausdrucksweisen entgegengesetzter Empfindungen.

Die Tiermasken erschüttern mich, wenn der Neger das Gesicht des Tiers annimmt, das er sonst tötet. Auch im getöteten Tier ist der Gott, und vielleicht klingt die Empfindung eines Selbstopfers mit, wenn er im Aufsetzen der Tiermaske die getötete Kreatur bezahlt und in ihr sich dem Gott nähert; in ihr die Gewalt sieht, die größer als er ist: seinen Stamm. Vielleicht, daß er der Rache für das getötete Tier entgeht, wenn er sich darein verwandelt.

Zwischen Menschen- und Tiermaske stellt sich jene, die das Sichverwandeln festhält. Hier berühren wir Mischformen, die trotz des phantastischen oder grotesken Inhalts, das klassisch afrikanische Equilibre aufweisen. Es ist das Religiöse, dem in einem Überdrang die sichtbare Welt nicht mehr genügt, das eine Zwischenwelt erzeugt; und in der Groteske erhebt sich drohend das Mißverhältnis zwischen den Göttern und dem Geschöpf.

Kurz verweile ich bei stilistischen Erläuterungen der Negermaske. Wir sahen, wie der Afrikaner die plastischen Kräfte in sichtbaren Resultanten kondensiert. Noch in den Masken redet die Gewalt des kubischen Schauens das die Flächen aufeinanderstoßen macht, die den ganzen Sinn des Vordergesichts in wenigen plastischen Formen aufsammelt und die geringen dreidimensionalen Richtungsfaktoren in ihren Resultanten ausbildet.

Verlag der Weißen Bücher, Leipzig 1915 (2. Auflage 1920, mit 116 Abbildungen, im Kurt Wolff Verlag, München).

Negerplastik

Die Abbildungen folgen der 1. Auflage, Leipzig 1915, Verlag der Weißen Blätter, im Verlag Kurt Wolff, München.

267

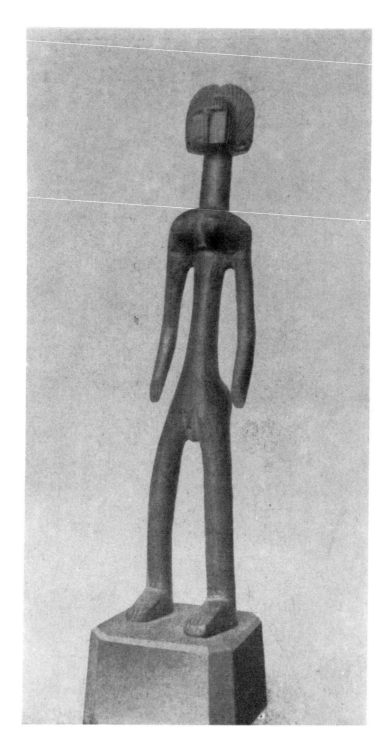

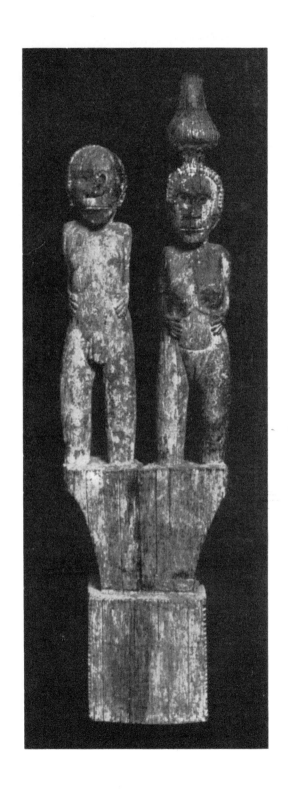

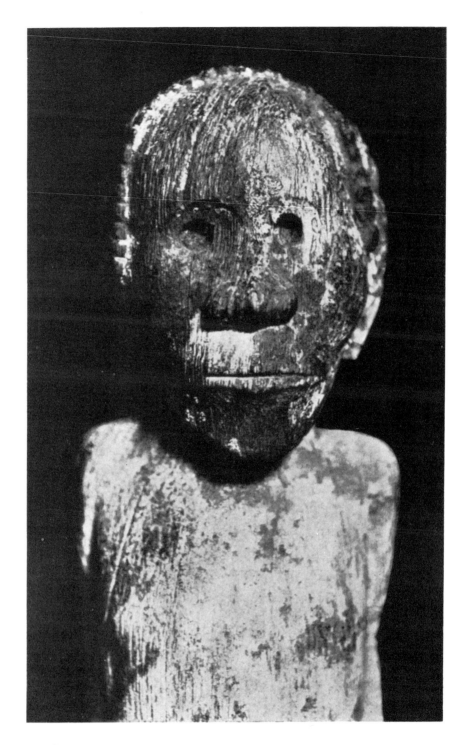

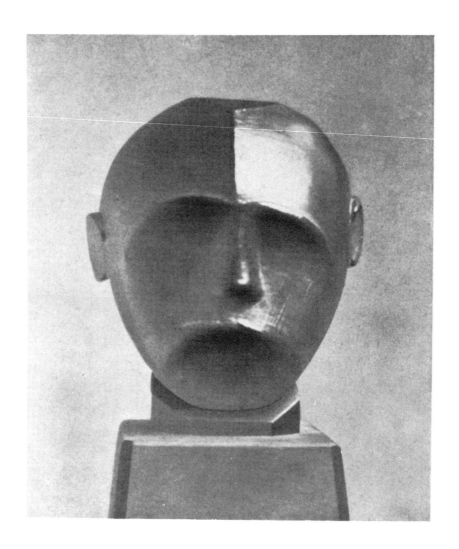

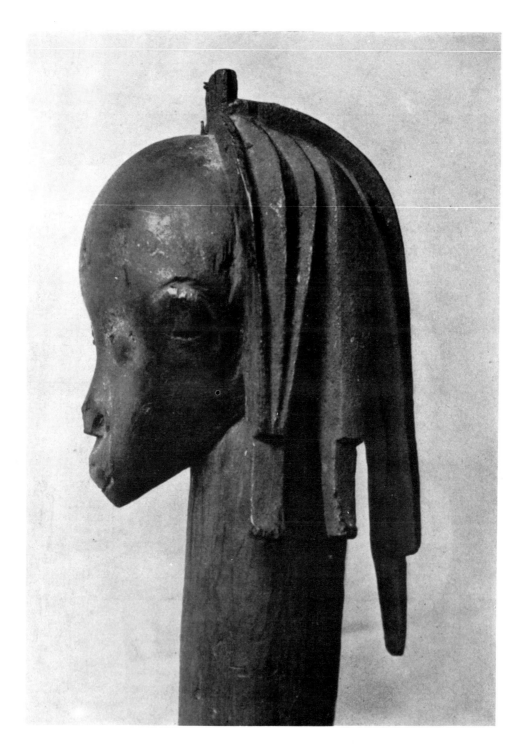

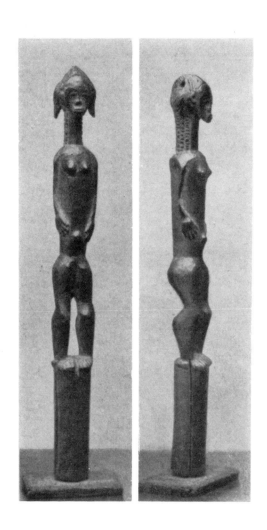

288

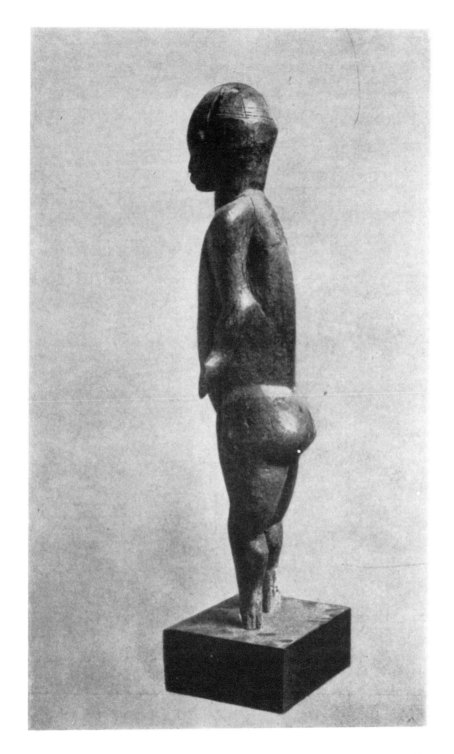

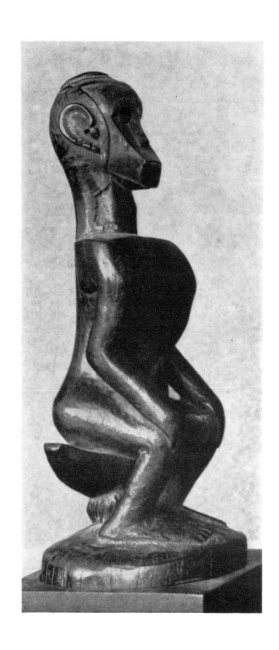

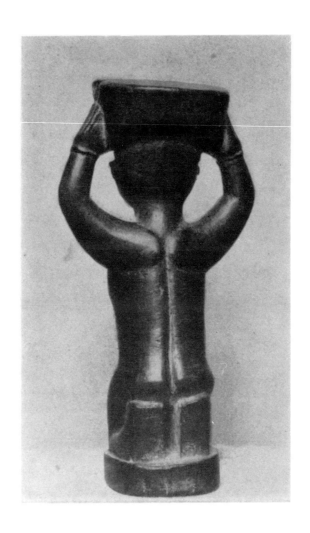

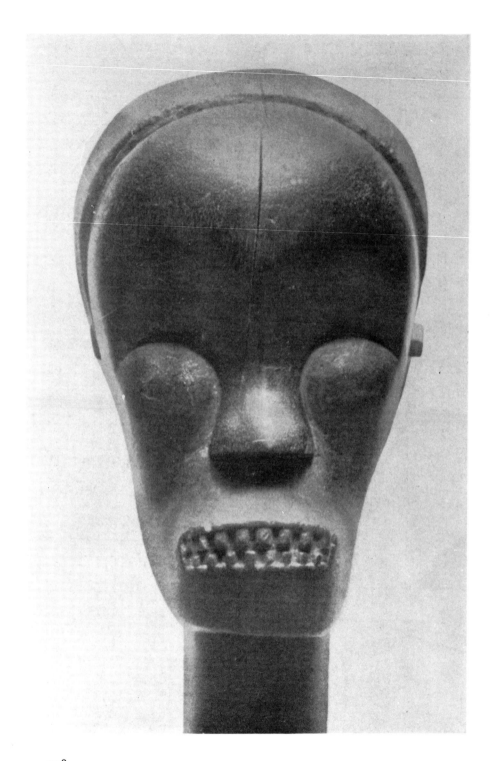

298

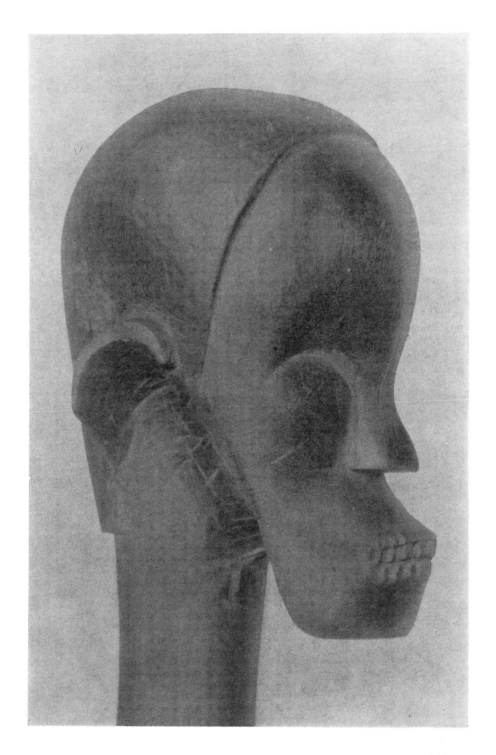

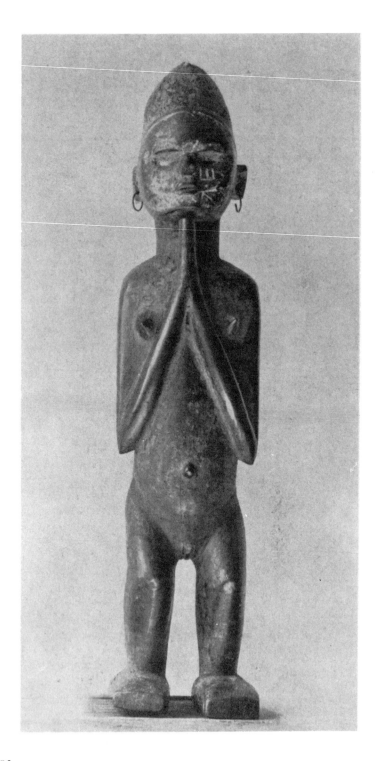

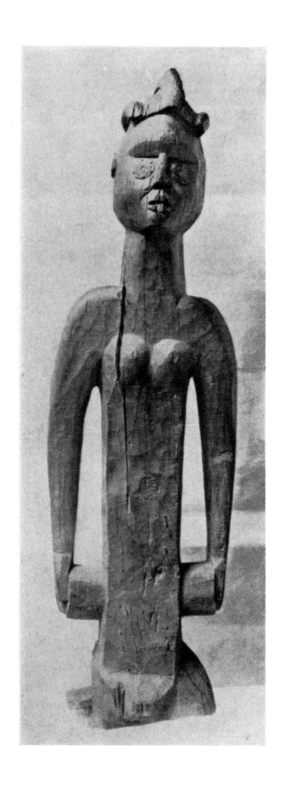

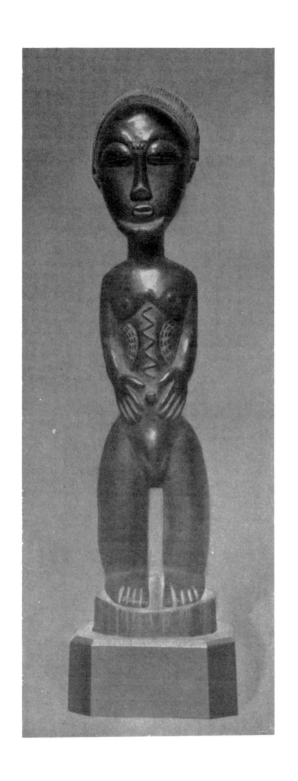

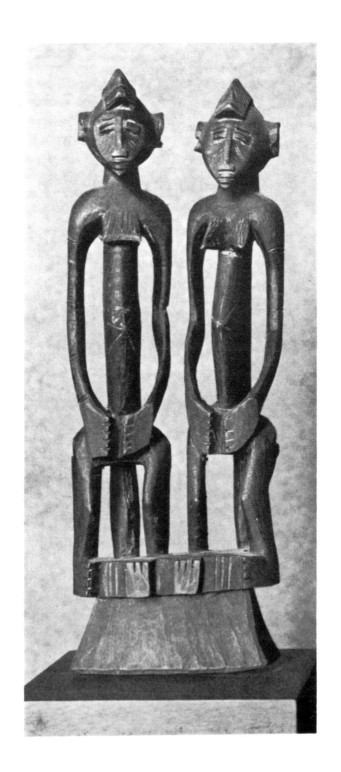

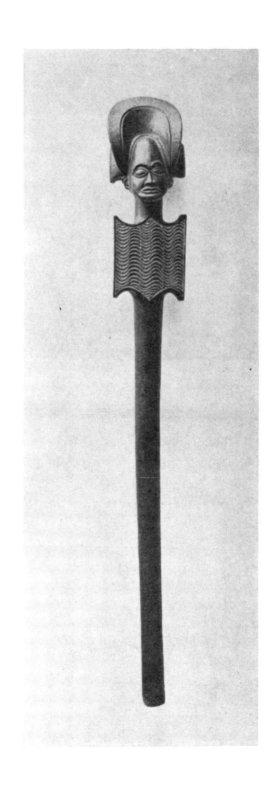

343

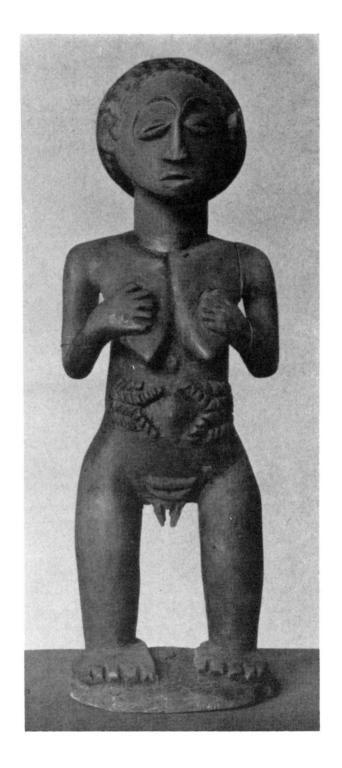

344

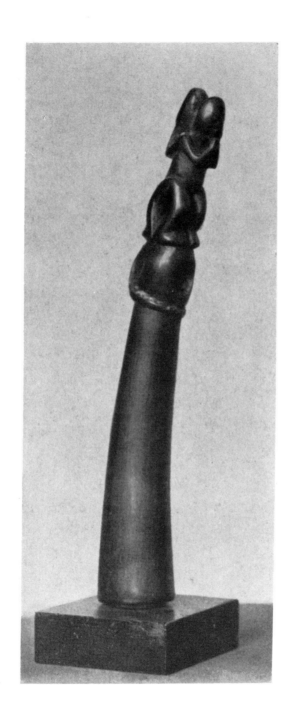

349

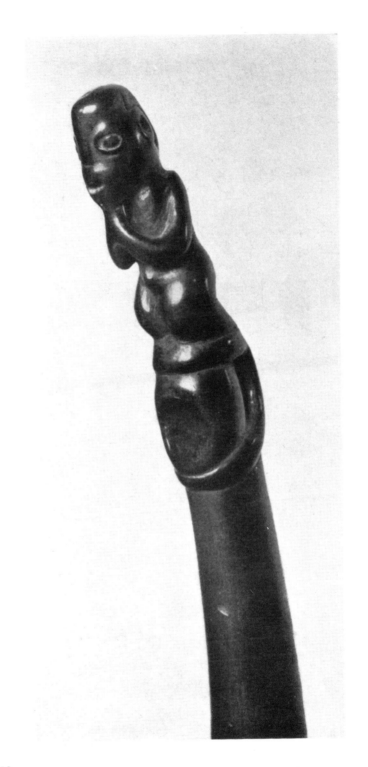

350

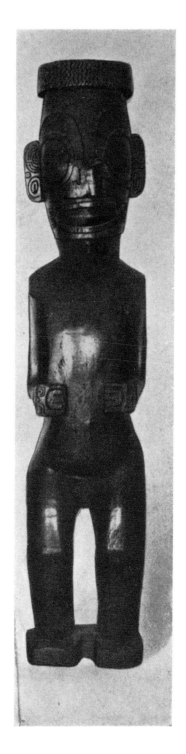

352

353

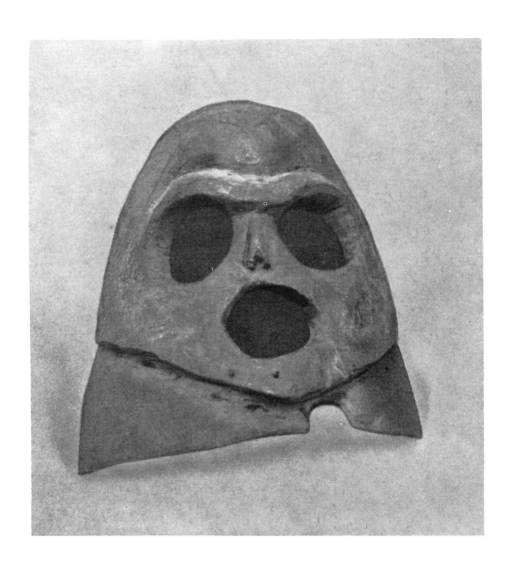

354

356

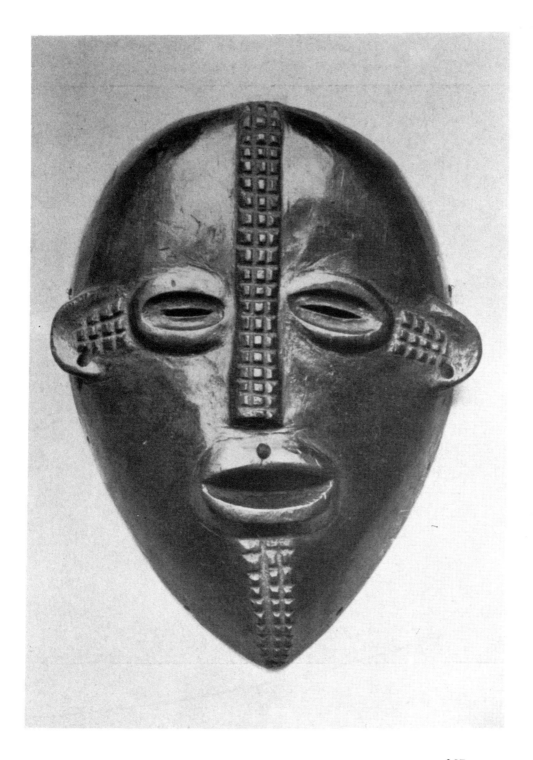

358

359

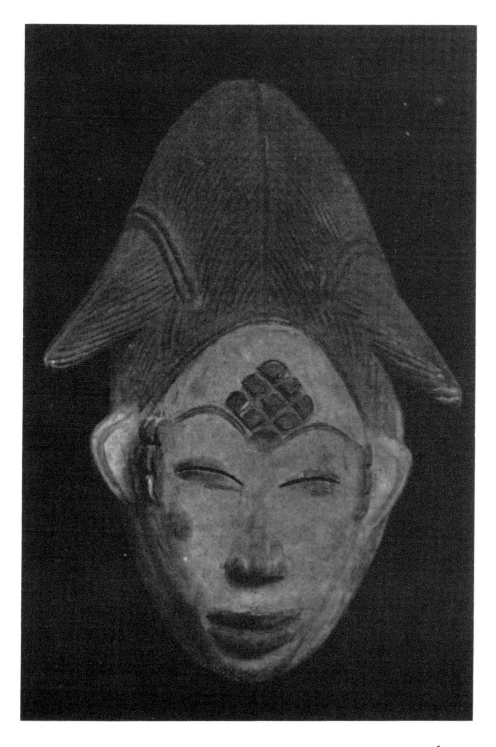

370

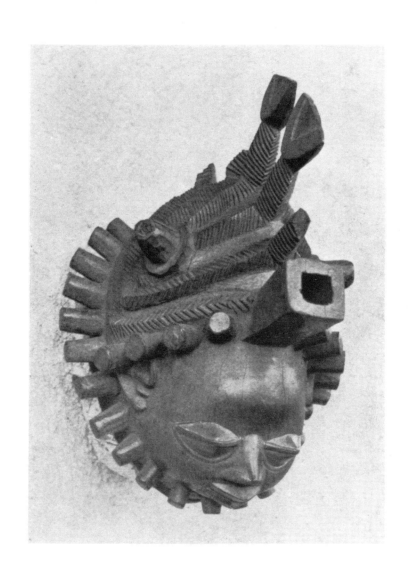

373

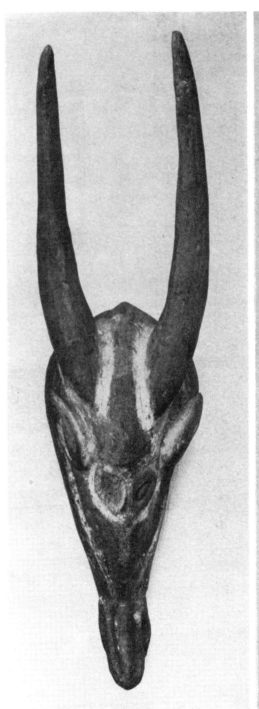 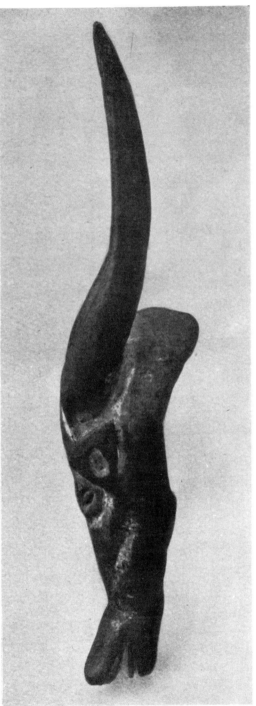

374

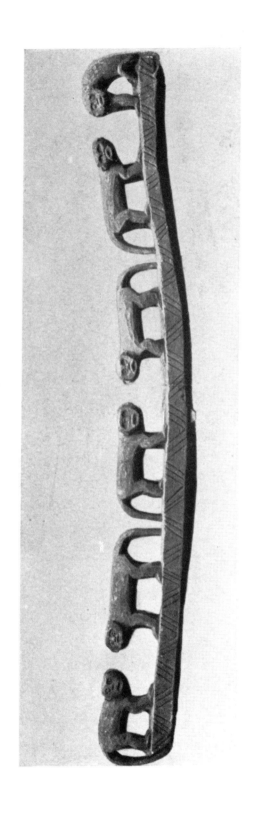

375

376

Wilhelm Lehmbruck

Die Abbildungen wurden entnommen aus: E. Petermann, Die Druckgraphik von Wilhelm Lehmbruck, 1964.

Ruhendes Mädchen (Meeresstimmung)

Raub I, Weib ganz

Raub II, Weib halb

Kleopatra I

384

Madonna (nach Cimabue)

Emporsteigender Mann

Jean Baptiste Carpeaux

Der Tanz, Paris, Oper

Ugolino, Paris, Tuileriengarten

Flora, Paris, am Flora-Pavillon der Tuilerien

Franz Blei

(»Über Wedekind, Sternheim und das Theater.« Fünfzehn Kapitel.
Kurt Wolff Verlag, Leipzig 1916.)

Blei schrieb ein Buch über das Theater der Heutigen. Peinliche Banalität, das mutig Richtige der Arbeit festzustellen. Sollte ich durch fälschendes Wiederholen oder verkürztes Abschreiben (o Honorare der Üblichen) den Leser (utopische Figur, jetzt neugierig gebeugter Zeitvertuer) verscheuchen? Die Buchseiten beschämen die Theater, sein Publikum und den flinken Reporter, bittere Plakate öffentlicher Borniertheit. Man hat seit dem Verfasser nur noch des Wedekind oder Hauptmann Franz Bleis sich zu erinnern. Trostlos Herrn Blei eine Klugheit zu bestätigen, sie zu verbreiten. Ich überlasse es den Theaterschreibern, die hieraus für den schmusigen Rest ihres Lebens eine Renovierung erborgen mögen, wenn es nicht ihren Gelderwerb stört. Ob Kerr noch genug bei Kräften ist, an diesem Buch endlich etwas zu erlernen? Dies bezweifle ich.

Jedoch zu bezeichnen: Blei ist wertvoller als der Gegenstand. Theater, Publikum und die Verfasser; sie vergaß ich, hörte Blei, der mich mit Nennen der Namen und Titel an die Behandelten erinnern mußte. Man spricht genug, wie es um die Autoren bestellt ist. Meist Nebenköpfe, ob ältlich oder fauve; denn die gewendete Terminologie, die nur Hetze verleugnender Metaphern bedeutet, lächert. Ich liebe sie nicht, diese flinken Arrivisten des Neutönchens; sie wagen nicht die Elemente, ihnen unbekannt. Maschinieren eine karge Nuance zu Tod und verachten, so verführt, den Einfachen, den die sich nähernden Elemente erschüttern, erstarren; was unbillig ist, den Mann nicht mehr kennen, der die Gewitztheit zur flinken Auflagenzahl nicht wünscht. Es ändert nicht, daß man heute mit dem

Dekorierten des Seltenen publik wird. Der Emporgekommene liebt, wer ihn blufft, sein Bürgerliches spielend erschreckt, statt seiner exzediert und so fort. Das erfreut den Bürger; er ahnt, hat die süße Gelegenheit, ohne Unkosten zu verzeihen; man schmeichelt ihm, ah, das könnte ich, ich wünschte fast, nicht doch; die Schenkel sind stramm; ja die Dichter.

Die menschliche Intensität Bleis, das macht ihn zum bedeutenden Schriftsteller. Ich stelle es unrevozierbar fest, man memoriere diese Einsicht.

Bleis Bücher sind oft Passionale eines gütigen Menschen, der bemüht ist, Dichter aufzurichten. Was alles könnte Wedekind aus Bleis Buch erlernen; vorausgesetzt, Menschen vermöchten es über ein Konventionelles hinaus und sind nicht nötig in sich versperrt. Man leistet jedoch dem nur scheinbar Lebenden einen liebenswürdigen Dienst, wenn man ohne Rücksicht auf den erdruckten oder erspielten Irrtum den pünktlichen, rechteckigen Nekrolog anmißt. Die Hauptmänner gewannen nun Gelegenheit, die gemäße Haltung zu versuchen und mit Anstand zu verschwinden.

Ich liebe unsere Schriftsteller nicht sehr; diese sehr Tiptopen, Vertorkelnden, die des Sinnes ermangeln. Bleis Buch weist auf, man könnte zu ihm gelangen, bei strenger Mühe, genauerem Anstand. Dies Buch zeigt vorbildische Einsicht. Entschließt man sich nicht, sein Exemplarisches zu erkennen und hieraus zu folgern, so verzichtet man endlich auf ein gefestigtes Literarisches.

In *Die Aktion*, 6. Jg. 1916, Sp. 128 f.
(Das besprochene Buch enthält ferner Beiträge über G. Hauptmann, Hugo v. Hofmannsthal u. a.)

Franz Blei, 18. 1. 1871—10. 7. 1942, Erzähler, Dramatiker, Essayist, Kritiker, Übersetzer und Herausgeber. (Er gehörte zum Freundeskreis von Einstein; in der von Blei herausgegebenen Zeitschrift *Opale* veröffentlichte Einstein die ersten vier Kapitel vom »Bebuquin« (1907), in der ebenfalls von Blei herausgegebenen Zeitschrift *Hyperion* sind »Verwandlungen« und »Snobb« von Einstein veröffentlicht.)

Paul Adler

(»Nämlich.« Hellerauer Verlag, Hellerau bei Dresden 1915)

Adlers Buch bezeichne ich als ein wichtiges, gründliches Buch, worin
der Verfasser in stracker reinlicher Bemühung ein Unmittelbares eröffnete. Den in klassizistischer Regel Verdeckten mag das Ichmäßige
erschrecken und fällen; der genau Bedachte weiß, daß in so dichtem,
nie je durchbrochenem Ich das stärkste Impersonel erlangt ist; ein
unmittelbar gänzliches Hinstellen des Gegenständlichen, das nicht
durch zeitlos Malerisches hemmend vertafelt wird. Adler ist nur ge-
leitete Hand des Vorgangs. Der feige Archaist mag sich sträuben; im
Wahnsinn des Paolo Sauler, dessen andere Auslösung Nämlich ist,
sei ein billiges Mittel zur Caprice und somit zu verstellter Transfor-
mation ergattert. Ich kenne tatsächlich nur wenige Bücher, die so un-
kapriziös sind, so einheitlich und thematischen Ablaufs voll, der den
zweibödig assoziativen Charakter des romantischen Grotesken verbietet. Dieses Buch ist grotesk, wie ein jedes heute, worin die Elemente befragt werden, an denen der Mensch zum lächernd Elenden –
dem Erdichten zu Trotz – sich verstört; die Elemente, denen der
Jetzige keine Form abschrickt, die er nicht in sich als Grenze, als
Gesetz, darum nötig den Wahnsinn anstelle regulierter Ekstatik er-
wundern kann. Diese Welt ist jämmerliche Folie, die Ekstase eben
comble des Grotesken, wo der Mensch gänzlich Antinomie ist. So
zerstört heute Gott, und der ihm Genäherte greift demütig und in
Geduld zu dem wahnsinnigen Gesicht.

Hierin ist der Verfasser exemplarisch, wie er die Welt ganz in den
Menschen zaubert als dem Wirklichen und jene des Sauler gegriffe-
nes Symptom ist.

Dieser dem Klassizist zuwidere Wahnsinn eröffnete des Dichters Adler Einsicht und Bezweifeln der Sprache, die er dem Erkennen und den Dingen (Blindenführer) entbiegt. Au fond gibt es nicht wahnwitzigere Willkür als Sprechen und Schreiben. Durch nichts erwiesene und gemeine Laute, die zum Wahnsinn den die Elemente Suchenden treiben. Adler folgt dem Menschen und seinen Lauten und fürchtet nicht den Ballon des Logischen zu spannen und zu zerplatzen. Überall, wo die Logik erwürgt ist, wurde ein bestimmend Menschliches (Euch unmenschlich) und Elementares errichtet.

In *Die Aktion*, 6. Jg. 1916, Sp. 208.

Paul Adler, 3. 4. 1878—8. 6. 1946, Expressionist, Lyriker und Erzähler. Vorläufer des Surrealismus.

Drei Negerlieder

Nachdichtung von Carl Einstein

Tanzlied. Baluba.[1]

Mond
Mond
vielleicht stirbst auch Du
doch heute sehe ich Dich
So will ich Dir den Kopf schmücken
mit Federn roten Bluts

Tanzlied. Bahololo.[2]

Ich sah den schlankgeschürzten Burschen
Kahulu He
Die Biene singt
yololo
das Bett ist weich wie die Fischotter
der Feldherr redet nicht mehr und steht allein
ich sterbe, mein Herz fällt.
Yololo
Schwingt die Glocke
und der Strauchelnde fällt
Der Kuckuck senkt den Schweif
Ich erwarte den Regen nicht
gleite längs den Baumstümpfen

Tanzlied. Bahololo.[2]

Im Dickicht kein Tier
Schlimm das Dickicht
Ein Baumstumpf am Ufer Mutter
Ich tanze federnbunt betrunken
Doch ich sehe mit den Augen.
Die Sonne schläft ich bin zu tanzen müde
Ich heiratete ein Weib unersättlichen Leopard
Der Abendvogel weint
Kehren wir zurück
He He

1 Baluba: Stamm im Kasaigebiet.
2 Bahololo: aussterbender Stamm beim Tanganika.

In *Die Aktion*, 6. Jg. 1916, Sp. 651.

Neger-Gebet

Feuer nachts im Augapfel des Menschen. Versenkte Nacht.
Feuer das brennt nicht hitzt,
loht nicht glüht.
Feuer fliegt ohne Leib ohne Halt. Weiß nicht Hütte noch Herd.
Feuer von Palmen durchzuckt. Ein Furchtloser nennt dich.
Zauberisch Feuer. Wo dein Vater, wo deine Mutter, wer dich stillte?
Du dein Vater. Du deine Mutter. Gleitest ohne Spur.
Trocken Holz zeugt dich nicht. Asche ist dir nicht Tochter. Stirbst
        ohne Tod.
Zauberisch Feuer. Geist der Wasser unter der Erde.
Geist der Luft über Wolken.
Lichtglitzrer, Glühwurm im Sumpf.
Vogel ohne Flügel, körperloses Ding, Geist der feurigen Kraft.
Höre meine Worte. Ein Furchtloser nennt dich.
Feuer des unterirdischen Herds. Feuer des Herds über Wolken.
Licht, das den Mond durchweißt. Sonne zerblitzt.
Stern in Nacht.
Stern zerspaltest Licht.
Geist des Donners. Gleißendes Auge des Sturms.
Lichtschenkendes Feuer der Sonne.
Sühne erschreie ich. Feuer. Feuer.
Feuer wanderst. In deinem Schweif gebreitet stirbt All.
Feuer wanderst. Im Rücken deiner Glut lebt All.
Bäume sind Brand. Asche. Asche.
Kräuter wachsen. Kräuter fruchtet.

Freund des Menschen. Ich rufe um Sühne.
Du überwanderst Häupter Zerbrochener.
Gespitztes Scheitelhaar rührt nicht an dich.
Sühne schreie ich. Feuer.

Stamm der Bena Kanioka, östlich des Kasai.

In *Die Aktion*, 6. Jg. 1916, Sp. 708 f.

Tötlicher Baum

Glasig Zerstücken zerrt tauben Hals in quere Masche.
Gefetzter schwert blättrige Luft.
Dein Fleisch nährt Wind.
Auge blendet fremd Gestirn.
Verscherbter zackt in bergigem Schrei,
Gilb Wiese mit zersticktem Vorwurf.
Eitrige Silbe wölkt.
Zahn färbt rotgestotterten Dampf.
Tropfig Denken speit lockern Herbst.
Zerwesen krankt Fall;
Greist
Staubt
Wurzelt.

Griffe gegabelt jammern dir den Ast.
Aufwirft Haß in kantenen Rauten.
Kreise bleiche Körner,
Hagelgurt.
Runde träges Gift.
Ersticken türmt.

In *Die Aktion*, 7. Jg. 1917, Sp. 98 (ebenfalls in *Die Fackel* 454—456, April 1917,
S. 37, mit folgendem Kommentar von Karl Kraus:
Es wird schon die in verstamischer Sprache gehaltene Antwort auf ein aus Verstam
(Vereinigte Staaten von Amerika, siehe S. 16) nach Deutschland gelangtes Ersuchen

sein: »Drahtet Stimmung.« Im Ernst: Daß der Krieg allerorten dem Dilettantismus zur Sprache hift, stellt ihm beiweitem kein solches Armutszeugnis aus wie: daß er dem Schwindel nicht die Zunge gelähmt und daß dieses Neugetöne derer, die am alten Ton unschöpferisch bleiben müßten, kein Ende genommen hat. Ohne diese Frechheit ins Angesicht der Sprache wären sie Dichter, die dem Kritiker Blumenthal gefallen (wie vor der Farbe dem Seligmann). Daß der »gesunde Menschenverstand« kein Richter über die Lyrik ist, schließt den Wunsch nicht aus, seinem Henkeramt getrost und gern solche Sorte auszuliefern, die eben die Schuld trägt an jenen rationalistischen Übergriffen, durch welche der größte Lyriker des heutigen Deutschland, die Lasker-Schüler, gequält wird. Was die neuen Schwindler von den alten Dilettanten unterscheidet, ist Mangel an Zimmerreinheit.

Die Mäcene dieser Qualität sind in jenem Berlin zuhause, wo der Betrieb nicht hinter dem Betrug zurückbleiben will.

In der *Fackel* Nr. 457—461, XIX. Jg., ist folgender Brief abgedruckt:

Brüssel. Zivilverwaltung. 6. 4. 17.
Kolonialverwaltung.

An den Verlag der Fackel.
In Nr. 454/456 Ihrer Druckschrift vom 1. April 1917 ist mein Gedicht »Tötlicher Baum« abgedruckt. Der Nachdruck geschah ohne Quellenangabe und widerrechtlich. Ich fordere Sie hierdurch auf mir ein Honorar von Mk 40,— zuzusenden innerhalb von 8 Tagen.

Hochachtend

Carl Einstein.

Heimkehr

Krieche der Erde.
Krümm dich der Wolke.
Willst du das, Mann?
In Scherben zerrieben, zum Irrsinn gezerrt.
Endloser Wanderer, allein.
Tod läuft dich an,
Streut in rauchige Asche
Aufriß und Ruhm.
Junges leuchtet geehrt.
Jetzt nur Flecken, ein Wisch.
Dies alles.
Schwankst
Und streifst kaum
Gras, das die Hüfte umgrünt.
Keuche zum Himmel.
Knochen, Feigen und Sklaven
Hungert es uns.
Seele verloren,
läßt es den Leichnam dir taumeln.
Deinen Schatten schreckt staubiger Abend.
Anderer Muscheln,
verschmäht und zergart,
frißt er.
Schämen zerbricht dich.
Innen ermattet

wirst du des Knaben Erde verspüren.
Niemand grüßt.
Niemand ein Wort.
Nie ruft den Namen
Dir Stimme des Menschen.
Würge dir ein
Hungers Wege.
Aufwärts! da oben
klingende Türe.
VERHUNGERT.
Himmel grüßt zart,
Bietet dir Kommen und Schluß.

In *Die Aktion*, 7. Jg. 1917, Sp. 117 f.

Der Leib des Armen

I

Ich sehe zu, wie es mir greist.
Grau stürzt der Leib durch Regenguß in Wände.
Die Hand greift Blitz, der an der krummen Müde
Der Gelenke dunkelt.
In meiner Füße Furchen wächst Unkraut,
Ausgetretene Wege sind die hochgequollnen Adern,
Die langsam in die abendlichen Felder rinnen.

II

Der Baum knickt trocken,
Dessen Schatten mich vermantelt.
Mein Hunger frißt sein Grün.
Luft rostet
Und Schatten eß ich Wiesenboden fort,
Quell trocknet an mir aus.

III

Regen kämmt mich,
Wagen jagen mich,
Hunde ängsten das zerrißne Kleid.
Häuser stoßen mich ins Irre
Durchs Zerbrochene.

Sparsame Blicke schleudern mich
Ins atemlose Freie.
Dünner Nebel des Leibes
Rollt entglittenen Weg.
Taut in die rasenden Horizonte.

IV

Blicke und Suchen
Zergriff mir das Kleid.
Hose älter denn ich,
Ein Fremder ging mit dir
Wohin, ich weiß nicht wohin.
So wölbte fremd Geschick die Hand um mich.
Und mein Gewand
Weiß älteres.
Und ist mir vorgeboren
Dem Enkel seiner Kleider.
Geeckt stößt Luft mich auf,
Feindlicher Strahl zeigt schamlos meine Brust
Zurückgezogenen Stilleseins.
Ich wollte ohne dieses all verharren,
Das ich nicht fassen darf.
Luft fingert mir die Haut.
Vertiert bin ich in nacktes Gelb gekleidet.
Mein Herz spielt mit der Wolke und den Plätzen,
Entkleidet vor dem furchtbar Vielen,
Das ich nicht weiß.

V

So wirst du ganz mir magern,
Wegziehen Zehrung des Windes in riechende Wolke,
In Gräben sanft verströmen,
Unter Brücken gebeugt vernachten.
Immer ferner
Gehst du von mir.
Kaum noch bin ich.
Gehauchte Luft.

VI

Er gehört mir nicht,
Zahl ich ihn nicht;
Flieht mir in fettiger Wolke,
Umstrauchelt höhnisch was blieb
Höhle meines Gefühls.
Blaut flach in einen Baum,
Fahne peitscht es mich nach.
Ach er verflieht.

VII

Blut kannte ich vorerst,
Jetzt ist es mir entfremdet
Und ich vergaß des raschen Rots,
Das meine Backe kränklich ausbarst.
Wohl halten Untergänge vielleicht rot,
Doch sehe ich den Tag,
Da Licht ergreist in meiner trüben Hand.

VIII

Fremd bohren alle
Mein Nacktes.
Ein jeder dringt durch Gänge meines Hungers,
Ich wanke jedem Kauf und preisgegebne Feile.
Enger schnür ich mich zusammen.
Hunger speit mich über Dächer und durch Mauern.
Ich taube Augen, daß sie Ungefaßtes lidbedeckt vergessen
Und die Pupille zirkelt in gedrängter Blindheit,
Daß ich Hände nicht mehr spüre.

IX

Die Hände kann ich nicht vergraben,
Die nach mir witterten
Mit der Gewalt des Gebers.
Die mir die Haut rasch öffneten
Zu prüfen

Herkunft und Weg.
Wohin, was weiß ich, wo ich gehe
In Hunger vernetzt.
Und Haar, das Erde düngt,
Ist mir ein spitzer Strauch.
Der Mond zeigt eine schmale stillberingte Hand.
Er bohrt sich ein.
Kann ich den Mond bezahlen?

X

Entfließe Leib
Und zahle Luft,
Die mir zu atmen
Mit Recht verwehrt ist.
Ich sinke eng in mich.
O Stein.
Ich gehe von dir,
Nicht mehr dich zu pressen,
Und lege, daß du mir nicht zürnst,
Einen welken, kaum blutenden Finger
In deine Höhle.

XI

Ich stehe spitz gerichtet
Auf den blauen Zehen.
Greift mich Luft und füttert mir das Kleid.
Wind weht in Stern.
Mich trifft er Taumelnden.
Geh mit ihm lieber mir genommener Leib.
Ich schneide dich von mir.
Und du verfällst
An Luft und Wanken stillen Baums.
Du gleitest weg
Ins Nährende.
Was schreist du?

In *Die Aktion*, 7. Jg. 1917, Sp. 157—159. (Auch in »Das Aktionsbuch«, Berlin 1917, Verlag Die Aktion, S. 139—142.)

Gedenken des André Derain

I

Ernstes Spüren
Dämmrig Prüfen.
Tag faßt Dunkel
Blickt voller Nacht.
Nacht empfing
Auftakt und Herz,
Gründet in gewagtem Dämmern.
Herz tagt schwebend,
Strömt
In das Klopfen lebendig tönenden Bechers.
Stiller Strahl ist nächtig gehütet.

Lebens Ekstase
Kraft der Schöpfung
Kannte als Erster
Der Mensch.
Freude sprang vom Mann.

II

Ich suche in großem Ernst
Suche in Dämmerung. Taste.
Rühre Grenzen, Tag und Licht.
Blicke in Nacht.

Nacht empfing Samen der Nacht, das Herz.
Feste der Nacht
Stand in sich
Selbst im Dämmern.
Es wächst verwölkt ein Saft,
durchsaftet Teile des Lebens.
Becher des Lebens schlägt.
Schatten hüten zierlichen Strahl.

Der Mensch kannte als Erster
Schöpfende Kraft, Ekstase des Lebens,
Freude sprang aus dem Menschen
– Aus tiefem Schweigen hinein in den Laut –
So die Herkunft des Menschen.
Jaweh, der Weitsichspannende
Füllte Ferne des Himmels.
Zauber geschaffenen Lebens
Lief und wuchs Ekstase
Lag in glückhafter Stille,
Seliger Ruhe.

III

Ich weine, rufe
Hohe Wogen
Der See. Ich schreie
Dem bittern Gott
Des Meers,
Den Ungetümen,
Die dort sich bergen;
Zu aller Siegeln.
Kommt zu begraben
Mich Geschwärzten
In Trauergewand.
Ich nachte
Die Woge
Zu Leid.
Erlaubt mir zu schlafen
Gleichwie der Tote.

Ich rufe die ungeheuern
Muscheln des Meers,
Dich Turm der Woge
Endlosen Gebrülls.
Kommt, schlingt zu Grund
Mich der lodert und schreit,
Mächtigen Geist erfleht;
Komme
Vollende zehrenden Wunsch.
O laß die Himmel dämmern
Trauerkleid.
Laß mich liegen
Schlaf des Tods.

IV

Die Flut des Lebens gleitet
Schnell hin; mischt sich und jedes
In Eins, weit ausebbenden Schaum.
Schlafender Himmel
Lichte.
Röte
Erde, erwache
Wirf deine Kraft in mich
Sprenge die Tür
Letzter Heimat,
Wo Ruhe und
Friede des Himmels mich warten.
Sonne fällt und verhängt
Dämmrigen Abend. So will ich
Vorspringen nach
Der heiligen Insel.

Weile Stimme des mir
Eigenen heiligen Vogels
Hoch über Sternen.
Deine Stimme weint
Doppelten Laut.
Schleudere, wirf mich
In dunkle Nacht

Endloser Dämmerung, wo
Ich mich strecke
Zwischengespannt den Grenzen.
Ruhe mich zu befrieden
Meinem Geschick.

V

Gruß dir Mariam.
Weile ein wenig,
Dir zu sagen
Was Tote sprechen von Lächeln und Runzeln,
Wie es die Jahreszeit schenkt.
Zwei Jahre kein Brot
Zwei Jahre in Not
Dürftig und bitter.
Dann gilbt dir die Ernte
Menge des Korns.
Doch Mariam
Bist kräftig
Zu wählen, zu lassen
Seltenes Gut,
Was Leben verstattet.
Wenn Schlaf kehlt den Leib,
Geist überfällt dich
Weist
Die Zeichen lebendiger Säule,
Eigenes Ohmen.
Still verrät sie
Himmlisches Ereignen;
Not und Hunger,
Gemeinen täglichen Tod.

In *Die Aktion*, 7. Jg. 1917, Sp. 267—269.

Nacht

Schlaf trägt in Baum,
Klirrt Skelett.
Vergrabnes Blut greift an. –
Wenn Erde mondete gesichelt dem Gemüt,
Ergrünten Blätter Ohren,
Gestein bräch auf und Profetie der Höhle.
Gedanken hämmern Beile.
Gestirn faßt Äste.
Hund bellt fremden Schritt.

In *Die Aktion*, 7. Jg. 1917, Sp. 45; unter dem Pseudonym »Urian«.

Negerlieder

(Sterbelieder)

Nachdichtungen von Carl Einstein

I

Sterbelied, zum Vertreiben der Geister
Der Sohn ging in die Felder, zu sehen, beendeten die Bäume die Reife.
Die Bäume sind reif. Die Geister irren umher. Die Zeit ist gekommen.
Die Nacht beginnt. Der Gefangene ist frei.
Der Gefangene ist frei. Geht zum jenseitigen Ufer.
Er schaut nicht rückwärts, schaut nicht rückwärts.
Der Schatten deckte das Feuer der Hütte. Ich sehe einen Funken,
    schwirrt
wie der Glühwurm, dreht sich,
umfliegt das Gehör. Ja.

                                    Stamm der Fan

II

Vater, ach ach. Warum Vater verläßt du deinen Herd.
Ein Mann, Vater, tötete Dich.
Ihr werdet seinen Tod rächen.
Dein Schatten geht zum andern Ufer.
Himmel glüht. Augen dunkeln.
Wasser fällt vom Baum. Tropfen Tropfen.
Ratte wich aus ihrem Loch.
Seht hier das Haus meines Vaters. Pflückt Totenkräuter,
Ein Mann blickt jetzt die unsichtbaren Dinge.

                                    Stamm der Fan

III

Der Tod macht keine Ausnahme. Kein Mensch meidet des Todes
Gericht. Wir brechen auf, wir gehen – sehen, wir gehen schauen
Amusu im Grab. Der Tod reißt auch uns aus dem Haus. Am Mitt-
woch, acht Uhr läutet Havo's Telephon: Di gada.
Ama rief an: »Na, wath is the matter?«
Es sagte: Eben ging Amusu ins Totenreich.
Ama rief: »Wie! My God. What is the sick?«
Amusu ging in das Totenreich.

(Verfasser: Kanyi Eweh)

Nachdichtung von C. Einstein, in *Die Aktion*, 7. Jg. 1917, Sp. 324.

Kränke

I

Höhle knäuelt
Augapfel brandet in barometrigem Kanal.
Verrostet schwimmt ein hohler Hammer in den Adern.
Luft entzündet kuglig,
Erstickt in Bändern Schlamms.
Schlingt bleiern hoch zur Schädelbrücke
Faltet an Zimmerdach
Verwirrten Kinderdrachen.
Ich klimme an der Schnur
Quirliges Insekt.
Entschäle den Rüssel
In kurzbodigen Teich.
Mich ebnet Kränke in verspiegeltes Zergrauen.

II

Angst um den blinden Mond
Röstet das Auge kurvender Eidechse.
Aufschwillt mein Herz,
Ballont über Pflasterstein;
Eitriger Erde
Einpreßt er den Nabel.

Ich werfe in den Schrecken
– Querüber die Sichel –
In zackiges Seufzen des Skorpions.
Es verwankt verdorrten Horizont
Auf Seilen.

III

Gitter umbohren Löcher
der Gedanken.
Vages Verwildern.
Hin.

In *Die Aktion*, 7. Jg. 1917, Sp. 376.

Ein Brief

(an Franz Pfemfert)

Lieber Pfemfert!

In einen Rückzug, versiegeltes Fernbleiben, schickte man mir zwei Bücher; das eine war von Ihrem Temperament verrotet, kräftige Hände schmissen in die vermordete Erde einen Pack Holzpapier, eine schnittige Hundepeitsche, ja vielleicht ein noch nicht aufgestelltes Genickmesser, jagt am abgekurbelten Horizont höllischer Schlagworte.

Das andere, Summa, Bilanz. Man will summieren. Was denn? Die Zeit? Franz, eine Zeit, die wir schon längst abrichteten, vergaßen.

Hingegen Ihr Aktionsbuch.

Im Ganzen geht es hier um noch nicht Verwirklichtes.

Also Zukunft.

Aber um zu Realisierendes. Um Denken, das Verantwortung enthält.

Ich gestehe, ich selbst lebe diesen Dingen etwas entfernt; denn erlaubte ich mir, sie zu leben, wäre ich tot.

Jedoch bohrte sich mir aus Ihrem Buch nicht der Eindruck memorierter, ermüdeter Druckerschwärze, vielmehr griffen Leidenschaft, Sachlichkeit an.

Vor allem.

Bei Ihnen: Menschen, die lieben und Abänderung suchen. Ich rede nicht vom Literarischen, das bei uns kaum existiert, weder aus Dixhuitième noch aus Kirchenvätern surrogiert werden kann.

Ich rede von der ausgesprochenen Unerträglichkeit dieser Zeit, die schon lange vor dem Kriege ekelte. Das Elend quälte immer als gleiches.

Ihr Buch ist deutlich. Konstatiert. Wie lange schon ist es her, daß Deutsche es wagten, festzustellen, ohne theoretische weitfaltige Demoralisierung.

Ich meine, in diesem Buch veröffentlicht zu sein, müßte Ihre Mitschreibenden verpflichten.

Absichtlich schreibe ich Ihnen nicht vom Literarischen; es ist mir nicht genug entschieden, wagend. Aber das ist nicht Ihr Fehler.

Ich weiß, auch Sie liebten mehr Künftigeres und vorgerissene Syntax gebauter Typen.

Aber doch:

Sie gehen zur Verwirklichung neuer Zeit...

Ungehindert. Ohne Archaismus. Ohne Klassik. Noch nie bei uns gewesen.

Mögen sich Ihre Mitarbeiter vor flinker Terminologie bewahren. Daß die pathetische Terminologie – unwahrhafte Phrase – eines voreiligen sozialen Kriminalfilms sie nicht verrate.

Denn sie haben noch nicht das Unmittelbare gefressen.

Auch aus der Lektüre Flauberts ist es nicht zu gewinnen.

Ich danke Ihnen, daß Sie eine kurze Arbeit von mir veröffentlichten.

Ich schätze sie nicht, was niemanden angeht.

In Ihrem Aktionsbuch veröffentlicht zu sein, verpflichtet mich. Fern bleiben mir die dicken Hefte gebildeter Journalisten, die ohne Haß und Liebe, im Unentschiedenen einer schleppenden Grammatik kluge unverbindliche Jahrgänge bürgern. – Wie verachte ich träge Ruhe.

Mit herzlichen Grüßen
Ihr Einstein

In *Die Aktion*, 7. Jg. 1917, Sp. 489—490.

Pfemfert, Franz, 1879—1954, u. a. Schriftleiter der Zeitschrift *Der Demokrat*, Herausgeber der *Aktion* (1. Jg. 1911—22. Jg. 1932), neben Herwart Waldens *Sturm* wichtigstes Forum des Expressionismus, gab unter anderem im Verlag Die Aktion auch die Aktions-Bücher heraus (Bd. 1—10, 1916—1921).
Bei der erwähnten Veröffentlichung handelt es sich um das Gedicht »Leib des Armen« (siehe hier Seite 405).

Negermythen

Bakuba-Legenden

Wie man das Feuer entzündete

Während der Herrschaft Muchu Mushangas lebte ein Mann mit Namen Kerikeri. Eines Nachts träumte er, Bumba sei gekommen ihn zu sehen, und sage ihm, auf einen bestimmten Weg zu gehen, Zweige eines gewissen Baumes zu brechen und sie sorgsam zu bewahren. Er tat es, und da die Zweige ganz trocken waren, erschien Bumba ihm von neuem im Traum, wünschte ihm Glück ob seines Gehorsams und wies ihm, durch Reiben Feuer zu machen. Kerikeri bewahrte sein Geheimnis für sich, und als durch einen Zufall alle Feuer des Dorfes erloschen waren, verkaufte er den Nachbarn Feuer um einen hohen Preis. Alle klugen und pfiffigen Männer versuchten sein Geheimnis zu entdecken, doch er wahrte es sorgsam.

Muchu Mushanga besaß eine sehr schöne Tochter mit Namen Katenga; er sprach: »Wenn du das Geheimnis dieses Mannes zu entdecken vermagst, wirst du geehrt sein und wie ein Mann unter den Alten sitzen.« Katenga reizte Kerikeri auf, und er verlor sich in Liebe zu ihr. Da Katenga dies sah, befahl sie, daß alle Feuer des Dorfes erlöschten, und sandte einen Sklaven, Kerikeri zu sagen, sie den Abend in seiner Hütte zu erwarten. Da alles schlief, glitt sie zu seiner Hütte und klopfte an die Tür. Die Nacht war sehr dunkel. Kerikeri ließ sie eintreten.

Sie setzte sich und blieb schweigend. Der Verliebte frug: »Warum bist du schweigend, Katenga? Liebst du mich nicht?« Sie erwiderte: »Wie kann ich an Liebe denken, wenn ich in deinem Haus zittere. Geh', suche Feuer, daß ich dich sehen und mein Herz sich hitzen kann.«

So lief Kerikeri zu den Nachbarn, sich Feuer zu verschaffen, doch diese erinnerten sich Katengas Gebot, sie hatten ihre Feuer gelöscht, und jener kam zurück, er hatte keins gefunden. Vergebens bat er Katenga, seinem Verlangen zu weichen, sie bestand, daß er beginne, Feuer zu entzünden. Endlich gab er nach, suchte seine Stäbe und bereitete Feuer, während sie aufmerksam zuschaute. Dann hub sie zu lachen an und sprach: »Dachtest du, daß ich, eines Königs Tochter, dich liebte um deiner selbst willen? Nur dein Geheimnis verlangte mich zu sehen, und da das Feuer jetzt entzündet ist, kannst du durch einen Sklaven es löschen lassen.« Also erhob sie sich, floh aus der Hütte, kündete dem ganzen Hof die Entdeckung, sprach zu ihrem Vater: »Wo ein mächtiger König strauchelt, gewinnt ein listig' Weib –«

Succubus

Es waren zwei Brüder, Ganda und Lusumba, sie besaßen eine Schwester. Sie lebten zu drei allein im Wald und fern von allen Lebenden in einer einfachen Hütte, wie es damals Brauch war. Eines Nachts kam ein Geist und verband sich der Schwester; sie wurde schwanger. –

Da Bruder Ganda es wahrnahm, ging er zum Bruder und sprach: »Lusumba, welche Schmach, du hast unsere Schwester besudelt.« Dieser wies die Anklage zurück und beschuldigte Ganda. So dauerte Zwietracht, und ein jeder war von der Schuld des anderen fest überzeugt. Alle drei starben in Schande.

Der Selbstmord

Einmal ging Badja, ein Mann, mit seinem Sohn in den Wald. Der Sohn starb plötzlich im Walde, und der Vater kehrte allein in das Dorf zurück. Da er kam, frugen ihn die Leute: »Badja, wo ist euer Sohn?« Er erwiderte: »Er liegt tot im Wald.« »Wie«, antworteten sie, »du lässest deinen Sohn so im Wald sterben und wagst es, dich noch im Dorf zu zeigen; unverzüglich kehre in den Wald zurück und lasse dich hier nicht mehr sehen.« Also ging Badja wieder in den Wald, irrte umher und wußte nicht, wo sich zu lassen. Endlich schrie er: »So will ich nicht mehr leben; wie kann ich sterben?« Er nahm eine lange Liane, befestigte das Ende an einem Baumast, auf den er kletterte, und rollte das andere Ende um seinen Hals. Als er dies getan, schleuderte er sich in den Raum.

Der Palmwein

Zur Zeit der Schöpfung war ganz nahe der Gegend, wo die Bushonge wohnten, ein großer See, und dieser See enthielt Palmwein anstatt Wasser: so jedesmal, wenn es einen dürstete, ging man dorthin, Wein zu schöpfen. Eines Tages pißte Nanchamba, ein Weib, in den See; doch wurde sie von Boya Bumba, einem Manne, gesehen, der zu ihr sprach: »Schämst du dich nicht, den See zu besudeln, worin alle Leute ihren Trunk suchen? Ich sage den Dorfleuten, was Ihr getan habt.« Er tat es, und alle sprachen, sie tränken den Wein des Sees nicht mehr. Den anderen Tag kehrte Boya Bumba in das Dorf zurück und sagte: »Seht, wie wir für das Vergehen des Weibes gestraft sind, der See ist vertrocknet.« Und so war es; der See war verschwunden und an seiner Stelle war eine Schlucht, worin man vier unbekannte Arten junger Bäume sah. Sie gaben diesen Bäumen die Namen Shamba, Mibondo, Ikori und Diana. Doch achteten sie nicht ihrer und beweinten weiter den Verlust ihres Sees. Die Jahre vergingen; die Bäume wuchsen groß auf und bildeten, wo der See gewesen, einen Wald. Doch eines Tages sprach Bunyi, ein Motwa, zu sich: »Wohin ist der See gegangen; ist er nicht von den Bäumen aufgesogen? Ich will in sie ein Loch machen, und ich werde sehen, wem ihr Saft gleicht.« Er ging hin, kletterte auf einen von ihnen und machte ein Loch bei der Spitze; aber es floß kein Saft. Er kehrte heim, entschlossen, das Suchen aufzugeben; aber in seinem Traum erschien ihm ein Mann und sprach zu ihm: »Ein guter Einfall gilt nichts ohne Ausdauer. Geh und versuche noch einmal.« Den folgenden Tag ging Bunyi wieder zu dem Baum und sah einen kleinen Faden Saft, der aus dem Loch floß, das er gemacht; er kostete und fand ihn süß; so stellte er ein Gefäß hin, um die Tropfen zu sammeln, und kehrte zum Dorf zurück, doch sprach er nicht von seiner Entdeckung. Jeden Tag nahm die Menge des Saftes zu und wurde stärker, und jeden Tag hatte er ein größeres Gefäß hinzusetzen, um was floß zu sammeln. Eines Tages, da er den Inhalt seines größten Gefäßes getrunken hatte, kam er in das Dorf in Trunkenheit zurück; er verursachte große Unordnung, wurde vor den Nyimi gebracht. Der Nyimi befrug ihn um die Ursache seines sonderlichen Betragens, doch Bunyi verweigerte zu sprechen, außer im geheimen. Dies war ihm bewilligt, und da er seine Geschichte erzählt, schickte der König einen Boten, zu prüfen, ob er die Wahrheit gesprochen. Da die Erzählung erwiesen wurde, verkündete der Nyimi dem Volke das Geheimnis, und alle gingen, die Samen der Palmen zu sammeln, und pflanzten sie im ganzen Land.

Das Licht

Da Woto Moëlos Dorf verließ, gab es keine Sonne; es gab keine. Moëlo war durch die Dunkelheit verwirrt; er klagte, so er heirate, könne er nicht sehen, ob das Weib schön oder häßlich sei; so er eine Frucht pflücke, könne er nicht sehen, ob sie reif sei oder nicht; wenn ein Mann sich ihm nähere, könne er nicht sagen, ob es Freund oder Feind sei. So rief er drei seiner Leute und sprach zu ihnen: »Warum erlaubte ich Woto, dies Dorf zu verlassen? Er ist so geschickt, daß er gewiß ein Mittel gegen die Dunkelheit gefunden hätte. Reist und findet ihn; bittet ihn, das Unrecht zu vergessen, das mein Sohn ihm angetan, und uns ein Mittel zu geben, in Helle zu sehen. Doch daß euere Sendung gelinge, ist es nötig, daß ihr nie streitet, und vor allem zu fischen nicht stehen bleibt. Achtet, euch nicht zu verlieren, vor allem die Zeit nicht zu verlieren mit Fischen an Ufern.« Also reisten die drei Männer, die sich Kalondo, Binga und Buimba nannten, auf die Suche nach Woto. Sie gingen, sie gingen, bis sie zu einem großen Ufer kamen, und Binga sprach: »Laßt uns eine Weile halten und fischen.« »Nein«, erwiderten die anderen, »gedenkst du nicht der Worte Moëlos?« Doch Binga wollte sie nicht hören, schalt sie und begann trotz ihrer Gegenrede zu fischen. So ersahen Kalondo und Buimba, unnütz sei es, die Reise fortzusetzen, und kehrten zu Moëlo zurück. Da sie ankamen, frug Moëlo: »Habt ihr das Licht gebracht?« »Nein«, erwiderten sie, »Binga mißachtete deinem Gebot, er stritt mit uns und hielt zu fischen an; so war es unnütz, weiterzugehen, und wir kehrten zurück.« Darum schlug Moëlo Binga und sagte: »Du gehst nicht mehr mit den anderen.« Er wandte sich zu Kalondo und Buimba: »Reiset nochmals auf die Suche nach Woto und nehmt anstatt Bingas meinen Hund.« So machten sie sich wieder auf den Weg, diesmal mit Moëlos Hund.

Da sie zum Ufer kamen, bauten sie ein Boot und begannen zu fahren, bis sie kamen, wo das Ufer von hohen Felsen besäumt war. »Was sollen wir tun«, sagten sie, »diese hohen Felsen hindern uns zu landen.« Kalondo fiel ein, den Hund suchen zu lassen; wo des Menschen Weisheit endet, beginnt die Klugheit des Tieres. Wirklich fand der Hund einen ganz engen Pfad zwischen den Felsen, und die Männer verfolgten ihn. Sie kamen zum Ort, wo Woto war. »Was wollt ihr«, sprach Woto, »ihr Leute Moëlos habt mich von meinem Haus gejagt, könnt ihr mich nicht in meiner Zuflucht friedlich lassen, wohin ich kam, meine Schande zu bergen?« »Dein Bruder«, erwiderten sie, »ist sehr unglücklich; er klagt, so er eine neue Frau nähme, nicht sehen zu können, ob sie hübsch sei oder nicht; so er Früchte pflückt, kann er nicht sehen, ob sie reif sind oder nicht; so ein Mann sich ihm nähert, kann er nicht sagen, ob es Freund oder Feind ist. Er bittet euch zu gedenken, daß ihr von der gleichen Brust kommet, und ihm im Elend zu helfen.« Woto sagt: »Geht schlafen.« Den anderen Tag ruft er sie und gibt ihnen drei Vögel: einen Kuckuck, einen Hahn und einen Japodya. »Bringt diese Vögel meinem Bruder, und wenn ihr in sein Dorf kommt, laßt sie fliegen und geht schlafen. So ihr den Kuckuck hört sagen Ku Ku, rührt euch nicht, so ihr den Hahn rufen hört Katariko, rührt euch nicht, so ihr aber den Japodya schreien hört Zuaa, Zuaa, dann öffnet eure Hütte und schaut.«

So nahmen sie die Vögel, kehrten zu Moëlo heim, und man tat, wie Woto befohlen hatte. Den anderen Tag schrie der Kuckuck, und niemand wich; dann hörte man den Hahn schreien Katariko, und niemand wich. Der Himmel nahm eine rötliche Farbe und die Dinge wurden sichtbar. Da der Japodya sang Zuaa, Zuaa, öffneten sie die Türen ihrer Hütte und sahen das schöne Aufgehen der Sonne glänzen.

Der Ursprung des Eisens

Eines Tages fand Woto einen großen Stein, den Bumba, der Gott, ausgeschieden hatte. »Was ist dies?« frug er. Das Volk antwortete: »Das ist das Ausgeschiedene Gottes.« Also befahl Woto, daß er zum Dorf getragen und verehrt werde. Die folgende Nacht schaute Woto Bumba im Traum; dieser sprach zu ihm: »Ihr habt weise gehandelt, der ihr alles, was von mir kommt, verehrt, selbst mein Ausgeschiedenes. Zur Belohnung will ich euch lehren, wie man sich seiner bedienen muß.« Also wies Bumba Woto, Eisen aus Gestein zu ziehen.

Legende der Bahololo

Im Anfang rief eines Tages Gott, der große Geist, den ersten Mann und die erste Frau zu sich; ebenso die Schlange. Um sie zu erproben, zeigte er, die Hand geschlossen, der Frau einen Fruchtkern, einen andern der Schlange. »Dies sind die Kerne der Sterblichkeit und des ewigen Lebens. Wählet«, spricht er. Die Frau nimmt die Frucht der Sterblichkeit, die Schlange die Frucht der Unsterblichkeit. »Ich bemitleide dich«, spricht Gott zur Frau, »daß du den Tod wähltest, während die Schlange das ewige Leben gewann.« Darum sterben die Menschen, die Schlange aber lebt ewig.

Uruwa (Westküste)

Kabezya-Mpunga sandte zur Erde einen Mann und zwei Frauen.
Diese ersten Bewohner der Erde lebten glücklich, bis eine Frau zu altern begann. Solches hatte der große Geist vorausgesehen und ihr die
Gabe sich zu verjüngen geschenkt; und die Kraft, so es ihr gelänge,
die Gabe zu bewahren, für sie und alle Menschen. Da sie sich verschrumpft sieht, nimmt sie die Getreideschwinge der Gefährtin, die
eben Mais, zum Met bestimmt, schwingen wollte, und verschloß sich
in die Hütte. Sorgfältig verschließt sie die Tür. Dort reißt sie die
ganze alte Haut ab *(Schlange)*, wovon sie sich mühelos befreit, und
legt die Stücke auf die Schwinge. Gleich erschien eine Haut, frisch wie
die eines kleinen Kindes. Dies Geschehen neigte dem Ende entgegen;
nichts blieb mehr übrig zu bedecken, wie Kopf und Hals. Da näherte
sich die Gefährtin der Hütte, die Schwinge zu nehmen. Der Alten
blieb nicht Zeit, um sie zu hindern, schon hatte sie die Tür aufgesto-
ßen. Aber ach, im gleichen Augenblick stürzt die Frau, fast schon ver-
jüngt, tot zur Erde. Darum müssen wir alle sterben.

Uruwa (Osten)

Einst war die Erde unbewohnt; Kabezya-Mpunga hatte sie geschaffen.
Da sandte er Kyomba, den ersten Mann, und zwei Frauen. Da er sie
schickte, gab er ihm Werkzeuge, das Feuer (Luvio) zu bereiten. In
seine Haare legte er den Samen der Pflanzen. Kyomba erging sich
eines Tages und sah kleine Pflanzen kaum aufgekeimt. Er erkannte,
daß sie von dem Samen waren, den er im Haar trug. Die Pflanzen
reiften und brachten hervor Mais, Eleusine und Maniok, die Nahrung
der Menschen. Er schmeckte sie und fand sie süß. (Bisher lebte er von
Waldfrüchten.) Er begann zu säen. Dafür muß man den Boden auf-
wühlen. Er versucht eine Zeit ein gespitztes Holz. Das ist sehr mühevoll. Etwas später sucht er einen spitzen Stein, den er mit einem Stiel
versieht; das ist noch härter. Endlich entdeckt er ein spitzes Eisen.
Diesmal geht die Arbeit flink vonstatten. Es ist gut. Er wird nicht
mehr wechseln.

Inzwischen gebar die Lieblingsfrau ihm einen Sohn. Das Kind
wuchs unter den Augen der Eltern auf und hilft bei der Arbeit.

Andere Kinder, Knaben und Mädchen, kamen zur Welt, von der einen oder anderen Gattin geboren.

Eines Tages bekommt die Mutter des ältesten Sohnes tiefe Ohnmacht und sie fällt in tiefen Schlaf. Ihre Begleiterin begreift nichts, noch weniger die Kinder. Nur der Vater versteht es zu deuten. Er trägt die Arme, ohne etwas zu sagen, hinweg und birgt sich im Walde.

Da beginnt er eine Hütte zu bauen, ein geräumig Haus; inmitten ein wohlverstecktes Zimmer; ringsum Verschläge, nicht weniger als zehn. Zehn Türen zimmert er. Da alles bereit ist, legt er die Gefährtin im mittleren Zimmer nieder, verschließt fest die zehn Türen und kehrt heim, als sei nichts geschehen.

Kyomba jedoch wachte über die eingeschlossene Gattin. Jeden Tag ging er zu ihr, ein wenig Nahrung zu bringen und geheime Medizin. Der älteste Sohn begleitete den Vater; es war ihm unter fürchterlichen Drohungen verboten, davon zur Mutter zu sprechen. Kyomba fürchtete, daß die zweite Frau glaube, die Nebenbuhlerin kehre nicht wieder, und werde dann anmaßend. Die Tage folgten sich, die Tage blieben die gleichen.

Einmal sagte Kyomba: »Ich reise«, und er geht. Vorher spricht er zum Sohn: »So deine Mutter zur geheimen Wohnung geht, sage ihr, ich verbiete es. Man muß mir in dieser Sache gehorchen, soll nichts Verderbliches geschehen.«

Indes vergehen zwei Tage, und Kyomba kehrt nicht zurück. Seine Frau gibt dem Knaben einen Topf mit drei Löchern und sagt ihm: »Mein Gatte ergeht sich, ich werde das gleiche tun.« Sie geht in den Wald. Plötzlich sieht sie einen schmalen, geebneten Pfad; sie folgt ihm und gelangt zur Hütte, erbaut von Kyomba.

Zum Unheil weilt der Sohn fern, ihr den Zutritt zu verbieten. Sie öffnet eine Tür, dann eine zweite, eine dritte. Je weiter sie vordringt, um so stärker wächst ihr die Neugier. Endlich überschreitet sie die neunte Pforte und schickt sich an die zehnte zu öffnen. Plötzlich läßt eine Stimme sich vernehmen:

»Tritt nicht ein, tritt nicht ein.«

»Und warum nicht, wo ich eintreten will?«

»Erbarmen, öffne nicht die Tür, so du eintrittst, sterbe ich gleich, und du, auch du wirst sterben.«

»Ich glaube nichts, du bist listig und lügnerisch.«

Und sie stürzt die Pforte weit auf. Da sieht sie ein weißes Mädchen, ganz frisch; eben wurde sie geboren, diese schaut sie an und stürzt tot nieder. Die neugierige Gefährtin sinkt tot zur Seite hin. Inzwischen kehrt Kyomba heim von der Reise. Er sieht die Gattin nicht und fragt den Sohn, wo sie sei.

»Ich weiß es nicht«, erwidert dieser; »sie schickte mich mit einem Topf, Wasser zu schöpfen; das Gefäß war mit drei Löchern durchlöchert. Lange blieb ich am Ufer, vergeblich Wasser zu schöpfen. Zuletzt, müde und ungeduldig, kehrte ich heim, unsere Mutter fand ich nicht. Schon lange, daß ich hier warte.«

Kyomba durchstreift den Wald und ruft überallhin die Gattin. Nur das Echo antwortet. Er fürchtet Unheil und eilt zur geheimen Wohnung. Alle Türen stehen offen, inmitten zwei Leichen. Bei solchem Anblick überkommt ihn schwerer Schmerz. Er kehrt heim und spricht:

»Meine Kinder, großes Unheil ist uns widerfahren. Eure erste Mutter fiel in tiefen Schlaf. Ich trug sie in das Herz des Waldes; dort mußte sie einige Zeit bleiben, um später wieder zu erwachen. Gerade jetzt sollte sie sich verwandeln, wieder schön und jung werden. Jedoch, keiner durfte einen Blick nach ihr tun, ehe sie nicht gänzlich vollendet. Nur ich, euer Vater, durfte es tun. Eure zweite Mutter, von Neugier bewältigt, überschritt alle Hindernisse, betrachtete sie eben, und der Tod griff beide. Nun sind sie tot, meine Kinder, sie werden nicht mehr sprechen, nicht unter uns kommen. Wir selbst sind nun wie sie zum Sterben verdammt. So eure erste Mutter die Verwandlung vollendet, hätte sie uns die Unsterblichkeit gewonnen, wir alle wären des Glücks teilhaftig, ewig uns zu verjüngen; jetzt aber müssen wir alle wie sie sterben.«

Der dem Grab Entstiegene erzählt:

Lange, lange ging ich, Monate und Monate, und ich kam in eine Gegend, mit Bananenbäumen bestanden. Dort traf ich eine Frau; ich bat, daß sie mir die Wohnung Kalunga-Niembos, des Häuptlings der Toten, weise. Sie zeigte mir eine hohe Steinmauer, die einen Pfad entlang lief. Ich bin ihm Monate und Monate gefolgt. Ich traf einen Mann, bat ihn, mir die Wohnung Kalunga-Niembos zu weisen.

Dieser Mann hat mir gesagt: »Ihr seid auf dem guten Weg, folgt der Mauer.« Ich sagte ihm: »Du lügst nicht?« Er antwortete: »Ich bin auch ein Toter.«

Und ich folgte der Mauer aus Stein. Es war licht wie auf der Erde.

Und ich sah jenseits der Mauer ein hohes Haus aus Stein, wie solches nicht auf der Erde ist, und eine Frau sagte mir: »Das ist die Wohnung des Kalunga-Niembo.« Ich schritt dem Tor zu und sah, daß das Haus wie ein hoher Turm gemacht war, also aus Steinen, einer auf den anderen gesetzt. Und es gab noch andere Häuser für seine Frauen.

Die Frauen Kalunga-Niembos bereiteten Feuer, und sie bedienten sich schwarzen glänzenden Brennholzes wie von Eisen, und die Steine brannten wie trockenes Holz.

Eine Frau frug mich, was ich wolle, und ich sagte: »Ich will Kalunga-Niembo sehen und ihn grüßen.« Und die Frau stieg hinauf, es ihm zu sagen.

Und Kalunga-Niembo stieg herab. Ich sah ihn herabsteigen, und er war noch fern über seinem hohen Haus. Er hatte drei Köpfe, einen hier, einen da, einen in der Mitte. Er trug die Sonne auf der Stirn und den Mond im Nacken und war ganz mit den Sternen bekleidet. Ich war geblendet und begann zu zittern. –

Ich sagte der Frau: »Ich bin nicht fähig, ihn zu grüßen.« Und sie hatte Mitleid mit mir und durchstach mir die Kehle mit einer langen Nadel, und ich fiel tot von neuem. Doch ich sah noch, und die Frau warf Wasser auf mein Gesicht, daß ich nicht geblendet sei. Kalunga-Niembo war gekommen, beugte sich über mich, rieb mich mit dem Öl seines Amuletts und stellte mich aufrecht. Und er frug mich: »Wo ist dein Vater und deine Mutter?«

»Sie sind gestorben.«

»Und dein Oheim?«

»Er ist gestorben. Ich habe niemanden auf Erden gelassen wie meine kleinen Kinder.«

Dann ließ er meine tote Mutter kommen und sagte: »Willst du deinen Sohn hierbehalten oder willst du, daß er in sein Dorf zurückkehre?«

Meine Mutter befragte ihren Bruder, kehrte zurück und sprach: »Er ließ kleine Kinder. Kehre er zurück.«

Kalunga-Niembo gab mir dann eine Banane, groß wie ein Elefantenzahn, und sagte: »Kehre zur Erde zurück und sage den Leuten, daß die Dörfer hier voll Bananen sind.«

Meine Mutter führte mich zum Ausgang des Dorfes; ich wanderte Monate und Monate und kam auf die Erde zurück.

Dies ist die Erzählung von Kalunga-Niembo, dem Herrn der Toten.

Einst machten die Menschen sich nicht Krieg. Sie hatten Pfeile, die Tiere zu töten. Das war alles. Man starb nicht an Krankheiten noch an anderm.

Da kamen von da unten eine Frau Muamba geheißen und Kalala ihr Sohn, der war der älteste von fünfzehn Knaben, um das Land zu sehen. Kalala trug mehrere Lanzen.

Auf dem Wege trafen sie einen Zug Ameisen, die im Krieg gewesen waren und mit Holzläusen zurückkamen. Kalala betrachtete sie mit Aufmerksamkeit und sagte: »Wie diese Tiere muß ich kriegen und Menschen töten.«

Lachend sprach ihm die Mutter: »So du Menschen töten willst, töte zuerst mich, deine Mutter.«

Erwiderte: »Sicher, ich werde dich töten.«

Und gleich grub er einen Graben zur Seite des Pfads. Da sprach die Mutter: »Ho, ich sagte das lachend und du schaffst deiner Mutter eine Grube?«

Er antwortete nichts, vollendete die Grube, kniete seine Mutter darein und verscharrte die ganz Lebendige. Sein Herz war sehr schlimm geworden.

Er ging weg und sah einen Baum so hoch, daß er in den Himmel reichte; fünf Männer saßen da und drei tötete er mit der Lanze, die zwei anderen flohen; er verfolgte und griff sie. Und die zwei Männer sprachen:

»Mach nicht den Krieg. Tanzen wir. Weißt du zu tanzen.« Antwortete Kalala: »Alle Tänze kenne ich.«

Man tanzte und trank Bier; denn viele Leute gab es in den Nachbardörfern, die Ilunga Nsungu gehörten, dem großen Häuptling.

Da Kalala schlief, machten sie eine große Grube, die sie mit einer Matte verbargen. Da er erwacht war, tanzte man noch und sprach ihm: »So du ermüdet bist, ruhe dich auf der Matte.«

Doch er umtanzte die Matte und legte sich zur Seite nieder. Dann bestieg einer der drei Männer den Baum und ging weg zu Gott. Da er nach fünf Monaten nicht zurückgekehrt war, folgte ihm der zweite und traf ihn, da er hinunterstieg.

Und der erste sprach:

»Ich traf in der Höhe den Nkuba, eine große schwarze Ziege, die einen Schwanz wie von Feuer trägt; sie hat mir gesagt, Krieg zu führen.« Da die zwei hinuntergestiegen waren, warfen sie Kalala in die Grube und frugen ihn:

»Kalala, bist du am Leben?«

Erwiderte Kalala: »Ich lebe.«

»Also wirst du sterben wie deine Mutter«, und sie warfen Erde darauf. Aber da die vierzehn Brüder nicht die Mutter noch den ältesten Bruder zurückkommen sahen, machten sie sich mit ihren Sklaven auf den Weg und fanden alsbald ein Grab, darin sie die Mutter schauten und erkannten sie an ihrem Tuch. Und sie klagten. Da sie zu Ilunga Nsungu gekommen waren, töteten sie die Frauen, die die Felder bestellten. Sie hatten viele Lanzen. Ilunga Nsungu hatte einen großen Topf voll Musa (Lupus-Aussatz), einen großen Topf voll Blattern und einen großen Topf voll Bienen. Und er schleuderte diese über sie.

Viele Sklaven starben, doch die vierzehn Brüder waren des Krieges gewohnt und fuhren fort, jedermann zu töten.

Also erbat Ilunga Nsungu den Frieden und lud die vierzehn Brüder ein, Bier zu trinken. Sie kamen und legten ihre Lanzen nieder. Den zweiten Tag bat Ilunga Nsungu, wie das unter Freunden geschieht: Schneidet mir das Haar. Der älteste der Brüder nahm Öl, rieb damit den Kopf des Häuptlings und versuchte dann das Haar zu schneiden, doch es gelang ihm nicht. Sein Bruder versuchte das gleiche ohne Gelingen, und alle, die es versuchten, konnten ihn nicht scheren. Doch der jüngste der Brüder, der ganz Kleine, sagte: »Ich werde sie schneiden.«

Und er nahm Wasser und rieb damit den Kopf Ilunga Nsungus, und die Haare fielen rasch.

Da sprachen seine Brüder: »Wie, du bist ganz klein und bist klüger als wir.«

Und sie töteten ihn und schnitten ihn in Stücke.

Doch Ilunga Nsungu sammelte des Nachts die Stücke, paßte sie zusammen, rieb sie, rieb von seinem Zauber (Bugunga), und das Kind erstand wieder. Er verbarg es in seiner Hütte, damit die Brüder es nicht erblickten. – Indessen waren die Brüder Kalalas durch das Bier schlimm und sprachen zu Ilunga Nsungu: »Wir wollen uns von neuem schlagen«, und sie töteten Leute. Als dies das Kind sah, das Ilunga Nsungu gerettet hatte, sprach es: »Ich will dir ein Geheimnis geben«, und es nahm eine große Kalebasse, füllte sie mit Wasser und sagte ihm: »Wirf ihnen das.«

Ilunga Nsungu schüttete die Kalebasse von der Höhe des Berges aus; all die Leute von Muamba waren ertränkt.

Das Kind war bei Ilunga Nsungu geblieben, und Ilunga Nsungu sagte ihm eines Tages: »Nimm meine Vogelschlingen am Flußufer aus.« Es ging, sah einen Vogel, der war von der Schlinge gefaßt, schickte sich an, ihn zu töten, da sprach ihm der Vogel: »Töte mich nicht, ich will dich heilen, so es not tut.« Und es band ihn los. Es sah einen zweiten, schickte sich an, ihn zu töten; da sprach der Vogel »Töte mich nicht, ich will dich heilen, so es not tut.« Und es band ihn los.

Es band noch viele los, da sein Herz gut war, und es kehrte zurück und sprach: »Ich habe keine Vögel.«

Darum verwunderte sich Ilunga Nsungu mächtig; der sprach einen anderen Tag zu dem Kind: »Nimm meine Vogelschlingen am Flußufer aus.« Es ging; doch Ilunga Nsungu folgte ihm und verbarg sich im Busch und sah, wie es mit den Vögeln sprach und sie losband.

Da warf er sich auf ihn, tötete ihn und schnitt ihn in Stücke. Aber die Vögel, die er befreit hatte, kamen in großer Zahl, fügten Knochen, Blut, Eingeweide und stellten ihn aufrecht. Sie trugen ihn durch die Luft in die Heimat zurück, machten großen Lärm mit den Flügeln und sangen Po Po Po und legten ihn nieder vor der Tür der Schwester seiner Mutter.

Indessen hatte sie das Geräusch vernommen, zog die Tür auf und sah das Kind, das alles Geschehene sagte. Da nahmen die Leute Muambas ihre Lanzen und zogen gegen Ilunga Nsungu. Und der Krieg war schrecklich.

Ilunga Nsungu nahm eine Kalebasse, füllte sie mit Wasser, blies darüber, aber kein Wasser kam.

Also machte er Frieden und zahlte Tribut Muamba vom anderen Ufer des Lualaba.

Und alle wir sind Muambas Leute.

Der Tanganika

Weit oben stand auf einem Gebirge ein kahler Fels, zu dem die Vögel kamen, sich auszuruhen. Welche Vögel? Wir wissen es nicht, aber es waren große Vögel. Also sie hatten Durst und sagten, versuchen wir Wasser zu haben, und mit ihren Schnäbeln schlugen sie gegen den Felsen mit solcher Kraft, daß ihre Schnäbel zerbrachen. Und sie starben. Und andere kamen, taten gleiches und starben.

Dann kam ein kleiner Vogel, der mit seinem Schnabel ganz sanft schlug, und er bröckelte Staub um Staub ab. Und lange darnach kam ein Tropfen Wasser und er trank ihn. Und er fuhr fort zu schlagen, und das Wasser kam plötzlich wie ein Wildbach.

Der kleine Vogel flog weg und sang. Und die Leute, die nicht auf den Bergen waren, ertranken alle mit ihren Dörfern.

Kamwepolo

Eines Tages schickte ein Vater seinen Sohn zur Jagd und sagte ihm: »Wenn du einen Büffel tötest und du kannst ihn nicht heimtragen, so rufe Kamwepolo.«

Der Sohn nahm Bogen und Pfeile und ging. Er ging lang, lang; er stieg drei Gebirge hinauf, hinunter.

Im dritten Tal sah er Büffel, näherte sich ihnen, schleuderte einen Pfeil, und der Büffel fiel; er schleuderte einen anderen Pfeil, und ein anderer Büffel fiel.

Da war er ratlos.

»Was soll ich tun? Ich habe nicht Messer, ich habe nicht Axt, ich habe nicht Kochtopf.«

Und er gedachte der Worte des Vaters und rief: »Kamwepolo, Kamwepolo.«

Plötzlich erschien Kamwepolo vor ihm, das war ein winziger Mann, doch gut gebaut; der sprach:

»Was riefst du mich?«

Erwiderte der Jäger:

»Ich habe nicht Messer, ich habe nicht Axt, ich habe nicht Kochtopf. Was soll ich mit den zwei Büffeln, die ich tötete?«

Kamwepolo sagte: »Komm' zu mir«, griff jeden der Büffel am Schwanze und zog sie an sich.

Da sprach er zum Jäger: »Iß immer von der Maisbrühe und dem Fisch«, und der Jäger aß von der Maisbrühe und dem Fisch.

Indessen zerschnitt er das Fleisch, holte viel Holz und begann es zu räuchern. Und da geräuchert war, sprach der Jäger: »Ich kehre heim.« Nahm alles Fleisch, lud es auf die Schultern und den Kopf und ließ Kamwepolo nichts wie Knochen und Eingeweide.

Der sagte:

»Du läßt mir nichts als Knochen und Eingeweide?«

»Warum sollte ich dir Fleisch lassen, dir, einem kleinen Nichtsling?«
Sprach Kamwepolo:»Es ist gut. Du wirst es bereuen.«

Der Jäger ging. Ihn dürstete, er wollte das Wasser eines Baches
trinken; aber kaum war das Wasser bei seinen Lippen, da vertrocknete es. Er hungerte und traf Frauen mit Maniok und erbat von ihnen
ein Stück; doch das Stück, kaum an seinen Lippen, fiel. Ihn dürstete
wieder, und er wollte Wasser aus einem Bach trinken; doch das Wasser, kaum an seinen Lippen, vertrocknete.

Endlich kam er in das Dorf, man grüßte ihn von allen Seiten: »Guten Tag, Jäger, guten Tag, Jäger«; da er bei seinem Vater war, sprach
ihm der:

»Was bist du so mager, aßest du nicht?«

Erwiderte er: »Ich aß.«

Alsbald bereitete man Bugali, doch kaum hatte er es an den Mund
genommen, da fiel es. Sprach der Vater:

»Du kehrst mit allem Fleisch zurück, ließest du nichts Kamwepolo?« Sehr leise antwortete der Sohn:

»Ich ließ ihm Knochen und Magen.«

Indessen konnte er nicht mehr essen und wurde mager wie ein Knochen. Dies sah der Vater, ging mit ihm Kamwepolo zu finden, und da
sie Büffel antrafen, sagte er dem Sohne: »Schieße.«

Der Sohn wollte einen Pfeil schleudern, doch der Pfeil fiel dicht bei
ihm nieder. Da nahm der Vater den Bogen und tötete zwei Büffel.

Und er rief: »Kamwepolo, Kamwepolo.«

Und plötzlich erschien Kamwepolo vor ihnen und sagte:

»Was riefst du mich?«

Antwortete der Vater:

»Ich habe nicht Messer, ich habe nicht Axt, ich habe nicht Kochtopf. Was soll ich mit zwei Büffeln tun, die ich tötete?«

Sagte Kamwepolo: »Komm zu mir.« Und er griff jeden der zwei
Büffel beim Schwanz und schleppte sie zu sich.

Da sagte er ihnen: »Esset nur von Maisbrühe und Fisch«; doch der
Sohn vermochte nicht davon zu essen und der Vater sprach: »Kamwepolo, mein Sohn kann nicht mehr essen. Nimm das ganze Fleisch
der zwei Büffel und heile meinen Sohn.«

Kamwepolo sann ein wenig und sprach: »Iß!« Und jener aß von
Maisbrühe und Fisch.

Kamwepolo ist der Meister des Buschs.

Die Hyäne

Das war ein Abend in einem Dorf der Batholohoho. Man tanzte. Eine Frau hätte gern getanzt, auch sie. Doch sie hatte ein Kind in den Armen, einen kleinen Säugling, und ihr Gatte war nicht da. –

Da schaute sie unter die Leute und sagte: »Wem kann ich mein Kind anvertrauen?«

Das war des Abends, und sie sah jemand die Arme strecken, und sie reichte das Kind und lief schnell zum Tanz.

Dies nun war Kimbwi, die Hyäne, die sich in der Gestalt eines Mannes genähert hatte, und sie hatte das Kind genommen. Zuerst wiegte sie es ganz leise und ganz mählich, da Leute zugegen waren; dann wich sie zurück und verglitt in das Gras. Sie ging, bis sie nicht mehr den Lärm der Trommeln hörte, dann zerbrach sie den Kopf des Kindes an einem großen Stein.

Da der Tanz beendet war, kam die Mutter zurück und sprach: »Wem habe ich mein Kind anvertraut?«

Keiner antwortete, so lief sie im ganzen Dorf und schrie: »Wo ist mein Kind?« Doch sie schrie umsonst. Da ging sie auf den großen Weg und schrie: »Wo ist mein Kind?« Doch das war unnütz.

Den anderen Morgen suchten, suchten die Leute überall, und man fand den Kopf des Kindes am großen Fels, und der Kopf war zerbrochen. Da wälzte sich die Frau auf der Erde, weinte und schrie:

»Das ist die Hyäne, die – einem Manne gleichend – mein Kind in den Armen hielt und tötete.«

Der Ursprung der Fische und der Finsternis (Dahome)

Ehemals schien die Sonne umgeben von ihren Kindern, ebenso wie heute der Mond mit den Seinen, den Sternen, sich zeigt.

Die Hitze war tagsüber so stark, daß die Menschen aus den Hütten nicht heraustreten konnten und kaum etwas zu essen fanden. Also waren sie unzufrieden mit ihrem Geschick.

Der Mond dachte nach, dann suchte er die Sonne auf: »Unsere Kinder«, sprach er, »verursachen Kümmernis. Sie machen die Menschen murren. So du zustimmst, wird jeder von uns seine Kinder in einen Sack stecken und sie ins Wasser werfen.«

Da der Mond also gesprochen, sammelte er kleine weiße Kiesel. Er steckte sie in einen Sack, dann ging er zur Sonne, ob sie nach Übereinkunft getan.

Die Sonne war bereit. Sie folgte dem Mond zum Flußufer und warf nach ihm ihren Sack hinein.

Da die Nacht gekommen war, sah die Sonne alle Sterne um den Mond versammelt. Voll Zorn sprach sie: »Du hast mich betrogen. Morgen werde ich meine Kinder wieder nehmen.« –

Das erste ihrer Kinder, das die Sonne aus dem Wasser zog, starb sogleich, und also das zweite und das dritte, das sie nehmen wollte. Sie glänzten noch, doch vermochten sie nicht mehr ihren Vater zu schauen. Der ließ sie im Wasser, aus Furcht, sie alle verderben zu sehen.

Dies ist der Ursprung der Fische.

Seitdem haßt die Sonne den Mond. Sie verfolgt ihn immer und faßt ihn bisweilen.

Von Abend und Morgen (Dahome)

Abend und Morgen sind Brüder.

Ihr Vater, Mahu, behandelte sie nicht gleicherweise. Seinem Ältesten, dem Morgen, gab er unzählige Untertanen und alle Reichtümer. Dem Abend gab er nur eine Kalebasse mit zwei Arten Perlen gefüllt, den Nana und Azanmun. Dies waren die einzigen Dinge, womit er Morgen nicht begünstigte. –

Morgen erkrankte. Der Zauberer wurde gerufen, ihn zu pflegen. Der verbürgte Genesung nur, wenn man ihm die Perlen Nana und Azanmun schaffe. Voller Unruhe gingen die Untertanen, die kostbaren Perlen zu suchen. So kamen einige zu dem Abend und teilten ihm ihren Kummer mit.

»So ich euch diese Perlen schaffe, was gebt ihr mir zum Entgelt?« frug Abend.

Erwiderten sie: »Zahllose Kauris.«

Der Abend nahm die Kalebasse, die ihm sein Vater gegeben hatte, öffnete sie; die Perlen fluteten in Menge über den Boden.

Alleingeblieben, sann der Abend. Er ertappte sich, wie er dem Bruder viele Krankheiten anwünschte, und gedachte bemerkt zu haben, daß die Blätter der Kalebasse bei der Wanderung des Morgen sich schlössen. Er ging zu einem Zauberer, den er beauftragte, Fa, das

Geschick, zu befragen, um zu wissen, ob er Morgen nicht in Krankheit bringe, so er ihm die ganz geöffneten Blätter der Kalebasse unter die Füße lege. Der stimmte zu, und danach tat er. Er machte Morgen krank, wann ihm beliebte, und so tauschte er alle seine Perlen gegen die Kauris des Bruders.

Abend war viel reicher als Morgen geworden; da die Menschen erschaffen wurden, so konnte er ihnen viel mehr gewähren als sein Bruder. Also wählten sie ihn zum König. Sie gaben ihm zwölf kleine Knaben zu Begleitern, die sangen:

»Abend, zum Königtum bist du geehrt.
So Morgen König wäre, zerbräche das Land.
Königtum kann nicht währen
In den Stunden des glühenden Tages.«

In »Marsyas«, I, 1917, S. 45—60. (Auswahl der »Afrikanischen Legenden«, die Einstein 1925 bei Rowohlt herausgab.)

Der unentwegte Platoniker

Franz Blei gewidmet

I

Lieber. Ich eröffne mich Ihnen, um zwischen mir und der Welt etwas festzulegen, ein Bild zu zeichnen, das meine Gedanken und die
künftigen Tage nicht verändern können, um von mir unabhängig zu
sein; damit, wenn ich zu sehr im Gestrüpp mich verirre, ein Bildnis
meiner stets finden kann. Weiß ich doch nicht, ob, was in mich sich
senkt, fördert, oder, wenn es durchlebt wurde, vergessen werden muß
wie manches andere, das mir begegnete. Ich reise unserm Fluß entgegen, den die schwebende Röte des Morgens blenden wird, überschreite
den schwierigen Kamm, ziehe ungeleitet von fließendem Gewässer
durch die schattigen Hügel, um ausatmend in die sich dehnende
Ebene hinunterzuschauen und den eiligen Abstieg zu gewinnen. Ich
fühle mich durch meine Gedanken, die in den jüngsten Monaten immer schneidender mich durchdrangen, erstarrt und was sonderlich
ist – zugleich recht beunruhigt, so daß es mir gut scheint, im Wechsel
der Wanderung eine peinliche stehende Öde anzufüllen oder wegzutragen. Ein schmerzlicher Zwiespalt öffnete sich mir in folgendem
Erlebnis.

    Die schwebende Tragik des Abends überzieht die Blätter, in denen
ich mich von mir ablöse, um einer gleichen Gesinnung mich hinzugeben und die Schreie einer flatternden Kindheit zu ersticken. Der
Fluß mischt den gewölbten Abendhimmel in schleichende Dunkelheit,
ebnet hohes Laub und tiefes Flußbett in gemeinsame Schatten, die die
Erde streifen. Seine Stimme klingt grundlos, von niemanden ver-

strömt. Dies die Tragik eines jeden Abends. Jedoch besitzen wir
Menschen eine solche Kraft der Wiederholung nicht, vielmehr scheint
mir unser Treiben jedes Gesetz und die Stetigkeit zu überquellen, und
trotz der Eintönigkeit, äfft ein unberechenbarer (vielleicht neuer) Rest
verborgen den Willen, den wir an uns selbst leicht spüren, da wir
uns genaue Nachbarn sind. Dieser Abend stirbt mir wieder furchtbar
ab, und ich muß inmitten, wo alles den Tod umkreist, ein Festes finden, um zu bestehen, zu überschauen und mich und diesen Himmel
endlich und beständig in Gewalt zu bringen; denn bisher entgleiten
mir Menschen und Dinge, wie Blasen verrinnen sie mir in den Händen und ich vermag keinen Bezug dauernd zu erhalten, bin unfähig,
etwas zu tun, da ich in jedem Beginn das Ende sehe und den Wechsel,
der jedem Morgen ein zweites Gesicht aufsetzt, und so einen toten Anfang halte. Ich finde keinen Halt und stürze in tausend Dinge und
einen Tod. Fast scheint es, als seien die Bäume, Kristalle und Kinder
falsch und betrögen uns, als sei da keine Marke zu finden, und diese
Dinge wiesen stets auf anderes hin und flössen in einen anderen Zustand, und trotzdem glichen sie sich in einem bestimmten Sinn und
legten gespannt zwischen dem Gleichen und dem Verschiedenen, be-
stünden aber nur, wenn man ihnen gibt, was ihnen nicht ziemt.

Ich erzähle wieder von den Bäumen und Gewächsen meines Gartens. All diese blühen nur auf den Tod und darauf zielt ihr ganzes
Wachsen. Wenn er sie abgeblättert hat, der Stempel unter seiner gewissen leichten dauernden Last dorrte, gedeihen sie wieder. Die Tugend des Baums ist es vielleicht, in jedem Augenblick vollkommen zu
sein, aber gerade hierin dünkt er mir allzu anmaßend. Diesem Wechsel lernte ich mit einem inneren Bild entgegen und ich sehe immer
darauf hin, als schütze es mich, den Tod auch im Kleinsten anzutref-
fen. Solche inneren Bilder sind nicht abstrakte Begriffe, vielmehr
wenn ich im Stillen den Baum recht empfinde, schau ich diese. Ich
verfahre so wohl etwas grob, doch vermochte ich nicht mehr anders
die mannigfaltigen Ereignisse zu überschauen, ich mußte, um nicht
ins Kleinste zu geraten, das immer weiter führe, mir eine Grenze
errichten. O Wechsel des Lichts, welches Auge sieht dich in deinen
Übergängen, wer sieht alle Augenblicke des Wachsens. Um diese zu
verstehen, meinte ich, fügen wir zwischen Zustände, die wir sehen,
Zwischenglieder ein, und wir haben den Wechsel oft nur im Vergleich
zweier oder dreier Zustände, den Zusammenhang fügen wir also hinzu.

Ich kehrte nach solchen Gedanken eines Morgens zu meinem
Garten zurück. Das Licht flammte in den Kelchen und die Dächer der

Bäume wankten geblendet, aber ich war traurig. Garten und Tag waren mir im Innern falsch, oder sie gingen mich nichts an. Da sah ich fast wie durch einen Schleier meinen Garten voll Ruhe und in einem Ton um mich, doch wo er und mein Besitztum endeten, war der Tag, wie es ihn hell freute. So fand ich nun meinen Garten, der mir ziemte, aber dafür war ich nun allein und abgesperrt. So erging es mir mit vielen Dingen und entweder sie schickten sich in meinen Zustand, oder sie führten ein Doppelleben; eines für sich, wie es ihnen bequemte, das andere nach meinem Sinn. So lebe ich nun gespannt, bald sehe ich angstvoll den ungehemmten eiligen Absturz der Dinge.

Sie sehen, mir öffnete sich etwas wie ein Riß, oder ich geriet in Gegensätze, die gefährliche Gespräche führen; bald verdichtet sich die Umgebung und verharrt in Weile, dann wieder treibt sie um so erregter. Vor zwei Tagen erst kam ich ungeschickt in einen Wirrwarr lästiger Dinge und mußte einen Bekannten darum in dem heftigen Gewitter aufsuchen. In all diesem Stürmen und Blitzen, das in die ganze Verwirrung hineinblies, kam es mir vor, da die Blitze mich im Wald überfielen und ich nicht wußte, wie die andere Sache zu schlichten sei, daß irgend einer im Gewitter ginge und vielleicht denselben Mann, vielleicht auch einen anderen die unbillige Geschichte laste, ich aber unbehelligt in meiner weiten windstillen Ebene liege und zum Himmel schaue, über den weiße Sommerwolken zogen. So mag ich eine halbe Stunde mich fern von Unwetter und Menschen befunden haben, aber mir war ich nah. Dann schlug in diesen Zustand ein Blitz, der mich zum Gehen zwang, obwohl er nicht in mein Spiel paßte. Ich traf den Freund, aber die ernste Angelegenheit war mir entschwunden, erst auf die dringliche Ermunterung des Mannes fand ich den Anschluß, ich sprach zu seinem Erstaunen gleichgültig, wie man wohl eines ganz Unbekannten Recht erledigt, in einer Sache, die ich vorher leidenschaftlich begonnen hatte. Alles war mir gleichgültig, außer dem Lager auf der sonnigen Ebene und darüber, schien mir, stehe eine Sache, die zu suchen vor allen Dingen wert sei. Und dies Herausreißen fühlte ich fast wie die Isolierung eines erlösenden Krampfs. In diesem jähen und öfteren Wechsel gewöhnte ich mich im Erstaunen über die Zusammenhanglosigkeit zu leben, welche mich teilweise sehr anstrengte, da ich oft ganz fremde Zustände zu gleicher Zeit verfolgen mußte, oder der eine wegen des anderen mir unverständlich wurde, daß ich keinen fortführen konnte. Ich sehe, ich habe mich von meinen Menschen, wie es mir Umgebung, Gewohnheit und die Nötigung des Augenblicks vorschreiben, geradezu getrennt und ein mir noch Unbekannter will gelten und schalten. Das Selbstverständliche ermüdet mich, ich tue es ohne inneres Ziel, glaube ich doch nicht mehr, daß es das Eigentliche enthält und ich glaube diesem Mann, denn er sieht es gar nicht. Ich treibe mich durch, nicht weil die Dinge unmittelbar zu mir reden; ich höre sie aus der Ferne, und wenn ich ihnen nachgebe, dann geschieht es aus Erinnerung, als handelte ich in der Vergangenheit und sei das Gegenwärtige etwas anderes oder an einem noch fernen Platz.

Ich tappe jedoch nicht in einem Doppelleben, vielmehr meine ich, daß ich mich zu diesem Neuen wie zum durchaus Besseren wende, und gilt es nur, sich zu üben und zu bemühen. Diese wachsenden Dinge, die ihre Fruchtbarkeit immer durch eine Unruhe zerstören, erreichen doch wohl nie eine gebotene Vollkommenheit, denn gerade das Gute, scheint mir, bleibt an der Stelle und ruht. All jene Bewegten stehen trotz ihrer Ruhelosigkeit im Gleichen, weil sie nie den Sprung über den eigenen Kopf hinaus wagen und aller Wechsel ist ihnen vergeblich. Vor mir schwebt, ich spüre es seit zwei Tagen deutlich, eine zweite Gestalt von mir, und sie fordert stürmisch Einlaß, daß sie Ich sei und der mir so vertraute Laurenz gehe. Ich vermag nicht viel davon zu berichten und es ziemt sich auch nicht. Mit dem dichteren Abend spüre ich, wie dieser Körper ins Dunkel verschwindet und an seine Stelle irgend ein anderes dringen soll. Diese Nächte erheben mich, ist doch die äußere Welt verschwunden, damit ich ungestört über dies Neue nachdenken kann. Dann kann man viel eher sich auf sich selbst ziehen und man sieht, daß es darauf ankommt, mit der eigenen Reinheit die Nacht zu durchleuchten, in deren Glut neue wahre Dinge erstrahlen.

LIEBER! Die Wanderung enttäuschte mich. Anfangs ging ich gegen
den Fluß, durch ein mildes, welliges Gelände, das anböschend sich
aufhügelte. Der Fluß zog breit und offen; da ich gegen seine Strömung
andrängte, kämpfte er gemächlich gegen den eilenden Wanderer. Die
bauchigen Wellengänge, die gewölbten Flutflaschen strömten mir entgegen. Die nächsten Schritte spiegelten sich mir scherzend im Gewässer, und sie verschwanden mit der Welle hinter mir. Bäume, Wiesen,
Himmel verzogen sich in entgegengesetzter Richtung, jedoch freundlich und ohne Gewalt. Die Eile verdoppelte sich im Spiel der Gegenbewegung und ich beschleunigte, gereizt von dem mir feindlichen
Wasser, die Schritte. Jenes verengte schmaler; dafür wilder. Da wir
steilere Wege erklommen oder verließen und ich einen höheren Berg-
pfad beging, verschlossen die Bäume Himmel und Luft und die unte-
ren Wege. Ich ging ohne eine Empfindung weiter. Das Innere bedeckte
meine Augen; ich spürte, daß, wolle ich die erwünschten nötigen und
reinen Gedanken festhalten, ich jene einbüßen müsse. Das Walddun-
kel erhellte sich mit einem zitternden Blitzen, das unsicher die geschlossenen Lider durchjagte. Dieses vibrierende Funkeln verstärkte
sich, als ich an eine offene Waldstelle gelangt war, wo das zurückge-
lassene Land frei unter mir lag. Ich schaute ruhig in die unumwölkte
Sonne; spürte, wie sie, von dem Licht, das aus mir strahlte, geblendet,
sich mit Wolken bedeckte. Aber gleich, als die Gegend getrübt war,
hatte ich in dem feuchten Bergnebel die Kraft verloren und fröstelnd,
verschleiert ging ich weiter; bedenkend, wie viel mir mangle und
welch geringe Fähigkeiten in mir wohnten. Dabei hatte ich geglaubt,
irgendeine schaffende Kraft breche aus mir hervor. Das Wasser, seiner
Quelle nah, wurde fälliger und jäher; als wüte es, daß einer von ihm
nicht mitgerissen und in seinen Sturz geflutet werde. Atemlos stand
ich auf dem Kamm. Unter mir rollte das versteinerte Meer. Die
Schilde der Nadelbäume starrten aufwärts.

Ich stand in mir atmend gegen die neblige Sonne; es schien, als ver-
schränkte ich mich jetzt in mich und könne nach eigener Kraft steigen
und sinken. Nicht die Sonne zog mich zur Höhe; nicht stieg ich, weil
Berge zu erklimmen waren. Ich meinte vielmehr, meine innere Natur
habe mich gehoben und die gewonnene Strenge mich in diese herbe
gläserne Luft gesetzt. Doch auf der Berghöhe ließ sich nicht viel gehen; man mußte die Glieder zusammenhalten, den Kopf nach oben

richten; trotz des weiten Überblicks war ich beengt. Eines fühlte ich, daß ich der unmittelbaren Teilnahme entrückt sei. Ich sah sehr viel und hatte sehr wenig. Denn das Gesicht gibt nur ein einseitiges Bild; die Gefahr der Verarmung droht bitter, wenn man nicht geheime Erlebnisse besitzt. Ich war gleichsam aus dem Zusammenhang gerissen; das mannigfache Gesicht und der geringe Besitz ließen mich schwindeln. In dieser Armut war jedes Erlernte unanwendbar und nutzlos; ich ahnte, vielleicht in einen Zustand zu geraten, wo die Hilfen der Kultur, jede Bildung unnütz taugten; und die Dinge, wenn sie das Maß, das der jeweilige Mensch leistet, erreichen, ein ihnen Fremdes erzeugen, so daß sie, zum äußersten gestiegen, überflüssig werden, und ein ganz Verschiedenes entstünde, das nach ihnen nichts fragt; wenn es auch sich selbst ihnen danken sollte. Zuletzt mag einfach nichts Neues mehr entstehen; der Mann hat sich zum Idioten geschaffen, ist auf die Leere und Erschöpfung verwiesen. Wenn man ihm wohlwollte, erinnert er sich noch dieses und jenes. Ich bin daran, vom Zusammengesetzten zum Einfachen zu dringen. Dies scheint mir das Wahre. Denn die mannigfachen Dinge widersprechen sich, schränken sich gegenseitig ein. Dieser nutzlosen Dialektik bin ich müde.

Die Alten und oft unter ihnen die Mächtigen schufen nach einem Orakel oder Traumgesicht. Diese Dinge machten sie zu den gewissen und wahren; dadurch, daß sie vollkommen danach kämpften. Selbst die Zeichen der Geburt suchten sie magisch zu ergründen. Ähnlich geht es mir; nur halte ich nicht den umrissenen Traum; denn wir müssen selbst diesem erst die Wahrheit geben; die Alten besaßen ihre Jahrhunderte ergreisten Träume. Ich suche danach und stehe noch öd wie der Berggipfel, der mich trägt. Es gibt wohl Dinge, die sehr hoch und kostbar stehen, die, je näher man ihnen kommt, um so fruchtloser machen, um so tödlicher wirken. Aber ich bin gezwungen, aus den vielen Straßen den wahren Weg zu suchen; denn ich ertrage es nicht, wie die Vielfältigkeit meines Inneren und der nirgends faßbaren Welt gegeneinander stehen. Früher versuchte ich aus diesem Gewimmel mit der Künstlichkeit, einer rücksichtslosen, absichtlich kapriziösen Willkür mich zu retten. Aber das Schlimme; der Snobismus treibt zum Ernst. Der Snob, der zum Stil und einem pedantischen Leben neigt, ist immer auf dem Weg zum System und der Mathematik; ganz da in der Nähe ist Gott. Gefahr des Snob ist die allzu große Sensibilität, die durch die Skepsis nur noch gestuft wird. Denn gerade diese zwingt ihn, viele Möglichkeiten zu finden, sich immer aufs neue zu übertrumpfen. Wie gefährdet ist er in seiner Feinheit, durch die luftig schwebende Wertung; er ist einer Laune verpflichtet, die keine Folgen enthält, und darum alles auf einmal hat und will. Der Snob darf nicht nachlässig sein, sich nicht wiederholen, bei seinem Leben nicht; er umspielt das Absolute. Das ist es; hier das Tote auch des lebhaftesten Snob; doch zunächst von mir. Ich war dieser Kompliziertheit überdrüssig. Wo fand ich ein Genaues? Ich beschwöre Sie, geben Sie mir nicht den Rat, eine praktische Tätigkeit zu beginnen. Das ist gänzlich heterogen und hat mit mir nichts zu tun. Da werden alle möglichen Dinge und Zustände gemischt; eine Tätigkeit bleibt ungenau, und auf die Haaresbreite kommt es eben an. Ich kann nicht anders denken. Entweder man weicht ab oder nicht; wenn aber um ein Haar gewichen wurde, so besteht kein logischer Grund mehr, auch eine Meile zur Seite zu gehen. Nur praktische Überredungen lassen sich noch anführen. Hier ists, warum das Denken mit allem Leben auseinanderfällt. Das Leben geht da und dort; fünf Schritte nach rechts korrigiert es durch sieben nach links. Das stößt sich durch. Es kommt mir nicht darauf an, einen Charakter zu bekommen; das wäre leicht. Vielmehr mühe ich mich, geistig rein zu werden; ich meine jene Geistigkeit, die über dem Abstrakten oder Theoretischen sich befindet. Wie soll ich das beschreiben? Vor allem meinen Sie nicht, daß es sich um Ästhetizismen oder eine Ideologie handelt. Darauf kommt es mir an, mich als wahr und aufrichtig zu empfinden. Ich wünsche keine Erkenntnisse zu besitzen; ich bin nie Wissenschaftler gewesen. Vielmehr, und so halten Sie das Ganze: ich empfinde diese Welt beherrscht und verwandelt; aber nach einer Marke, die ihr fremd ist. Verwechseln Sie mich nicht mit dem Dilettanten oder Ideologen. Und eine Weltanschauung nützt mir erst recht nichts. Ich gehe, aber was ich suchend in mir trage, hält mich an, stellt mich aufrecht und den Blick nach Innen, der die wachsenden Gesichte überdringen sollte. Die weitgewölbte Luft dröhnt davon, daß wir, um die Dinge zu erkennen, ihnen entsagen müssen, daß vor uns dies und jenes zur Ruhe seines einheitlichen Wesens kommen soll. Und dies; weil die Natur es nicht erreicht, hängt sie gleichsam im Leeren, lügt sie und hat nicht sich selbst. Oh, dies ists; daß die Bäume und alles in sich gleich und wahr seien und nicht jedesmal sich verleugnen; sondern ihr ganzes Wesen in einem geben, damit ich sie fassen kann. Wie doch befeindet mich alle Veränderlichkeit. Eines weiß ich. Vermag ich dies, um mich nicht zur Ruhe zu bringen, dann wenigstens will ich mir gleich werden, wenn ich darüber auch alles verliere. Aber dies Ich, auch es ist unwahr. Wozu sind alle diese Worte, Gerechtigkeit, Ordnung, Ganzheit, wenn ich sie nicht erreichen kann! Darüber ziemt uns zu klagen, daß unsere Vorstellungen in solchem Maße uns übertreffen, daß wir beschämt nicht leben dürfen. Oder dies, daß wir die Ungerechtigkeit, die Halbheit als Innerstes besitzen, und wir darum von Natur aus lügnerisch sind, und uns im Wirbel des Dialektischen drehen. Damit kann man vielleicht leben, aber nicht denken. Und dies fordert ganz sein Recht. Alles Böse, Krumme in ihm nur abgeleiteter Gegensatz, Negation und Verfehlung. Aber wie, wenn das Gerechte, das Ganze nur ein theoretischer Spezialfall wäre? Wenn das so steht, dann aber hat jedes gleiches Recht und gar kein Recht. Dann gibt es kein Sein; denn dies kommt von den Begriffen her, weil ohne sie alles sich verlöre. Glauben Sie, es ist keine Philosophie, was ich Ihnen in schwerer Angst schreibe, wovor Landschaft, Wanderung und ich selbst mir versinken. Es ist dies nur, ob ich leben kann.

Gibt es negative Ideen, dann weiß ich nicht, wie etwas sein kann, was ich tun darf. Man redet so oft vom Willen und meint damit ein praktisches und einzelnes Resultat. Wir bedürfen nicht des Wollens, sondern des Gesetzes. Das aber ist der Natur zuwider. Sehen Sie, der ethische Mensch, er ist ein Widersatz gegen alles, wenn er nicht alles zum Ethischen umbildet.

Ich bin erstaunt, wie mit der zunehmenden Gewalt des Flusses, da ich zu seinem Quell dringe, ich spüre und wünsche, meinen Quellen näherzukommen und in meinem Ursprung zu stehen nach der Wanderung meiner dreißig Jahre. Aber ich fürchte diesen Augenblick, als sei der Beginn, der mein Inneres und alles entläßt, das Ende, das nicht duldet, daß man es in verlangendem Staunen berühre. Als liebe man dann nur dieses Eine, Lautere und sehe darauf hin, wie aller Kenntnisse voll und stehend auf dem unendlich größten Kreise und zugleich im Mittelpunkt; schaue, vergesse! Wie der Berggipfel, worauf ich schwindle, das Obere und zugleich Kleine und Arme ist. Denn selbst die Umschau benehmen die kalten Nebelballen, die mir über die Hände reichen, was ich fast als Glück ansehen muß, damit es mich nicht jäh zur Ebene hinabreißt. Dieser Berg ist fest gegründet und der schmale Gipfel erhebt sich auf dem breiten Fluß. Mir aber steht alles auf diesem Feinen und Ausgewählten; diese schwere Masse, dieses reißende Vielerlei auf dem Verborgnen, mit der Kraft einer notwendigen Kaprize, die das Nächste, Sichtbare verantworten, verbürgen soll.

III

DIES ist es. Die Wahrheit müßte aus mir hervortreten, wie die eckig geschwollene Ader einer erzürnten Hand. Sie sollte sich beweisen, daß die Abende mein Gesicht tragen und verharren im Anschauen des Gleichen und sich Gemäßen; die Nächte sich in ihrem Licht sammeln; gedrängt, betäubt. Dieses schmähliche Wirtszimmer übt immerhin die Pflicht einer Stube, wenn auch die fadigen Vorhänge mich kaum vor der spielerischen Dämmerung wahren; denn ich muß die Augen falten, um die Wahrheit unberührt im Schrank zu erzeugen. Die lügnerischen Flüsse, die nebelzugigen Berge muß ich streichen; bewahren muß ich mich vor den Schritten der Nachbarin. Ich vergesse die Tage, Monate, Jahre und weiß, daß sie lügen. Ich vergesse die Rot, Grün, Blau, Gelb und weiß, daß sie verbergen. Vielleicht erlaube ich das Schwarz und Weiß. Ich vergesse die Worte, den flüchtenden Atem und weiß, daß sie zerspalten. Ich halte den Atem, um mich eng zu verschließen und nicht mit der Weite kupplerisch zu zerflattern. Ich drücke Kopf, Arm und Beine zusammen, um den dunklen Kern zu pressen und zu bebrüten. Was ich tat, ersticke ich und verleugne selbst den Ekel des Getanen. Ich bin leer, unmerkbar plötzlich schlägt das Bleibende hervor. Betrügend wachsen die Bäume und bleiben nicht gleich; und so spült der Strom und verstreut sich.

Das Erwünschte erhob sich Laurenz nicht, und er ängstigte sich vor dem schluckigen Dunkel. Schreie der Kinder öffneten ihm die Tür. Eine Frau zögerte an der Stiege.

»Sie gehen auch aus? Ich fürchte mich in der unbekannten Stadt. Sie sind gütig, wenn Sie mich begleiten.«

Diese Stimme enthielt die unsicheren Gläser, nachts getrunken, die von gewohnten Umarmungen heiseren Morgen.

Sie durchzogen die alte Stadt, die Laurenz beunruhigte, da ihre Häuser, Türme und Brunnen die Kraft der Zeit prahlten.

»Es erfrischt mich zu gehen«, sagte Frida, »man spürt sich, erfährt, daß man rasche Beine hat, die zu den besten Dingen tragen und griffige Hände, um Leuchtendes zu fassen.«

Das überreizte Licht der Auslagen hielt sie lange. Frida sah gierig in die geblendete Scheibe, was dringlicher zu einem Geschenk aufforderte als eine gesprochene Bitte.

Laurenz frug: »Wollen Sie ein Halsband?«

Sie zweifelte an seinem Ernst: »Oh, ich bewiese mich dankbar.«

Er sagte sich; ich nahm Abschied, man muß die Dinge von sich forthetzen. Er kaufte und dachte in Angst vor seinen Wünschen: ich werde in diesen Tagen einen Menschen haben, ich kaufte ihn; vielleicht verpflichtet sie das.

Die Beine schwankten, sein Kopf schwindelte und die Augen schmerzten in der Wahl der Edelsteine. Frida glitzerte in den Steinen und schwamm in ihrem engen Wasser.

Was muß ich ihm wert sein; er ist reich und verliebt. Dann fiel ihr bei, vielleicht auch irrsinnig, und sie hielt sich von ihm entfernt. Er setzte sich auf eine Bank. Vor dem erstandenen Kollier verfinsterte sich die Reklamestraße.

»Ich kann nicht mehr gehen, bin müde.«

»Ich brauche Bewegung. Sie sind krank, ich werde Sie pflegen. Sie sollen nicht allein sein. Sie sind nicht kräftig.«

»Ich darf es nicht sein; Gedanken, die ein Abtöten verlangen.«

Frida lachte: »So was Romantisches; was Spleeniges, wie interessant. Ich hatte einen Freund, einen Klavierspieler –«

»Sie sagen richtig, alles Absolute ist Spleen.«

Sie hatte genug und war fast beleidigt, daß er sprach, was sie nicht verstund.

»Ich muß zu einem Bekannten. Bringen Sie mich. Aber Sie sind müde. Kutscher, auf Wiedersehen.«

Durch die Häuser, die bewegten Menschen, unter dem Licht, das die Straßen durchkreiste, floh er nach Hause, gepreßt von der beschrieenen, überfahrenen Stadt.

Er stieg auf das Zimmer, dessen Tür er verriegelte, und warf sich zu Boden.

»Hier liege ausgestreckt; du verleugnest deinen Willen; ich bin nicht würdig.«

Die Dunkelheit betäubte ihn und er begann das Gleiche aufzudenken. Lang lag er unbewegt; bis er erstickte; er sprang hoch.

»Die Gedanken der Menschen sind geschieden. Das Denken verstärkt ihre Trennung. Ich müßte Abschied nehmen, um ihm nachzugehen und schied mich mir. Das sollte die Wahrheit sein. Was ist nicht wahr, wenn es allein ist, ohne vielspürigen Zusammenhang. Drum, verlogen ist es, machtlos. Ich sollte Krüppel werden, um unbeirrt zu sehen. Ihr reißt mir die Augen aus.

Ich versteinere, die Haut blättert ab, wie ich auf den Einen Punkt zu Boden mich bücke.

Ich weiche ab, und die geschnäbelten Gedanken höhlen mir die Augen.

Im Blut, den Lidern enrötend, schwimmen mir Untiere zu mit spinnigen Schlüssen und einer endlosen Wahrheit, den geblähten Hals umschattend, enger, spitzer.

Meinen Händen lastet das Gewichtlose; armes Gehirn, eingelärmt zwischen den Motoren der Ohren.

Du ermattest, mein Denken, da deine Gänge verschütten; was wehrst du dich? gegen Nichts«.

Er spannte in bewußtloser Angst den Regenschirm auf; die Hängelampe durchstieß klirrend den Stoff.

»Sie dringen durch«, schrie er, und schnellte gekauert über den Boden hin.

Damit man ihn nicht fasse, duckte er in der Ecke; er glaubte nie mehr aufzustehen.

»Das Denken sollte nicht allein sein in der Leere, sondern gewaltsam die Dinge reißen und pressen. Aber ich wurde schwach.«

Ein Blitz durchfuhr das Zimmer und warf ihn auf den Gang, wo Frida ängstlich umherirrte.

»Wachen Sie bei mir, ich ängstige mich.«

Er folgte ihr und stellte sich in eine Ecke. Beruhigt ging sie ins Bett und schlief ein. Er wurde feige vor den Gedanken, die ihn umbellten; eine menschliche Hand mußte er fassen; er flüchtete an das Bett und drückte ihren Arm.

»Was wollen Sie?« schrie sie.

»Oh Gott«, stöhnte er.

Ein Blitz zerriß das Zimmer; sie streichelte ihn.

»Lassen Sie mich; ich muß für mich bleiben.«

»Seien Sie doch ruhiger«, sagte sie und schaute auf nach der Zimmerglocke neben dem Bett.

Das widerte ihn an.

»Sie wollen mich umbringen«, lachte sie.

Er drückte stärker.

»Kommen Sie herein, Sie zittern ja.« Sie hob die Decke; denn sie sagte sich: er ist reich und harmlos. Man muß die Verpflichtung erledigen. Laurenz kroch, vor dem Blitz zurückgewandt, in die Ecke; Bogenlampen erbleichten unter den höllisch offenen Wolken.

»Sonne meines Kopfes friß die Flamme, brenne einwärts, übertriff sie.«

Das Zimmer eine geöffnete Kiste. Frida stöhnte. In Laurenz trat die Wahrheit nicht hervor. Die Kräfte hatte er kraftlos gerufen. Frauen, die sich fürchten, werden mit dem Mann sicher, dem sie durch

Angst überlegen sind. Laurenz sah; der Feind des Nötigen ist die Frau, die außer der Reihe der Gedanken fertig daliegt. Vielleicht wenn er eine tötete, der Wahrheit zum Opfer, und er öffnete das Leben.

Der Blitz warf ihn gezackt auf Frida, die auseinandergerissen wurde an Händen und Füßen. Der Donner fuhr ihr in den Leib und bestrich die Fußsohlen.

Er griff ihren Hals; die Nacht bedeckte seine Hände; das Blut sollte sein Inneres lebendig machen; noch einmal versuchte er den Krampf des lebendig Lügenden zu spüren und im Mord zu widerlegen. Der Blitz ließ ihn seine toten Hände sehen; Frida warf ihn neben sich.

»Du liebst mich zu sehr.«

»Ich hasse dich; ich wollte dich töten.«

»Du scherzest.«

»Es ist die einzige Wahrheit, die ich jetzt besitze.«

»Kannst du das schriftlich geben?«

Er wollte es; damit besaß er, daß er ein Äußerstes versucht habe, zur Wahrheit zu dringen. Er schrieb:

»Ich Laurenz Ehmke habe Frida Eschwege zu erwürgen versucht, um der Wahrheit endlich mich zu nähern. Laurenz Ehmke.« Mit Datum, Ort, Stunde versehen.

»Kleiner, ich habe das schriftlich; ich kann dich jede Minute einsperren lassen. So, jetzt sei vernünftig.«

Er sah, bei ihr nütze nichts; sie lege ihn fest. Noch einmal wartete er eine Zeit und dachte verkrampft, erfolglos, ob dies Opfer nütze, und murmelte. Er ging in ihr Bett. Sie gedachte des Kolliers; denn jeder gerät in das Entgegengesetzte, weil unser Leben, vom Unendlichen gestreift, sinnlos ist und sich aufhebt.

Die Wände, das Zimmer wurden den Gelagerten dramatisch, endlos entfernt. Die Decke hob sich ihnen, bis zwei Kadaver durchschweißt verleimten. Laurenz erwachte unter dem einfahrenden Licht.

»Ich log und vergaß. Warum ist das Ewige in uns nicht ewig und gleich?« Er wurde in die Erlebnisse Fridas gezogen, die er als vorläufige mitmachte.

Man frühstückte. Er dachte an Gott, da er eine Semmel verlangte, und die Teetasse entsplitterte seinen vor Scham unsicheren Händen.

»Ungeschickter Bub«, streichelte ihn Frida fast entzückt.

Eine in die Länge gezogene Freundin trat hinzu, lachend; denn unter schadenfrohem Grinsen pflegen Frauen befleckte Kleider anderer und zerbrochenes Geschirr zu entschuldigen.

»Er denkt zuviel, der Kleine. Ich glaube, er ist Pfarrer. Er wollte mich schon dem Herrgott auf dem kürzesten Weg zuführen.«

»Du hast ja am Nacken rote Flecken, trag doch einen Schal.«

»Folgen der Theologenleidenschaft.«

Verzerrt krümmte Laurenz sich im Gartenstuhl. »Ich darf nichts hören, ich darf sie nicht sehen; wie wich ich von dem Erwünschten. Diese entzwei gerissene Flucht.«

»Gehen Sie zum Rennen? Brown reitet heute zwei Starts.«

Laurenz sagte: »Wenn es Frida Vergnügen macht.« Er gedachte einer glockenrunden Stummheit, damit das Gerede seinen Ohren vergehe.

Doktor August Schmidt und ein Mädchen kamen. Sie hatte unbestimmte Züge, aber bereit und fordernd vor dem äußersten Schrecken sie zu spannen oder in angeflogenen Gedanken zu verschäumen. Ihre muschlig barocke Schulter bog sich gewalttätig.

»Kara, Sie glauben nicht, ich frühstücke mit einem mißlungenen Mörder.«

Frida bedurfte es, neben Kara, deren erregbare Kraft und schwere Person sie nicht besaß, auf sich Fremdartiges, ja Erschreckendes zu beziehen, um in einem äußerlichen Gleichgewicht sich zu halten.

»Mörder«, erwiderte Kara, »dann ist es ein Mensch, der Sie sehr liebt, oder dem Sie ganz gleichgültig sind.«

»Schwindel«, grölte Schmidt, »wer wird sich nen Wonnefundus einfach wegrasieren! Herr, ich bitte, denken Sie an den Nebenmenschen. Frauen sind nie persönliche Angelegenheit, Objekt weiterer Nutznießung. Frida, laß faule Witze.«

»Ich hab's schriftlich.«

»Zum Teufel, Herr Ehmke«, knallte Schmidt wütend.

Kara sagte: »Seien Sie doch ruhig, manchmal mordet ein Mensch, um nicht verrückt zu werden. Weil ihn ein Schmerz faßt, den er allein nicht aushält. Dann geht der Schmerz weiter auf einen anderen und tötet beide.«

»Sie meinen, wie gesagt, ich soll mich hängen, wenns irgendeinem schlecht geht?«

»Eigentlich ja«, erwiderte sie ruhig und sicher.

»Netter Gefühlskommunismus.«

»Sie glauben doch nicht, daß etwas mit Gütergemeinschaft getan ist. Darum geht es doch nicht; Jesus starb an unserer Trübheit.«

»Wahrscheinlich, weil ihm sehr helle war; außerdem«, lächelte er überlegen, »der symbolisierte nur.«

»Aber die innere Genialität sollte etwas verbreiteter sein; hunderte spielen Klavier.«

»Sollten Sie sich vielleicht auf den Kategorischen trainieren?«

»Von solchen Dingen zu reden ist sinnlos. Auf die Bekehrung kommt es an, auf den furchtbaren Gegensatz, der das Vorleben streicht«, sagte Kara.

»Kann denn Zeit zu Nichts werden?« frug Ehmke.

»Frida, nicht, darum kümmern wir uns nicht. Was wollen Sie denn, Herr Ehmke? Sind Gefühle berechenbar? Sind Gedanken meßbar? Sie reden von Dingen, die nur Wert besitzen, wenn sie in Tatsachen sichtbar werden. Was aber diesen Tatsachen zugrunde liegt, werden wir nicht einsehen.«

Frida leuchtete dies ein; der Mann war eben brauchbar. An ihm war nichts dunkel, unübersehbar. Nur glatte, saubere Leistung.

»Ich wüßte nicht, warum wir Tatsachen etwas glauben sollten. Wozu führen sie denn?«

»Zu Resultaten, mein Herr.«

»Ich weiß, daß alle Tatsachen unwahr sind; sonst könnte ich nie leben und ich lebe«, schrie Kara bedroht, ängstlich.

Laurenz sah auf.

»Alles Anständige ist Verneinung Ihrer Tatsachen.«

»Frida, was sagen Sie zu den Herrschaften?«

Die Wagen fuhren zum Rennen. Einer trat den anderen vor sich hin.

Die Augen spannten sich den kurvigen, kurzgeschorenen Platz einzukreisen; ermüdet mußten sie den Beinen der Pferde vertrauen, die den Rasen abstoßen; der Peitsche des Jokeis, dessen Leben von dem Ehrgeiz gehalten wird, keinen Pferdeschwanz vor sich zu sehen.

Laurenz und Kara gingen in das Restaurant. Der Abend färbte auf den Tischtüchern, die Sonne lag in der Wasserkaraffe.

»Ich bewundere Frida«, sagte Kara.

»Ja, der gesunde Erfolg eines pfiffigen Idioten.«

»Aber sie packt sich ihre Menschen und weiß, wo sie zusammensinken muß; wäre es nur wegen eines Stücks Papier.«

Die Nacht flachte die Hände in den Tisch; nur Augen saßen, die sich ungefähr bewegten.

»Ja, das ist gut und sicher, ich weiß, mir wäre besser, ich hätte ein Stück davon. Schon, wenn ich mit Frida zusammensitze, werde ich angesteckt.«

»Mit dieser Lebhaftigkeit bringt man einander ins Unglück.«

»Immerhin, jede ihrer Bewegungen hat ein gestecktes, erreichbares Ziel. Wir fallen müde, gewichtlos, nach einer Seite gezogen herunter und neben weg.«

»Ja, die Frauen«, belehrte er; »entweder sie treiben im einzelnen erfolgreich, verbrecherisch; nichts achtend als die profane Anekdote oder verstarren überkocht in einer unfruchtbaren Gemeinplätzigkeit.«

»Das ist furchtbar und davor ängstige ich mich; man muß durch die Schweinerei, sonst wird es platt.«

»Gehen wir, die Leute sind längst fort.«

Er begleitete sie. Sie lud ihn in ihre Wohnung. Sie lebte allein, ohne die Familie.

Ihr Zimmer war fast kahl. Kleine Gegenstände, deren Bedeutung ein Fremder nicht verstehen konnte, standen auf zwei schmalen Tischen.

Sie schämte sich zu sprechen; allein in der Wohnung.

Kara sagte: »Ich weiß, wir werden uns erst kennen, wenn wir zusammen waren. Wir wollen nicht von unseren geheimen Zuständen reden, damit ich Sie dann umarme. Ich kenne einen durchaus dummen Menschen, der auf mich versessen war. Die Gier machte ihn fähig, jedes von mir Gesprochene zu verstehen; ja der Mensch hatte eine so zuhälterische Fähigkeit zu erwidern, daß er geradezu durch seine Gier sich verfeinte und Gedanken bekam. Als er mich aufs Bett legte, sahen ich und er, was er war. Er erschreckte, sich wiederzufinden, er ging nach kurzer Zeit weg und ich merkte, daß mich nichts anderes betrogen hatte als der sogenannte Geist, der mich übel hineinlegte. Der Mensch mied mich dann und war wieder der Alte. Und ich liebte ihn so, wie ich keinen Menschen mehr lieben werde. Dieser Dummkopf machte mich fast produktiv, ich war ihm in manchem über und kam mir vor wie verkehrt. Darum seien Sie sicher, ich habe eine Angst vor geistigen Menschen, die, wenn andere Dinge an die Reihe kommen, nie den schamvollen Takt des Rohlings besitzen, sondern uns kassieren wie ein Honorar für eine Stunde.«

»Sehen Sie«, sagte Ehmke, »darunter leide ich. Gedanken verlocken mich dahin, wo der Wahnsinn beginnt. Dann flüchte ich in irgend eine Gemeinheit. Suche die tristesten Frauen. Die wissen fast, worum es sich handelt und morden mich, sind schweinig, daß man nichts spürt. Wie ichs auch deute, das Leben erscheint mir möglich, wenn man sich einmauert. Ist die einzig gegebene Anständigkeit. Wollen wir aber lebendig leben, dann ists ein Sichverlieren, ein Sichverringern. Im Grunde ist niemand so groß und stark wie ein Kind. An der Grenze der starken Zustände eines Erwachsenen steht die Hingebung, das Opfer, der Tod. Der Mut zu der richtigen Folgerung, dessen bedarf es. Und hiervor flüchten wir immer. Oder vielleicht um uns nicht zu töten, morden wir einen anderen. Ich komme immer darauf, wir sollen für einander sterben, dann kann einer seine wichtigen Geschäfte zu Ende führen.«

Kara stand auf und richtete ihr Bett zum Schlafengehen.

»Ich weiß nicht, ob Sie bei mir bleiben dürfen oder ob Sie gehen. Jedenfalls, ich liebe es nicht, in ein unordentliches Bett zu gehen.«

»Sehen Sie, ich glaube, kluge Männer erledigen ihre Angelegenheiten mit Frauen prompt. Sonst gibt es Komplikationen, man verwirrt sich und philosophiert. Mit einer Frau zusammenzudenken macht idiotisch, bringt aus der Form. Sie ist nicht mehr auszunisten und sitzt im Denken. Um sein weibisches Gefasel weiter zu treiben, hält man sie. Man heiratet sein eigenes Gehirn, teilt es mit einem anderen Gedanken; beischlafen ist vielleicht wirkungsvoll, aber gemein, zweifellos.«

Kara schluchzte: »Sehen Sie, ich weiß es ganz gut, wir leben von den Männern, die aber werden durch uns kleinlich und gemein. Wenn die Frau Mann wird, ist es noch schlimmer.«

Laurenz sagte zusammengekniffen: »Die Frau ist gemein genug, daß sie mich verführt, solch gefährliche Dinge zu besprechen, um ihre Position zu retten; sie ist gemein und schlau, ihr eigenes Geschlecht zu beschimpfen. Selbst der gemeinste Mann täte das nicht.« Ehmke stürzte nach seinem Hut.

»Mit jedem Worte zwingen Sie mich zu lügen«, schluchzte Kara, »Sie bringen mich in Sätze, die verwirren. Ich will Sie nicht sehen.«

Der Mann sagte: »Nun gerade nicht!« und setzte sich: »Sie luden mich ein, Sie werden Ihren Gast nicht davonjagen.«

Kara schaute wohlweislich zur Seite.

»Ich will sie nicht als meinen Feind zurücklassen. Sie wird mich bei Frida anschwärzen, sie ist schon mein Feind.«

Kara sagte sich, ich bin des Mannes nicht sicher, ich muß ihn halten. Lächelnd wies sie nach dem Bett.

Sie wußte, ich werde ihn gänzlich verwirren, zwei Frauen ist seine Gemütskraft nicht gewachsen. Sie dankte im Herzen ihrer Rivalin.

Ehmke dachte, zwei Frauen, das hebt sich auf. Ich werde nach dieser Nacht im Gleichgewicht sein.

Er legte sich zu der Frau, wie man eine Medizin nimmt. Daß es rasch, aber wirksam eingehe.

»Kommen Sie zu Bett«, sagte Kara. Nach ihm zog sie sich aus. Er wollte ihr helfen.

»Ich werde allein besser fertig«, sagte sie kühl.

Sie ließ ihn lange warten und hantierte mit den Toilettesachen. Sie legte sich ins Bett.

»Da liegen wir nun«, meinte sie, »bitte.«

»Sie machten nicht das Licht aus«, sagte der Platoniker Ehmke.

»Das brauchen Sie, wenn Sie sich anziehen.«

»Sind wir Schweine?«

»Glauben Sie denn anders?«

Das ertrug er nicht. Er war gezwungen, entweder diese Frau zu beschimpfen, sie zu verlassen oder sich zu zwingen, etwas Liebenswertes an ihr zu finden. Wenn er sich nicht gänzlich erniedrigen wollte.

Kara weinte. »Was muten Sie mir zu. Bin ich denn so schlecht?«

Diese antiquierte Betäubung, diese Laken, weißer als die Haut; aber die Brüste, durch die Kissen aufgehöht.

Ehmke nahm von seinen Gedanken Abschied; wir fühlen uns wieder, ihr seid zu gut, um diesem Akt beizuwohnen. Dann lag er inhaltlos gestreckt, verlassen von sich und seinem Besitz, als einziges in der abgeschlossenen Stube dieser Frau. Mußte er nicht von ihr hin sein; er konnte auch ruhig bleiben.

Aber Kara wollte in einem Rekord von Fixigkeit ein genaues und intimes Verhältnis gewinnen. Während der Waschtisch aufdringlich klapperte, sagte sie: »Es ist vorbei. Wir können zu ernsten Dingen übergehen. Stehen Sie auf. In meiner Tasche liegt der Hausschlüssel.«

Ehmke rührte sich nicht.

»Was ist Ihnen?«

Ehmke stöhnte, ohne sich vom Fleck zu rühren.

Kara warf sich über ihn. Man geriet in die gänzliche Banalität körperlicher Ekstase. Die Körper sausten wie Goldfische, die Bettmonumentalität des erotischen Kunstgewerbes unterwarf sie. Kara war peinlich; er erkannte sie als Schwester, als das Parallelmädchen.

»Was hast du, tat ich dir weh?« frug sie mit hingesenktem Busen, der den Daliegenden beängstigte.

Ehmke stand auf. »Wo sind meine Unterhosen?«

»Hier, Geliebter.«

»Gute Nacht.«

Ehmke pfiff durch die Nacht. Er wollte sich Kraft einlügen. Paar nächtliche Matronen sprachen ihn an. Vor der Hoteltür knickte er zusammen. Er schämte sich vor dem verschlafenen Portier. Er saß auf seinem Zimmer. Frida kam herein.

»Wo stecktest du heute Nacht? Wir suchten dich«, schimpfte sie.

»Vielmehr, warum ließest du mich sitzen.«

»Willst du nicht etwas zu mir herüber kommen.«

»Was ist denn aus Schmidt geworden?«

»Ah, du weichst aus, willst mich beschuldigen.«

»Meine Ruhe will ich haben«, tobte er.

»Komm zu mir«, sie setzte sich auf seinen Schoß. Die eine sollte ihn von der anderen reinwaschen. Die erste Frau hatte ihn für die zweite präpariert. Er erzählte Frida seine Gedanken, die ihr nicht mißfielen, da diese den Mann merkwürdig erregten. Aber er brach im Zimmer aus.

»Meine Augen«, stöhnte er, »nie mehr sollt ihr sehen, meine Ohren, ihr sollt verschlossen bleiben.« Er stach sich ein Messer in die Schenkel. Das Blut floß nicht. Er riß sich Haare aus. Er lag lange auf dem Fußboden. Anderes vermochte er für seine Gedanken nicht zu leisten; denn er wußte sie nicht mehr. Sie waren ihm toter Drang geblieben. Frida trat wieder herein. »Du glaubst mir durchgehen zu können. Gut.«

Laurenz blieb liegen.

Dieser Tag schleppte an den Füßen. Die Uhren standen still. Man konnte besser nicht vorhanden sein.

Kara stand im Zimmer.

»Sie müssen mir 500 Mark geben. Ich brauche sie.«

»Natürlich.«

»Glauben Sie mir, die sind nicht für mich.«

Ehmke gab. Vor dem Hotel wartete Schmidt.

»Ich danke Ihnen.«

»Bitte, kein Grund.«

Frida kam. »Also du bezahlst Schmidt, daß er Kara beschläft. Hast du keine anderen Pflichten?«

Kara trat ins Zimmer.

»Du«, sagte Frida, »meinst du, es paßt mir, daß Ehmke deine Verliebtheit bestreitet? Wer nicht Bargeld hat, soll nicht lieben, Kleine.«

»Es ist noch lange nicht ausgemacht, ob du alle Rechte auf Ehmke hast. Bei uns wird doch nicht monopolisiert.«

»Das laß dir gesagt sein, Kara, so lang ich wo auch nur den Nagel vom kleinen Finger stecken habe, hat keine andere was zu suchen.«

»Du glaubst wohl einen Menschen mit Haut und Haaren pachten

zu können? Da gibts noch lange komplizierte Dinge, die du nicht verstehst.«

»Jedenfalls, ein Mann wird bei mir nicht durch erschwindeltes Gefasel belästigt. Da bleibt man nüchtern, aber weiß auch, was man hat.«

Kara knickte um. »Frida, ich weiß, bei dir ist alles im Gleichgewicht. Ich werde krank, wenn ich in solche Geschichten komme.«

Frida streichelte die Hingelegte: »Dann laß deine Finger davon, keiner zwingt dich.«

»Frida, ich muß mit dir reden.«

Die Frauen ließen Ehmke stehen.

Schmidt stand im Zimmer.

»Sie verzeihen, aber ich muß Sie um hundert Mark bitten.«

»Aber ich sah, wie Ihnen Fräulein Kara Geld gab.«

»Nun ja, ich weiß schon; aber Sie machten mich sozusagen stellungslos. Wenn Sie mir die Weiber ausspannen, müssen Sie mir eine Entschädigung geben. Was soll das heißen.«

»Sie lassen sich von den Frauen aushalten?«

»Aushalten; ich muß doch auch leben, wenn mich die Weiber absorbieren dürfen. Außerdem, ich krepierte, wenn die Weiber nicht irgendwie was täten. Eine Frau, die nicht arbeitet, ruiniert den Mann. Krepiert sie aber in der Sorge um ihn, dann lernt sie ihn schätzen, wenn sie ihre Mühe beachtet. Eine Frau, die nicht täglich für den Geliebten Wasser schleppt, ist tödlich. Sehen Sie, all die Amorosos können mir keine Konkurrenz machen; sie lieben für mich; für mich die Unterröcke, die Brillanten und die Sträuße. Bei mir gibt es keine seelischen Komplikationen. Alles ist klar. Ich kanns Ihnen sagen, Sie sind nicht der Mann, der mirs übel nimmt, eher danken Sie's mir; Sie zum Beispiel langen für die Mädels nicht aus; Sie fälschen das Zeug nur zurecht. Ich muß die Mädels kurieren; wenn wir nicht wären, alle Weiber wären schon verrückt und die Männer aufgefressen.«

Ehmke wurde schlecht von diesem Menschen.

»Sie dürfen so nicht sprechen; ich weiß schon, die Frauen sind schlimm, aber Sie müssen sie eben meiden.«

Schmidt lachte und zeigte seine guten Zähne.

»Die Frida, sehen Sie, überspannten Sie; das Mädel kam zu mir gelaufen. Die Kara, der mußt ich heute nacht die Literatur austreiben; sie heulte auf der Straße herum.«

Ehmke wurde ernst. Er sprach mit Schmidt über bessere Dinge; er hatte es nötig, die fast vergessenen Gedanken zurückzurufen.

Schmidt hörte zu; er beugte sich zu den Lippen Ehmkes; er begriff, hier wurde ihm eine wertvolle Waffe ausgeliefert, diesen Menschen in die Finger zu bekommen.

Ehmke redete: »Sehen Sie, ich suche die Form, die stärker ist als die einzelnen Erlebnisse. Ich weiß, man wird darüber die Welt verlieren.«

Schmidt knackte um; er machte Stirnfalten und markierte den Jünger; Ehmke freute sich, auf der Reise zum kahlen Wahnsinn einen noch so dürftigen Begleiter zu finden, robust genug, daß ihm nichts widerfahre.

Schmidt apostrophierte: »Wir hatten in einer Nacht die gleichen Frauen, in der Sünde näherte ich mich Ihnen.«

Ehmke sagte: »Sie geben mir den Mut, das Äußerste zu wagen.«

Ehmke ging mit Schmidt durch die Straßen vor die Stadt. Man redete. Ehmke leerte sich aus. Das sicherte ihn ein wenig vor den Gedanken. Aber es erschöpfte; Schmidt hörte zu. Er sah seine Eigenart, seine Chancen wachsen. Ehmke agierte und vermochte kaum auf den Beinen zu stehen. Schmidt sah und schätzte den Mann ein. Ein Mensch fällt einer alten Sache zum Opfer, die er nicht ausfüllen konnte. Was dies sei, interessierte ihn nicht; wohl aber war er Ehmke überlegen, da er als praktischer Mensch die schwierige Lage des Mannes auffaßte.

Ehmke schwankte mit seinen fanatischen Ideen über die Baustellen, von ihnen hin- und abgeworfen. Der kräftige Schmidt war versucht, den schwachen Mann zu führen, dem Gedanken die Beine zittern machten; der oft Minuten stehen blieb, seinem leeren Wunsch ausgeliefert.

»Dieser Himmel wird vor mir flüchten, diese Fläche wird vor meinem Wunsch nach Ruhe zusammenkrümmen. Diese Häuser werden sich ihrer Sinnlosigkeit schämen und einfallen. Wie gering diese ausgestochenen Sterne. Die Dunkelheit, ein Zugeständnis unsern Gedanken. Aber diese gesteckte Welt malt aus Angst ihre Sterne. Diese Häuser, sie sind nicht mehr; die Wände fielen.« Schmidt raste hinter dem Eilenden her, der sich an einer Häuserwand fast den Schädel einschlug.

»Ahmen Sie mich nach, Jünger, ich schwöre Ihnen, diese Steine sind heuchelnde Pappe.«

Ehmke stolperte und fiel. Das blitzartige Schwanken des Augenbildes erschien ihm als ein Einstürzen des Himmels; daß er fiel, merkte er kaum.

»Sie merken es, es flüchtet sich vor dem Gedanken der reinen Welt, die Unwahre zuckt in den ihr gegebenen Tod, in den von mir gedachten Tod.«

Schmidt wollte den Liegenden aufheben.

»Ich kann nicht stehen; die Sterne werden mich nicht tragen; sie stürzen zusammen, um ihren Feind zu zerbröckeln.«

Die Stadt schien den beiden mit den Lichtern ins Gesicht. Schmidt mußte lachen.

»Herr, rappeln Sie sich auf!« Eine Droschke fuhr vorbei. Er stieß geniert Ehmke hinein. »Sternhagelvoll, toller Suff«, sagte er zum Kutscher.

Ehmke jubelte: »Die Zelle meiner Gedanken umschließt mich.«

Frida und Kara saßen auf der Hotelterrasse.

»Was hat der Mensch, Schmidt, was hast du den mit ihm angestellt. Ich sagte dir doch, er verträgt nichts.«

Schmidt äußerte kühl: »Seine idées fixes meistern ihn; er wird ihnen unterliegen; er hat keine zähe Haltung.«

Die Frauen sahen Schmidt erstaunt an, er ward zur Mitte des Vorfalls.

»Ehmke, Sie müssen ruhen, gehen Sie herauf«, sagte Schmidt; »ein bißl kalten Tee und einen Umschlag, dann gehts vorbei.«

»Sie, Sie glauben also, ich sei krank.«

»Nein, das nicht, aber Ruhe.«

Die Frauen bewunderten Schmidt. Der Fall war für Kara flagrant. Außerdem hatte sie 500 Mk. verschafft.

Frida rannte in Ehmkes Zimmer. »Du Trottel, deinetwegen läßt man mich allein.«

»Gehen Sie, ich spreche mit anderen, ich wache mit anderen.«

»Du taugst zu nichts«, schrie sie und eilte Kara und Schmidt nach.

Diese Nacht blieb Ehmke in der Stube stehen und schlug sich Augen und Ohren. Am Morgen war er weit genug, nichts mehr zu sehen und zu hören. Frida sperrte die Tür auf.

»Du weißt, du hast mich morden wollen, wir gehen zur Polizei.«

Ehmke schwieg verstummt. Sie sah, diesen Mann werde jeder Polizist für unzurechnungsfähig halten. Andere Mittel mußten versucht werden.

»Dir nützt dein Geld doch nichts. So oder so gehst du drauf. Du hast mich Kraft gekostet, du hättest mich getötet. Wo ist dein Geld; dir schadets doch nur.«

Der Platoniker blieb ruhig.

»Also du sagst gar nichts? Eben weil du ein Hund bist.«

Sie durchsuchte die Taschen, nahm das Portefeuille, worin sie Banknoten fand und stöberte griffig in den Hosentaschen das Kleingeld auf. Man muß wissen, warum man Zeit verlor.

Sie war noch anständig genug, die Hotelrechnung Ehmkes zu bezahlen. Die Kellner lachten. »Der Herr wird dann auch nicht mehr lange bleiben.« Schmidt saß mit Kara im Rauchzimmer. Er wollte den Ausgang der Geschichte sehen. Frida zeigte ihm das Geld. Kara wollte ihr an den Hals springen.

»Ne, Kleine«, sagte Schmidt gemütlich, und schlug ihr eine ins Gesicht, daß ihr das Blut über den Mund lief. »Finger weg!«

Kara sprang zu Ehmke. »Sie haben mich betrogen, Sie wissen, wie nah wir zu einander stehen. Sie antworten nicht!« schrie sie den versunkenen Ehmke an, »Sie würdigen mich keiner Antwort. Ich zeige Sie an, Sie haben mich vergewaltigt, Sie versuchten einen Mord, Sie lassen sich von einer Hure die Rechnungen bezahlen.«

Kara schlug Ehmke und die Türe zu.

Ehmke spürte von all dem nichts.

Frida packte mit Schmidt rasch die Koffer. Der nahm gelenkig die Brieftasche an sich.

Unten auf der Straße bettelte sie eine junge Frau an, die ein Kind trug. »Das Kind ist wohl kein Vergnügen.«

Das herausgeworfene Dienstmädchen heulte los.

»Geben Sie es uns«, sagte Frida.

Das Dienstmädchen warf ihr das Kind auf den Arm und war verschwunden.

Frida rief einen Dienstmann. »Gehen Sie rauf, Zimmer 14, dem Herrn bringen Sie das Kleine. Er ist Philanthrop und außerdem gehörts ihm.« Der Dienstmann trug erstaunt das schmutzige Paket in das Hotel. »Dem Herrn von 14 sein Kind soll ich abgeben.«

Sechs Kellner legten höflich Ehmke das Kind auf den Tisch und gingen leise aus dem Zimmer.

Ein Brief lag bei: »Kleiner, du bist mir noch nicht ausgewachsen genug. Ich möchte dich nicht schädigen, du verträgst mich nicht gut. Das Kind ist ein liebes, süßes Andenken von mir auf Vorschuß. Frida.«

Schmidt und Frida fuhren zum Bahnhof. »Fahren wir ans Meer«, sagte sie, etwas wie eine Leidenschaft bedeutend.

»Zwei Billetts nach Monte Carlo.«

Frida bewunderte den starken Mann, der sich beherrschen konnte.

Im Zug klopfte sie Schmidt auf die Beine. »Normal muß der Mensch sein, gesund.«

Schmidt dachte laut und dekorativ Ehmkes Gedanken, aber ganz ins Praktische gewendet, äußerst positiv.

»Gott, wie klug du bist«, sagte fast traurig Frida. »Ehmke ist doch nur dein schwacher Abklatsch.«

»Aber er kann meine Lehre nicht managen.«

Ehmke saß zusammengebückt. Er ging in die Stadt. Er hörte nicht Lärm, sah nicht Menschen; das Pflaster ein gepeitschtes Meer, die Häuser, die leere Mauer der erlogenen Dinge.

Diese freche Stadt hinfortgeblasen.

Ehmke freute sich des Sieges der jenseitig andringenden Welt. Ein Griff warf ihn zu Boden und der Autobus, der seine Hände quetschte, öffnete ihm die getöteten Ohren, die verschwemmten Augen.

Er sprang weg, man wollte ihn halten.

Die Angst vor Menschen jagte seine Füße.

Er nahm ein Auto: »Fahren Sie mich zum Wald.«

Der Chauffeur setzte ihn ab. Ehmke hatte nichts zu zahlen. Auch die Uhr war weg. Der Chauffeur verbimste den Fahrgast. Aber er ließ den sichtlich Irrsinnigen laufen, der sich nicht wehrte.

Ehmke besah die blutigen Hände. Er kam zum Sehen. Er suchte den Weg zum Hotel und war wieder ganz in der Banalität seines alten Menschen befangen. Er war noch ein wenig betrunken. Er wagte nicht ohne Geld in das Hotel zurückzugehen und setzte sich auf die Bank davor.

»Der große Platz«, sagte er. »Die runden Büsche, die bunten Anlagen.«

Man sah ihn vom Hotel aus. Der Liftboy schlich heran und legte rasch das Wickelkind neben ihn.

Ehmke saß gebückt, damit man ihn nicht sehe und nestelte die übriggebliebenen Knöpfe zu. Das Kind schrie. Ehmke sprang auf und wollte durchgehen. Er ging einige Male um die Bank herum. Der Hotelportier kam hinzu. Ehmke knirschte: »Ich kann und will es nicht ernähren.«

Er riß das schreiende Kind auf und ging.

Er blieb stehen und sah zu, wie es Abend wurde. Er mußte sich mühen, das zu begreifen. Das Tageslicht hatte ihn geschmerzt, gezwungen, den Arm vor die Augen zu halten.

Der Wechsel des Lichts, das Verschwinden der Menschen, das Verkriechen des Lärms bewegten ihn.

Er ging in dem erregten Abend umher. Die Kneipen, worin Menschen saßen, lockten ihn. Er konnte wegen Geldmangels in keiner bleiben. Um mit Menschen sprechen zu müssen, bettelte er an. Wenige gaben wenig.

Aber genug für ihn. Er stand auf den Treppen zu den Gasthäusern. Er streifte die Betrunkenen entzückt und trat auf sie zu.

Er ließ von alten Vetteln das Kind streicheln, küssen. Eins nahms in die finstre Ecke, säuberte und stillte es.

Am Morgen läutete er in Karas Wohnung.

»Sie wollen die Koffer holen. Warten Sie. Die ist noch nicht heim«, öffnete die Wirtin die Tür.

Er saß auf dem gepackten Koffer.

»Ich muß dichten, um meine Augen zu gewinnen.« Er setzte sich an den Tisch.

Er warf das Fenster auf. Er dichtete.

»Ich bin zurück. Der Fluß fließt wieder. Der Himmel umleuchtet mich. Menschen gehen rasch auf den Straßen. Die Gedanken sind ganz fort. Ich bin klein geworden.« Er weinte über sich.

Der Himmel war trüb geworden, es regnete. Der Fluß war nicht da. Alles war ganz anders. Er log, nur er.

Er verklammerte sich diesem Himmel, nicht mehr wagend, sich in sich zu beziehen. Er suchte die Worte. Aus dem Leben des ihm gewordenen Kindes mußte ihm die Kraft zurückkommen, die weg war.

Das Kind lag blau da. Man weiß nicht, hat er es gemordet oder war es vor Entkräftung gestorben.

Er wollte von dem toten Kinde weiterleben und sicher ging er die Treppe hinunter.

»Ich greife die Dinge, sie bewegen sich mir, die Gewalt kam an mich zurück.«

Die Wirtin schrie an der Tür, an den Fenstern: »Mord!«

Man stürzte die Treppen hinauf.

Zerfetzt entwischte Laurenz. Er begegnete Kara im Laufen.

Das stoppte ihn. Er sah die Frau an. Man holte ihn ein und die Fetzen der Hose flogen schreiend über den Köpfen hoch. Dann waren sie und ihr Besitzer ganz entzwei, beschädigt.

In erschreckter Eile zog Kara um. Kräftige Männer waren genug zur Stelle, die Kisten rasch wegzutragen.

Kurt Wolff Verlag, Leipzig 1918, S. 7—61. Der erste Abschnitt (I) wurde unter dem Titel »Der Abschied« bereits in *Die Aktion*, 3. Jg. 1913, Sp. 727—730 sowie in »Anmerkungen«, Berlin 1916, S. 57—61 veröffentlicht.

462

Die Mädchen auf dem Dorfe

Für Marcel Ray

Der Mathematiker Aurier am Lyzeum von V., einer kleinen Stadt Südfrankreichs in die Pyrenäen geschoben, war hochmütig.

Die Kollegen mieden seinen Verkehr, beeinflußt von ihren Ehefrauen, die mit dem Weib des Aurier, einer Bäuerin – sie las und schrieb kaum – nichts zu schaffen haben wollten. Einmal versuchte man es mit ihr, wobei sich bald herausstellte, daß sie den Kuchen in den Kaffee tunkte, was unmöglich war.

Aurier war darum auf den Verkehr mit der nahewohnenden Familie der Frau angewiesen, Bauern, die, in der Nähe des Städtchens siedelnd, den Marseiller bestaunten. So ging Aurier fast jeden Sonntag nach sorgfältigem Bürsten und mit wundgewaschenem Hals zu ihnen, wohin er sich wie ein Schaustück transportierte, sorgfältig Pfützen oder Gebüsch vermeidend.

Seit einem halben Jahr mußte Aurier arbeiten. Bis jetzt war es gegangen, den verschlafenen, faulen Südfranzosen die nur primitive Mathematik einzupauken, die Aurier trotz seiner verdummenden Ehe nicht vergessen konnte, da er sie unter Prügel und Hunger bei einem geizigen Verwandten erlernt hatte. Jetzt saß in seiner Klasse ein junger, kluger Pariser Leon Delmas, der wegen seiner schlechten Lungen in das südliche Städtchen geschickt worden war. Dieser bestand darauf, auch das höhere Pensum zu lernen, frug Aurier hartnäckig über die methodischen Grundlagen der Mathematik aus, schwatzte – vielleicht auch aus überreizter Eitelkeit – von nicht-euklidischer Geometrie.

Damit begann für Aurier ein verdrießlich hartes Leben; er mußte arbeiten, das Vergessene aufzufrischen und nicht Verstandenes mit seinem spitzen, kalkigen Schädel endlich zu begreifen, oder die Gründe wenigstens mechanisch einzuochsen. Dies kostete teuere Lehrbücher, die seine jährliche Reise nach Marseille verdarben, wo er einmal ohne Zuschauer in Bordells oder Matrosenkneipen ging, darin er ein paar Weiber knutschte oder sogar etwas Opium rauchte, um dann wieder in das hartleinene Bett der Bäuerin zurückzukehren, die immer gerade auf dem Rücken lag wie ein Brett.

Diesmal war es nichts mit der Reise. Delmas hatte ihm vor der ganzen Klasse gesagt, er möge nicht immer wiederkäuen, was sie bereits wüßten, sondern zu dem fortschreiten, wozu er verpflichtet sei.

Diese Frechheit kostete ihn eine Reise nach der nächstgrößeren Stadt und neue Lehrbücher. Mit Marseille schien es also nichts zu werden. Er hoffte jedoch, nicht um das Vergnügen zu kommen, und bot darum Delmas an, er werde ihm gern Privatstunden geben, um seine Wißbegier zu befriedigen, ja zu übertreffen.

Delmas sagte zu und kam einigemal; da Aurier jedoch sich nie vorbereitet hatte, sondern, über die Lehrbücher gebückt, an Marseille dachte, wurde nichts aus den Stunden. Aurier sagte ihm wie mitleidig: »Delmas, Sie sehen heute so erregt aus«, und schickte ihn zu seiner Familie herein, statt zu unterrichten.

Dort lernte er die zwölfjährige Tochter des Kneifers kennen, die Nina. Sie führte ihn in den Garten hinters Haus und begreiflicherweise küßte sie den eleganten Pariser beim drittenmal. Delmas war in das Mädchen mit der egoistischen Eifersucht eines kränkelnden Jungen verliebt. Dabei verspottete er vor ihr erfolgreich den kläglichen Vater, was auf das Mädchen wie befreiend wirkte. Bisher litt sie unter dem Alten, der kettenhündisch wachte und stets Liebschaften mit Gymnasiasten witterte. Den üblichen Ehemännerverdacht verlegte er auf das Mädchen, da bei seiner verwelkten Frau keiner ranging.

Der Alte begriff auf seiner imaginären Reise nach Marseille gerade einen Kegelschnitt und stolz wollte er Delmas hereinrufen. Der war nicht im leeren Zimmer. Mißbilligend; denn wenn er auch die Stunde nicht gab, hatte sich Delmas doch seinen Wünschen zu unterwerfen; und hatte er deutlich gesagt: »Delmas, gehen Sie ins Zimmer«; schaute er in den Garten, wo Delmas gerade Nina ohne Scheu auf den Nakken küßte. Vor der Mutter, die den Pariser ehrfürchtig bestaunte, war nichts zu fürchten.

464

Aurier schrie zunächst sein Weib an: sie bringe ihn mit ihrer kupplerischen Lässigkeit um die heilige und so nötige Beamtenehre. Dann rief er streng Nina und Delmas herein.

Nina lief erschreckt hinter eine Regentonne und versteckte sich dort. Delmas kam gemessen und ohne die geringste Angst herbei. Das war zuviel. Aurier nahm einen Bohnenstecken und ging auf das Wasserfaß los, wohinter das Mädchen kauerte.

»Saustrang«, schrie er, an Delmas vorbeilaufend, der die Arme auf dem Rücken hielt. Wütend schlug er los, aber traf nur das Faß. Erschreckt und in Angst stieß das Mädchen die Hände von sich, das Faß fiel und der Aurier stand naß in einer Pfütze. Schwer erschrocken sprang das Mädchen rasch über den niederen Gartenzaun hinweg.

Aurier versuchte nicht, sie zu halten und wandte sich rot zu Delmas: »Kommen Sie, junger Mann, wir haben etwas zu besprechen.« Er sagte dies, jedoch nahm er sich dabei zusammen; denn die Stunden, die ihm die Reise nach Marseille verbürgten, wollte er um keinen Preis verlieren.

In der Stube rief er wie zusammensinkend: »Junger, junger Mann, was taten Sie! Statt zu arbeiten, über die interessanten Probleme, die Ihren grüblerischen, unruhigen Geist bestürmen, nachzudenken, beschimpfen Sie mich in meinem Hause, das ich Ihnen gütig und ach! zu vertrauensselig öffnete!«

»Mein Herr«, erwiderte Delmas, »nicht Sie beschimpfte ich, höchstens Ihre Tochter. Sie öffneten mir nicht gütig Ihr Haus, sondern damit Sie verdienen. Ich bin nicht in der Lage, über die, wie Sie mit Recht sagen, interessanten Probleme nachzudenken; da Sie mir keines mitteilten oder vielleicht auch nicht mitteilen können. Im übrigen reise ich ab, da ich hier nie so weit komme, in Paris das Examen zu machen. Adieu!«

»Aber Delmas, hören Sie! Welch köstliche Mühe stand uns Gleichstrebenden bevor!«

»Es war mir nicht möglich, diese kennen zu lernen, und darum gehe ich ab.«

»Mein Herr, gut; aber zahlen Sie das Honorar.«

»Sie gaben mir nie eine Stunde und darum habe ich nichts zu entrichten. Jeder weitere Versuch ähnelte verzweifelt einer Erpressung, die ich dem Direktor des Lyzeums mitteilen müßte. Ich glaube, ich darf mich empfehlen.«

Delmas ging; mit der Reise war es vorbei, und er saß mit den Lehrbüchern da.

Und die Reise wollte er in drei Tagen antreten!

Das billige Bordell, wo er ordnungsgemäß schon hingeschrieben hatte; denn er säumte nicht und ging sofort aus dem Zug ins Bordell, wo am Vormittag sonst die Mädchen schliefen. War viel zu tun, wurde ihm die schwerste und festeste Hure bereitgestellt oder eine, die bei der Bordellmutter ganz verschuldet war, mußte arbeiten. War wenig zu tun, bekam er eine, die die Gäste zurückgewiesen hatten; meist ein schwächliches kleines Mädchen.

Das sollte jetzt nicht sein. Ihm graute, daß er nicht von seiner Frau sich erholen könne. Diese verfluchte Kröte, die Nina; Schneppe wird sie werden, wenn das so weiter geht. Aber was war dagegen zu tun? Nichts; er kannte sich selbst zu genau. Aber gut sah sie aus, die Nina; wie sie sich eng an den Lümmel geschmiegt hielt, in die Achselhöhle hinein und die Beine gekreuzt. Ihn überlief es; das war anders als die Huren, die stumm daneben saßen und immer noch einen Topf Bier für sechzig Centimes trinken wollten und mußten.

Es wurde Abend und Nina war noch nicht zurück. Die Frau war ausgegangen; da ängstigte sich Aurier der Tochter wegen und ging sie suchen. Er wußte, sie verbarg sich stets in einem Heuschober; er ging hin und hörte sie schluchzen.

»Kröte, komm raus«, schrie er, »Schandfleck, verfluchter!« Nina blieb und heulte noch lauter. »Ich hol dich raus.« Sie kam nicht. Er kroch wütend herein. Das Mädchen hielt sich mit den Zähnen und Fingern fest; der Schober brach herunter und sie erstickten fast. Da kam ihm ein klarer Gedanke: Die Nina solls bezahlen, daß ich nicht hinkomme, dieses Schwein; und überdies, sie muß in feste, verschwiegene Hände, sonst kostets die Stellung.

Nina hatte ihm im Dunkeln die Hosen heruntergezerrt; er warf sich über sie und leistete die männliche Pflicht. Sie wurde schlapp und er konnte sie dann hervorziehen.

»Schweige, Hure, sonst dreh ich dir die Zunge aus!«

Dann streichelte er sie, während er sich die Hosen richtete, mit einer blutigen linken Hand: »Liebes Kind, bleibe mir.«

Sie gingen schweigend nach Hause und jeder verschwand in seinem Zimmer, wo man Geschirre klappern hörte.

Nina kam frisch gewaschen an den Tisch, sie sah gut aus, wenn auch die Augen etwas müde, doch lauernd dreinsahen. Aurier setzte sich neben die Frau und tat fast, als sei diese nicht da. Das erregte Ninas Stolz: ich gelte doch etwas, und sie behandelte die Mutter fast schroff. Aurier sah scheu, aber fast liebevoll zu ihr herüber. Die Mutter sagte:

»Ich bin nur froh, daß ihr euch wieder vertragt. Wozu das Gezänk!« Nina errötete über diesen Worten. »O, Liebe muß in der Familie sein«, fügte die Alte bei.

Aurier ging nach dem Abendessen sehr ruhig in sein Zimmer; merkwürdig, lächelte er, »das ist so ganz natürlich, einfach, selbstverständlich; das Kind gehört doch uns. Was sollte denn die Mutter mit ihm anfangen? Es muß doch enge Beziehungen zwischen der Familie geben! Wenn die nicht mal da bestehen sollten, zum Teufel!«

Nina setzte sich etwas hinters Haus. Da der Vater seiner Reise wegen nicht mehr beunruhigt war, lag es friedlich. Sie dachte: eigentlich, der Vater wollte mich verhauen, und dann hat ers doch nicht getan.

Plötzlich stand etwas Dunkles über ihr, Delmas: »Nina, ich reise ab, ich halte es hier nicht mehr aus. Mit deinem Alten bin ich ganz verkracht. Er darf mich nicht hören.«

»Aber Leon, er wird schon Grund haben.«

»Zum Teufel, dieser lächerliche Nichtswisser, der doch nur die Stunden gab, um in Marseille ein paar Tage mit Matrosenweibern herumzuliegen.«

»Wie? Herumliegen?? Was tut er denn; er besucht doch in Marseille seine Stiefschwester.«

»Die gibts gar nicht. Ich weiß alles von Gélon, der ihn neulich in Marseille traf, er drückte sich mächtig in die Ecke; das war bei der dicken Madame la Perle.«

Nina fuhr auf: »Der Hund, der mich betrügt!« Delmas merkte nichts, sie hielt inne: »Leon, komm mal«; sie packte ihn fest am Arm und schleifte ihn in einen alten Schuppen, wo man Brennholz bewahrte. Was soll ich mit dem Alten, dachte sie.

Delmas verließ atemlos das Haus: »Nina, du mußt nach Paris kommen. Jetzt habe ich kein Geld; ich kann wirklich nicht, ich schreibe dir. Merle wird dir die Briefe und das Geld zustecken.«

»Du wirst mich kommen lassen, sonst laufe ich mir die Füße blutig nach Paris, dich zu suchen; nimm mich doch mit!«

Delmas küßte sie. Im Haus schlugen Türen. »Adieu, Nina.« Man floh auseinander.

Nina heulte im Bett, dann sagte sie ein Gebet zu Maria. Der Alte ging an dem Zimmer vorbei und hörte das Mädchen weinen. Er schob die Tür auf. »Sei ruhig, Kind, schlafe.« Sie heulte noch mehr: »Bleib draußen, Vater, geh! sonst springe ich aus dem Fenster.« »Blödsinn«, murmelte Aurier, »wird sich was«, und ging rasch in das eheliche Schlafzimmer.

Delmas ließ nichts von sich hören; Nina heulte ziemlich viel und arbeitete wenig im Hause. Beklagte sich die Mutter bei Aurier, sagte er barsch: »Laß das Mädel, das ist so in dem Alter.« Er fuhr mit ihr in die nächste Stadt, kaufte ihr bessere Kleider; sie durfte sich ein Armband wählen. Dies von dem Geld, das ihm Delmas merkwürdigerweise doch geschickt hatte. Nina war ganz glücklich, als er sie in ein besseres Weinrestaurant führte, wo der Alte geheimnisvoll eine chambre particulière verlangte. Man aß und trank, Nina küßte den Alten etwas betrunken auf den Mund, so wie sie es von dem jungen Pariser gelernt hatte. Das genügte dem erhitzten Lehrer, er umschlang das Mädchen. Mit dem letzten Zug in der späten Nacht kehrte man zurück.

Aurier und Nina verkehrten jetzt, wann es beliebte, wie Mann und Frau. Der Alte schränkte den Haushalt ein, war noch geiziger wie sonst gegen alle; doch nicht zu Nina. Er unterließ es, seinem Sohn, der auf einer Militärschule war, Geld zu schicken; machte mit Nina Ausflüge, ja sogar kleine Reisen.

Eines Tages meldete sich in einem groben Brief der Sohn an. Er war Leutnant geworden und verlangte drohend das ihm gehörende Geld, das er von einer Tante geerbt hatte. Aurier und Nina lebten davon.

Er kam an. Aurier empfing ihn scheu, Nina fast gehässig, denn sie sah in François den Feind, der ihr das gute Leben nehmen wollte, das sie sich verdiente. Aurier zankte sich mit dem Sohn um das Geld. Einiges gab er heraus, das andere, sagte er, wolle er vorteilhaft für ihn anlegen und ihm die Zinsen schicken. Dabei hatte er das Kapital bereits angegriffen.

François stimmte zögernd bei. Er trieb sich zu Hause faul herum und trank. Nina gefiel das militärische Wesen des Bruders, sie wurde netter zu ihm, zumal sie bemerkte, daß die Geschenke des Vaters nicht aufhörten. Dazu gab ihr François hie und da etwas. Auf einem Spaziergang versprach er ihr einen Pariser Hut. Er erzählte ihr von Paris, wo er seine Prüfung abgelegt hatte. Er werde sie sogar mal nach Paris einladen.

Nina ging mit dem Bruder viel zu Bekannten, seinen früheren Schulkameraden; der Alte wurde drum fast ganz vernachlässigt. Sie hatte ihn schon fast zwei Wochen kaum gesehen, fast nicht mit ihm gesprochen, da sie mit dem Bruder viel wegging oder bei Bekannten aß.

Einmal traf er sie auf der Straße; er war hinter ihr nachgegangen und wartete, bis der Bruder allein zum Schneider hinaufging. Er sah sie schief an und stellte sich dicht ans Haus, um nicht von François gesehen zu werden. »Ich sag dir, komm zu mir. Geh nicht mit dem Clown, der sein Brotmesser auf dem Pflaster vorrenommiert.«

»Laß mich doch«, sagte Nina.

»Was«, schrie der Alte, »du jagst deinen Vater weg!« Er hörte François auf der Treppe und ging rasch weg; der kam heraus: »Ah, da vorn trottet ja Papa.«

»Laß ihn«, sagte Nina. Man schlug eine andere Richtung ein.

Ninas Geburtstag war im Anzuge. Der Alte hoffte, durch reiche Geschenke sich das Mädchen wieder kirre zu machen; er gab ihr vom Gelde des Sohnes einen feinen Strohhut. Nina mied den Bruder etwas; vielleicht, weil sie des fortwährenden Herumjagens bei dieser Hitze müde war. François langweilte sich ohne das Mädchen.

Am Morgen kam er in ihr Zimmer, sie war noch nicht erwacht.

»Nina, komm, steh rasch auf; wir wollen in die Stadt fahren; was zum Geburtstag aussuchen.« Sie fuhren weg.

Er kaufte ihr vielerlei; man bekam Hunger und war müde. Nina führte den Bruder in das Restaurant; man trank, wünschte sich Glück. Dann fuhren sie heim. Nina fehlte irgend etwas; sie wußte selbst nicht, was. Der Bruder streichelte sie und erzählte von Frauengeschichten. Sie lehnte ihren Kopf an ihn und schlummerte etwas; er schaute sie an und küßte sie. Sie schrie auf: »Laß mich, nur nicht!« Verwundert schaute er sie von oben bis unten an: »Also du weißt schon Bescheid«; er hielt sie drohend fest; »du tust mir weh«, und vor Angst fiel sie ihm in die Arme zurück. Man war angekommen.

Am anderen Tag war der Geburtstag. Vater und Bruder überboten sich in Geschenken; der Vater aus Angst, Nina ganz zu verlieren, der Bruder aus Renommage. Beide sahen sich wütend an und immer gehässiger, je mehr einer von ihnen brachte, oder je nachdem Nina ihre Befriedigung aussprach.

Abends saß man beim Champagner, den der Vater gekauft hatte. Die Mutter war zu Bett gegangen. Es hatte eine teuere Mayonnaise gegeben, die der ungewohnten Frau schlecht bekommen war.

Man saß zusammen; Nina sprach viel; die Männer blieben schweigsam und finster, als erwarteten sie etwas. Als Nina das Kleid, das der Vater gebracht hatte, lobte, wünschte Aurier, der rot vor Freude dasaß und kaum noch an sich halten konnte, den Sohn zum Teufel. François merkte des Vaters Gereiztheit und spottete:

»Alter, du hast ja wie zu einem Polterabend aufgefahren. Verdienst du denn so viel, daß du Champus kaufen kannst, wie? Für mich tätest's wohl nicht? Noch nicht mal Wein gab's für mich sonst mittags.«

»Das Geld ist redlich eingeschuftet, Junge«, sagte der Alte drohend.

»Na, schön!« Der Sohn ging heraus.

Der Alte, der jeden Augenblich abgewartet hatte, floh auf Nina; er küßte sie, knöpfte ihr die Taille etwas auf und betastete ihr die Brust. Der Sohn kam herein. Der Alte fuhr zurück, aber François hatte genug gesehen; er ging auf den Vater los.

»Du, weißt du, wenn das Mädel in der Familie herumliegen soll, dann bei mir. Ich bin jünger, du hast Deine Alte, geh hinter.«

Der Alte ballte die Hand und hieb ihm eine mitten ins Gesicht, der Leutnant sprang jetzt dem Alten an die Kehle und der schlug schwer auf den Boden.

Nina lief ins Zimmer nebenan. Da lagen die Geschenke und das Geld, das sie bekommen hatte. Sie schlug alles in einen Koffer, den sie vom Vater bekommen hatte, zusammen; nahm das Geld und rannte aus dem Haus.

Nina suchte in Paris Delmas; der war von den Ärzten nach Italien geschickt worden. Sie verbrauchte rasch ihr Geld, stand auf dem Montmatre Modell, lebte mit Studenten, hatte mal einen Zuhälter darunter, sang in den Höfen mit Lully Barbès, einer Freundin, die mit Mühe ihrem Zuhälter entlaufen war. Einmal sah sie ihren Bruder auf einem öffentlichen Ball, sie entwischte ihm, aber er erfuhr die Wohnung und schickte Aurier einen Schmähbrief, worin er das Leben Ninas entsprechend darstellte. Inzwischen kam der Krieg; die Männer zogen fort; Lully und Nina wohnten in einem Zimmer, um zu sparen.

Nina stand auf; sie erwartete Geld von einem Freund und ging herunter, um beim Concierge zu erfragen, ob der Briefträger das Haus überschritten hatte. Die Hälfte des Geldes war angekommen, zugleich auch ein Brief; er trug die Handschrift des Vaters. Nina sprang die Treppen herauf, im Zimmer öffnete sie das Kuvert und las:

»Meine Tochter, nicht mehr die Meine! Dein alter Vater erfuhr von Deinem Treiben und die Röte der Scham bedeckte mein Gesicht. Was tust Du! Du hattest ein elterliches Heim, in dem Du ruhig und von allen wohlgehütet lebtest. Sorglos und in Liebe mit den Deinen zusammenlebend, durftest Du einer freundlichen Zukunft entgegensehen. Jeder tat seine Pflicht; ein jeder arbeitete. Du aber entflohest uns herzlos und heimtückisch und gabst Dich einem liederlichen Wandel hin. Auf öffentlichen Bällen tanzest Du mit Studenten, die, zumeist geldlos, Dir nichts zu bieten vermögen. Weißt Du, was jetzt Deine Zukunft ist? Hunger, Verachtung, das Spital! Wenn nicht in der Umgebung von Diebesgesindel das Gefängnis! Vielleicht faulst du jetzt schon an einem sündhaft schmutzigen Leiden, das Du bald mit Deinen Flittern nicht mehr verdecken kannst. Du wirst namenlose Kinder von irgend einem kranken, durch Ausschweifungen zersetzten Lüderknaben gebären, oder sie unterdrücken und dem Zuchthaus entgegengehen. Das Laster wird Dir wie ein Schandmal ins Gesicht gebrannt. Wohin bist Du geraten!

Du warst von liebevoller Gesittung umgeben; der redliche Fleiß Deiner Mutter diente Dir als erhebendes Beispiel; Du sahst die unablässige Arbeit Deines alten Vaters vor Dir.

Ich erbitte mit Deiner untröstlichen Mutter, täglich vor Gott kniend, daß unsere verlorene Tochter bereue und den Weg der Heimkehr finde. Entziehe Dich nicht den liebevollen Mahnungen Deines Vaters; denk an das schmerzzerrissene Herz Deiner Mutter! Ich erhoffe noch von einem kleinen Rest Deiner früheren mädchenhaften Ehrbarkeit, daß Du in Dich gehst. Kehre sofort zu mir zurück, sonst werde ich Dich verfluchen! Elternfluch lastet schwer und vernichtet den Elenden! Bereue und kehre in zerfleischter Demut zu den Deinen zurück, die die Verlorene beweinen.

Dein Vater. Henri Aurier.«

Das war zuviel. Nina setzte sich sofort an den Tisch und antwortete:

»Du hast die Frechheit, alter Gauner, mich zurückzubitten. Du hast mich aus dem Haus vertrieben, Du machtest mich zu dem, was ich bin. Du betrogst die Mutter, der du jetzt deine väterliche Tugend vorschwindelst. Laß mich ganz in Ruhe, sonst gibt es Skandal! der nicht über mich kommen wird. Man wird von anderen! reden, andere! werden ins Zuchthaus! kommen. Von anderen! vielleicht hätte es Babys gegeben.

Gruß   Nina Aurier.«

Die Mädchen zogen sich an, und man ging ins Café, um dort den Tag mit einer Tasse Kaffee und einer Brioche durchzutreiben. Vielleicht fand sich auch ein Mann. Das Zimmer war ihnen gekündigt worden, da sie die letzte Monatsmiete nicht mehr bezahlen konnten. Ihr Kredit war gänzlich gesunken; denn fast alle jungen Männer waren einberufen worden. Die meisten Sachen mußte man schon versetzen.

Die Mädchen saßen hinter den Scheiben des Palais Royal, sie waren fast die einzigen Gäste. Hinten saßen noch zwei alte Männer, Schach spielend. Der Tag verging. Lully ging mit einem kleinen Menschen, vielleicht einem Bureauangestellten, weg. Nina saß allein.

Erst am anderen Abend trafen sich die Mädchen. Jede war ihrem eigenen Stück Brot nachgelaufen. Lully hatte sechs Francs, und man konnte ins Café gehen. Der Garçon brachte Nina einen Brief. Sie erkannte die ungelenke Schrift ihrer Mutter; öffnete den Brief nicht gleich. Lully erzählte von dem Bureaumenschen; jeden Samstag kam er ins Royal und nahm ein Mädchen mit; den anderen Tag blieb er im Bett, um die verlorene Schlafenszeit nachzuholen und weil er nicht wußte, was er an dem Tage anfangen sollte.

»Diese Sonntage sind doch zum Sterben, am liebsten möchte ich weg sein«, sagte Nina. Sie las den Brief:

»Verworfene! Du hast meinen armen, beklagenswerten Gatten wie ein Blitz aus heiterem Himmel ins Grab geschleudert. Wie konntest du es wagen, ihn an Zeiten zu erinnern, da du noch seiner Liebe würdig warst! Da dein Bruder, der Offizier, nicht zurückkommen kann, der verfluchte Krieg zerstört jede Anhänglichkeit, muß ich mit dir, die ich kaum Tochter zu nennen vermag, den geliebten Leib meines Mannes zur ewigen Ruhe legen. Man redet von Friedensschluß und sagt, der preußische König werde in V. residieren, du darfst kommen.
                                        Therese Eugenie Aurier.«

Nina schrie laut auf; dann lief sie heraus. In zwei Tagen lag sie in acht verschiedenen Betten. Sie hatte bei der Wirtin und dem Mont de Pitie ihre Sachen ausgelöst, eine Trauerkleidung sorgfältig eingekauft und fuhr mit hundertachtundfünfzig Franks in der Tasche weg. Einem Menschen, bei dem sie übernachtete, hatte sie hundertfünfzig Franks gestohlen.

Sie ging gleich ins Haus; dort saß die Mutter beim Kaffee, sie blieb still, als sie die Tochter sah. Nina nahm eine Schürze, stellte eine Tasse vor sich und tunkte sich Brot in den Milchkaffee.

»Warum sagst du noch nicht mal guten Morgen?« sagte die Mutter.

»Weiß ich, warum ich hier sitze? Eine ganze Nacht gerüttelt zu werden!«

»Natürlich, ich habe die Trauer, und du, herzloses Mensch, sitzt in einem guten Trauerkleid.«

»Hab dir eins mitgebracht.«

»Natürlich, damit ich auch ja weiß, daß meine Leiche daliegt.«

»Hat er sich sehr verändert?«

»Gut sieht er aus; richtig friedlich«, die Witwe log, »später kommen die Kollegen. Na, den Mann verlor ich; jetzt kann auch draußen der Sohn drauf gehen; dem Gignoux sind schon zwei weggeschossen worden. Kaum, daß man noch auf einen Trauerfall achtet. Der junge Leger schiebt sich auf einer Karre herum, grade fährt er vorbei.«

Nina sah raus, wie der ehemals elegante Arzt sich in einem Rollwägelchen ins Café fuhr.

»Ja, der kann auch hausieren gehen. Kredit und Praxis«, die Witwe bewegte die Finger, als habe sie sich geschneuzt. »Aber die Ehrenlegion hat er, und nimmt sie sich nicht gut aus? Der gute Mann hätte sie auch gebrauchen können, dann wäre es mit der Pension besser. Gott weiß, bei dem Luderkrieg gibt's vielleicht keine Pensionen; dann kann man verrecken oder Wirtschafterin werden. Was war ich aber je anders als eine Scheuerfrau?«

»Mutter, du kannst zu mir nach Paris ziehen.«

»Was, von dem Geld leben und dich bedienen! Ob die Gnädige da ist? Ja, liebes Herrchen, sie hat ihre seidenweichen Knochen noch im Liebesbettchen liegen. Es ist so kalt. O, schlupfen Sie doch zu ihr drunter, sonst verkühlen Sie sich! Dann kriegt man vielleicht ein Trinkgeld, und es heißt Geschirr waschen. O du Schwein!«

»Ich sag dir, laß das Reden, sonst sag ich dir mal was; ich schlag dir die Bude zusammen.« Nina bekam einen Weinkrampf und warf sich auf den Boden, wo sie sich wälzte und laut schrie.

»Ruhig, sag ich, Hure; halt's Maul, drin liegt dein Vater! Leute werden kommen, laß ihm die Ruhe. Ruhig!«

Nina stand auf: »Wir wollen in Anstand die paar Tage verbringen«, sagte sie leise.

Man machte sich daran, das Haus in Ordnung zu bringen; zuerst das Sterbezimmer. Nina lüftete. Dei Mutter fuhr sie an:

»Schließ zu, laß mir seine Seele nicht raus.«

»Aber es riecht so schlecht.«

»Was, dein Vater riecht dir nicht vornehm genug! Allerdings, den Hintern hat er sich nicht mit Parfüm geputzt!« und sie stand prätentiös vor der Leiche, die sie laut schallend küßte.

»Nein, ich meinte nur, sie werde staubig.«

»Staub sind wir alle, du Hochmut; schad nichts.«

Nina staubte das Bett ab.

»Rasch, laß mich«, wisperte die Alte spitz, »meine Sache.«

Nina küßte etwas wehmütig den Ärmel des Alten, vor der blauen, rissigen Haut schauderte ihr.

»Und du, geh weg!« Die Alte richtete das Bett. – »Gleich werden die freundlichen Nachbarn kommen und ich habe natürlich nichts anzuziehen. Alles ging bei der Leiche drauf. Und zum Sarghändler muß man auch; der verspätet alles.«

Nina zog die fortwährend Schimpfende an.

»Ja, so ein Mensch wie du kann das brauchen. Von Herrn Mayer Mutters Bluse, Herrn André den Rock, Marcel beschläft die Schuhe; heraus! Was sind das für Strümpfe, ich soll zum Spott werden und meine Beine zeigen, bin ich nicht ehrbar grau geworden? – dabei hob sie etwas errötend den Rock. »Jetzt geh zum Sarghändler in der Grande avenue, dem Lecombe, und bring ihn gleich mit. Du wartest auf ihn, dann bring auch etwas für die Leute zum Trinken und Essen mit. Das braucht man, sonst schimpfen sie; brauchen nicht zu wissen, daß wir nichts haben.«

Nina ging; die Alte stellte sich vor den Spiegel.

Der Sarghändler stand schon im schwarzen Rock und rasierte sich; er erstaunte über Ninas Eleganz, die ihn in Eile brachte. Sie zogen los; Nina setzte sich mit auf den Bock des Leichenwagens.

»Ja, also, was aus so einem Mädel wird, eine richtige Dame.«

»Gott, wenn einer stirbt, ist für die anderen mehr da«, sagte der Geselle.

»Der alte Aurier hielt auch immer die Finger auf dem Geld, spielte nicht. Sagen Sie, Mademoiselle, es ist knapp bei mir; der Krieg, Sie wissen, da kommt kein Geld ein; viele sterben, aber sie werden kostenlos verstaut; ich wäre sehr froh, Sie können doch gleich zahlen?«

»Ja, ja, ich muß da ins Café, was kaufen.«

»Bei dem Regenwetter schadet ein Punsch nichts. Vor der Arbeit muß man was einnehmen, schon wegen der Hygiene, dem Leichengift. Pierre, komm mit, das Fräulein wird schon die Freundlichkeit haben.«

»Dann merkt man auch nicht so rasch, daß der Herr Papa nicht mehr mittrinkt.«

Man ging hinein. Drin saßen die Leute zusammen, die aus der Front und den Lazaretten zurückgeschickt worden waren. Jeden Morgen trafen sie sich im Café in aller Frühe, um zu erzählen; sie kamen sich wichtig vor. Einige Bürger, der Wirt, der Kellner und allerlei stand herum, zuzuhören.

»Also«, sagte einer, dem der Schulterknochen zerschossen war, »der Leutnant sagt: Bazeine, zut, ce cochon, sagte, bleibt liegen. Ich melde mich im Schützengraben; Leutnant, flüstre ich, ich berührte seine

Schulter; Leutnant, also ich halte es nicht aus, seit drei Tagen liegen wir im Regenwasser still; der Soldat verfault, und wir könnten sie zusammenschießen.« »Die Ordre, mein Freund«, knurrte der Leutnant. Der Hauptmann kam herangeritten und hörte mir zu; aber die gloire und la patrie, erwiderte ich und zeigte hinten die Rhone. »Die Gloire«, schrie der Hauptmann, »laßt uns siegen oder sterben!«

»Der Teufel«, schrie der Arzt, »das Sterben wäre noch besser.«

»Ich nahm das Gewehr auf die Achsel, der Hauptmann faßte die Zügel fest; ich stand vor dem Pferd und wir gingen los; alle folgten. Wir wurden geschlagen, wir hatten nicht gemerkt, daß die Hunde uns auch im Rücken standen.«

Nina trat hinzu. Sie bestellten sich. Der Sarghändler sagte: »Die armen Teufel werden bald das Geschäft hochbringen.«

Der Arzt rollte sich zu Nina. »Madame, ich habe das Vergnügen, Sie zu sehen und muß Ihnen zu meinem Bedauern zum Tod des Herrn Vaters kondolieren.«

Er ging nicht von Ninas Stuhl weg und trank mit ihr. Er schob sich neben ihr hin und suchte die Weine aus; dann nahm man ihn mit und hob ihn auf den Wagen; man klemmte ihn zwischen Sarg und Bock ein, damit er nicht runterrutsche.

Inzwischen waren die Kollegen und Verwandten gekommen. »Endlich«, sagte die Mutter. Man begrüßte sich. Die Leute blieben, man sagte die üblichen Worte und zum letztenmal beschäftigte man sich mit Aurier. Man tat es sehr ausführlich und lobte den Toten, wußte man doch, daß er einen nie mehr störe und er eine Anstellung frei gemacht habe. Aus den Worten des Lyzeumsdirektors ließ sich unschwer entnehmen, daß in diesen Zeiten kein Witwengehalt zu erwarten sei. Verdrießlich ging man drum zum Begräbnis, der Tote war automatisch in der Wertschätzung der Familie gesunken. Dann begab man sich wieder ins Sterbehaus, wo zum Trinken und Essen angerichtet war. Man empfahl sich.

Immerhin, die Tochter hat etwas Geld ins Haus gebracht.

Nina ging auf ihr altes Zimmer. Ihr war heiß, sie holte sich Wasser, um sich abzureiben. Die Mutter hörte neugierig und schluchzend an ihrer Tür. »Also jetzt bin ich arm und habe niemanden.« Sie hörte das Wasser plätschern, die Eimer rasseln. Was die wohl machte, das Zimmer war ihr wohl nicht sauber genug? Sie riß die Tür auf; Nina stand nackt vor dem Spiegel und wusch sich in einem Eimer.

»Du willst wohl schon ausgehen zu deinen Herren, was?« Und sie schlug mit dem Spazierstock des Toten, der da stand, auf das Mädchen los. »Begaffst dich, ob dir die Leiche nichts getan hat; hat dich wohl verstänkert« – Nina glitt aus, die Alte schlug weiter – »Ich armes Weib, wie ich leide; also natürlich, ich begreife; nicht schlecht, deine Haut, o du sollst meine Risse kriegen, o du, mein Mann, ihr seid alle Hunde!« Damit stürzte sie wie irrsinnig weg. Ein paar Türen schlugen, man legte sich zu Bett.

Nina stand um fünf Uhr auf und ging aus dem Haus. Am besten war, abzureisen, alles liegen zu lassen. Sie traf den Schuldirektor, der täglich um halb sechs Uhr spazieren ging.

»Sieh da, Fräulein – ach, Sie nahmen nicht die Gewohnheiten der verschlafenen Pariser an, die bis Mittag sich von ihrem Laster erholen; Sie bewahrten sich frisch. Darf ich Sie ein wenig begleiten?«

Nina willigte ein.

»Sehen Sie, ich nahm mein Geld von der Bank, man kann jetzt alles verlieren; aber wenn Friede geschlossen wird, will ichs gleich wieder hintragen. Krösusse werden wir in dem Nest nicht. Dieser Krieg, ich muß meinem Sohn, der in einer deutschen Festung krank liegt, was schicken.«

Sie gingen durch die Anlagen, Nina gab ihm einen Kuß ins Ohr.

»Fräulein, was tun Sie!«

»Ich wollte Ihnen für die schöne Rede danken.«

Man setzte sich.

»Sie bleiben längere Zeit hier?«

»Nein, ich reise gleich ab. Ich gehe zum Bahnhof.«

Dem Direktor stieg etwas Unerwartetes auf. Er legte ihr die Hand unter den Hals. »Liebes Kind, ein schwerer Fall, dieser plötzliche Tod; also wieder Paris«, lächelte er.

Es war niemand zu sehen.

»Fräulein, was haben Sie mit mir getan, ich bin verloren!«

»Geben Sie mir fünfhundert Franks und Ihnen geschieht sicher nichts.«

»Sie Hure, ich werde Sie der Polizei anzeigen!«

»Bitte, gehen wir gleich zusammen hin; das ist am besten. Man wird es nicht ohne Interesse hören, daß ein Lyzeumsdirektor eine Waise vergewaltigte.«

»Aber Sie fingen doch an!«

»Geben Sie die fünfhundert Franks, dann ist die Sache erledigt.«

Er knöpfte die fünfhundert Franks heraus.

»Guten Morgen; ich bleibe vorläufig hier, auf Wiedersehen.«

Erstaunt grüßte er tief.

Sie ging ins Café. Die Krüppel saßen schon zusammen. Sie setzte sich zu ihnen.

»Nun, Fräulein, es gefällt Ihnen wohl unter uns?« Der Arzt schob sich zu ihr. »Bleiben Sie hier? Ich fahre in ein paar Tagen nach Pélon zu meinen Eltern; ein Nest, Sie können sich nicht vorstellen. Man schrieb mir, ein Tabakbureau solle dort errichtet werden; das wird die einzige Attraktion sein.«

»Ist es schon vergeben? Ich will bei meiner Mutter bleiben; aber Sie wissen, man muß verdienen.«

»Fräulein, ich stehe ganz zu Ihren Diensten. Kommen Sie mit, man wird sich nicht langweilen.«

»Gut.«

»Wir fahren zusammen. Allein zu reisen war mir unmöglich, jetzt bringt mich doch jemand.«

Leger, der Arzt, schrieb gleich an den Bürgermeister des Orts.

»Ihr Pariser habt wohl nichts von dem Krieg gehört, aber bald werdet ihr's spüren«, sagte einer, der am Büfett trank.

»Ich muß gehen, um es meiner Mutter zu erzählen.«

»Darf ich Sie begleiten?« bat der Arzt.

»Bitte schön, sehr gern. Aber der Brief.«

»Wie sie energisch ist!« sagte ein Dicker freundlich.

Sie ging mit dem Arzt weg.

»Gehen Sie langsam, ich habe noch keine Übung«, klagte er und schob sich an ihrem Rocksaum mit.

Die Witwe saß vergrämt beim Kaffee.

»Also Sie werden reisen«, rief der Beinlose freudig, »nicht wahr?«

Man erklärte es der Alten. Jener schrieb einen langen Brief; eine erfahrene Pariserin, die ehrbare Witwe eines verdienten Beamten und so fort.

Der Arzt wurde ganz aufgeregt vor Vergnügen. »Wir werden plaudern; o ich studierte auch in Paris, Gott, der Boul Mich!«

Er dachte, sie wird sich langweilen, vielleicht heiratet sie mich. Er rollte unter Empfehlungen ab.

»Alles soll ich dir verdanken«, knirschte die Alte, »nun meinetwegen.«

Der Arzt schob herein. Er sagte neben seinem Bock: »Also nun sitzen Sie in dem Drecksnest; Fräulein, ich will Ihnen was sagen.« Das Resultat war ein Heiratsantrag.

Nina lachte und erschrak. »Sie sind verrückt; Sie glauben wohl, ich bin auf Sie angewiesen!«

»Nina, bitte, bewahre die nötige Achtung; wir haben dem Herrn Doktor genug zu danken.«

»Laß mich in Ruh. Also, Sie dachten: zuerst verschleppt man die Weiber, dann wird's gehen; Sie überschätzten die Entfernungen, weil Sie keine Beine haben.«

»Oh«, sagte der Arzt, »Sie werden sehen!«

Nina ging lachend weg. Die Alte setzte sich zum Arzt: »Sie ist ein Vieh, das – Sie wissen nicht, was ich mit ihr ausstehe; wie lange sie nur Toilette macht, täglich duscht sie.«

»Frau Aurier, hier haben Sie zwanzig Franks, kann ich das mal sehen?« Den erregten Beinlosen stachen die Wunden.

»Herr Doktor, die ist nichts für Sie; diese macht Sie hin. Sie brauchen Pflege.«

»Bin ich da, damit auch Sie mich beleidigen?«

»Ich täte alles für Sie; hier habe ich doch nichts. Man zieht weg, steht allein und das Grab steht wo anders. Da vergißt man alles.«

»Ich kann mich nicht fortbringen, das ist es. Wie weit kann ich rollen? Zu Ihnen, dann ist's fertig.«

»Aber nehmen Sie einen Wagen.«

»Was, bin ich nicht jung, sollen mir die Hände abfaulen, daß ich ganz auf andere angewiesen bin?«

»Eben, Sie müssen jemand Zuverlässiges haben; niemand, der Sie hinmacht, so wär' es mit der Nina.«

»Adieu!« Er schob sich fort.

Die Alte wartete auf einen anderen Gast; eine alte Jungfer kam.

»Gute Frau, auch ich lebte in Paris; wie sieht's jetzt dort aus?«

»Weiß nicht«, sagte sie wütend.

»Ich glaubte, Sie kämen von da.«

»Meine Tochter.«

»Ach, geben Sie ein gazzis à l'eau; bitte, rufen Sie Ihre liebe Tochter; oh, vielleicht haben wir gemeinsame Bekannte.«

Die Alte rief widerwillig Nina, die sich frisiert hatte.

Fräulein Leocadia Branlet war entzückt. »Ja, ich muß noch mal hin; Sie geben mir Mut. Nina, trinken Sie was auf meine Rechnung – Gott.« Sie küßte mit ihren grauen, eingefallenen Lippen Nina; sie tranken zusammen.

»Wissen Sie, ich muß das nachholen; also Sie werden mir verschiedenes sagen. Gott, ich war immer fast daran, aber ich hatte nicht den

Mut. Da sagte er, er hatte mich vorher ausgeführt: Du willst nicht, du zwingst mich also zu anderen zu gehen? Ich liebe dich so, Marcel, ich will alles für dich tun, aber laß mich heute, ich muß mich vorbereiten, nicht so rasch. Ach was, immer dasselbe, ich bin kein Narr. Er warf mich aufs Bett, da packte ich ihn, gegen meinen Willen – ich versichere Ihnen – gegen meinen Willen, an der Kehle. Du reißt mir den Hals auf, schrie er und schlug mich ins Gesicht, das hab ich nun. Ihm lief das liebe Blut heraus und er ging. Ich streichelte die Backe, worauf er mich geschlagen; er kam nicht wieder. Gott, ich wußte nicht, was er wollte; ich hatte eine solche Angst. Sie müssen mir sagen, Liebe.«

Nina lachte. Sie gingen in Ninas Zimmer, Fräulein Branlet hob sich rot die Röcke bis zur Hüfte auf. »Also das ist's, Gott! hätte ich das gewußt! und wie mich das gequält hat!« Sie weinte.

»Es läßt sich alles nachholen, alles, Sie sind noch frisch, das lieben die Männer.«

Leocadia stürzte weg. »Ich muß gehen, ich danke Ihnen, mein Engel, ich bin so verwirrt.«

Über Mittag war niemand zu erwarten; die Frauen saßen in der Hinterstube; die Alte lauerte. »Eh, alle rennen auf dich, du läufige Hündin, als sei ich nichts, ich muß auch noch leben.«

»Aber sei doch ruhig, so machst du dich ja lächerlich.«

»Was, ich bin zu alt! Wollen sehen, wer sich frischer gehalten hat; ist das nichts?« Sie zeigte ihre steinernen schmalen Brüste und klopfte sich auf den entblößten Schenkel. »Ist das Dreck?«

Am Morgen wusch sich Nina; ihrem offenen Fenster gegenüber stand eine Scheune ganz nah. Dies hinderte sie nicht, am Fenster nackt zu turnen. Sie hörte einen Schrei. »Ich falle, o ich falle!« Sie sah heraus. Der Doktor hatte sich auf einen hohen Heuhaufen von einem jungen Bauern setzen lassen, der hielt ihn zum Fenster raus. »Du leibloses Schwein, hier sitz auf dem Brett dein Lebtag, runter kannst du doch nicht.« Und lief weg.

Nina zog ein Morgenkleid an: »ich hole Sie«, und eilte hinüber. Sorgfältig nahm sie ihn herunter und sagte: »Sie wollten den Sonnenaufgang ansehen?«

»Gehen Sie nicht weg, bringen Sie mich runter, die Leute dürfen's nicht wissen.«

»Ich werde Sie holen lassen.«

Unten stand der Bauer, er ging auf Nina zu.

»Kann man schon was bekommen?«

»Ja, ich bin ja auf.«

Sie gingen vom Hof aus in die Wirtsstube. Die Alte schlief noch; der junge Kerl sah nicht schlecht aus. Man trank ungewohnterweise schon einen Aperitif. Ninas Kleid stand offen. Der Bauer sagte ängstlich: »Jetzt muß ich nach dem Vieh sehen; der Kerl kam, um mich zu stören.«

Nina wollte einen Bauern versuchen. Eine Bank fiel um, die Alte wachte auf, Nina schickte den Menschen fort.

Es war Sonntag. Man ging zur Kirche. Der Bauer mied die Auriers, er ging mit einer stattlichen Frau. Nina sagte sich: »Der Frechling, ich werde ihn drankriegen.« Der junge Pfarrer predigte eifernd gegen das Trinken; Frau Aurier merkte die Gefahr und sagte Nina beim Nachhausegehen: »Du wirst heute beichten.«

Da war Fräulein Leocadia, die vor ihrem neuen Leben die Absolution erlangen wollte.

»Ja, man hat es nötig, wir Sünderinnen«, sagte sie fast stolz.

Dann kam Nina dran.

Abends ging der Pfarrer in seiner Stube auf und ab: »Wie werde ich sie gewinnen? Wie ist man allein unter den Bauern.«

Abends saßen wenige Bauern bei den Auriers; der Pfarrer hatte gewirkt. Nur ein alter Bauer, der Vater des jungen, blieb sitzen. Er überlegte und strengte sich den Schädel an. Nina saß ihm gegenüber. »Also dem soll ich alles hinterlassen?« Er bändelte ungeschickt mit Nina an, klopfte sie auf die Backe und ließ sich erzählen. Uff, einmal mußte er auch das Feine haben; lange dauerte es doch nicht mehr. Die Arbeit machte der Junge. Nina sagte sich: er hat Beine und muß mir die vierhundert Franks für den Beinlosen geben, der sie verflucht hatte.

Man wurde einig. Der Alte lieh dreihundert Franks und nahm die Einrichtung, die sechshundert gekostet hat, als Sicherheit. Man stieg leise die Treppe hinauf.

Alte Leute schlafen schlecht; Frau Aurier hörte was. Im Hemd ging sie an die Tür der Tochter; sie hörte das Geflüster. Also ein Hurenhaus; sie horchte erregt, zu sehen war nicht. Man stand auf, sie floh die Treppe hinunter und drückte sich in eine Ecke. Der Alte stolperte, strich an seiner Hose ein Schwefelholz an; er sah die Alte.

»Na, und du«, knurrte er verächtlich, »Schluß, ich geh jetzt.«

Frau Aurier brannte vor ergreister Wut. Selbst die Alten nahm sie ihr weg. Sie hörte, wie sich Nina sehr lange und unter Stöhnen wusch. Es wurde ganz ruhig. Frau Aurier schlich in das Zimmer der Tochter; die nahm ihr alles, jetzt verstand sie die dunklen Geschichten. Oh, sie war klug geworden und ging mit gespreizten Fingern an das Bett des schlafenden Mädchens. Sie packte die Kehle und stieß die harten Finger ein. Das Mädchen fuhr auf und wollte die Alte schlagen, oder schlug sie vielleicht auch. Diese stürzte, sich erbrechend hin; sie war tot.

Nina schrieb am Morgen der Lully. Diese wollte ihrem Zuhälter entlaufen; zugleich teilte sie dem Bruder den Tod der Mutter mit. Inzwischen kam der junge Bauer; er sagte:

»Sieh, ich laß alles liegen, ich vertrag die andern Weiber nicht mehr; das ist wie ein Vieh, aber du.«

»Was wollen Sie, lassen Sie mich zufrieden. Hier ist nur eine Wirtschaft; ich werde doch weg ziehen.«

»Ich geh dir nach!«

»Oho!«

»Du wirst was sehen.«

Am Nachmittag kam er wieder; er hatte sich Ninas Namen mit drei roten Herzen beim Schmied eintätowieren lassen. Nina küßte ihn auf den aufgelaufenen Arm.

Amerikaner fuhren durchs Dorf auf der Hetze nach Antiquitäten. Nina entschuldigte sich, die Leute fuhren zum Pfarrer Claude Merval, der sie aufnahm. Man schlug ihm vor, alte Glasfenster, eine Monstranz und die Mutter Gottes aus der Sakristei zu verkaufen. Der Geistliche lehnte ab. Die Amerikaner verzichteten noch nicht und wollten auf den Abend wiederkommen.

Claude Merval ging in die Kirche und beschaute die Mutter Gottes. Er kniete nieder und betete, sie möge ihn vor der Versuchung bewahren:

»Ich bin allein unter rohen Menschen und mit dir zusammen. Du gibst mir nichts, und ich blase dir meine ausgeatmeten Bitten zu. Bewahre mich wenigstens, sonst nehme ich dir die Kraft des Prunkes und du würdest schwach wie ich, Gottlose. Sind wir doch nur von innen und unsichtbar in Gott, und verrätst du Gott täglich mit der Pracht der Weiber. Du hast rein empfangen; wer dürfte da nicht sündhaft werden, wenn du alles zuvor durch dein Wunder sühntest! Unter einem unwissenden Volk liege ich. Bewahre mich, daß ich nicht die Kraft verliere; denn die Hure von Babylon lauert, mich umlächelnd. Fliehe vor meinen Händen oder ich verankere dich unter der Erde, sonst kann ich dich nicht retten; denn du bist stärker als ich.«

Man ging zum Begräbnis und abends, als Pfarrer Merval die schluchzende Nina nach Hause gebracht hatte, verkaufte er den Amerikanern die Mutter Gottes der Sakristei.

Die Nacht verbrachte er bei Nina:

»Ich weiß, ich finde dich, Madonna. Du nahmst mich an, und du liebst mich und so verließest du deinen Ort, um mich zu empfangen; denn du willst Jesum gebären; wir werden ihn aufwachsen machen.«

Nina saß daneben, stumm vor sich hinschauend; sie legte die Hand an seinen Kopf.

»Berühre mich nicht, wir müssen still im Dunkeln sitzen, fern von einander, damit Gott zwischen uns trete.«

Nina fiel ihm zu Füßen, ihm die Knie umfassend.

»Ich bin nicht Jesus!«

»Der Kot, der mir in die Haare schlammt.«

»Alles geht an dir vorbei; denn Jesus wird noch einmal auferstehen. Nicht ich kann dir verzeihen, du kannst mich lösen.«

Nina riß ihn ins Bett; da befiel den Geistlichen ein entsetzlicher Starrkrampf. Sie warf sich über ihn; er aber schrie: »Der Satan will mich erdrücken.« Sie ließ von ihm und schlug ihn vor Wut mit den Fäusten und heulte dabei. Er rief: »Sie geißelten ihn, sie geißeln mich.« Er schlief betend ein.

Merval verließ das Mädchen am frühen Morgen blaß und stöhnte: »Sie hat mich gekreuzigt und ich trage ihr ganzes Leben.« Er ging in die Sakristei, an die leere Stelle, wo ehemals das Bild stand. »Du bist nicht mehr da, ich glaubte, du kehrst wieder. Du liebst deinen Ort nicht und bist treulos. Ich wartete, du hieltest mich nicht. Aber ich sehe Gott jetzt deutlicher, da du ihn nicht mehr verdeckst. Eine Frau empfing nie geistig und dort, wo es des Wunders bedurfte, hieltest du an. Oder du gingst und vielleicht warst du es.« Er brach in der Sakristei in stöhnenden Gebeten ohnmächtig zusammen. Der Küster kam. »Sie ist fort«, schrie er, »sie ist fort, Gottes Strafe!« Er trug den Pfarrer ins Haus und die Bauern strömten zusammen, während Merval im Starrkrampf schlief.

Der junge Bauer prügelte in der Nacht seine Frau; dabei entblößte sich sein Arm. Die Frau sah den Namen Ninas. »Aha«, sagte sie und legte sich ruhig hin. Pierre schlug auf sie nun los, bis er müde wurde. Aber seine Frau hielt die Zähne zusammen und war wie ein Stock ausgestreckt. Er deckte sie auf: »Ich spucke auf deine Haut an jeder Stelle.«

»Du wirst deine Speie fressen!«

»Halt dein stinkendes Maul an.«

Jetzt blieb sie ruhig und weiß. Die Bauersfrau floh zu ihrem Vater, dem Bürgermeister; dort setzte sie sich in den Stall und heulte; gegen

Mittag kehrte sie heim. Pierre ging verstört am Nachmittag, seinen Alten aufzusuchen.

»Eh, was ist«, brummte der Alte, der mit dem grauen Holzknecht rechnete.

»Du rauchst kein schlechtes Kraut.«

»Ja, die Zigaretten; hier, darfst auch eine haben.«

»Die hast du bei der Pariserin gekauft.«

»Was geht's dich an?«

»Ich meinte.«

»Weißt, Jean, der hat's gut, liegt warm zu Hause; unsereins, bis der was unter die Finger bekommt. Gib mal zwei Gläser, kannst dir auch eins nehmen. Pierre, hast ja den Arm verbunden, das rutscht herunter.«

Nina, die Lully vom Bahnhof abholte, ging vorüber. Der Alte streckte rasch den Kopf gierig zum Fenster heraus. »Komm mal ran«, rief er. Lachend und schnalzend redete er mit Nina. Pierre starrte auf die beiden. Jetzt merkte er's. Im Sprung hieb er dem Alten eins, der wankte. Nina lief weg.

»Also du willst gegen mich, Lausbub, verfluchter!« röchelte der Alte.

»Noch einmal gehst du ins Kabaret, und ich schlag dich tot.«

Es war offenkundig ein Wunder geschehen; die Madonna hatte, weil irgend eine große Sünde begangen war, den Ort verlassen. Ein Sühne-Gottesdienst wurde angesetzt.

Nina hatte nun Lully und den Bruder bei sich. Der Offizier trieb sich im Hause herum und zankte sich meist mit Nina, während er Lully wie ein Hund folgte.

Leocadia wollte den Offizier bekommen; er schlug ab. Sie bot Geld; dabei kam etwas vor. Wie gesagt, die Dame Leocadia floh im Unterrock und heulend in die Wirtsstube: »Das kann ich nicht.« Dann ging sie weg; der Bruder setzte sich rein und trank. Später kam die Dame Leocadia und brachte ein Mädchen mit, das der Gemeinde zur Pflege gegeben war und bei ihr bettelte. Sie hatte dem Kind einen Strohhut geschenkt und gab ihm zu trinken, recht viel Schnaps und Wein. Der Offizier lachte: »Na, so machen Sie es jetzt.«

»Sie werden sehen«, flötete Leocadia, das Kind streichelnd, und ging in ihr Haus gegenüber.

Der Vater der jungen Bäuerin kam jeden Tag; er paßte auf, ob Nina sich noch mit Pierre abgebe. Wenn, dann wollte er sie kurzerhand zum Dorf hinausjagen lassen. Außerdem paßte man auf die

Frauen auf, hinter denen Ninas Bruder drein war. Öfters kamen welche auch ins Haus. Lully brachte den Bürgermeister herum; dies war nötig, so konnte er nicht mehr schaden. Es gelang ihr und man war gerettet. Der Bürgermeister wurde freundlicher, um die Tochter kümmerte er sich kaum. Eines Tages kam er, verlangte einen Schnaps; dann brach er zu Nina los:

»Wo ist die Sau? Jetzt bin ich verlacht, krank gemacht hat sie mich.«

»Oder Sie das Mädel; der hat nichts gefehlt. Schlagen Sie keinen Krach oder wir gehen in die Kreisstadt; wollen sehen, ob ein Bürgermeister ein anständiges Mädchen zwingen darf. Jetzt liegt sie krank.«

Der Bürgermeister ging, die Fäuste an den Häuserwänden fast zerschlagend. Am Abend wollte er zu Pierres Vater. Der war nicht zu Hause, sondern lief auf dem Feld herum, um im Dunkeln unbemerkt zu Nina zu schleichen. Pierre, der den Vater beobachtete, folgte ihm; der alte Knecht lungerte herum. Pierre kauerte im Straßengraben. Er stand neben dem Alten, einen Stein in der Hand.

»Du gehst nicht hin!«

»Von dir, Brut, laß ich mir was sagen?«

»Du gehst heim, alte Sau!«

Er wollte schlagen. Jemand hielt ihn den Arm fest und erschlug den Vater.

Der Knecht sagte: »Du bist noch jung, da muß ich's machen«. und ging weg, um im Stall sich schlafen zu legen. Pierre lief weg; dann sprang er zum Alten; der war tot. Er lief zum Gendarm und zeigte den Knecht an, in Angst und so rasch wie möglich. Die Sache war eindeutig; er ging mit zwei Gendarmen, ihn von der Pfeife wegzuholen. »Laß mir sie«, sagte er; »Pierre, du bringst mir Tabak.« Pierre schlug ihm die Pfeife aus dem Mund.

»Was schlägst du dich?« sagte der Alte.

Am anderen Tag war Sühnegottesdienst. Merval betete, die Gemeinde sang. Da verklagte sich Merval. Die Gemeinde stürzte gegen die Kanzel; der Pfarrer hielt stand. Pierres Frau schrie:

»Das ist auch eine von denen. Er ist nur verführt, der Dieb.«

Fräulein Leocadia floh aus der Kirche, das Mädchen hinter ihr her; sie erreichte das Haus. Man klopfte: »Gebt das Kind her!« Sie stieg die Treppe auf den Speicher, weinte und erhängte sich unter Seufzern und Angst. Man schlug ihr das Haus ein, voran Pierres Frau. Man zerbrach die Möbel, da rief die Frau:

»Drüben liegen sie, die uns die Männer stehlen und verderben!«

Sie nahm den Herdbrand. Lully schlief noch, der Offizier war weg. Nina flüchtete. Der gebundene Pfarrer schrie: »Madonna, kommt, holt die Madonna.« Die Bauern umstellten das Haus und begossen die Feuer mit Branntwein. Lully raste an den Fenstern, man ließ sie nicht heraus; sie stürzte sich herunter, wobei sie das Genick brach. Der Pfarrer und die Frau liefen vergeblich, Nina zu suchen; jener lief weg, ein Irrer, durch die Felder, bis er zusammenbrach.

Nina war mit dem Geld der Kasse ins nächste Dorf gelaufen und fuhr nach Paris. Geldlos rief sie Männer an, man ging an ihr vorbei. Ein Arbeiter nahm sie mit, er wohnte mit einigen Kameraden. Ah, sie war müde.

»Vom Land kommst du und so dreckig? Sie versteht nichts!«

Sie brach entzwei. Mit zwei Franken stieg sie die fünf Treppen herunter, wo sie sechs Menschen gehabt hatten. Dann warf sie sich in die Seine, da sie nichts mehr taugte.

In »Der unentwegte Platoniker«, Kurt Wolff Verlag, Leipzig 1918, S. 131—177.

Unverbindliches Schreiben

Die Stärke des Leibes nimmt ab, Leidenschaften vermindern sich; ich weiß nicht, ob dies vom Übel ist, Denken rundet müde in sich. Der Aphorismus ist in der Monotonie der Form sinnlos. Regenbogen, die Gefängnisse umbiegen; dies verschwand mir. Die unbewegte Mäßigkeit konstruktiver Monotonie streckt mich. Einige Gefühlsbedürftige klagten, als sie jene in einer Metapher antasteten. (Flaubert.)

Ich sehe, daß Bewegung sinnlos ist und halte mich in der gleichen Konstruktion; ich beschränke mich auf die wenigen, mir gestatteten Gegensätze, und wenn diese dem sterbwilligen Kopf nicht genügen, erlaube ich mir Stufe und Tönung, jedoch gänzlich der Psychologie entratend.

Dies Stufen, o, nur Ausrede, die Konstruktion zu prüfen; nicht dies, vor allem sich mit jener zu genügen. Genügen, aber welche Konstruktion besitze ich denn? Ich habe sie vergessen, dies? Wie jeder Gewöhnliche, dachte ich als Knabe, galt mir für klug; dann habe ich die Klugheit vergessen.

Meinem Altern lief das Denken nicht nach. Konstruktion also, was uns verlassen kann, mir entfließt; dem Ereignis, der Sünde unterliegt.

Also die Wahrheit kann nur geringem Erleben genügen. Es bedarf des törichten Willens, das Leben an die Wahrheit zu kleben, und beide werden im Ereignis gegeneinander unwahr. Also es gelte, zur rechten Zeit zu sterben – mit dem Denken.

Elend; Denken ist mühevoll, schmerzend. Also besser die Ereignisse verleimen in der Idee fixe der Ekstase. Nicht dies; ich ziehe das Vergessen der Gedanken vor.

Ich lebe im Denken der steten Sündhaftigkeit. Erbärmlich. Ich weiß nicht, was Sünde ist. Sie wurde Hygiene, medizinische Angelegenheit, wie weit sie bekommt, der Gesundheit schadet, der Widerstandsfähigkeit, der »entwickelnden Energie«. Aber sie steht in nichts zum Gewissen. Wir besitzen keine Maßstäbe, keine übergeordneten Gedanken. Eine gräßliche Demokratie, Verschlorenheit, hat reißend Kräfte und Entscheidung verhandelt. –

Wollte man wenigstens eingestehen, daß alles zum Geschwätz geworden, außer dem blöden Elend. Keiner gesteht es. Wer zu alten Behelfen zurückstiehlt, täuscht; denn Menschen können sich nur durch die vergleichslose Revolte des Neuen, das unrelativ Geglaubte, bestätigen. Im besten Fall geben sie Nuancen, Varianten und hetzen den Gemeinen zum Vergleich. Gerade der Besitzende begnügt sich mit Summieren und will von der dicken Zahl die Art erlügen.

Sie gewöhnen sich, scheu, ängstlich, mißverstanden, die Allüren einer antiquierten französischen Revolution an. Sie haben Gesinnung. Warum sollte ich sie Ihnen glauben, der Sie am Armen ein Honorar (nicht genug, den Druck zu bezahlen) herausschlagen? Sie prassen am (gütigen mißbrauchten) Armen. Am Schluß meinen Sie, immer alles sei gut, weil Sie sich zu Ende doch reimen. Sie lassen den Armen siegen, Sie führen, Sie verteilen Gaslicht. Was, Zuhälter des verlegerisch ausgebeuteten Armen, hätten Sie bewiesen? Sie haben ihre zu billige Tinte in Geld umgesetzt. Rühren Sie nicht an den Ihnen glücklicherweise Entfernten.
Sie wissen, daß Objekte nichts sind. Man mühte sich, dies festzustellen. Sie besitzen doch aber nichts als Objekte, woran Ihre Person, ein Zufall, auf- und abklettert. Vor allem, wir erzeugen zu viel Gegenstände, und nur darauf hat sich die Produktion gestellt. Die Addition, eine schlechte Leidenschaft des Entselbsteten, bemächtigte sich der Vorräte. Und nicht nur dieser; man zerlegt und analysiert (Grundeigenschaft des Unproduktiven) den Gegenstand, um neue Objekte für die ungeheuerlich wachsende Menschenzahl zu erlügen, damit ein jeder sein persönliches Objekt besitze und darin zur Individualität werde. Zahl und Vermehrung der Objekte muß eben dem Wuchern der ehrfurchtslosen Individuen entsprechen. Noch eines; damit all diese Atome nicht ins Weite splittern, kompliziert, leimt man sie zusammen, so das Kompilatorische der Künste. Da das Individuum von seinem Objekt aus gemacht, beherrscht wird, produziert man den Mythus des Eigentums der Objekte; denn ohne Gegenstand wird das heutige Individuum sinnlos; und je reicher addiert die Zahl der Objekte, um so reicher das Individuum. So der Aktivismus der Objekte.

Die ganze Psychologie, Geschichte wird von den Objekten gemacht und jene ist nur Zergliederung seiner Objekte, der Empfindungen. Diesem Verhältnis von Objekt und Mensch entspricht die Sklaverei der Menschen untereinander; man kennt nicht mehr den Würdigen, vielmehr den Benutzten, den zu Addierenden. Man zerlegt ihn in Bedürfnisse, damit er immer mehr Objekte erringe. Es war gerade der Sozialist, der den Menschen als volkswirtschaftliches Mittel erfand, er erfüllte das Ideal des Unternehmers, den völlig zu Organisierenden, die Zahl der Addition.

Es ist dies der Rückprall gegen die Selbstung. Der Protestantismus mutete jedem die völlig freie Person zu. Wer vermag das zu ertragen, und ist es nicht die völlige Formlosigkeit? Man stattete diesen Freien mit dem Correctiv des Gewissens aus; dies aber wurde rasch nur Deckwort für Staat, Recht, Gesellschaft, ein gänzlich Allgemeines, worin man grenzenlos imaginieren konnte. Die Pflicht war geschaffen und wurde durch vielfältige Bedürfnisse und Objekte verdeutlicht; das Recht aber blieb vage, da es an ein den meisten Unerfülltes, was eben sie nicht besaßen, das Selbst, verflatterte. So waren zunächst nur die Pflichten gegen die Objekte da, die geradezu mechanisch (addierend) von den Objektbesessenen, Besitzenden zu gebieterisch zwängenden Ideologien verwölkt wurden.

Sie behaupten, diese Dinge und Begriffe seien definiert und somit substantiell geworden. Ich weiß nicht, was Zwingendes eine Definition gibt. Verändert sie den Gegenstand nicht? Was wird dann tatsächlich geändert, wenn dieser welchem Bezirk eingegliedert, oder übergeordnet wird? Oder, was mir wahrer erscheint, man ändert unbewußt durch Ordnen und Definition den Gegenstand; dann will man mich der Definition unterwerfen, damit ich dem Gegenstand und allen möglichen Folgerungen diene. Der Mensch eben entgeht nicht dem Mythus des Denkens noch der Ideologie. Aber man machte Sachen zur Ideologie, die eben niemals Ideologie sein können. Die Ideologie der Sachen, das ist falsch. Die Formen des Denkens in Sachen zu drängen, dies schließt Auflösen des Menschen in die Dinge ein und heißt, die Dinge zum selbständigen Subjekt machen, deren Prädikat oder Adjektiv man dann eben ist. Das ist Aberglaube der Weltseele, Pantheim der funktionslosen Sachideologie. Da die Dinge dachten, mußte man ihnen Funktion anlügen. Man gab ihnen Personengeschichte, Entwicklung, das heißt, man übertrug das eigentlich Menschliche, funktionelle Qualität, in sie. Aber der Mensch, erdrückt von der Mehrzahl und der infolge Entwicklung maschinell gesteigerten Objekte, unterlag diesen und die Sachideologie wurde zur »Form«, Ausdrucksweise ertöteter Person. Der Mensch, Motor, getrieben, beschleunigt und gequält. Ding-Motoren, rascher und stärker als er, wurden, o Furcht vor der Gewalt – Form seines beschleunigten expansiven Denkens. Welch Enthusiasmus der Bogenlampen u. s. f.!

Sagten wir doch einfach, daß wir beim Bankrott angekommen sind. Wo wäre unsere Zentralidee, wo unser Gesetz (anerkennenswert), wo unser Mythus? Verhindert doch nicht mit Archaismen die Liquidation und laßt die Schauspielerei! Man hat dessen genug! Hemmungslos stürzt ein jeder zu dicken Ideen. Erst seid wenigstens der Sünde bewußt! Mit dem Erkennen der Sünde ist nichts getan; das ist wertlos. Es geht lediglich darum, wie wir leben könnten, ohne dem anderen zu nützen, noch ihn zu schädigen. Denn wer weiß, ob er den anderen mit dem Nützenwollen nicht zerstört? Zunächst mag jeder Ruhe zu sich haben, um unverwirrt zu bleiben. Bestürmt nicht den der dicken Idee Ungewohnten! Damit wird er nur verlegen. Ein bestimmter Vorrat an Ideen fordert Erfüllung, ein Äquivalent an Handlung; doch naturgemäß von dem, der Idee besitzt. Aber Denken gilt heute für ein Fach und als Entschuldigung, nicht zu handeln. Gewiß, es gibt Gedanken – täuschen wir uns nicht –, die im Theoretischen verbleiben, aber man fürchtet die Ergebnislosigkeit unserer Artistik und behauptete Anwendung, die Tat. Gestehen wir ein, daß wir hierzu nicht roh und schwach genug sind. Warum nicht im Imaginären verbleiben, doch muten wir nicht den Mythus denen zu, die nicht mit uns denken. Wie Kaufleute wollen Sie Gedanken (theoretischer Art) in die Allegorie, Metapher des Geschehens umwechseln; Sie schreien, der Dichter schafft es, es ist nötig. Wie überflüssig sind wir, muten Sie sich nicht zu vieles zu. Ersticken wir trotzdem nicht in der Terminologie der großen Worte (turris eburnea). Die anderen sprechen vom Zweck, der gewollten Wirkung, der Entwicklung des Lesers, dem politischen Optimismus. Wie kann man den Ablauf ausrechnen, oder wäre dies Kunst, die berechnete Wirkung, der vorhergesehene Effekt? Doch wo wäre heute genaue Verbindung zwischen Leser und Schreiber? Und wie sie wieder herstellen? Wer traute Ihnen und wem glauben Sie? Gestehen wir den Bankrott der dicken Ideologien.

Entstanden 1915, veröffentlicht in *Neue Blätter für Kunst und Dichtung*, I, 1918, S. 85—87, sowie in »Europa-Almanach«, 1925.

Anhang

Zeitgenössischer Kommentar zu Carl Einstein

Die Weißen Blätter, III. Jg., April–Juni 1916:

Carl Einstein

»Wir sind des Dialektikers, des Schauspielers, ja des asketischen Artisten (dieses weißen Lammes) überdrüssig – wir fordern Bücher, welche die Handlungen stärken und organisieren, Bilder ohne die Hemmungen des verführenden Kostüms, welche die Gesichte steigern.«

(Politische Anmerkungen, 1912)

Wichtiger noch als in normalen Zeitläuften ist es jetzt, sich auf das zu besinnen und darüber sich Rechenschaft abzulegen, was an neuen Werten vorhanden ist und der Zukunft wartet, zu sammeln für die helleren Tage, wenn die Wasser sich verlaufen haben und der Berge Spitzen wieder hervorkommen. Dann wird vieles schweigen müssen, was nicht weiter sah, als die Handbreit vor dem eigenen Schild, aber den wenigen, die vorausschritten und steilere Wege bereiteten, ihres Lohnes kein Tüpfelchen mehr vorenthalten bleiben. Schwerer wird dann das Gewicht ihres Werkes sich erweisen und ihrer stillen Stetigkeit gerechte Würdigung und mehr als das beschieden sein.

Carl Einstein ist ein solcher Organisator, Schrittmacher der Kommenden, eine Stirner-Natur mit Richtmaß und Fernglas. In der standhaft zielentschlossenen Zeitschrift »Die Aktion« finden sich zuerst Aufsätze von ihm über literarische, politische, psychologische, kunstkritische Probleme, eindringlich intellektuelle Arbeiten, die oft in wenig Zeilen Anregendes, Bereicherndes für lange bargen und das wohlausgerüstete Gedankenatelier eines Kopfes von elastischer Überlegenheit und geschärfter Sehkraft enthüllen. Skizzen wie »Legende« (April 1913) oder »Der Abschied« (Juli 1913) muten wie Vorstudien an, und in dem Essay »Über den Roman« (1912) war schon ein exaktes Programm aufgestellt: der ganze plauschende Hokuspokus landläufiger Belletristik (philosophischer Schwatz, Anekdotenkram, Lyrisches, Schilderung) ist abzutun: »Das Absurde zur Tatsache machen! Kunst ist eine Technik, tatsächliche Bestände und Affekte zu erzeugen.« Anwendung und Beweis dieser Theorien soll dann der Roman »Bebuquin oder die Dilettanten des Wunders« sein, (erschienen im Verlage der Wochenschrift »Die Aktion«, Berlin Wilmersdorf 1912), ein Paradigma, mit dem eine neue Epoche der Epik begonnen werden dürfte. Statt Erzählerei, Reporterlust, Kinonähe noch der bestgebauten »Geschichten« alten Stiles soll hier eine Disziplin Figur werden, die voller Entwicklungsmöglichkeiten steckt. Statt des im Grunde nicht mehr sehr variablen Außens wird der tausendfältige, noch unangetastete Schatz des Innens in Angriff genommen von einer Hand, die den diffizilsten Apparat sicher zu bedienen weiß. Kein irgendwie in Personen oder Sachen eingehakter Konflikt spielt sich zwischen den bekannten Kulissen einer stets vorrätigen Körperwelt ab, sondern nicht mehr und nicht weniger als die ganze Tragikomödie des Intellekt-Lebens (die Geographie des Kosmos »Hirn«) wird zum erstenmal als Stoffgebiet epischer Belichtung freigemacht und zur Debatte gestellt. Jetzt geht es um Komplizierteres, als um Zufallshemmungen und Augenblickshindernisse, die ein Arrangement im Husch erledigt – der härtere Kampf des Erkennens ist das Motiv mit allen seinen Ekstasen, Gebeten, Grotesken, Bitternissen, Winkelzügen, Widersprüchen und unstillbaren Sehnsüchten über die Erfüllung hinaus. (»Stofflosigkeit, Stofflosigkeit, knirschte er vor Wut.«) Neue Höllenwanderungen sind zu bestehen, aber die Purgatorien heißen Logik, Erotik, Ideologie, Romantik, Selbstbetrug, und der Tod ist mehr, als Lösung der Dissonanzen und erhält endlich seine schlichteste Verklärung. Einem so exklusiven Futurismus (im besseren und besten Sinne des Wortes), der heut noch in trostloser Einsamkeit dasteht, bleibt kaum etwas anderes übrig, als sich die Schwermut seines Abseits durch Ironie zu erleichtern, und natürlich verführt schon das Bewußtsein einer exponierten Souveränität dazu, gelegentlich aus seinem Gesetz eine Akrobatik zu machen. »Kein Ding gerät, an dem nicht der Übermut sein Teil hat«, heißt es bei Nietzsche. Man darf ja auch nicht vergessen, daß Einstein sich faktisch erst die seinem Wollen entsprechende neue Sprache schaffen mußte, daß er also gezwungen ist, manchmal gleichsam durch ein Kunststück sich selbst zu überbieten. Abgesehen davon und abgesehen von einer gewissen Anämie hat das Buch doch die Konsequenz und das Gleichgewicht seiner erstrebten Struktur, und man wird später hier anknüpfen, und Grundriß seiner neuen Gattung wird diese Bild gewordene Philosophie werden, dieses konzentrierte, unmittelbare Denk-Epos, in dem der Tatbestand bis zur Durchsichtigkeit geläutert und das Schwingen an burlesken Trapezen noch artistisch graziös und beherrscht ist. Es ist ein Aussichtspunkt in die Zeit hinein, wo der Geist wieder mehr vorstellen, wo das Groschenleid der Herzen oder der Hüllen nicht mehr so erschütternd genommen und der Überschlag allgemein sein wird, daß die Erregungen der Seelen immer etwas Aufgepäppeltes und Kitschnachbarliches behalten, der Geist aber Explosionen, Jagden, Schlachten und Triumphe schenken kann, die unvergleichlich rein und fruchtbar sind. Und daß der Geist das energische und machtvolle Agens zur Zukunft ist!

Wie diese Zukunft schon heut in den Kompositionen bildender Kunst sich andeutet, das zu untersuchen, unternahmen Einsteins Kundgebungen über Ausgestelltes, Maler, Malerkritiker und dergleichen. Und von der Orientierung über Tendenzen, die er dabei vorfand, kam er als zu einem möglichen gemeinsamen Ausgangspunkt zur Negerplastik, der er einen grundlegenden Band widmet. Der Verlag der Weißen Bücher in Leipzig bringt ihn in schlechthin idealer Ausstattung heraus. In ein paar knappen Kapiteln von strammem Guß wird ein Bezirk, der bisher so gut wie verschüttet und verachtet liegen geblieben war, vom gröbsten Unrat gesäubert, und ein hoffnungsvolles Gebiet, das Anmaßung und Vorurteil versperrt hielt, in seiner Fruchtbarkeit entdeckt und ernsthafter Verwertung zugänglich gemacht. Geradezu vorbildlich für Kunstkompendien jeder Art möchte ich die Anlage des Buches nennen, insofern sie den Hauptakzent auf Anschauung legt und den einundzwanzig Seiten Erläuterung mit hundertundneunzehn Seiten untadelhaft reproduzierter Bildtafeln, vor denen man in Andacht versinken und den ganzen Hellenismus wie eine gekräuselte Operettengeleektheit preisgeben kann, eine zureichende Kontrolle und Bestätigung verleiht. Überzeugend, in prägnant festlegender Formulierung wird ein kurzgefaßter Kanon für eine besser zu informierende Wissenschaft geprägt. Der Neger und seine Kunst erfährt eine glänzende Ehrenrettung und die afrikanische Plastik wird gegenüber unsrer eignen, kontinentalen, stark von malerischen Surrogaten durchkreuzten als die ungeminderte und restlose Leistung des Dreidimensionalen, Kubischen erwiesen. »Die Negerplastik hat isoliert die reinen plastischen Formen gezüchtet«, sie gibt »eine klare Fixierung des unvermischten plastischen Sehens gegenüber den uns geläufigen, europäischen Ausweg-Lösungen«. In präziser Gliederung werden diese Sichtungen und Bescheinigungen herausgefeilt und ein gehaltvolles Werk von bedeutender Tragweite aufgestellt, dessen beiläufige Glossen über die Methode, das Tätowieren, die Maske, den Egoismus des Beters (wieder an Stirner gemahnend) ein ganzes Rudel tiefersondierender Prüfungen in Schwung setzen müssen.

Eine Abänderung des Einstein-Porträts schließlich nach der politisch-literarischen Betätigung hin würde den gekennzeichneten Umrißbefund nicht verändern, sondern nur noch nachdrücklicher bekräftigen, und es behauptet sich dies Bild eines Zukunfts-Ingenieurs mit geübten Augen, der die Zusammenhänge und Beziehungen zu Sternbildern verheißungsreicher Deutung ordnet und über dem Tor seiner von Licht erfüllten Werkstatt als Motto und Willkommen die Strindbergsätze zeigen darf:

»Was ist deine größte Freude?«

»Einen neuen Gedanken gebären!«

Max Herrmann-Neisse

Rezensionen zu »Bebuquin« (in Auswahl)

Die Aktion 1912, Sp. 1424–1425 und als Geleitwort zur Buchausgabe des
»Bebuquin« 1912 und 1917 im Verlag Die Aktion:

Lieber Herr Einstein,

der Verlag ersucht mich, Ihrem Buche der höchstkonsolidierten Intellektuali-
tät, diesem Logbuch einer Seefahrt um alle Kape einer zu Schanden gewordenen Hoffnung auf die Restitution eines wirklich gebildeten Lesers, diesem
Buche, das wahrhaft ein Buch, aber keine Unterhaltung, keine Bestätigung des
Lesers in seinen verrottetsten und albernsten Gewöhnungen, keine akurate
Beschreiberei des allen Geläufigen ist und darin mit Brillanz exzelliert, diesem mathematischen Buche geistigen Verhaltens und Ver-Haltens, – diesem
Buche eine Einführung zu schreiben ersucht mich Ihr Verlag, motiviert es damit, daß ich vor Jahren Kapitel daraus im HYPERION abgedruckt habe. Ich
bin ratlos vor die Aufgabe gestellt, einen Leser auf ein Buch vorzubereiten,
dessen größter Wert mir scheint, daß es, wie die Dinge heute liegen, keinen
Leser finden kann, keinen wenigsten, den ich »einführen« könnte. Als Prometheus vor jener denkwürdigen Pariser Versammlung die Geschichte von
seinem Adler erzählte, ließ er immer, wenn er das Interesse seiner Zuhörer
erlahmen merkte, einige Raketen steigen und schweinische Photographien
kursieren, die ihm für eine Weile wieder die Sympathien seiner Zuhörer ver-
schafften. Sie haben es versäumt, lieber Herr Einstein, den Fall einer ver-
zwickt-genitalen Frauenseele in den generalen Fall Ihres Buches zu bringen,
um nur von dieser einen Unterlassung zu sprechen und von der andern, daß
Sie es verschmäht haben, »Gestalten« zu schaffen, die Fleisch und Blut haben,
das dem Rayonchef eines Warenhauses geläufige Fleisch und Blut nämlich.
Sie haben überhaupt Enthaltung von allen »modernen Problemen« bis zur
Askese getrieben, – Ihr Buch wird eine fürchterliche Ablehnung durch alle
kompetenten Kreise und Kritiker erfahren, man wird Sie auslachen (und auch
mich bei der Gelegenheit ein bißchen) und wir werden uns wieder einmal sa-

gen, daß bei der heutigen Beschaffenheit der Literatur Bücher, die Taten sind, keinerlei Geltung gewinnen können, weil auf der anderen Seite alle Taten Papier sind und alle Bücher, die den geneigten Leser finden, müßiger Tratsch. Ich kann dem Buche, Ihrem Buche also nur wünschen, daß es möglichst unverkauft beim Verlage bleibe, damit die erhofften Leser in dreißig Jahren dort die schönen sauberen Exemplare finden – in dreißig Jahren, was ich als die Zeit annehme, wo man sich um die paar Bücher, welche die Literatur unserer Tage bilden, kümmern wird.

Charlottenburg, Lietzenseeufer.

Ich bin Ihr ergebener
Franz Blei

Die Aktion, 4. Jg., 1914:

Carl Einstein, Bebuquin oder die Dilettanten des Wunders

Roman. Mit Begleitworten von Franz Blei und Portrait
von Max Oppenheimer

Ein Urteil über Bebuquin

Ich stehe nicht an, diesen André Gide gewidmeten Roman für eines der interessantesten Bücher zu erklären, die die junge Generation in Deutschland hervorgebracht hat.

Hier ist eine seltsame Kondensierung von Lebensbedingungen erreicht, eine äußerste Energie, ein Radikalismus des Zuendedenkens, der mit Begriffen, wie mit bunten Bällen, aber in logischer Regelmäßigkeit jongliert, eine mathematische Phantastik voll von beherrschter Ungezügeltheit und ausschweifender Strenge. Kosmische Ironien, wie sie etwa in den »Moralités Légendaires« Lafargues aufblitzen, auf ihrem Grunde die ewig unversöhnten Widersprüche unseres Erlebens, Widersprüche des überscharf zergliedernden Intellektes und einer als sinnlos durchschauten und schamhaft niedergehaltenen Erdensehnsucht. Widersprüche der gellenden eindeutigen Regelung der Dinge und ihrer hundertfältigen Deutungsmöglichkeiten. Des lähmenden, festlegenden Gedankens und des Vielgestaltigen, Fließenden aller Wesenheit. Und ein Verlangen nach synthetischer Bezwingung. Ein Verlangen mit den Dingen der Welt, den sichtbaren und den unsichtbaren, fertig zu werden. Unmöglichkeit der Einordnung in ein bloß rationell bestimmtes Gefüge, »wo der Kanon, das Wertvolle, das Langweilige, Demokratische, das Stabile«

gelten, und Aussichtslosigkeit, im Irrationalen mehr als ein »Dilettant des Wunders« zu werden, ein Phantast mit unzureichenden Mitteln. »Vergessen Sie eines nicht«, sagt der tote Boehm, diese imaginäre Leitgestalt des Buches, der als eine »Reklame für das Unwirkliche« herumläuft, »die Phantasten sind Leute, die nicht mit einem Dreieck zu Ende kommen«. Unzulänglichkeit auch der romantischen Scheinlösung, in der sich Rationalität und Irrationalität zu vermählen trachten: »Der Romantiker sagt: Seht, ich habe Phantasie und ich habe Vernunft. ... Wenn ich sehr poetisch sein will, sage ich dann, die Geschichte hat mir geträumt. Aber das ist mein sublimstes Mittel, und damit muß man sparen. Und dann kommen noch Masken und Spiegelbild als romantischer Apparat. Aber Herrschaften, da ist Aesthetizismus bei. Beim Romantiker macht man einen Schritt vorwärts und zwei zurück. Das ist ein zuckendes Klebpflaster.« Aber dennoch ist im Romantischen, wenn nicht die Lösung gefunden, so doch das Problem geahnt. »Wir müssen so genau sehen, daß darin alles Wissen steckt«, sagt auch Boehm. Nur eine Verwirklichung dieser Sehnsucht gibt es nicht. Und in dieser resoluten Betonung des Negativen kommt Einstein über die romantische Theorie hinaus. Die ersehnte Einheit fällt immer wieder auseinander. Es gibt nicht eines, sondern nur eine »Tendenz der Vereinheitlichung«. So bleibt für die einzelnen nur die Entsagung als Resultat eines unerbittlichen Zuendedenkens. Aber aus dieser Negation wächst zugleich die Gewähr: »Vielleicht decken sich die Dinge niemals, damit das Schöpferische nicht erschlaffe«. Aus dieser Erkenntnis der Ohnmacht selber steigt ein neues Kraftbewußtsein. Und eine Absage an Ruhe und Sicherheit, die nur Hirn und Blut einschläfern. Darum das Suchen nach dem Wunder, darum am Schluß die außerordentlich schöne Apotheose des Todes, des »Vaters der Intensität«, des »Herrn der Form«.

Es versteht sich von selbst, daß dies Buch der »höchst konsolidierten Intellektualität«, wie Franz Blei es in seinem Begleitwort nennt, auf die Mittel einer gewohnten realistischen Technik verzichtet. Hier gibt es keine äußere »Natürlichkeit«, deren Scheinwesen in der Person und den Attributen der Schauspielerin Fregonde Perlenblick so köstlich persifliert wird. Eher ein ungeheuer zusammengepreßtes, vom Intellekt aufgefangenes und zurückgeworfenes Spiegelbild der Wirklichkeit, das trotz seiner scheinbar undurchdringlichen Dichtheit Raum läßt, scharf gesehene äußere Lebensvorgänge zu verzeichnen. Alles in allem kann man sagen, das Buch habe den Stil und die Form seiner Idee. Und das ist vielleicht sein bestes Lob.

Ernst Stadler in den »Elsässer Heften«

Bemerkungen zu »Bebuquin«

Von Kurt Hiller

Dies Buch besteht für mich in ulkvollen Irrheiten, hinter denen Nichtgekonntes trauert.

In ihm steckt ... nicht eine Wiedergabe von Cusenier-Mampe-Denkzuständen: sondern der (nicht unpedantische) Wille, dem Denken durch Bols Pedanteriefreiheit zu schaffen.

Öfters Halbunsinn, jeanpaulisierend, mit heutigsten Einschlägen.

Kaum über dies Buch: aber nach dem Lesen dieses Buchs schrieb Kurt Hiller folgendes:

I

Heller Satz Musils, der Lebensnachbarn von Kant trivial geklungen hätte, dagegen in Dezennien der metaphysisch geschminkten Schmockerei, der Kriterienlosigkeit, der Verwirrung fast paradox klingt: *›Man muß wissen, was einem Dichtung soll, bevor man sich darüber streitet, ob gut gedichtet werde.‹* – Besprecheriche, wer von euch weiß es?

Wer sich's überlegt, der wird zunächst darauf stoßen, daß ... ›einem‹ variabel ist. Dem Stiesel oder der Tunte ›soll‹ Dichtung ja anderes ... als zum Beispiel einem jungen Kerl, welcher die Quintessenz des geistigen Tatbestands seiner Zeit intus hat und weiter will. Also nur subjektive Kriterien gibt es, nur subjektive Kritik; wobei zu beachten bleibt – siehe auch *Simmel* ›Hauptprobleme der Philosophie‹, Seite 25 –: daß ein urteilendes Subjekt kein hanebüchner Sonderfall, keine kreuzkuriose Fürsichlichkeit, kein Panoptikumsstück zu sein braucht, sondern Repräsentant eines *Typus* sein kann (›subjektiv‹ daher ein von ›individuell‹ getrennter Begriff).

Der junge Kerl der bezeichneten Art wird auf die Frage, was Dichtung ihm solle, vielleicht erwidern ... Vor allem verzichte ich auf Geschehnisse. Ich weiß, daß sich auf der Welt Dinge begeben. Ammenmärchen werden einem Erwachsenen nicht interessanter infolge Hinzutuns von Kausalität, Milieu, Psychologie; will sagen dadurch, daß ihre Abläufe Wahrscheinlichkeit gewinnen. Zeit ist Geld, ich möchte, lesend, nicht aufgehalten sein. Positivisten und Epiker sind Betrüger. So wenig es mir in der Philosophie Spaß macht, hintergangen zu werden durch Vorspiegelung wahrer Tatsachen ... so wenig in der Dichtung – durch Vorspiegelung wahrscheinlicher. Jemand sei mir als Poeta willkommen, wann er durch Neuformulation von Michangehendem mich rührt und ergreift. Darstellung dessen, was ich, nach Gottes unerforschlichem Ratschluß, mit dem Vieh gemeinsam habe, ist mir keinen Strohhalm wert; mich plagen Skrupel und Zweifel. Die ... die will ich von einem Buche, wo nicht beseitigt, so doch bestätigt sehen. Solamen miseris socios habuisse malorum!‹

II

Wer so spräche, wäre ein Unbelletrist . . ., unter dessen Perspektive der groß-
mächtige Gegensatz zwischen Essay und Erzählung (oder zwischen ›bloß Ge-
dachtem‹ und ›Geschautem‹) sicherlich zu einer Angelegenheit von septimärer
Bedeutung herabschrumpfen würde. Ich hätte viel Sympathie für diesen jungen Mann. Und er, ohne Zweifel, viel Sympathie für Carl Einsteins ›Bebuquin oder Die Dilettanten des Wunders‹, welcher Roman jetzt im Verlage der
›Aktion‹ erschien . . . und eigentlich gar kein Roman ist, sondern eine (aus
Ulk episch eingekleidete) Folge phantastischer Aperçus. Mißgünstige könnten Herrn Eintsein als wildgewordnen Privatdozenten diagnostizieren; ich
aber meine . . .

Bebuquin gehört jenem erlauchtesten und bemitleidenswertesten Typ an,
dem Erleben und Denken nichts Konträres sind, vielmehr koinzidieren . . .,
insofern das Denken bei diesem Typus eminent gefühlsbetont wird und das
Erleben vom Intellekt eminent abhängig. Menschen solcher Art sitzt das
Herz im Hirn, und das Hirn ist ihnen eine Funktion des Herzens. Bebuquin
leidet unter seiner Determiniertheit. Er fühlt sich als Passivum, als Produkt
aus tausend Beeinflussungen, als eine unbewegte, von Gaslaternen glitzernde
Pfütze, die spiegelt. ›Hat ein Spiegel sich je gespiegelt?‹ Bebuquin will etwas
ganz Eigenes werden, keine Kopie mehr sein, nicht unter den vielen vorhand-
nen Dingen, Stilen, Erkenntnissen, Möglichkeiten wählen müssen. Und wenn
er noch wählen *könnte!* Aber da er keinen End-Zweck sieht, muß er den
einzelnen leugnen. So scheint ihm seine letzte Rettung eine anständige Langeweile zu sein; doch bald empfindet er es als moralisch inkonsequent, weiter
zu leben. Er probiert noch allerhand Rezepte: besucht das ›Museum zur billigen Erstarrnis‹, das ›Theater zur stummen Ekstase‹, die ›Animierkneipe Essay‹ (etwas privatterminologische Allegorien, die jemandem, der nicht gerade
Monomane dieser Dinge ist, immer nur zu drei Vierteln deutbar bleiben dürften) . . . und findet seinem Nihilismus, in einer besonders expansiven Minute,
sogar den Ausweg, daß die Welt *das Mittel zum Denken* sei und es sich keineswegs um *Erkennen* handle. Aber er entdeckt, daß ihn der Urgrund gar
nicht interessiere und mithin auch das Denken nicht; und gebietet sich nun den
Willen zur Dummheit, . . . der viel Entsagung erfordert. Er betet zu Gott
um ein Wunder: ›Herr, laß mich einmal sagen, ich schuf aus mir. Sieh mich
an, ich bin ein Ende, laß mich eine unabhängige Tat, ein Wunder tun.‹ Er
betet um Krankheit, damit der Schmerz den Geist paralysiere; er betet, da
im Leben Wandlung (durch Verlust des Gedächtnisses) nicht erzielbar scheint,
um den Tod. Er weiß, daß am Ende eines Dinges nicht sein Superlativ, sondern sein Gegensatz steht; aber das intellektuale Gewissen hindert ihn, sich
etwa bei einem System der Polarität zu beruhigen; die Erkenntnisse, fühlt er,
gehen zum Wahnsinn. Auf Seite 98 stellt er fest: entweder eine idée fixe
oder man platzt; auf Seite 102 platzt er. Er stirbt – ohne daß von Physiolo-
gischem, Krankheit oder Selbstmord die Rede wäre – an Skepsis, an (unpa-
thetischer) Verzweiflung, an Leere.

Ein semitischer Faust? Der germanische, mehr fleischig als linear, kommt mit des Teufels Hilfe über das Zerebrale bald hinweg; er verführt die Unschuld, hilft einem Kaiser, macht Land urbar; zwischendurch (er hat Sorgen) leitet er die Synthese zwischen Hellas und Gotik ein. Ihm glückt der Sprung vom Meditieren ins Werktätige, vom Kulturhaften ins Zivilisatorische, vom Geist in die ... Politik: – und er wird Urgroßvater. Zwecks Verschleierung des Verrats spielt sich das Ende in katholischen Dunstformen ab.

Bebuquin beim Einstein, Walter Nornepygge in des verflossenen Max Brod großartigem Roman, Otto Weininger und Max Steiner im realen Europa ... blieben jünglingisch und denkernst und konsequent. Sie verzichteten auf den Kompromiß und starben.

In Einsteins Werk kommt ein Herr Böhm vor, der im Grunde mit Bebuquin identisch oder jedenfalls seine ›andre Seele‹ ist. Dieser Herr Böhm (aber im Anfang des Buches wird er, der Bebuquin über dieses Stadium hinaus ist, gleich als *tot* eingeführt) verkörpert, wenn ich recht sehe, die Bequemlichkeit. Herr Böhm schrotet Bebuquins geistige Qualen zu prächtigen Begriffsfiligranen aus; er hat eine silberne Hirnschale mit wundervoll ziselierten Ornamenten, in welche feine, glitzernde Edelsteinplatten eingelassen sind; er ist geistreich und schreibt Feuilletons; oft überkommt ihn wilde Freude, daß ihm sein Gehirn aus Silber fast Unsterblichkeit verleiht, da es jede Erscheinung potenziert und er sein Denken ausschalten kann, dank dem präzisen Schliff der Steine und der vollkommen logischen Ziselierung. Dieser Herr Böhm, der mit Recht einen peinlichen Namen trägt, figuriert zwar schon zu Beginn des Buches als Leiche; aber mir scheint, er lebe nach Bebuquins Tode weiter, und zwar unter dem Pseudonym Carl Einstein. Das muß, den real Toten zu Ehren, hervorgehoben werden.

Meine Einwände gegen dieses unpopuläre und konzentriert-geistige Buch, dessen abstrakte Musik durch kritikasterndes Kauderwelsch primitiver Journalisten nicht zerstört werden kann, betreffen drei Punkte. Erstens die (schon beanstandete) Allzuprivatheit der Terminologie; es fehlt der Schrift an letzter Herausarbeitung, an Statuarität, Bronzehaftigkeit; es fehlt ihr der Schimmer des Eindeutigen, der Stil, das Suggestive; man riecht den verderblichen Einfluß der stiefphilosophischen Kassner-Diktion. Damit hängt zweitens zusammen: daß hier mehr mit *Resultaten* des Denkens operiert als das Denken selber in seinem schmerzvollen Verlauf gegeben wird: was einen Tonfall arroganter Selbstverständlichkeit zur Folge hat ... an Stellen oft, wo skeptische Demut das Passendere wäre. Drittens behagt mir, falls Einkleidung schon vonnöten, diese Art der Einkleidung nicht. Es gehört gewiß ungeheurer Ernst dazu, seinen Ernst nicht ernst zu nehmen; denoch widert es mich an, wenn Weltanschauliches ausgerechnet in der Bar passieren muß, zwischen Drinks und Kokotten. Das ist deshalb nicht snobhaft, und gesunde Sexualkämpferinnen würden nicht unrecht haben, es als ›lemurisch‹ zu bezeichnen;

doch die Atmosphäre einer Bar ist so antisinnlich wie antigeistig – und als Nietzsche den ›Zyniker‹ pries, meinte er nicht den Alkoholkopf.

Aber Einwände hin, Einwände her: Intellektualismus, Wurstigkeit gegen Bürgerbedürfnisse, kondensierendste Gestaltung der tödlichen Zustände Avancierter ... ist etwas so Rares, daß wir es, wo wir einmal seiner ansichtig werden, bedingungslos beklatschen müssen. Vor diesem Buch, das nichts als Gedanke ist, merkt man, in wie lächerlichem Grade man Gemütskisten lange überschätzt hat; und billigt brüderlich Bebuquins bitteren Ausruf: ›Oh, ihr gefetteten Stimmen der Nacht, wandelnd durch nebelatmende Alleen, Ursache lyrischer Bände, Gelegenheit dekorativen Schreitens mit dem Blick in jene Fernen gesenkt, torkelnd über Plätze ...‹

Chr. Buchholz in der »B.Z. am Mittag«. Zitiert nach: »Anmerkungen«, Berlin 1916:

Zum Bebuquin

»Dieser ›Bebuquin‹ ... ist ein Buch, wie kaum ein anderes so typisch für das modernste Geistesleben ... Das Bedeutungsvollste an dem Buch ist, daß es die letzte Konsequenz moderner zivilisatorischer Denkweise darstellt, die völlige Loslösung vom Stofflichen, einen Hirnroman, zur Kunst umgewandelte Logik, Philosophie ...«

Rezensionen zur «Negerplastik» (in Auswahl)

Beilage zur »Vossischen Zeitung«, 30. Juli 1915:

Die Plastik der Neger

Karl Einstein: Negerplastik
Leipzig, Verlag der weißen Bücher

Dieses Buch ist ein erster Versuch, dieser fremden Welt nahe zu kommen. Noch ist hier alles Chaos, es fehlt völlig eine Geschichte dieser Kunst, ein Wissen von den Zeiten und Entstehungsbedingungen dieser Werke, welche da und dort gefunden worden sind, und deren viele darauf deuten, daß zu einer früheren, unbestimmbaren Zeit manche Negerstämme eine autochthone Kunst von Bedeutung besessen haben.

In diesem Buche kann man nun, einerlei, ob man den deutenden Text Einsteins akzeptiere oder nicht, eine große Zahl charakteristischer Negerplastiken, darunter viele Masken, kennen lernen. Der erste Eindruck ist der von Kinderarbeiten, der Eindruck der Primitivität; man fühlt die Voraussetzungen jener Kunst, an die wir gewohnt sind, verschwunden, und man steht dem Neuen gegenüber wie der Erwachsene dem Kinde, ohne viel Verständnis, aber mit dem stärkenden Gefühl, der Überlegene zu sein. Bis sich zeigt,daß dies Gefühl der Überlegenheit nur auf tiefem Nichtkennen beruht. Dann beginnt man nachdenklich zu werden und sich etwa der gotischen Plastik oder der ostasiatischen Kunst zu erinnern, deren Werke von uns Europäern und Modernen auch einst wie Kinderspielereien betrachtet und lediglich einer gewissen Drolligkeit wegen beliebt waren. Und heute erkennen wir in jenen Kunstwerken höchst wertvolle Leistungen eines Kunstwollens, das zwar nicht gleich wie das unsere orientiert ist, dem wir aber zumindest die Gleichwertigkeit mit dem unseren nicht absprechen können.

Einsteins Text geht nicht auf eine Besprechung der einzelnen Werke ein und verzichtet auf jeden Vorversuch einer Historie. Er bleibt ganz philosophisch. Einstein sieht in der Negerplastik im Gegensatz zur europäischen eine Kunst rein plastischer Formen, eine echte Kunst des Kubischen, während unsere Plastik weit ins Malerische verirrt ist. Ferner findet er die Negerkunst rein religiös und niemals auf den Beschauer orientiert, daher ihr Verzicht auf illusionistische Wirkungen.

Der Streit, ob diese afrikanischen Werke überhaupt Kunst seien, dürfte bald erledigt sein. Gewiß sind sie Kunst, und wir werden sie desto besser verstehen und desto reiner würdigen lernen, je weniger wir aus Vorurteilen heraus ihr die Ehre versagen, von uns ernstgenommen zu werden. Hinter der Groteskerie dieser Bildwerke steckt ein tiefer, zuweilen furchtbarer Ernst. Tun wir ihr überhaupt erst die Ehre an, sie nicht mit dem Lächeln des Unverstandes abzulehnen, so finden wir unsere klassizistische Ästhetik wieder gründlich durchlöchert, wir stehen einer Wirklichkeit von Kunst gegenüber, vor welcher alle Gesetze und Schablonen der üblichen klassischen Kunstlehren ganz und gar versagen, wie sie vor Ägypten versagt haben, wie sie vor China und Siam versagt haben. Gewiß, auch ich kann nicht sagen, daß ich die Negerplastiken »schön finde«, aber ich sehe sie nur um einige Schritte ferner stehen als etwa die ägyptische, und ich sehe deutlich: was sie von mir trennt, ist keineswegs ihr Unwert, sondern etwas in mir, das zu überwinden ist, das schon beim ersten ernsthaften Betrachten sich verlegen fühlt und brüchig zu werden beginnt. Wir haben das Recht, diese Kunst abzulehnen, sie als fremd und störend zu empfinden; aber wir haben kein Recht, sie nicht als Kunst, nicht als notwendig und in sich tief begründet und wertvoll anzuerkennen.

Wieder ein Loch im klassizistischen Schönheitskanon. Tun wir ihn bald vollends weg, diesen Kanon! Nicht weil wir die Griechen und die Italiener der Renaissance weniger verehren wollen als bisher, sondern weil wir noch ihr äußerstes Gegenteil, wenn wir in ihm die Notwendigkeit der wahren Kunst erkennen, mehr zu achten geneigt und mehr zu lieben gewillt sind als den imitierten Plunder, der nach unseren landläufigen Begriffen schön ist. Es ist gut, sich darüber klar zu sein, daß der Neger, der sein Holzbild schnitzte, dabei nicht entfernt den Ehrgeiz hatte, mir zu gefallen; er hatte unendlich Notwendigeres, unendlich Ernsteres zu tun. Ach, und was würde ein Grieche der Blütezeit zu dem sagen, was heute und bei uns für unbestritten schön gilt?

Wieder ein Loch in der chinesischen Mauer. Wir sind dankbar für dieses Buch über die Negerkunst, nicht weil wir wieder ein Stückchen Wissen, einen Bissen Stoff erwischt haben, sondern weil hier Lebendiges zu uns spricht in Lauten, die wir zum Teil verstehen, die uns Ahnungen wecken und die Seele weiten. Man gibt sich viel Mühe mit dem Studium dessen, was die Menschen, Völker und Zeiten voneinander trennt. Achten wir je und je auch wieder auf das, was alle Menschen verbindet! Etwas davon sieht uns dann auch aus den Negerplastiken an.

Hermann Hesse

Die Aktion, 5. Jg., 18. September 1915:

Über Carl Einsteins Negerplastik

von Hanns Johst

Die organisierteste Sprache der sinnlichen Gestaltung ist die Plastik. Sie ist aus dem Gesicht einer primärsten Schwarzweißkunst gesprungen, das nach einer dritten Dimension Sorge trug. Nicht *Komposition* nach den Gesetzen des Gesichtswinkels in Form des Rahmenausschnittes ist die Forderung, sondern äußerste *Konzentration* des gewählten plastischen Materials auf eine Wirkung, deren Diktatur aus der geistigen Zucht der *Mittel*, der *Wahl* und der *Kraft* geboren wurde. Die *Plastik* ist das *Drama* der bildenden Kunst!

Somit entspricht sie auch mehr den Ansprüchen des Intellekts als denen des Gemütes; und die Metaphysik dieser Kunst liegt im Grunde genommen auf mathematischem Gebiet.

Wir wissen die kompliziertesten Resultate der geistigen Entwicklung in kultureller wie künstlerischer Hinsicht unter der Formwerdung offenbarer Simplizität.

So hat in kunstgeschichtlicher Hinsicht die Moderne – natürlich nicht im akademischen Rahmen! – bei steter Steigerung ihres sensitiven Raffinements sich selbst in der Entwicklung ihres Auges auf Probleme eingestellt, denen wir in der Geschichte verlorener Kulturen mit gewichtigem Ernst und zwingender Lösung begegnen.

Letzthin nun publizierte im *Verlag der weißen Bücher* Carl Einstein ein Werk über Negerplastik, das in doppelter Hinsicht sich größter Beachtung würdig macht. Zum ersten schreibt Einstein einen Stil, der Leuten von der literarischen Zunft zu wünschen bleibt, und außerdem verfügt er über das nötige, orientierte Organ, um mit seinem Thema restlos interessieren zu können und selbst bis auf Laienweite hörbar zu bleiben.

In dem glänzenden Essay »Das Malerische« entwickelt Carl Einstein in gedrängtester Fülle die Geschichte des Plastischen. Architektur und Relief, vor allem die Entwicklung der Farben, durchkreuzen die strenge Stilistik absoluter Plastik. Wir glauben, daß der Kubismus im Grunde eine Theorie wurde, als er sich im Zweidimensionalen, in der für plastische Ideen ausdrucksarmen Fläche dokumentierte. Er wäre tragfähiger geworden und neue organische Synthese – hätte sich sein Wesen rein plastisch gestaltet.

Sagen wir, was hier als dubitatives Produkt einer philosophierenden Malerei das Licht der Welt gewann, ist in der Negerplastik die Genesis von *Naturkräften.*

Über Religion und Afrikanische Kunst formuliert Einstein folgendes: »Formale und religiöse Geschlossenheit entsprechen sich; ebenso formaler und religiöser Realismus. Das europäische Kunstwerk wurde geradezu die Metapher der Wirkung, die den Beschauer zu lässiger Freiheit herausfordert. Das religiöse Negerkunstwerk ist kategorisch und besitzt ein prägnantes Sein, das jede Einschränkung ausschließt ... Die Raumanschauung, die ein solches Kunstwerk aufweist, muß gänzlich den kubischen Raum absorbieren und ihn vereinheitlicht ausdrücken; Perspektive oder die übliche Frontalität sind hier verboten, sie wären unfromm. Das Kunstwerk muß die gesamte Raumgleichung geben; denn nur, wenn es jede zeitliche Interpretation, die auf Bewegungsvorstellungen beruht, ausschließt, ist es zeitlos. Es *absorbiert* die Zeit, indem es, was wir als Bewegung erleben, in seiner Form integriert.« –

Der programmatischste Teil des orientierenden Textes ist das Thema: Kubische Raumanschauung. Hier zwingt Einstein das weite und schwere Formproblem ohne eigensinnige Vergewaltigung zu einem organischen Ganzen. Es expliziert das Wesen der Dreidimensionalen, seine Gefahren und Schwierigkeiten von dem Begriff und Charakter des Raumes über das kubische Resultat der Dinglichkeit, also nach einer Differenzierung der plastischen Konzentration nimmt er Stellung zu der Proportion dieser gestalteten und real exemplifizierenden Weltanschauung.

Einen Akzent zum Abschluß auf diesen Satz: »Die Maske (ein künstlerisches Epigramm, die mathematische Formel des Types an sich) hat nur Sinn, wenn sie unmenschlich, unpersönlich ist, d. h. konstruktiv, frei von der Erfahrung des Individuums; möglich, daß er (der Neger) die Maske (die objektivierte Summe seines und seines Stammes Lebens) als Gottheit ehrte, wenn er sie nicht trägt.«

Bleibt dem endlichen Resumé: In Einsteins Negerplastik ist ein knapper und künstlerischer Extrakt aus der problematischen Aktualität dieses Gebietes entstanden, das (wie alle starken und eigensinnigen Spezialerscheinungen) anregender und zwingender Beitrag wurde zur endgültigen Einheit einer Einstellung auf die Geschichte der gesamten künstlerischen Entwicklung des Menschen.

Das Kunstblatt, Heft 2, Februar 1917:

Negerplastik

Wenn unsere Zeit sich in verstärktem Maße der Kunst der »Primitiven« zuwendet, so geschieht es aus einer unabweislichen Übermüdung, einem Überdruß an der eigenen Kunst. Die Jungen hatten die öffentlich sanktionierte Kunst satt, sie hatten alles satt, was mit Tradition, legitimer Schulung oder Richtung irgendwie zusammenhing. Man holte sich lieber Anregung und Genuß aus einem bisher verachteten Öldrucke oder einem Firmenschild von Lackiererhand, als aus einem »Meisterwerk«, dem gleichsam seine zünftige

Berechtigung aufgeprägt war. Man wußte den Weg von der Anschauung zum Schaffen durch tausend Hindernisse verunreinigt, wenn nicht verrammelt, und alle Kunst verlangte Unmittelbarkeit um jeden Preis. Woher sie nehmen? Da mußten Südseeinseln, Naturvölker zu Hilfe, alle jene Gebiete, wo man auf Unberührtheit und Direktheit zu stoßen hoffte. Nicht etwa, daß wir heute noch an die Freiheit und Ungebundenheit des Naturmenschen glauben. Wir wissen heute, daß seine Kunst kein Spiel der Willkür und Naivität, sondern in allen Stücken ein Ergebnis der Notwendigkeit ist und gerade deshalb im Gegensatz zu jeglichem Artistentum steht. Darum konnte sie uns in diesem Augenblick zu einem bedeutenden Anreger werden.

In dem Buche »*Negerplastik*« von *Carl Einstein* (Verlag der weißen Bücher) drückt sich das freudige Ergreifen des ursprünglich Notwendigen in der entschiedenen und bewußt einseitigen Stellung zum Gegenstand deutlich aus. Ist man mit den wenigen, aber in ihrer etwas verschnörkelten Sprache nicht gerade leicht lesbaren Seiten des Textes zu Ende, so hat man den Eindruck: Nur die Negerplastik ist Plastik, alles Übrige sind Auswege, dem Mutterboden entfremdete und deshalb entartete Gewächse. Die Plastik erstrebte, nach Einstein, seit der Renaissance ein immer weiter differenziertes Vervielfältigen der Mittel, und zwar immer im Hinblick auf einen Beschauer. Der Beschauer wird in die Plastik verwebt, sie wird »Konversationsstoff« zweier Personen, eine »Umschreibung des Effektes« auf den Beschauer. Die Negerpalstik ist in jedem Sinne ein Begrenztes. Sie stellt vor, was sie ist; formal und inhaltlich. Sie weist nicht über sich hinaus. Ihre Metaphysik liegt in der Absolutheit der Form. »Form ist eine Gleichung, wie unsere Vorstellung; diese Gleichung gilt künstlerisch, wenn sie ohne Beziehung auf Fremdes und unbedingt aufgefaßt wird.« Die Negerplastik allein züchtet, isoliert die reine Form. Alle übrige Plastik geht darüber hinaus oder verkennt ihre Aufgabe, die für Einstein einzig in der »gründlichen und einheitlichen Raumkonzeption« besteht.

Es liegt eine schöne Bejahung des Gegenstandes in solcher kategorischen Behandlung. Das eine allein darf dennoch nicht verschwiegen werden: daß es gefährlich ist, einen Begriff von Plastik zu formulieren, ihn geradezu zum Dogma zu erheben, und dann alles das, was nicht mit ihm im Einklange steht, zu verneinen. Damit verlören wir zu viel des kostbaren Besitzes an alter und neuerer Kunst, den wir uns so leicht nicht rauben lassen. Viel eher muß der Begriff fallen oder modifiziert werden, wenn sich die Erscheinungen ihm nicht anpassen lassen. Einstein aber ist schroff entschieden, und das kann insofern positiv wirken, als es vielleicht dort zum Nachdenken veranlaßt, wo früher über die Werke der sogenannten Naturvölker unbekümmert und daher geringschätzig abgeurteilt wurde. Die schönen Tafeln des Bandes werden diese Wirkung nur unterstützen und dann umsomehr, wenn sie einmal Angaben über Material, Zweck, Größe und Aufbewahrungsort der Objekte tragen.

Victor Wallerstein

Zeittafel

1885	Am 26. April in Neuwied/Rheinland als Sohn des jüdischen Kantors und Lehrers Daniel Einstein und seiner Frau Sophie geb. Lichtenstein geboren.
1894–1903	Besuch des Großherzoglichen Gymnasiums in Karlsruhe, das er ohne Abschluß verläßt. Die Lehre in einem Bankhaus in Karlsruhe wird ebenfalls nicht beendet.
1904–1908	Studien der Philosophie, Geschichte, Kunstgeschichte und Altphilologie in Berlin, u. a. bei Georg Simmel, Alois Riehl, Otto Hinze und Heinrich Wölfflin sowie Ulrich v. Wilamowitz, Kurt Breysig und Ernst Mach. – Seit 1907 kürzere Aufenthalte in Paris, Begegnungen mit Picasso, Braque und Gris.
1910	Freundschaft zu Kurt Hiller und Franz Pfemfert, dessen Schwägerin, Maria Ramm, Carl Einsteins erste Ehefrau wird (bis 1918) – Mitarbeit an verschiedenen Zeitschriften, u. a.: *Der Demokrat, Die Gegenwart* und *Der Merker*.
1912	»Bebuquin oder die Dilettanten des Wunders«. Mitarbeit bei der *Aktion;* Edition der ersten sechs Ausgaben der *Neuen Hefte*.
1915	»Negerplastik«. – Soldat im Oberelsaß, 1916 verwundet, Lazarettaufenthalt.
1916–1918	Versetzung als Soldat nach Brüssel. Kontakt zu linksorientierten Gruppierungen. Beginn der Freundschaft mit Gottfried Benn. Eine Verbindung zum Literaturkreis von Carl Sternheim, Otto Flake, Wilhelm Hausenstein und Baron von Wedderkopp (der spätere Redakteur der Zeitschrift *Querschnitt*). – Mitglied des Brüsseler Soldatenrates.
1919	Rückkehr nach Berlin; hier muß er zeitweise im Untergrund leben, da man ihn wegen seiner Tätigkeit im Brüsseler Soldatenrat verfolgt. – Mit George Grosz gibt er die satirisch-politische Zeitschrift *Der blutige Ernst* heraus; er ist Mitarbeiter der Zeitschrift *Die Pleite*. Beide Zeitschriften werden verboten; Kontakte zum »Malikkreis«.
1921	»Die schlimme Botschaft«, Drama in 20 Szenen; Anlaß zu einem Prozeß wegen Gotteslästerung. Verurteilt zu 15 000 Mark, was in der Inflationszeit von 1922 nicht allzuviel ist. Außerdem wird das Buch konfisziert. Zahlreiche Schriftsteller, Künstler und Intellektuelle setzen sich für Carl Einstein ein.
1922	Mitarbeit an verschiedenen international anerkannten Kunstzeitschriften, u. a.: *Der Querschnitt, Das Kunstblatt*.
1925	»Europaalmanach«, zusammen mit Paul Westheim herausgegeben.
1926	»Die Kunst des 20. Jahrhunderts« (Propyläen-Kunstgeschichte, Band 16). 1928 und 1932 neu aufgelegt.
1928	Übersiedlung nach Paris – bereits fünf Jahre vor der großen Emigrationswelle.
1929	Gründung der Zeitschrift *Documents. Doctrines, Archéologie, Beaux Arts,* die er zusammen mit Georges Bataille, dem Kunsthändler Wildenstein und Georges Henri Rivière zwei Jahre

lang herausgibt. – Advisory editor der Zeitschrift *Transition,*
an der auch James Joyce arbeitet; die Zeitschrift veröffentlicht
unter anderen: August Stramm, Gertrude Stein und Samuel
Beckett. – 1932 heiratet Carl Einstein in zweiter Ehe Lyda
Guevrekian.

1934	»George Braque«.
1936	Spanienkrieg. Anschluß an die Internationalen Brigaden (CNT) unter Hauptmann Durruti. – Rückkehr nach Paris über das Lager Argelès (Südfrankreich).
1939	Beginn des 2. Weltkriegs.
1940	Verhaftung in Paris, Deportation in ein Internierungslager bei Bordeaux. Da ihm als Spanienkämpfer die Flucht über die Pyrenäen versperrt war, nahm er sich das Leben. Carl Einstein ist in Bail-Bazing, Basses-Pyrenées begraben.

Personenregister